गुनाह-बेगुनाह

[उपन्यास]

गुनाह-बेगुनाह

मैत्रेयी पुष्पा

राजकमल प्रकाशन

ISBN : 978-81-267-2039-2

मूल्य : ₹795

पहला संस्करण : 2011
तीसरा संस्करण : 2025

प्रकाशक : राजकमल प्रकाशन प्रा.लि.
1-बी, नेताजी सुभाष मार्ग, दरियागंज
नई दिल्ली-110 002
शाखाएँ : अशोक राजपथ, साइंस कॉलेज के सामने, पटना-800 006
पहली मंजिल, दरबारी बिल्डिंग, महात्मा गांधी मार्ग, प्रयागराज-211 001
1, अनमोल सोराबजी सन्तुक लेन, धोबी तलाव, मरीन लाइंस, मुम्बई-400 002
वेबसाइट : www.rajkamalprakashan.com
ई-मेल : info@rajkamalprakashan.com

मुद्रक : विकास कंप्यूटर एंड प्रिंटर्स
ट्रॉनिका सिटी-201 102

GUNAH BEGUNAH
Novel by Maitreyi Pushpa

मेरी ओर से

इस उपन्यास में आए पात्र और वर्णित घटनाएँ यदि किसी को अपने रूप या कार्यकलापों से मेल खाती हुई दिखें तो महज संयोग हो सकता है क्योंकि उपन्यास तो लेखकीय कल्पनाओं और आकांक्षाओं को ही दर्ज कर रहा है। ये कल्पनाएँ और आकांक्षाएँ उन यातनाभरे अत्याचारों के खिलाफ अपील है, जो समाज में आधी आबादी को 'स्त्री-देह' के रूप में छितराकर देखने के लिए प्रचलित है। कोढ़ में खाज यह कि न्याय और सुरक्षा के दीपस्तम्भों की सामर्थ्य अपनी रोशनी में धुआँ और अँधेरे के सिवा कुछ नहीं। दमघोंटू माहौल में सुनाई देती हैं, वे पुरजोर आवाजें जिनको गुनाह के स्वर मानकर सजाओं से गुजारा जाता है।

12-01-2011

—मैत्रेयी पुष्पा

घर और गुफा हमें सुरक्षित रखते हैं

इस काम की तारीफ नहीं होगी। इस रवैए को भी बर्दाश्त नहीं किया जाएगा। इला समझ रही थी।

और यही हुआ।

तब वह जबर्दस्त तरीके से विचलित हो उठी। अपने फैसले पर यकीन डगमगाने लगा। 'कुछ बदलने वाला नहीं,' मन ही मन कहा और उदासी में घिर गई वह।

सालारपुर थाना।

इस थाने पर कांस्टेबल की तरह ड्यूटी है इला चौधरी की। इसी कस्बे में एक टूटा-फूटा कमरा रिहाइश के रूप में इन्तजार करता है उसका। घबराहट भरे लमहे और कमरे में सनसनाती वीरानी। सूनेपन में किसको बताए कि उसकी जिन्दगी पर मजबूरी का कैसा जखीरा उतरा है! सहकर्मी हों या अफसर, साथ देनेवाले नहीं, कन्धे उचकाकर जता रहे हैं कि इला कसूरवार है और कोई भी कसूरवार अपने किए को सही सिद्ध करता रहता है।

तख्त पर बिछे बिस्तर को झाड़ा उसने। लेटकर दुखते सिर को राहत मिलेगी। पर वह लेटी नहीं, तनकर सीधी बैठी रही—'बता देना चाहिए कि मैं किस मकसद से पुलिस में आई हूँ। मुझे गलत मान रहे हो तो मैं गलत रहकर ही दिखाऊँगी क्योंकि पुलिस नियमावली में फेर-बदल की सख्त जरूरत है।'

जयन्त याद आया उसे, अपना प्यारा दोस्त। वह क्या कहता इस वक्त? यही कि तकलीफजदा बातों को जल्दी से जल्दी भूल जाना चाहिए। और इला मानती है कि तकलीफजदा बातें दिमाग में दूसरी बातों के लिए जगह नहीं छोड़तीं।

'रंडी को गिरफ्तार करना है,' सर ने कहा। उन्होंने इस तरह कहा

कि इस शब्द को गर्द की तरह चारों ओर उड़ा दिया। गर्द सबके पाँवों तले कुचली जाती है, मगर जब हवा के साथ ऊपर उठने लगे तो आँखों को तकलीफ देने लगती है।

सर पढ़े-लिखे सभ्य व्यक्ति हैं। मगर औरत को वे...अफसोस कि उनकी भाषा का फूहड़पन अपने आपमें असभ्यता की मिसाल है।

'रंडी!' मेरे मुँह से निकला या इस शब्द पर मेरा एतराज दर्ज हुआ, एस.आई. सर ने इसे अपने रुतबे पर मेरा हमला माना।

'क्यों? रंडी को रंडी न कहें तो क्या कहें मिस इला चौधरी?'

इस समय प्यारे दोस्त जयन्त से कितना मेल खा रहा था सर का चेहरा। वह भी तो कहता है—'रंडी' शब्द तुम्हें तीर की तरह क्यों बेधता है? यह एक पेशागत नाम है और समाज की भाषा में सर्वमान्य तौर पर प्रचलित है। अंग्रेजी में सेक्स वर्कर कहो तो भी इसका अर्थ रंडी ही निकलता है।

अजीब हालत है, समाज की बदगुमानियों से निजात दिलानेवाला भी जयन्त ही है जिसकी ऐसी व्याख्याएँ मन में समाए प्रीति-प्यार को चीरकर रख देती हैं। अपनी कविताओं में यही जयन्त लड़की को उजले सपनों की उम्मीद बनाकर उतारता है। कागजी कार्यवाहियों के कमाल में ही तो इला जयन्त की ओर बढ़ चली थी। सारी धरती को नापती हुई, आकाश को बाँहों में बाँधती हुई और सितारों को सुनहरी बिन्दियों की तरह दामन में समेटती हुई!

मगर जब न तब ऐसा होता है कि जयन्त की कविताएँ और थाने पर तैनात पुलिसकर्मियों का व्यवहार आपस में टकराते हैं तो मन खंड-खंड और भावनाएँ किरच-किरच बिखर जाती हैं।

'औरत को गिरफ्तार करना है' क्या यह काफी नहीं है, मर्दानी पुलिस के लिए? नहीं है काफी क्योंकि यह जो अपमानमूलक शब्द तोहफे में मिला है, उसे औरत को भूलने नहीं दिया जाता। और मर्दानगी निरन्तर अपनी ताकत दिखाती रहती है।

कहाँ गई वह हँसी? इला जयन्त जैसे युवकों पर हँसती थी—'पुलिस में आकर रायफल उठाने का ढोंग क्यों करते हो, तुम्हें तो कलम से कागज पर जेहाद छेड़नी है। सचमुच मुजरिम को हथकड़ी पहनाने के बदले संवेदनाओं में डूब जाओगे। सामाजिक नाइनसाफियों के सामने पड़कर सिर झुका दोगे।'

'संवेदना के बिना सिपाही नहीं बन सकती तुम,' जयन्त कहता था तो फिर आज यहाँ वह बात उलटा असर क्यों दिखा रही है? हमदर्दी अपराध का रूप हो गई। इनसानी लगाव की बातें यहाँ एकदम बेमानी हैं।

किस मुगालते में थे हम उस दिन, जिस दिन हमारे ग्रुप का पास-आउट हुआ था? कितनी प्रतिज्ञाएँ की थीं, कितने संकल्प उठाए थे। वे शब्द और वाक्य थोथे पड़ते जा रहे हैं क्योंकि थाने कोतवालियों के लिए मानवता की व्याख्याएँ व्यर्थ का भूसा हैं।

इला ने अपने कड़े से तकिए पर करवट लिया—'भाषा के स्तर पर व्यवहार' यह तो अलग से एक विषय था, याद होगा जयन्त को भी फिर क्यों कह रहा है कि 'रंडी' शब्द सुनने की आदत डाल लो।

आदत! आदत थी जब इला अपने गाँव में रहती थी। दिन में दस बार रंडी, बेड़िनी शब्द सुनती थी। औरतों के शरीर पर गुजरनेवाली गालियाँ मर्दों की जबान पर चढ़ी थीं। तब किसी ने कहाँ बताया था कि इन शब्दों के पीछे औरत को कुचलने की साजिश है। ज्ञान कितना खतरनाक होता है, परतें उखाड़-उखाड़कर जाँचने के लिए उकसाता है। जिज्ञासाएँ और तर्कसम्मत बातें महसूस कराती हैं कि इनसान को दी जानेवाली यातनाएँ भयानक चीत्कारों के घेरे बनाकर उन्हें कैद कर रही हैं। हम साक्षी के रूप में प्रस्तुत जो हैं।

यों तो अब सोने का समय हो चला और इला ने अपनी हमदर्द भावनाओं को प्रार्थना की तरह दोहराया।

तभी मोबाइल फोन पर एस.एम.एस. का संकेत हुआ। एस.एम.एस जयन्त का था—'गुड नाइट, स्वीट ड्रीम!'

इसके बाद फोन बज उठा, स्क्रीन पर आया—थाना कॉलिंग

'हलो।'

'इल्ला चौधरी,'

'सर, जयहिन्द सर,'

'कम सून। एक मुजरिम गिरफ्तार करनी है।'

'यस सर, कमिंग सर।'

'अब तो खुश, देखो, मैंने औरत को रंडी नहीं कहा।'

सर का व्यंग्य, इला समझती है। जताना चाहते हैं, रंडी नहीं कहा तो भी क्या फर्क पड़ता है? धन्धा करनेवाली औरत को सती देवी तो नहीं मान लिया जाएगा।

हाँ, नहीं माना जाएगा क्योंकि अपनी देह से श्रम करो, सेक्स करो और समर्पण भी, मगर सब कुछ मुफ्त करो तो तुम सती भी हो और देवी भी। नहीं तो कुलटा वेश्या...बाय द वे, मर्द का क्या नाम होना चाहिए जो अपनी हवस के लिए औरत खरीदता है? धन्धे के अगुआ का कोई ऐसा घिनौना नाम नहीं, बस इसलिए कि वह धन का मालिक है?

'ओ इला, प्लीज...' उसकी दोस्त समीना होती तो उसे सवालों के बीहड़ों से खींच लेती।

इला उस खूँटी की ओर दो कदम बढ़ी, जिस पर उसकी बेशिकन कड़क वर्दी टँगी है। उसने वर्दी का स्पर्श किया, मन का मंजर बदल गया। यह वर्दी ही हमारा वजूद है, इसके सामने अँधेरे का डर, अकेलेपन की दहशत टिक नहीं पाती। इसमें ईमानदारी की ताकत समाई हुई है।

उसने वर्दी पहनी, बदन में फुर्तीली लहरें उठने लगीं। पाँवों में बूट डाले, कमजोरी उड़न-छू हो गई। मजबूती का मोहक आलम, इसके लिए ही तो जिन्दगी से खेलने का संकल्प लिया था। इला अब घबरा नहीं रही, न खुद को गुनाहगार मान रही, बराबर आगे बढ़ रही है। कितना अच्छा हुआ, अपने अफसर की भाषा को बदल दिया! सर का आदेश डराने-दहलानेवाला लावा बनकर कानों को नहीं कोंच रहा, पिघले हुए सोने की रंगत में उसकी बेल्ट पर दमक रहा है।

'बहस करती है, नसीहत देगी हमें, डिसिप्लिन तोड़ेगी तो फिर पनिशमेंट के लिए तैयार रह, समझी?' कहनेवाले एस.आई. सर अब शान्त हैं या उदास? इला को सबक सिखाने के लिए उपाय खोज रहे हैं।

किसी ने नहीं कहा कि बहादुर बनो

यह तब की बात है, जब हमारा हरियाणा प्रदेश इक्कीसवीं सदी का पहला दशक खत्म होते-होते 'स्त्री संहार' के लिए दुनिया भर में मशहूर हो गया था। यहाँ तक कि जो वर्ग धार्मिक जागरण में लगा हुआ था, वहाँ भी उपदेशों के बाद बाकायदा गुरुओं की भीतरी शीतल गुफाओं में बलात्कारों के नियमित कार्यक्रम चलते थे। यह आधुनिक भारत का नवजागरण था। न जाने कितने मठ, कितने आश्रम, कितने पीठ कुकुरमुत्तों की तरह उदय हुए, जो किलों, गढ़ों और दुर्गों में बदल गए!

राजनीति का अर्थ है, गिरोहबन्द अपराधों को कानूनी मान्यता के रूप में सरंजाम देना। दरअसल सरकारों के धन्धे पूरी तरह भ्रष्टाचार पर टिके थे। अलबत्ता राजनीतिज्ञों ने इन्हें 'आम आदमी' से जोड़ रखा था। इन राजनीतिज्ञों में हरियाणा की तीनों पार्टियों के कर्ता धर्ता और प्रमुख अपनी पूरी शक्ति के साथ शामिल थे। तभी तो वे सब कन्या हत्या या स्त्री-हन्ता होने को लगभग समर्थन दे रहे थे। आखिर उन्हें भी तो अपनी 'इज्जत' का खयाल था।

उन्हीं दिनों हरियाणा प्रदेश में स्त्री जाति ने उपद्रव शुरू कर दिया। एक बार को तो लगा कि वे पूरी ताकत से दबाई-गई स्प्रिंग की भाँति धरती से चिपकी रहीं, लेकिन जैसे ही मौका खोजा, अवसर मिला, इतने वेग से उछलीं कि उन्हें काबू करना मुश्किल हो गया। ताज्जुब नहीं कि जितनी हत्याएँ इज्जत के नाम पर हरियाणा में हुईं, पूरे देश में नहीं हुईं। संहार स्त्री के अपने फैसले की सजा था।

ऐसे में ही इला ने अपने जीवन-मूल्यों को अपनी तरह से चयनित किया। पारम्परिक संस्कारों की पुण्यभूमि के दलदल से निकलना आसान नहीं था। जद्दोजहद भी हाँफकर दम तोड़ने लगी क्योंकि नाबालिग उम्र में

शादी का पुण्य लेना यहाँ ज्यादातर माँ-बापों के मंसूबों में शामिल है। मुख्य कारण यही है कि जाटों, यादवों और गुर्जरों में लड़की का भय, उसके बड़े होने की दहशत सिर चढ़कर बोलती है कि कहीं लड़की बालिग होते-होते किसी युवक से प्रेम न कर बैठे। अगर यह प्रेम अपनी जाति के पार चला गया तो बदचलन बेटी से कौन पार पाएगा? उसकी हत्या के सिवा अभिभावकों के पास चारा भी क्या बचेगा? अगर वह जिन्दा रही तो इज्जत चली जाएगी। एक साधन यह भी है कि लड़की को जन्म लेते ही मार दिया जाए। सबसे ज्यादा लोकप्रिय उपाय है कि उसे गर्भ में ही खत्म कर दिया जाए। न रहेगा बाँस, न बजेगी बाँसुरी।

ऐसे समय में इला घर से भागती न तो क्या करती? रेशमी कपड़े और सोने-चाँदी के चन्द जेवर लड़की को सजाने के लिए लाए गए या सजा देने के लिए? शादी का अर्थ क्या था, माँ-बाप के घर से विदा होकर पति के घर जाकर चूल्हा-चौका सँभालना और बच्चे पैदा करना? नहीं, इतना भी इल्म नहीं था इला को, उसे तो यह मालूम था कि बड़ी बहन के साथ दुलहन बनकर विदा होना है। वह थी कि अपनी किताबें छोड़ने के लिए तैयार नहीं। सहपाठी था अरुण जिसने कहा था--क्या करेगी पढ़-लिखकर, तुझे तो ब्याह करके जाना है। शर्मीली-लजीली लड़कियों की तरह आँखें झुकाकर रहा कर, तू हमारे साथ खेलने चली आती है घर से छिपकर। क्या करेगी खेलकर? पुलिस में भर्ती होगी? यह सब कहकर अरुण हँस पड़ा था।

इला गम्भीर हो गई, बोली, 'तू तो यह बता कि मैं स्पोर्ट्स में कैसी हूँ? अगर मैं पुलिस में ही जाना चाहूँ तो?'

'यह मुँह और मसूर की दाल!' अरुण ने मुँह बिचका दिया।

'मुँह क्यों बिचका रहा है? उड़ान सीरियल की सी.डी. क्यों दी थी मुझे? मैं कविता चौधरी की तर्ज पर इला चौधरी होना चाहती हूँ।'

'अरे वाह!'

उसका 'अरे वाह' इला के कलेजे में तीर की तरह धँस गया। उस दिन से वह अपनी रीढ़ सीधी रखकर चलने लगी। किसने कहा है कि लड़कियों को गर्दन झुकाकर कन्धे डालकर चलना चाहिए? किसने समझाया कि आँखें मिलाकर बात करना बदचलनी की निशानी है? ये बातें घरवालों ने ही कही हैं, इला इन सीखों को ताक पर रख देगी तो सबसे पहले घर

के लोग ही नाराज होंगे। ये बदले हुए तौर-तरीके घर के आँगन में मुठभेड़ की शुरुआत कर देंगे। इला की समझ में भले कुछ न आया हो, सामने सब कुछ आ गया।

'तू बिगड़ रही है। किस-किस से बातें करती है?' माँ ने कहा तो इला सन्न रह गई।

'बातें करने से बिगड़ जाते हैं मम्मी?'

'अरे, लड़कों से बतियाना क्या अच्छी बात है? बदनामी कराएगी बाप की?' माँ की भर्त्सना से मन दुर्लभ दशा में फँस गया। निष्कपट ढंग से बात कहना गुनाह है?

'सगाई सम्बन्ध हुआ जाता है, सो नाक में नकेल पड़ जाएगी इल्ला।'

सगाई सम्बन्ध! यह सजा सुनाई गई है उसके नाम पर।

इला भय से आक्रान्त, घबरा उठी कि वह पढ़ने-लिखने और स्पोर्ट्स में मन लगानेवाली, घूँघटवाली बहू बन जाएगी!

'मम्मी, मेरी पढ़ाई?'

'बस इतनी मोहलत समझ ले कि बारहवीं का इम्तहान दे दे।'

'ठीक है।' इला ने खुशी से सिर हिलाया।

राहत के दौरान ही बगावत का मौका निकलता है। जल्दी से जल्दी गाँव छोड़कर भागना होगा। इससे पहले कि घर पर किसी को उसके मंसूबों की भनक लगे। अपनों से ऐसी बात छिपानी पड़ रही है, जिसकी हलकी सी झलक मन को खुशी से भरे दे रही है—इला ने सोचा। परिवार की जकड़न से मुक्त होने की भावना का आनन्द इला जैसी शान्त और आत्मसंयम वाली लड़की के लिए अनूठा अनुभव था। इसलिए ही शायद अरुण के सामने स्पोर्ट्स ग्राउंड की मिट्टी छूकर कसम खाई थी और ऊपर तने नीले आसमान को निहारा था, जिसके बीच उड़ते सफेद परिन्दे अपने पंखों की चमक छोड़ रहे थे।

सगाई की तूफानी रात के बाद एक उजला दिन आ पहुँचा, बिलकुल ऐसे ही कि जैसे खूँखार रिवाजों और पारम्परिक यातनाओं से मेरा सब कुछ नष्ट न हो जाए और अपनी कमाई हुई दृढ़ता के साथ आत्मविश्वास बचा रहे। स्पोर्ट्स ग्राउंड ही मेरे लिए मन्दिर-मस्जिद, काबा-काशी, इसलिए कि मैंने फसल कटे खेतों में कभी फुटबॉल की प्रैक्टिस की तो कभी खेत की

मेड़ों पर एथलीट होने के लिए दौड़ लगाई। कटे हुए ठूँठों के नुकीले पैने काँटों ने पाँवों के तलवों को चीर डाला मगर वह जोश ही था कि रुकावटों और खूनी घावों का होश नहीं रहता था। मुझे उस हर्षोन्माद से हटकर आराम नहीं मिलनेवाला, बस इसलिए ही मैंने अरुण को पुकारा था। आखिर मैं स्पोर्ट्स ग्राउंड में पहुँच गई, जहाँ किसी को भी मेरे पहुँचने की उम्मीद न थी। अचानक मुझे वहाँ देखकर मेरे माता-पिता भी चौंक गए। मेरे चेहरे पर कौन सी उमंगें थीं या ऐसा कौन सा बर्ताव था, जिसने परिवारवालों को बेहद चौकन्ना कर दिया?

माँ ने आकर बाँह पकड़ ली लेकिन मैं पीछे हट गई क्योंकि मैं नहीं चाहती थी कि माँ की ममता मुझे छुए। उस वक्त कुछ कहना-सुनना भी बेकार लग रहा था। मेरी असली जरूरत थी अकेली चलकर वहाँ तक पहुँचने की जहाँ घर का इन्द्रजाल टूट जाए।

इला को आज क्यों याद आ रही हैं ये बातें? उत्साह और साहस भरी यादों ने एक बार फिर उसको तसल्ली दी है, नहीं तो थाने पर रोज-रोज उसके उन जज्बों पर चोट पड़ती है, जिनको लेकर आगे बढ़ने के आसार हैं।

इन्हें क्या पता कि यही इला दुलहन का वेश त्यागकर चमकीली चप्पलें पौर में फेंककर नंगे पाँव बाजरे के खेत में लम्बे पौधों के बीच छिपती-छिपाती, ऊँचे टीले और नीची खाइयों में गिरती-लुढ़कती आज वहाँ पहुँच जाना चाहती थी, जहाँ पुलिस में भर्ती होने के लिए प्रविष्टियाँ देने की आखिरी तारीख थी। अरुण ने ही यह इत्तला इला के मोबाइल फोन पर दी। अब तक वह समझ चुका था कि वह अपना दायरा जाँबाजी के क्षेत्र में चुनेगी।

ईश्वर को किसने देखा होगा? मोबाइल फोन बनानेवालों का शुक्रिया। कौन है वह जो व्यक्ति की कामनाओं को समझकर रुकावटों के पार ले जाता है? नहीं तो बड़ी बहन के फेरों के बाद मंडप में वर के साथ भाँवरें फिरने की इला की बारी थी। कभी व्रत-उपवास नहीं किए, देवता नहीं पूजे, मन्दिर जाने की फुरसत नहीं मिली, फिर कौन सा पुण्य-फल प्राप्त हुआ कि मन-माँगी मुराद मिली? संकल्प में असीम ताकत होती है जो लौ-लगन बनकर गुजरती है। उम्र भी हमारी उफनती भावनाओं को तेज करने में असरदार होती है, ज्यों-ज्यों जवानी परवान चढ़ती है, जिन्दगी और सपने एकाकार होते जाते हैं। हमारी चेतना को इतनी

गहराई से पकड़ती है कि आसपास से उठे सवाल और सदमे नजर नहीं आते। इला के खिलाफ अब कोई सबूत था तो वह था उसका पुलिसकर्मी बन जाना। और इसका मतलब था घरेलू चिन्ताओं को परे करते जाना। अपनी कहानी दोहराने की इच्छा क्या थाने के माहौल को देखकर प्रबल हो उठी? मगर एक कसक तो है कि घरवालों ने जब यह मान लिया कि इला भाग गई, उसने अपना पथ रोशन नहीं किया, पिता की इज्जत पर बट्टा लगाया है, तो कैसे समझा जाए कि वे अपनी बेटी से बेइन्तहा प्यार करते हैं? यही कदम अगर भाई उठाता तो क्या वे उससे इस तरह ही कटकर रहते? एकदम फर्क होता नजारा, वे उस पर फख्र करते और बार-बार घर बुलाना चाहते। लड़के के किसी भी कदम से बदनामी होती ही नहीं है, वह लोगों की बिना परवाह किए सब कुछ ताक पर रखकर चल देता है।

इला के बारे में सोचा गया कि वह अपने पैरों खड़ी होने के लिए नहीं किसी के साथ भागने के लिए गई है। वह किसी के ऐसे सम्मोहन में है कि शर्म-हया उतारकर धर दी। घर-गाँव और रिश्तेदारों की परवाह नहीं की। घर के लोगों के साथ इससे बड़ा घात क्या होगा? गुजरे हुए लमहों को जीना भी आसान नहीं।

इला थाने पर उपस्थित हुई। अपनी ड्यूटी करने के लिए वह ऑटोरिक्शा लेकर आई। लाल इमारत में दाखिल हुई।

अपनी आँखें नए सिरे से खोल ली हों जैसे। एक औरत उसी अन्दाज़ में कमरे में बैठी है, जैसे कि मुजरिम औरतें अक्सर बैठी होती हैं। जमीन पर अपने घुटनों में सिर दिए हुए, बिना हिले-डुले निर्जीव-सी...।

इला जबर्दस्त आवेश में आगे बढ़ी। गुस्से से तिलमिला उठी। 'मेरे बिना ही... लेडी कांस्टेबल के बिना ही इस औरत की गिरफ्तारी...ड्यूटी के नाम पर इन निर्लज्ज पुलिसवालों ने मुझे छला है। मेरी भावनाओं को कुचला है, मेरे संकल्प को मटियामेट कर डाला।'

उसने खुद पर काबू रखा। अपना समूचा धैर्य समेटकर आगे बढ़ी और धीरे-धीरे चलकर औरत के सामने पहुँच गई।

औरत के बाईं ओर हवलदार खड़ा था। खैनी चबाता हुआ, काले होंठोंवाला चौड़े चेहरे का आदमी। बेल्ट का दुर्भाग्य कि वह तोंद पर छोटी पड़ रही है। यह भी इला के लिए गुस्से का विषय है और पुलिस के लिए लज्जा का हीला।

'इसे गिरफ्तार करके कौन लाया?' हवलदार से सवाल किया।

'हम लाए।'

'मेरे बिना ही?'

'तू न होगी तो मुजरिम गिरफ्तार न होंगी?'

'मैं आ तो रही थी।'

'अरे गुड़िया, तू अकेली कहाँ जाती?' हवलदार की आवाज में हमदर्दी मिसरी की तरह घुली थी। सूझबूझ का साक्षात् पुतला हवलदार।

'सर कहाँ हैं?'

'वे अपने घर होंगे। कहकर गए हैं कि इब इसे लॉकअप में डाल दो।'

'लॉकअप में?'

'मत डाल। वैसे भी यह साली लॉकअप में रहे या बाहर, भागकर कहीं जानेवाली नहीं। धन्धा ही तो करना है। ग्राहकों की कमी ना यहाँ।'

अब और बर्दाश्त करना मुश्किल था। हलक में कुछ बहुत कड़ुवा-सा घुल गया, थूक देने का मन हुआ क्योंकि सब-इंस्पेक्टर कहीं गए नहीं थे, बाकायदा यहीं थे। साफ दिखाई दे रहा था कि वे हाथ में शीशेवाला शराबी गिलास लिये किसी आदमी से बातें कर रहे हैं। लाल रंग की टी शर्ट और नीली जींस पहननेवाला आदमी सिर पर फैल्ट कैप लगाए हुए है। कद से लम्बा, उम्र से अधेड़ यह आदमी पहली बार इला ने देखा है। बातों की भनभनाहट उसके दिमाग से चिपट गई। आगे की क्या योजना बना रहे हैं ये लोग? जरूर यह आदमी ही इस औरत को पकड़वाकर यहाँ लाया है। इला ने अपने आसपास देखा, रात के समय थाने पर छह-सात आदमी हैं और उनमें हलचल-सी मची है।

कितने तरह की हलचल?

तेज बल्ब की रोशनी में आँख मारने की हलचल। मन चलायमान है, होंठों पर लार चाटने की हलचल। जबान पर भद्दी गालियों की हलचल।

सिपाहियों के डंडे अश्लील हरकतों के अभ्यास में हथेलियों के बीच सरक रहे हैं।

चारों ओर गिरफ्तार की गई औरत के आगमन पर थाने की धमनियों में मनोवांछित वासनाओं का ज्वार ठाठें मारने लगा। क्या है ड्यूटी की पाबन्दी, देखिए जरा, अक्सर गैर-हाजिर रहनेवाला हेड कांस्टेबल कितने अनुशासित ढंग से सामने खड़ा है। तथाकथित वेश्या ने सबको लाइन में लगा दिया!

इला क्या नाम दे इस प्रक्रिया को? स्त्री-शक्ति का लोहा माने या मादा के आकर्षण में लोगों को मदहोश करने का नशा कहे? डंडे, रायफल और पिस्तौलवाले सब-के-सब गुड़ के चींटों से ज्यादा अब क्या हैं? अपनी सोची-समझी बातों को इला यहाँ किसी से कहे तो उससे कहा जाएगा–तुम पागल हो। या फितूर भरा सपना देख रही हो। या किसी उन्माद से ग्रसित हो।

कितनी भयानक हैं ये मान्यताएँ। हकीकत को पहचानना, यह अपराध है।

अब गिरफ्तार की गई औरत और इला के बीच महज आठ-दस फीट का फासला था। उसके चेहरे के हाव-भाव साफ नजर आने लगे। अब यह एक ऐसा चेहरा जो इला के चेहरे की ओर था, जिस पर रहम की लालसा ने पूरी तरह कब्जा कर रखा था। कुछ देर पहले जो आँखें निर्जीव-सी थीं, जो होंठ पपड़ाए हुए थे, जो हाथ लस्त-पस्त थे, अब वह नजर आशावती, होंठों पर कुछ अस्फुट-सा और हाथ अनायास किसी प्रार्थना में जुड़ आए।

आठ फीट दूर से देखती इला ने अपनी उपस्थिति का असर चुपचाप देख लिया। वह औरत के करीब पहुँची तो उसने इला के पाँव पकड़ लिये। यह भी कोई नया व्यवहार नहीं है। इला ने सोचा। अक्सर औरतें ऐसा ही करती हैं।

औरत का हाथ पकड़कर इला ने उसे उठाया। किसी अफसर या सहकर्मी की ओर बिना देखे वह मुजरिम को उस खास कमरे की ओर ले चली जो औरत रूपी मुजरिम के लिए तय है।

कागजों पर नाम देखा–रेशमी, उम्र 26 साल!

पीछे से मर्दानी आवाज आई–'इल्ला, सलाम तो करा दे।'

वह पलट पड़ी—'पहले जवाब दो, इसे पीटा किसने है? चलते हुए लँगड़ा रही है।' इला ने पहले भी ऐसे मंजर देखे हैं, जो याद आ रहे हैं।

'अरी भोली गुड़िया, यह रंडी है, नखरे करना सीखा है इसने।'

इला का धीरज जवाब देने लगा। रेशमी को छोड़कर दाएँ मुड़ी और विफर उठी—लाओ मैं करूँ सलाम—कहते हुए उसने अपने सहकर्मी के कन्धे पकड़कर जोर-जोर से झकझोर डाला उसे।

जो घटा वह नितान्त अकल्पनीय था। पुलिसकर्मी का चेहरा खूँखार हो उठा। आँखों में गुस्सा बलबलाने लगा। फट पड़ा—'बचा इसे, किस-किस से बचाएगी, साली रंडी है, खुद ही हमारे पास चली आएगी।'

इला की नौकरी यही है कि अपने अफसर और सहकर्मियों की नफरत और फटकार को झेलती हुई खड़ी रहे या उन्हें मनमानी करने दे। क्यों लोगों की नेजे जैसी भेदती निगाहों के सामने उसका लहू सर्द नहीं होता? इतना अपमान सहने के बाद भी ऐसे खड़ी रहती है, जैसे कुछ हुआ न हो। आँधी में उखड़ जानेवाले वृक्ष की तरह वह तत्काल तबाह क्यों नहीं होती? जबकि लगता है कि वह दहाड़ों के सामने मूर्च्छित होकर गिर जाएगी।

थाना है या मनहूस नरक! हवलदार ने रेशमी के कूल्हे पर बूटों की ठोकरें मारी हैं। उसके होंठों पर कराह का पसराव फैला है। उसकी आँखों में आँसुओं का सैलाब है। नाक से लगातार पानी बह रहा है। उसके गालों पर रूज लगा होगा, तभी तो आँसुओं की धारों ने गालों पर नदियों का नक्शा बना दिया है। माथे पर बिन्दी नहीं है। माँग में सिन्दूर की रेखा भी नहीं। वह बार-बार कुछ कहने के लिए उद्यत होती है।

जब एस.आई. सामने आया था, यह औरत दहशत में डूब गई। सर का रोबदार चेहरा अपना काम अलग से करता है, तभी तो वह दीवार की ओर सरकने लगी थी, एक हाथ अपने बचाव में उठाती हुई, जैसे बैठी-बैठी रेंग रही हो। साहब की चमकती आँखों में तेज है, जिससे कोई भी आक्रान्त हो जाए।

साहब के इशारे पर कांस्टेबल ने अपना डंडा रेशमी के स्तनों पर चला दिया। बारी-बारी वह डंडा और स्तनों का खेल खेलने लगे।

इला ने चीख मारी—नहीं, सर नहींऽऽ...और आँखें बन्द कर लीं। पलकों के कवच में कब तक आँखें छिपाए रहे कोई।

वह अपने कानों से सुन रही थी—'बोल, दिन में कितने आते थे तेरे पास? थाणे में तो सब कुछ बताना पड़ेगा। और तू नई तो नहीं है गिरफ्तार होने के लिए। हाँ, हम नए-नए आए हैं इस थाणे पर।'

इला ने ऐसे ही नहीं झपट्टा मारा था पुलिसकर्मी पर। ऐसे ही नहीं हिला दिया था उस पुलिसवाले को। आग लगा दी थी इन लोगों ने इला के दिल में कि यकायक उसका वजूद थर्रा गया।

'साली, शलवार खोल।'

'मुझे क्यों बुलाया है इन्होंने? जो करना है, इनको ही करना है। लेडी कांस्टेबल को तो सिर्फ सूचना देना है पुलिस की नियमावली में। मैं क्या करूँगी यहाँ?' कितनी बार सोचा है उसने, लेकिन आज उसके भीतर एक स्वर लगातार गूँज रहा है—अपनी ड्यूटी में किसी का दखल खुद अपराध है। ये नियम-कानूनों के निर्णायक क्या हुक्म दे रहे हैं?

'तेरा काम हम कर रहे हैं और तू खड़ी भी ना हो रई? कहाँ जाती है? देख तो सही।'

एक औरत को...

रेशमी उसी वक्त चिंघाड़ी—'दीदी आप...इन लोगों ने तो आपके आने से पहले ही तलाशी ले ली। सारे कपड़े उतार लिये, अब फिर...'

सटाक से डंडा टूटा रेशमी की बाँह पर।

'साली, हरामजादी, यारों के सामने कपड़ा खोलते नहीं झिझकती, न घबराती। हमें लाजवंती बनकर दिखा रही है।' इतना कहकर खुद एस.आई. ने रेशमी का कुर्ता ऐसे फाड़ा कि उसमें छिपानेवाली चीजें ही सबसे ज्यादा उघड़ीं।

थाने का चलन यही है। व्यक्तिगत संवेदनाओं को अपने पास रखो। यह औरत है, जिसका बँटवारा हर हालत में मर्दों के बीच होना है, जैसे कि रिश्वत का बाँट होता है।

जो भाषा यहाँ बोली जा रही थी, इला को उसे सुनना ही था, भले ही कानों में सूराख करती चली जाए। शाब्दिक बलात्कार भी तो प्रचलित है मर्दाने तबके में। इसमें भी तो आनन्द लेते हैं पुलिसकर्मी। लड़की पास खड़ी हो तो मस्ती का आलम ही कुछ और हो जाता है। उसने ये बातें सुनीं नहीं, खुद महसूस किया अपने अपमान को।

कहने को तो कहा जाता है कि मुजरिम महात्मा नहीं होते और न सज्जन हुआ करते कि उनकी आयु को ध्यान में रखकर या नारी की लज्जा समझकर नफासत का व्यवहार किया जाए। पुलिसवाला तो जितना सख्त और नृशंस होगा, उतना ही मजबूत और बहादुर माना जाएगा। अच्छा व्यक्ति अच्छा सिपाही हो, बड़ा मुश्किल है। हथियार क्यों दिए जाते हैं पुलिस को? इसलिए कि वह हथियारों का इस्तेमाल करे। दरोगा जी ने इला के सामने ही साफ कर दिया—'यह साली लेडी पुलिस चाहती है कि बेरहम लोगों के साथ नजाकत से पेश आया जाए। सच बात है कि औरत अपने जन्म से ही खुद मुजरिम होती है। हमारे पूर्वज बेवकूफ नहीं थे, जो कह गए कि—'मर्द के एक हाथ में औरत के लिए सौगात हो तो दूसरे हाथ में कोड़ा। एक आँख से प्यार जताए, दूसरी आँख से दहशत, वरन् औरत को काबू करना मुश्किल हो जाता है।'

इला की ड्यूटी जैसी भी है, ड्यूटी है। अपने मन की नहीं, अफसर के हुक्म की है। 'ड्यूटियाँ' सही मायने में हुक्म का रूप होती हैं, भले वह ड्यूटी के नाम पर बेरहमी हो, अन्याय हो या हो कोई फरेब!

'तुम्हें क्या पता है इस औरत के बारे में? नहीं पता तो पानी-पानी क्यों हो रही हो? बस इसलिए कि यह औरत है? औरत के नाम पर जुर्म करनेवाली को बचाना अपनी ड्यूटी मान रही हो?' ये चन्द वाक्य इला के भीतर अनायास ही नहीं उभरे, हेडकांस्टेबल चेतराम शर्मा के ये शब्द उससे जवाब माँग रहे हैं। हाँ, क्या यह भी नाइंसाफी नहीं होगी कि औरत को औरत होने के कारण मुजरिम न माना जाए? रेशमी नाम की स्त्री को वह कितना जानती है?

अब दिल में मची उथल-पुथल कुछ कम हुई। या कि इला ने चैन की साँस ली। सोचा—यह औरत यहाँ से भाग सकती है क्योंकि यह शातिर है। वेश्या का धन्धा करते हुए कोई मासूम कैसे रह सकती है? इला को इसी के साथ रात भर रहना है। रात भर ही नहीं, तब तक रहना है जब तक कि इसे कोर्ट में पेश न कर दिया जाए।

विचार करती हुई इला को एक भय ने, आशंका ने, एक गैर भरोसे ने आ दबोचा। जुर्म के लिए रात हर तरह से अनुकूल होती है। थाने के माहौल से एक अनकहा स्वर लगातार कानों में गूँजता रहा—जागते रहो।

जागते रहो? यह भी तूती तुरही की तरह साथ लगाए रहने की बात है? सिपाही को तो जागते रहना ही होता है। मुजरिम की निगरानी, तलाशी और सच निकलवाने की कोशिश में तैनात रहना ही ड्यूटी है।

मगर 'सलाम करा दे' कहनेवाले हवलदार, सिपाही, थानेदार अपनी लालसा में लार टपकाते हुए चुपचाप न बैठे रहेंगे। ऐसी कितनी ही घटनाएँ हैं कि पति की मारपीट पर रूठी हुई दुलहन थाने आती है शिकायत करने और बलात्कार का तोहफा लेकर वापस लौटती है।

रेशमी नाम की इस औरत के कपड़े फाड़ने की क्या जरूरत थी? इला अपने पहनने के लिए सूट न लाई होती तो रेशमी को क्या देती? उसका उघड़ा बदन औरत का बदन है, लेकिन इला से ही नहीं देखा जा रहा। नंगापन किसे अच्छा लगता है? मर्दों को औरतों का नंगापन ही भाता है, तभी तो वे उसे उघाड़ने पर आमादा रहते हैं।

एक ही कमरे में रेशमी और इला। जितनी रात बची है, जागकर गुजारनी है। वैसे भी मुजरिम कराह रही है, दर्दभरी आवाज किसी भी सामान्य व्यक्ति के सुकून को चीरकर धर दे। फिर भी मुजरिम शब्द रेशमी के ऊपर चिपका है इस वक्त, बस इसलिए ही सहजता महसूस नहीं हो सकती। उसका हर सच झूठ लगने के करीब होता है। बहरहाल इस कोठरीनुमा कमरे में सन्नाटा ही कुछ ऐसा है कि रेशमी की कराह, पुलिसकर्मियों की पदचाप और अपनी साँसों से बराबर दहशत पैदा हो रही है।

'दीदीऽऽ!' गठरीनुमा छब्बीस साला औरत के स्वर में ऐसा दर्द उभरा कि यकायक इला दहल गई। उसने आँखें उठाकर रेशमी को गौर से देखा, उसके उलझे हुए बालों और सूजी हुई सी आँखों के नीचे होंठों पर सिसकियों की कतारें छाने लगीं।

'ज्यादा दर्द है?' इला ने पूछा इस जानी-मानी छिनाल औरत से, जिसकी असलियत थी कि थाना और हवालात उसके लिए आने-जाने के मुकाम हैं। इसलिए ही थाने के लोग उसे 'सलाम' की अभ्यस्त मानते हैं।

इला तुरन्त ही पछताई, दर्द और दुख के बारे में क्या पूछना मुजरिम से! इसकी कौन सी ख्वाहिश पूरी कर सकती है इला? इसकी इच्छाओं की कीमत क्या और व्यक्ति के रूप में मुजरिम कीड़े-मकोड़े से ज्यादा क्या?

उसे कुचलने का अभ्यास ही पुलिस को है, इस पर इला की व्यक्तिगत संवेदना क्यों तड़पेगी?

'दीदी!' उसने सिसकी के साथ पुकारा—'हमें, हमें उमर कैद नहीं हो सकती? एक बार जिन्दगी भर की जेल हो जाए, रोज-रोज की झंझट कटे। आए दिन पुलिसवालों का धावा रहा तो एक दिन पागल हो जाऊँगी, पागल।'

'कैसी बातें कर रही हो तुम? तुमने क्या कोई कत्ल किया है?'

'दीदी, कतल कोई बड़ा गुनाह नहीं है। गुनाह तो ऐसे-ऐसे हैं कि आदमी को सात जनम की कैद मिले तो भी सजा पूरी न हो।' कहकर रेशमी ने बहुत गहरी साँस ली। आगे बोली, 'पर उन जुल्मों पर रियायत बरती जाती है और उस रियायत की एवज बेकसूर आदमी नरक भुगतता है।'

रेशमी की बातें फिजूल हैं, यही मानना चाहती है इला क्योंकि नजरबन्दी में कैद औरत की हर बात झूठी है। इसकी आवाज में समाए दर्द पर जाने की जरूरत नहीं, थाने में हर मुजरिम दयनीय दिखता है। क्या पता आजन्म कारावास की बात कहकर इला को पिघलाना चाहती हो रेशमी और फिर यहाँ से उड़न-छू हो जाने का इरादा... बन्धन तोड़ने के लिए तो पशु-पक्षी भी तमाम जरिए ढूँढ़ते हैं।

'मैं इस औरत के लिए बहुत बड़ा बन्धन हूँ।' इला ने सोचा। अगर यह अपनी हट्टी-कट्टी देह को ताकत लगाकर खड़ी कर ले और इला पर पिल पड़े तो स्थिति कैसी होगी? कम से कम दो महिला सिपाहियों की ड्यूटी होनी चाहिए। लाठी-डंडा अगर सिपाही चला सकती है तो तथाकथित वेश्या क्या पिटती रहेगी, आखिर इसने भी जीने के लिए जी भरकर संघर्ष करने का अभ्यास किया है।

और यह बात तो हर थाने पर खासतौर पर मिलेगी कि महिला सिपाही अगर सहायता के लिए चिल्लाए तो कौन आएगा मदद के लिए? हवलदार से एस.आई. तक सब छककर पीते हैं। लुढ़के रहते हैं।

'दीदी!' अबकी बार रेशमी की आवाज स्पष्ट थी, न सिसकी न हिचकी। 'हाँ, बोलो। क्या बात है?' अपनी भाषा पर सशंकित हुई इला। इस भाषा ने ही रेशमी के तेवर खोल दिए हैं। पुलिस के व्यवहार में यह

भाषा जहर है। सर कह ही रहे थे—'नए प्रशिक्षण ने सत्यानाश किया है तुम्हारा। तुम पुलिसकर्मी हो या 'वैलकम गर्ल्स'?'

चेतराम हँसकर बोला था, 'सर, मुजरिम भी मनुष्य होता है, अभी इल्ला यही कहनेवाली है।'

चेतराम ने इला की ओर चेहरा घुमाया—'इल्ला, बता दे सर को कि इनसानियत ही सबसे बड़ा धर्म होता है, तू उसे ही निभाने आई है। कह दे कि मुजरिम चाहे कितना ही खतरनाक हो, तेरी हमदर्दी उसी के साथ होगी।'

इला भीतर से उठे वाक्यों को होंठों में भींचकर रह गई कि फूहड़ता और बेरहमी से पेश आकर क्या सचमुच ही अपराधी सच बोल देता है? सख्ती और मारपीट से वही जरूर बोलता है, जो हम बुलवाना चाहते हैं।

चेतराम जैसे एस.आई. सर की ओर से बोल रहा हो, 'नई-नई बातें लागू करणे की कोशिश मती ना करे इल्ला। यो थाणा है, तेरी पुलिस अकादमी नहीं, जहाँ नाच गाना होता रहता है।'

चेतराम और सर की याद आते ही इला के जज्बात उड़न-छू हो गए। यहाँ इंसान होना ही जुर्म है। हमदर्दी गाली है।

'बोल, तू क्या कह रही है रेशमी?' आत्मिक वेदना अपनी बेरहमी में उस पीड़ित औरत पर कड़े लहजे में टूटी।

'कहेंगे क्या, बस इतना कि यह रेशमी इन हालात में कैसे...' कहते-कहते उसका स्वर टूटने लगा। इला ने महसूस किया कि आगे लफ्ज उसका साथ नहीं दे रहे। क्या वह अपनी यादों से हैरान है या अपने वजूद से शर्मशार...।

मैं मजाक नहीं कर रही
यह रास्ता मुझे मेरे पिता ने दिखाया

रेशमी की जबान खुली तो लगा कि अब बन्द होनेवाली नहीं।

'दीदी, आप कहती हो कि हम अपनी कहानी एस.एच.ओ. साहब के सामने सुनाएँ, पर कितने ही एस.एच.ओ. देख लिये हमने, वे हमारी व्यथा सुन लेते तो हम ताउम्र के लिए मुजरिम नहीं हो जाते। दीदी, आदमी क्या समझे औरत की मजबूरी? औरत का दर्द औरत ही समझ सकती है, इतना तो तजुर्बा हमें हो गया है।'

रेशमी अपनी ओर से सोच-समझकर बोल रही थी, सँभलकर बात कर रही थी, फिर भी शब्द उसकी जबान पर काँप जाते। इला को याद आया, थानेदार ने कहा था—''ओ सेक्स की पुतली, रंडी होने के लिए इतनी सजावट काफी नहीं है क्या, जो तू मुँह धोना चाहती है, बालों में उँगली घुमा रही है।' कहने के बाद हँस पड़े थे दरोगा जी, जैसे मजाक कर रहे हों। उन्होंने गम्भीरता से कुछ भी नहीं कहा क्योंकि रेशमी भी बेअसर-सी किसी और दिशा में ही देख रही थी।

पर रेशमी के अनुभवों का इला से क्या तालमेल? इला ने उसकी ओर देखा, आँखें तकलीफ से भरी थीं। उसका सिर धीरे-धीरे हिला, चेहरा पूरा का पूरा उजागर हुआ। दर्द से फटता हुआ उसका वजूद, वहाँ साबुत क्या था? बल्ब की रोशनी में भी नजर अँधेरे में डूबी हुई...इन अँधियारों को टटोलेगी इला, क्या-क्या हाथ लगेगा?

यही कि उस दिन रेशमी की माँ घर पर नहीं थी। बारह-तेरह साल की लड़की की उम्र में लौटनेवाली यह औरत यकायक ऐसे देखने लगी, जैसे हमला बोलेगी। न जाने कब का जुड़ा आक्रोश कड़ककर फटनेवाला था।

'मेरी माँ अपने पीहर गई थी। छोटी बहन उसके साथ चली गई। माता-पिता और हम दो बहनें, यही परिवार था। पिता कारखाने में मिस्त्री का काम करते थे। उनकी कमाई से खर्च चल ही जाता था। माँ अच्छी दस्तकार थी, स्वेटर बुनना, क्रोशिया का काम करना आमदनी का साधन बना लिया।

'माँ के जाने के बाद मैं और पापा घर थे। मैं अब तक खाना बनाना सीखने लगी थी। स्कूल में आठवीं कक्षा में पढ़ती थी।' इतना कहकर रेशमी चुप हो गई। वह कुछ याद कर रही थी या बातों को छान रही थी कि क्या यहाँ कहने योग्य है, क्या नहीं। इला को लगा, वेश्या के लिए छिपानेवाली बातें क्या रह जाती हैं? अगले ही पल खयाल आया, आखिर रेशमी औरत ही तो है। औरत की इज्जत और वेश्या का पेशा उसे दुविधा में डाल रहे हैं।

'फिर क्या हुआ?' इला ने रेशमी को जगाया हो जैसे।

'फिर। फिर पापा कारखाने से आए। दोपहर को खाना खाने के वास्ते आते ही थे। मैं रोज की तरह जग में पानी और एक खाली गिलास लेकर सामने आ गई।

'पापा ने पानी पी लिया। खाने के लिए मना कर दिया। वे बोले, तू खा ले बेटा, मैं तो खा आया।

'मैंने खाना खाया। बर्तन माँजे और डलिया में रख दिए। मुझे अपना होमवर्क करने की जल्दी थी। मैंने बोरा बिछाया और बस्ते से अपनी किताब-कॉपियाँ निकालीं। यकायक याद आया कि घड़े में पानी नहीं भरा है। उठी और नल चलाकर घड़ा भर लिया।

'पापा बाहर निकल आए।

'अरे रेशो, तू कितना काम कर रही है! पानी मैं भर देता। तेरी माँ चली गई, यह नहीं सोचा कि लड़की पर सारा काम आ पड़ेगा!' इतना कहकर पापा ने दूसरा घड़ा उठाया और पानी भर दिया। उन्होंने आँगन में बिछी खाट एक ओर रख दी। ज्यादा मेहनत वाला काम पापा एकदम कर देते थे।

'मैं ध्यान लगाकर अपनी पढ़ाई करने लगी।

'तभी भीतर से पापा पुकारने लगे—रेशो, इधर आ।

'मैं स्कूल के काम में इतनी मगन कि सुनकर भी उनकी बात पर ध्यान नहीं दिया। अक्सर ही हम उनकी बात टाल जाते थे। वे गुस्सा नहीं होते।

'रेशो, मेरी कमीज में बटन टाँकना है।'

'आई पापा।'

कॉपी-किताबें सहेजने लगी, तब तक पापा की फिर आवाज आई।

'मैं फुर्ती से उठी और भीतर पहुँच गई। पापा पलंग पर लेटे हुए थे।

'कहाँ है कमीज?'

'मेरे सवाल के जवाब में उन्होंने मेरी बाँह पकड़ ली। मेरी समझ में क्या आता? यही कि पापा गुस्सा हो गए हैं, मैंने देर जो कर दी। मम्मी पर भी तो गुस्सा होते हैं।

'बाँह छोड़ी नहीं, मुझे अपनी ओर खींचने लगे। मैं भौचक्की-सी खिंचती चली गई। पापा की आँखें अजीब सी...पापा का चेहरा अनपहचाना होने लगा। मैं पीछे हटने लगी। बटन टाँकने आ गई थी, खींचने की क्या जरूरत? मगर उनकी पकड़ इतनी कड़ी थी जैसे सँड़सी की पकड़ पतीली की गर्दन पर होती है। मैंने अपना छोटा सा जोर आजमाया। पापा कुछ बोलते क्यों नहीं? डाँट भी नहीं रहे। तभी उन्होंने इस तरह झिंझोड़ा कि मैं गिरते-गिरते बची। लगा कि ये पापा नहीं हैं, यह तो उनके रूप में कोई भूत है। कहानीवाला भूत। दहशत इस कदर पेट से उठने लगी कि पाँव काँपे और सू-सू निकल गया।

'पापा को उसी क्षण मुझ पर प्यार आ गया। उन्होंने मुझे छोड़ दिया। मेरे बाल सहलाए और कहा, 'डर गई, पगली!'

'आजा, मेरे पास बैठ। तू काँप रही है। डरना मत। मैं सो जाऊँगा।'

पापा कितना धीरज बँधा रहे थे अपनी बेटी को। पिता के रहते तो सुनसान बीहड़ में भी डर नहीं लगता और मैं घर में ही थर्राने लगी। मैं गलत हूँ या पापा? सोच ही रही थी कि उन्होंने मेरी कुर्ती में हाथ डाल दिया।

'पापाऽऽ, क्याऽऽ' मेरे मुँह से अचानक निकला।

'कपड़े उतार दे रेशो।'

'पापा की विनती पर मेरी आँखें फट पड़ीं। लेकिन जिस तेजी से उन्होंने मेरी कुर्ती फाड़ दी, शलवार का नाड़ा तोड़ दिया, वैसी चुस्ती-फुर्ती तो आज तक न मेरे किसी ग्राहक ने दिखाई और न पुलिसवालों ने।'

रेशमी के आसपास अब सन्नाटा था। उसके कहने और इला के सुनने के लिए कुछ बचा न था। औरत की कहानी इससे ज्यादा लम्बी क्या होगी?

'पापा, पापा मैं बहुत छोटी हूँ।' अपनी लम्बी चीख के साथ मैंने प्रार्थना पेश कर दी।

'अरे, अब तू छोटी कहाँ है?' कहकर उन्होंने मेरा सीना मसलना शुरू किया।

'मैं चिंघाड़ पड़ी। आवाज दीवारों के बीच थी और दीवारों के कान नहीं थे।

'आज मैं तुझे और भी बड़ी कर दूँगा,' पिता का यह वाक्य कहने के बाद रेशमी घुटनों में मुँह देकर रोने लगी। जहरीली यादों का जहर ताजा था अब। बाप-बेटी का रिश्ता कितना मर्यादा वाला होता है, रेशमी उजागर कर रही थी।

'दीदी, मैं पापा के काबू में नहीं आ रही थी। मेरा सिर पलंग की अदवाइन वाली रस्सियों के बीच फँसा दिया। फिर जानवर की तरह मनमानी की। सारा बिस्तर खून से तर होता रहा। मैं जिबह हो गई।

'इस तरह मैं बड़ी हुई।

'बाप की आँखों की तरेर मुझे आज तक याद है—चुपचाप कपड़े बदल ले, किसी से कुछ कहा तो समझ लेना तेरी क्या दशा करूँगा!

'मैं बस हाँ में सिर हिला पाई। फिर भी मुझे कमरे में बन्द कर दिया। ताला लगा दिया। मैं अपने ही खून से लड़ती हुई सूट पर सूट बदल रही थी, मगर कपड़े थे कि खून में भीगते चले जाते।

'याद आया था कि दो महीने पहले मासिक धर्म शुरू हुआ था, मैं कितना रोई थी। माँ भी मेरे साथ रोई। रो-रोकर समझाया था मुझे—बेटा! लड़कों और आदमियों से दूरी बनाकर रहना। ऊँच-नीच हो गई तो तेरे बाप कहीं मुँह दिखाने के काबिल नहीं रहेंगे।

'मैंने पिता के व्यवहार पर जिस घुटन और बेबसी का सामना किया, उसमें खुद को खत्म कर देने का ही फैसला था। दीवारों से सिर मारा, खाट के पाये से माथा टकराया। बड़ी-बड़ी घुमेर आने लगी। बड़े से गूमड़ उठ आए माथे पर। मिट्टी का तेल कमरे में होता तो आग लगा लेती। मौका मिलेगा तो सीने में चाकू कैंची भोंक लूँगी। कोठा खँगाल

डाला, मिला तो प्लास मिला। मन में आया कि इस प्लास से बाप की ही जान ले लूँ तो?

'बाप तो पता नहीं कहाँ चला गया। खिड़की से देखा कि पड़ोसिन चाची हमारे नल पर पानी भर रही हैं। मैंने भीतर से जोर-जोर से कुंडी खटकाई। चाची ने इधर- उधर देखने के बाद उस कोठे की ओर देखा, जहाँ से आवाज उठ रही थी।

'चाची भागी। चाचा को लिवा लाई और ताला तोड़ दिया।

'हाय बिटिया, तेरा यह हाल!' चाची मुँह फाड़े देखती रह गई। आँखें जम गईं।

पता नहीं कितनी देर खड़ी रही? होश आया तो, 'चाची, पाँच रुपया दोगी?' मैंने तड़पकर कहा तो चाची ने मुझे छाती से लगा लिया और बोली, 'बिटिया, पाँच नहीं, दस रुपया ले ले, पर यह बता, करेगी क्या? यह तेरी हालत...चल, अस्पताल चल।'

'चाची, माँ के पास...' मैं लगातार रोए जा रही थी।

'किसने किया है तेरा यह हाल?'

'क्या बताती? अपने ऊपर शर्म आई कि इस राक्षस के घर जन्म लिया है मैंने। माँ के ऊपर गुस्सा आया, पति की नीयत नहीं जानती थी क्या? इस पर इतना भरोसा...बाप-बेटी का सम्बन्ध क्या होता है? दीदी, सब रिश्ते मर्द और औरत के निकले मेरे तजरुबे में।

ऑटो में बैठकर अकेली ही मामा के गाँव पहुँची। माँ को सामने पाया तो सब्र का बाँध टूट गया। जार-जार रो उठी। मामा-मामी सब परेशान हो गए।

'माँ ने सबको शान्त किया, बोली, 'घबरा गई है। पापा ने डाँटा-मारा है। इसने घर का काम नहीं किया। खाना तो एक दिन भी नहीं बनाया। न जाने कहाँ निकल जाती थी सो बाप ने दो-चार थप्पड़ मार दिए और इसका गुस्सा देखो कि इसने छुरी से खुद को जख्मी कर लिया। जाँघ और पेट के नीचे गहरे घाव बन गए हैं, इसके पापा बता रहे थे। अभी-अभी तो स्कूटर से आए थे वे। अपनी ड्यूटी पर निकल गये हैं।'

'माँ! मम्मी!!' मेरा मुँह खुला रह गया। माँ क्या जानती है मेरे बारे में? या सब कुछ भाँप गई है? पापा मम्मी को जो बता गए हैं, उस पर तो विश्वास करेगी ही माँ। हमेशा ही भरोसा करती है।

'तेरह साल की लड़की माँ से जिरह भी कितना कर सकती थी? पिता को कितनी चुनौती दे सकती थी? बस अपनी हादसे भरी अवस्था में एक ही बात मुँह से निकलती रही—'अस्पताल ले चलो। अस्पताल...' कराह के बीच अस्पताल शब्द ही हिचकोले खाता रहा। माँ मुझे खींचकर एकान्त कोने में ले गई।

'पागल हो गई है तू। सच्ची बता तेरे बदन में कहाँ-कहाँ चोट लगी है। किसी ने ऐसा-वैसा कुछ किया है? बता, सच्ची!' माँ ने इतना कहकर मेरे गाल पर तीन-चार थप्पड़ मारे।

'चल अस्पताल चल और उसका नाम बता, जिसने...' माँ सचमुच मुझे खींचती हुई अस्पताल की ओर चल पड़ी और मैं अपने निचले हिस्से की टीसों के मारे तड़प उठी। रो रही थी कि डकारने लगी जैसे देह के सारे तार पिता की करतूत से जुड़ गए हों।

अपने ऊपर गुजरती हवस की आँधी से भरे कुछ घंटे, जिसने मेरी मासूमियत, अबोधपन, छोटे से मन की सुख-शान्ति को हमेशा के लिए खत्म कर दिया। उस घड़ी मुझे नफरत और घृणा के सिवा कुछ न सूझ रहा था। माँ-बाप को सूली पर लटका दे कोई। मम्मी-पापा से बड़ा दुश्मन कोई नहीं। ये शब्द हथौड़े की तरह कनपटी को ठोंक रहे थे। दूर कहीं दूर, इन लोगों से दूर...घर नहीं जाना है क्योंकि उस आँगन और कोठे में पिता रहता है।

मैं सचमुच इतनी बड़ी हो गई कि माँ के सामने खुलकर बोली—'मैं अपना मैडिकल कराऊँगी (पड़ोसिन चाची ने कहा था)। मैं घर की दुनिया से दूर छिटककर खड़ी हो गई क्योंकि अब तक की दुनिया कुछ और ही थी। माँ की आँखें फटी रह गईं। चेत आया तो अपना माथा पीट लिया, चीखी—'कुलच्छिनी, तू क्या-क्या करेगी?'

मगर फिर भी मैंने माँ को पुकारा, अपना हाथ उसकी ओर बढ़ाया कि वही थाम सकती है मुझे। और उस लमहे को क्या कहूँ कि माँ मेरी ओर खिंची चली आई। मेरी जिद के आगे झुक गई। मेडिकल हुआ। नाबालिग लड़की का मेडिकल।

'रेशमी पुरुष द्वारा औरत की तरह इस्तेमाल हुई है,' डॉक्टर ने लिखकर दिया। और माँ ने नए सिरे से तूफान उठा लिया—

'सच्ची बता, वह कौन था? कुकरम किया है तभी तो तेरे पापा ने तुझे पीटा है।' सुनकर मेरे भीतर का मौन बम की तरह फटा क्योंकि दर्द

पीते-पीते तकलीफ बारूद का गोला हो गई थी। विस्फोट के बाद जो बाहर आया, वह दहशतनाक सच्चाई की राक्षसी घोषणा थी, जिसमें 'पापा-पापा-पापा' के सिवा कोई दूसरा शब्द न था।

माँ हक्का-बक्का या मैं ही सन्निपात की मरीज? होश खो चुकी है लड़की, माँ बस इतना ही मान पाई। पति के प्रति आदर से भरी हुई रेशमी की माँ बुरी तरह संस्कार की रस्सियों में जकड़ी हुई है, तब कच्ची उम्र में मैं कहाँ जानती थी।

लेकिन आदर-सम्मान और भरोसे ने कुछ देर में ही माँ का साथ छोड़ दिया। याद पड़ता है कि वह फिर अपनी बेटी से ऐसे बात करने लगी जैसे दो औरतें आपस में किसी भी तरह के विषय पर बोल-बतिया सकती हैं। रिश्ते पीछे रह गए क्योंकि अब हम एक नस्ल, एक जिंस थे। अब कोई रिश्ता माँ को भरमा नहीं पा रहा था। उसने अपनी इस गहरी विपता में खुद को कसना छोड़ दिया।

रिश्ते का दखल टूट गया तो माँ बिफरने लगी। उसने अपना माथा पीटा और बाल नोंच डाले। आँखें फाड़-फाड़कर रेशमी के औरत रूप को देखती और दुर्भाग्य को कोसती।

पत्नी के विश्वास पर आजाद घूमनेवाला मेरा पिता मेरी माँ की पहल पर पुलिस के घेरे में आ गया। मेडिकल प्रमाण उसका सहायक हुआ। मुझे माँ के इस हद तक जाने की उम्मीद नहीं थी क्योंकि पति का त्याग तो दूर वह उसका बिछोह तक बर्दाश्त नहीं कर सकती थी। मेरी दुविधा दूर हुई और यहीं से माँ के साथ बेपनाह गहराईवाला भरोसा कायम हुआ।

माँ-बेटी ने पिता का घर त्याग दिया। मम्मी कारखाने में शिफ्ट के हिसाब से काम करती और मैं घर का काम सँभालती। मामा का सहयोग देखकर मेरा अहसास दो धारों में फट जाता। पापा और मामा, ये दो मर्द इतने अलग क्यों हैं? मामा ने ही कहा, 'रेशमी उस पिशाच के घर कभी नहीं जाएगी। बहन तुझे भी ऐसे पति पर थूक देना चाहिए। अपनी मेहनत पर भरोसा कर। अपनी बेटी के संग रह।'

लगा कि माँ के साथ टोली बनाकर हम अत्याचार के खिलाफ अपना सफर शुरू कर चुके हैं। दोनों की बेबसी मिली-जुली है। खूनी लड़ाई और हर हालत में जिहाद छेड़ने में हम एकजुट हैं। कहने के लिए तो रेशमी नाम की लड़की छोटी ही थी लेकिन खतरनाक मंजरों ने बड़ी औरत की तरह

मेरी बुद्धि बढ़ा दी। नई बात यही थी कि अपनी कूवत का अहसास हुआ। कई बार सोचा—बाप के खिलाफ जाने पर सड़क पर आ जाऊँगी क्योंकि सारे घर पर बाप का कब्जा है। कब्जेदारी से निकलकर कहाँ पनाह मिलेगी? मामा का कहना कब तक अपना असर रखेगा? यकायक रौनक नाम की लड़की याद आई, क्लास में अक्सर रोया करती थी, पूछने पर बताती कुछ नहीं। क्या पता उसके दिल में ऐसा ही कोई हादसा छिपा हो। रो-रोकर रहने में झेलने की ताकत बढ़ती है, तभी तो सिर पर घर की छाँह बनी रहती है। क्या इसलिए ही अक्सर औरतें रो दिया करती हैं? आज यह रेशमी तमाम तरह से अपने और अपने जैसी औरतों के बारे में सोचती है लेकिन तब किससे क्या कहती? घर में तो जलजला आ गया था। दीवारें खूँखार हो गईं और छत धमकाने पर आमादा...

माँ अनजाने ही एक दिन छिटक गई। पता नहीं उसकी आत्मा पर कौन सा बोझ था! उसके धीरज की खेप टूटने लगी या अपने मालिक के लिए अटूट श्रद्धा ने उसे ललकारा! मैं तो उसे देखकर दंग रह गई जब वह पिता के लिए कस्टडी के चक्कर लगाने लगी। उसने वकील की सहायता ली और अर्जी बनवाई। लिखा गया—मेरे पति शराब के नशे में थे, अनर्थ हो गया। अब वे बेटी से पाँव पकड़कर माफी माँगना चाहते हैं, साथ ही आगे के लिए पवित्र व्यवहार की कसम उठाते हैं। लिखकर यहाँ रुक्का जमा करेंगे।

आप देख लो दीदी, पति की औरत होने की कीमत कहाँ तक जा सकती है! बेटी को दाँव पर लगा दिया। मुझे लड़कों से बचकर रहने की हिदायत देनेवाली माँ अपने बलात्कारी पति को क्या सचमुच माफ कर चुकी थी? या मम्मी ने यह मान लिया था कि लड़की हर हाल में बोझ होती है। जिम्मेदारी के रूप में ढोनी पड़ती है, उसे ढोनेवाली माँ हर मोर्चे पर हार जाती है। मर्द ताकतवर होता है, वह बलात्कार कर सकता है, यही कारण है कि उसका डंका हर जगह बजता है।

मैं जानती हूँ कि पति के प्रति माँ के दिल में नफरत भरी हुई थी, मगर उसकी हिम्मत पस्त हो गई थी। पिता को छुड़ाकर ले जाएगी, अपने घर को आबाद कर पाएगी। कहती थी, गृहस्थी औरत के सुख का खजाना होती है। फिर ऐसे देखा जैसे रेशमी उस गृहस्थी को उजाड़ने का कारण हो गई। जो लड़की बाप के लिए दाग है, बाप के संग कैसे रह पाएगी, छोटी

उम्र की लड़की कहाँ जानती थी? हाँ, इतना जरूर जानती थी कि कुकर्मी के साथ नहीं रह पाएगी।

मम्मी पर मेरा कोई वश न था। वह बराबर अपने पति की रिहाई की कोशिश में लगी रही। वह भगवान की तसवीरों के सामने प्रार्थना करती, इसके सिवा कुछ न बोलती। बोलती तो उसकी आवाज फटने लगती।

मैं अपने मंसूबों में कभी घबराती तो कभी इतनी हिम्मत जोड़ लेती कि धोखे से बाप का खून ही कर दूँ। सिर के पिछले हिस्से पर हथौड़ा चला दूँ या कमरे में आग लगाकर भाग जाऊँ। माँ का पति हर हाल में खत्म होना चाहिए। अगर ऐसा कुछ न कर पाई तो? तो इस घर में बाप आए, उससे पहले भाग जाऊँ या जान दे दूँ।

माँ अपनी बेटी के इरादों से बहुत अनजान नहीं थी क्योंकि लड़की की हालत बद से बदतर होती जा रही थी, ज्यादा चिड़चिड़ी, ज्यादा कड़वी, ज्यादा मुँहफट। किसी की हमदर्दी उसे काबू में कर पाती, ऐसा लगता न था। पिता की जबर्दस्ती ने उसकी शारीरिक और मानसिक अवस्था पर भयानक दबाव बनाया हुआ था।

जैसे ही खबर सुनी कि उसके प्यारे पति की जमानत हो सकती है, वे आ सकते हैं, मुझमें बिजली की सी तेजी आ गई। गजब की फुर्ती पाँवों में समाने लगी, जिसने सारे वजूद को झकझोर दिया। नस-नस में आँधी उतरने लगी। अब किसी की ओर देखे बगैर तेजी से दौड़ लगाकर मैं घर के बाहर आ गई। कब से हँसी नहीं आई थी, अचानक होंठ लरज उठे। भागनेवाली लड़की को शर्म की जगह उत्साह महसूस हुआ और बस कस्बे से बाहर हो गई।

मील और कोस पार किए। हाँफती-थकती रुकने के लिए ठहरती, तभी माँ की याद आ जाती जो एक मर्द के घर में रहने को अपनी जिन्दगी समझ रही है। यहाँ तो रास्ते में पशु-पक्षी, यहाँ तक कि रास्ता काटती बिल्ली भी हमसफर लगती। अपना रास्ता खुद बनानेवाले जानवर! अपने साथी।

चलते-चलते आदमी भी मिले, औरतें भी। लेकिन पिता जैसा अभी तक कोई नहीं मिला, माँ जैसी कितनी होंगी, पता नहीं। अकेलेपन से डर बहुत लगा।

वीरान रास्ता। मुसाफिर के रूप में औरतें दिखीं!

मेरी आशा कुलबुलाई। अच्छा साथ रहेगा, इनकी गैल चली चलूँ!

मौसम बरसात का है, रात भी होने वाली है। कामचलाऊ आसरे की जरूरत सबको होती है। थकावट ने पाँव कस लिये। आगे बढ़ने में असमर्थ रही। लाचारी में एक बबूल के नीचे पड़ी रही। आँखें बन्द कीं, हौलदिली उमड़ आई, मगर बेचैनी से रास्ता पार नहीं होता, समझ में आ गया। फिर चल दी। मन में ताप का गुबार और पेट में भूख के काँटे इस कदर उभरते चले आए कि चक्कर आने लगे। नींद आई कि होश खोए, अब याद नहीं।

होश आया तो औरतें आसपास मिलीं। बुझी-बुझी नजर में औरतों का चहकता हुआ कारवाँ कौंधा। आँखें मलने के बाद गौर से देखने लगी, औरतों के मामूली कपड़े थे, मगर रंग-बिरंगे। साड़ियाँ और शलवार-कमीजों पर सितारे दमक रहे थे। उनके चेहरे गँवई तर्ज पर रँगे-पुते थे, पाउडर, लाली और काजल की मोटी धार से सजे हुए। उस वीरानी में मैं भीतर-ही-भीतर सिंगार-कथा पढ़ने लगी। एक-से-एक सजीली, ये किसलिए आई हैं? माँ कहती थी—बच्चों की सहायता भगवान करते हैं, मैंने इस बात को मानना छोड़ दिया था पिता की करतूत के बाद, मगर इतनी जल्दी भगवान ने ये गँवई परियाँ भेज दीं? वे गा रही थीं, लय और ताल ने मेरा दुख सोख लिया।

एक बात अजीब लगी, सजी-धजी औरतों के हाथों में खाली बोरे हैं, ऐसे ही जैसे स्कूल में टाट-पट्टी न होने पर बच्चे साथ ले जाते हैं। समझ में यही आया कि ये औरतें अनाज, कोयला या सूखा गोबर बीननेवाली हैं।

सामने बैठी औरत के हाथ में प्लास्टिक की भरी बोतल देखकर मेरी प्यास पानी होने लगी। पानी देखकर मेरा दिल भर आया। सामने बैठी औरत ने पुकारा—'गुड्डी!'

मैं जार-जार रोने लगी।

'अरे, रो रही है छोरी! कहाँ से आई है?'

मेरी हिचकियाँ बँध गईं, सारी हिम्मत ने आँसुओं के रूप में अपना ताप बहाना अख्तियार कर लिया।

एक औरत आगे बढ़ी और मुझे छाती से लगा लिया।

'रास्ता भटक गई है?' कहकर पीठ सहलाने लगी। पास ही दूसरी औरत भी बैठी थी, कहने लगी, 'देखो, कैसी बदहवास है छोरी, खाने को कुछ दे दो।'

उनकी आवाजों के कारण अपने भीतर गरजनेवाली ताड़नाएँ मन्द पड़ने लगीं। रोना भूलकर, अलग हटकर अब उनको देखा तो लगा, ये मोती की माला-सी घेरा बाँधे औरतें कुछ ज्यादा पूछ नहीं रहीं, सब कुछ समझ गई हैं क्या? कोई ऐसी भी दुनिया है जहाँ ये प्यार-भरी औरतें रहती हैं?

'पानी पी ले मुन्नी,' चमकीली टिकुली लगाए हुए थी वह, जिसका नाम अशरफी बोला गया।

'अरे ये बिस्कुट खा ले। तू कब से भूखी है।'

बिस्कुट खाते समय फिर आँखों में आँसू आ गए, गले में भी खारापन महसूस हुआ क्योंकि माँ, पिता, पड़ोसिन चाची, ऑटोवाला, पुलिस, डॉक्टर और मामा अपने सच्चे रूप में प्रकट होने लगे। अत्याचार ताल पकड़ने लगा। बलात्कार के कोड़े की आवाज...नहीं पापा नहीं...इस भयानक दृश्य की तन्द्रा में ही तो सारा रास्ता पार किया था। साँझ का सूरज छिपने के बाद घिरते आते अँधियारे में मेरे लिये पौ फटी।

औरतें एक-एक करके छिटकने लगीं। अपना-अपना बोरा थामे एक-दूसरे से दूरी बढ़ाने लगीं। हर एक के हाथ में टॉर्च चमकती गई। मैं अकेली? क्यों, इस सवाल ने रहस्य बढ़ा दिया। देखा कि आसपास उनका कुछ सामान है—थैली, डिब्बा, पानी और एक टॉर्च भी। एक बच्चा भी पास में सो रहा था, उसकी छोटी-छोटी साँसों ने मेरा बड़ा सा अकेलापन दूर कर दिया।

जानती हो दीदी, औरतें कौन थीं?

धन्धा करनेवाली, बोरों को अपने बिस्तरों की तरह साथ लेकर चलतीं। शाम होती, वे घर का काम निपटाकर निकल पड़तीं। अँधेरा घिरता, मेन रोड के सहारे खड़ी हो जातीं। रात के समय सड़क से ट्रक गुजरते, कारें आतीं, ऑटो आते, ग्राहक जुड़ते चले जाते। वे एकान्त खोजकर उन्हें बड़े प्रेम से निपटातीं। रेट के हिसाब से पैसा बोरा बिछाने से पहले ही वसूल कर लेतीं क्योंकि उनका मानना है कि धन्धा कोई भी हो ईमानदारी बराबर रहनी चाहिए।

अब आगे क्या रह गया है दीदी? बस तब से आज तक मैं उन औरतों के साथ हूँ। तभी तो धारा 109 में पकड़ी जाती हूँ।

सबकी अलग व्यथाएँ हैं, मगर भूख का कहर एक-सा है। कोई लाज त्यागकर भीख माँगता है तो कोई 'इज्जत' को ताक पर रखकर देह को दाँव पर लगा देता है। इज्जतवाले किसी को इज्जत से रहने देना नहीं चाहते। खुद कुकर्म करते हैं, दूसरे को कीचड़ में धकेल देते हैं। मर्द की जात बड़ी बेशर्म होती है। धन्धा करनेवाली औरतों के मर्दों को मैंने देखा है, वे शराब ताड़ी पीकर पागल हुए रहते हैं, अपनी औरतों को पीटते हैं, कहते हैं कि—तू सत्तर आदमियों के नीचे...ये बच्चा-बच्ची मेरे नहीं हैं। तू इन्हें पाल या काटकर नदी में बहा दे। औरतें एक कान से सुनकर दूसरे कान से जलती धधकती बात को बाहर निकाल देती हैं और अपने धन्धे पर चुपचाप चल पड़ती हैं। बाहरी आदमी जो सम्बन्ध बनाता है, औरत की मर्जी से बना सकता है। रिश्तों का पाखंड यहाँ नहीं।

आप ही देख लो नाइनसाफी कि मेरे बाप को पुलिस ने छोड़ दिया और मुझे जब न तब गिरफ्तार करने के लिए उतावले रहते हैं। इन्हें यह इल्म नहीं कि जुर्म किसने किया, मुजरिम कौन है?

इला को याद आया—थाने की इमारत पर सेवा और ईमानदारी का झंडा लहराया करता है।

जूते खाया-सा महिला सिपाही का वजूद रेशमी के कितने ही सवालों पर मौन है। 'ड्यूटी इज ड्यूटी' का शब्द-घोष खोखला हो गया। रेशमी को बन्द रखने में कोई रुचि नहीं रही। इला को नींद आने लगी। भटकानेवाले चौकन्नेपन का क्या करेगी?

तन्द्रा पुरसुकून उसके वजूद पर छा गई।

यह क्या किया?

नींद में या सपने में?

रेशमी अपनी कोठरी में मौजूद नहीं है, गिरफ्तार करके लाई गई औरत का थाने से भाग जाना किसका जुर्म बनेगा?

गिरफ्त ढीली पड़ गई, इला चौधरी? रेशमी ने सफल और फिदा करनेवाला किरदार निभाया कि समाज के लगाए दाग-धब्बे हलके पड़ते गए। कितनी अभिनय कुशल होती है वेश्या, माहौल के अनुकूल खुद को ढालना न आए तो अपनी आजीविका कैसे चलाए?

इला की ड्यूटी! ड्यूटी का मखौल क्योंकि पुलिसिया धारा के तहत मुजरिम मानी गई औरत इला को निष्पाप और निश्छल लगी, इसलिए बेकसूर भी लगी। संवेदनाओं की गठरी खोल दी थाने में।

इस व्यवहार को किस कोटि में रखा जाए कि इला ने ही उसकी कोठरी का द्वार खोल दिया ऐसे ही जैसे नींद में चलनेवाला व्यक्ति दिशाहीन होकर कदम बढ़ाता जाता है। रहस्यमय दया-करुणा ने बंदिनी और सिपाही के बीच कैसा गठजोड़ किया कि कानूनी कार्यवाही के लिए जगह न छोड़ी।

अब क्या होगा? इला ने झटका खाया। यहाँ से रिहा होकर रेशमी क्या करेगी? गालों पर रूज लगाएगी, होंठों पर लाली पोतेगी और नए शिकार के लिए निकल पड़ेगी। खुद भी मदमस्त आदमियों के हत्थे चढ़ेगी। यह कैसी हमदर्दी हुई?

जरूरी तो नहीं कि वह धन्धा ही करे। धन्धा नहीं करेगी तो समाज के किस कोने में जगह पाएगी? वह नहीं आएगी तो घेर-घारकर यहाँ तक लाया जाएगा। अपनी मर्जी से कौन-सी औरत वेश्या बनना चाहती है?

इला की भावना है कि पागलपन है? थाने पर उसकी बेवकूफी की चर्चा गरम हो गई। वह इधर-उधर बौखलाई-सी देखती मगर कहीं सहयोग का कतरा तक न पाती।

वेश्या नाम की औरत का थाने पर क्या होता? वह इनसाफ के लिए किसके सामने मुँह खोलती? यहाँ एक ही गणित है। मनी या सेक्स का बोलबाला अपने रिवाज में उसका वही हाल करता जो उसके पिता ने किया था। थाने पर भी औरत की भूख चील की तरह मँडराती है।

इला को सुनीता की याद आ गई। वह और समीना कांस्टेबल की हैसियत से सुनीता को सड़क से उठाकर लाई थीं, जहाँ वह बेहोश पड़ी थी। साँवले रंग की दुबली-पतली लड़की, साधारण नैन-नक्श के साथ अच्छे कद वाली थी।

थाने पर सुहानी रात उतर आई। एस.एच.ओ. सर शराबनोशी में मशगूल थे। आज जिस मुजरिम को बेकसूर बनाकर रिहा कर दिया था, उसी की ओर से दावत का सामान आया था। जनता भी कम नहीं, पुलिस को मदहोश रखना जानती है।

सुनीता को होश आने लगा। इला और समीना ने चैन की साँस लीं।

'अब वह बयान दे पाएगी।' एक-दूसरे से इशारों में कहा।

तभी डी.एस.पी. सर का रीडर वहाँ आ गया। रीडर ने ऑर्डर दिया–'यह लड़की अंट-शंट बककर पुलिस को भटकाती है। यह जाली औरत है, समझी इला? और समीना।'

रीडर की बात को गलत कहने का क्या सबूत था उसके पास? महिला पुलिस तैनात थी, मगर रीडर पदवी का रुतबा तो जता ही सकता है। और यह भी कि वह गलत न बोल रहा हो, सुनीता ही आदतन झूठी हो। वैसे भी मुजरिम अगर हाथ में अंगारे लेकर भी सच बोले और वह पुलिस के माफिक न पड़े, बयान झूठ ही माना जाएगा, यह अनुभव की बात है। सुनीता ने कुछ-कुछ बताया है इला को, मगर रीडर माने तब न!

'हम इससे अपनी तरह से सच उगलवाएँगे,' रीडर सर ने एलान किया।

'सर, इस बात पर तो यकीन करना पड़ेगा कि सुनीता के चाचा ने उसे ट्रकवाले के हाथ बेच दिया था। जितने दिन यह ट्रकवाले के साथ रही, वह मनमानी करता रहा। दिल भर गया या पैसों का लालच लगा कि ट्रकवाले ने इसे पाँच हजार रुपया लेकर अपने साथी ट्रकवाले को बेच दिया। उसी के ट्रक में बैठकर आ रही थी यह लड़की। अपनी जिन्दगी से बेजार थी कि ट्रकवाले से आजाद होने की बात मन में आ गई, यह भागने की सोचने लगी। सुनीता ने अपने बयान में यही बताया है कि उसने सोचा, अब चाहे जो हो, इससे बुरा नहीं होगा, जो उसके साथ हुआ है। बस इस लड़की ने अपनी जान पर खेलकर चलते हुए ट्रक से छलाँग लगा दी। ट्रकवाला समझता रहा कि सुनीता पीछे बैठी है। उसके साथियों ने भी ध्यान नहीं दिया जो सुनीता के जिस्म का आनन्द उठाने में हिस्सेदार बननेवाले थे क्योंकि वे लगातार शराब पी रहे थे।'

रीडर साहब ने कहा, 'शाबाश!' सुनीता की पीठ थपथपाने लगे। साथ ही इला और समीना को बाहर जाने का इशारा किया सर जी ने।

इला और समीना ढीठ किस्म की कांस्टेबल हैं, वे वहाँ से हिली तक नहीं।

सर को गुस्सा आ गया, नथने फुलाकर बोले—'कल की रँगरूट तुम! क्या समझोगी कि बदचलन लड़कियाँ अक्सर करुण कहानी गढ़ लेती हैं। अपनी बहादुरी का बढ़-चढ़कर बखान करती हैं। देख लेना, मैं पूछूँगा तो बात कुछ और निकलेगी!'

इला और समीना उजबक की तरह देखती रहीं सर की ओर।

'अरे, जाओ तो यहाँ से। तुम्हारा काम बयान लेना नहीं, केवल मुजरिम की तलाशी लेकर उस पर नजर रखने का है।'

'जाती हो या नहीं? मेरे पास फालतू टाइम नहीं है।' रीडर सर कड़कड़ाए। 'अफसर की आज्ञा मानना भी तो ड्यूटी में आता है। हम क्यों बार-बार आपे से बाहर होने लगते हैं? अफसर जो करे सो करे। हम टाँग अड़ाएँगे तो हमारा रिकॉर्ड खराब कर देंगे ये लोग। यह थाना है, हमारे बाप की जागीर नहीं कि मनमानी करें। और मनमानी तो हम बाप के घर भी नहीं कर पाए। समझ लें कि हम यहाँ खानापूर्ति के लिए हैं।' समीना स्थितियों को सहने योग्य बनाने की कला जानती है। ऐसे तर्क भी देती है कि इला मन मसोसकर रह जाए।

वे दोनों बाहर निकल आईं। रात का समय था, वहाँ जाकर बैठ गईं जहाँ मुंशी बैठा करता है क्योंकि कुर्सियाँ वहीं दिखाई दीं।

'समीना, क्या पूछ रहे होंगे सर?'

'शरीर बिकने की कहानी डिटेल में।'

'अब हम क्या करें? प्रार्थना कि ट्रकवाला आए और उसे ले जाए क्योंकि यहाँ तो रीडर सर की घुड़कियों ने ही सुनीता को बेदम कर दिया होगा। हमारा दिल भी तो उनके तेवरों के कारण थर्रा गया, वह तो बेबस लड़की है।'

यकायक अँधेरा हो गया। लाइट चली गई।

इला और समीना ने गहन कालिमा के बीच एक-दूसरे को टटोला और साथ-साथ उठ खड़ी हुईं—'चलें।'

जिस छोटे-से कोठरीनुमा कमरे में सुनीता थी, उसी दिशा में अन्दाजे से दोनों सिपाही बढ़ चलीं। सींखचेवाले दरवाजे के इतने निकट पहुँच जाएँगी दिशा को टटोलती हुई, उन्होंने भी नहीं सोचा था।

तभी लाइट आ गई। रोशनी ने नजारा उजागर कर दिया—रीडर सर उस लड़की के नंगे बदन से चिपटे हुए हैं। लड़की छटपटा रही है।

दोनों लड़कियों ने आँखें मूँद लीं जैसे फिर से रोशनी गुल हो गई हो।

'अब क्या करें? सर इस हालत में नहीं कि उठकर लाइट का स्विच ऑफ कर दें।'

'किस मुँह से जाएँ लड़की के पास?' इला फुसफुसाई।

'उधर से पीठ फेर ले, शर्म ने बेहाल कर दिया।' समीना ने लाचारी दिखाई।

सर ने आराम से कपड़े पहने। लड़की ने कराहते हुए खुद को ढका। इला और समीना बेशर्म सिपाहियों की तरह मुजरिम के करीब आईं।

इला का चेहरा तमतमा रहा था क्योंकि रीडर सर से कुछ कह नहीं पाई। अपनी दशा में वह काठ होती जा रही थी, एकदम कठपुतली की मानिन्द। शरीर पर धारण की हुई वर्दी में भीतर-ही-भीतर कड़े और तीखे काँटे उग आए। घर से यहाँ तक आने का संघर्ष घायल हो गया। कलेजे में अँगीठी दहक रही थी।

'समीना, वर्दी, बूट और रायफल फेंककर भाग चलें। इस थाने पर थूक दें।' समीना खोखली-सी हँसी हँस दी—'इला, तेरा गुस्सा मुझे अच्छा लगता है। लेकिन लड़ने के लिए पोजीशन और पावर चाहिए।'

'फिर हमने क्यों शिक्षा प्राप्त की? क्यों ट्रेनिंग ली? क्यों शपथ खाई?'

'यार, वह सब तो ठीक है, लेकिन यह भी तो देख कि जहाँ हमें शपथ इस्तेमाल में लानी है, वहाँ कैसे लोग बैठे हैं? हर कदम पर हमको हराने-थकानेवाले, हौसला गुम कर देनेवाले, जैसे हम उनका राजपाट ऐशो-आराम और मौज-मस्ती में पलीता लगाने आए हों। तभी तो अफसर हमें इतना धमका देते हैं कि हम आगा-पीछा भूल जाएँ।'

'समीना, मैं भी देखती हूँ कि ये लोग कहाँ तक हमें रोकेंगे! अकादमी में सर कहते थे, इनसाफ और बदलाव के लिए पद की नहीं, पहल की जरूरत होती है।'

समीना के गोरे चेहरे पर भावों की आवाजाही थी, अन्दाजा लगाना मुश्किल न था कि उसे आनेवाले कल पर भरोसा है। बोलने के लिए कुछ

देर बाद इतना ही बोली, 'हाँ, अपने लिए लड़ना जरूरी न लगता तो यहाँ क्यों आते? रोटी-कपड़ा तो शादी के बाद शौहर भी दे देता। हम जिस मकसद के लिए आए हैं, अभी पुलिस के लोग उसे समझने की काबिलियत नहीं रखते।'

'एस.पी. साहब के यहाँ पेश हो जाएँ? खुलकर सारी बातें बताएँ?' यह इरादा इला ने समीना के सामने ही पेश नहीं किया, रीडर सर को भी बेझिझक बगैर दहशत के सुना दिया।

'इला!' समीना ने टोका।

'रोक मत मुझे। इस रीडर के मुँह पर तो मैं तमाचे मारूँगी। तभी मुझे चैन आएगा। रीडर है तब क्या जानवर बनकर पेश आएगा?'

'दुश्मन की यह सबसे ज्यादा कमजोर हालत है, मैं मानती हूँ और ऐसी हालत में ही हमला कारगर रहता है, यह भी जानती हूँ, इला।'

'रीडर सर! हमारे अफसर!!' इला ने सर जी के सामने ही व्यंग्य किया।

सर ने एकान्त में बुलाकर दोनों लड़कियों से माफी माँगी। माफी का कारण लड़कियाँ नहीं, एस.पी. सर हैं, जो इनसान की नस्ल के उदाहरण हैं। उनकी नेकनीयत का डर बदनीयतों को लगता है, यह कम बड़ा भरोसा नहीं।

और यह रेशमी!

वेश्या के रूप में मुजरिम...इला ने अपने कठघरे से रिहा कर दी, क्या गलत किया? बेगुनाह को हथकड़ी लगाना अच्छा नहीं। एस.पी. सर सिपाहियों की ताकत हैं अपने रूप में।

रेशमी का बयान अपने रूप में अखबार में छप जाना चाहिए कि दूर-दराज गाँव-कस्बों की औरतें-लड़कियाँ भी पढ़ें।

इला ने अपनी डायरी में घटना सहित पूरा का पूरा दर्ज किया है—

'क्या समझती हैं दीदी आप? लड़कियाँ तो जैसे जुल्म सहने के लिए ही पैदा हुई हैं। घर टूटने और जुल्मों से बचकर बाहर भागें तो उनका नाम रंडी हो जाता है। कौन जानता है कि लड़कियाँ अपने लिए रोटी-कपड़ा कैसे पैदा करती हैं? मौत के साए में कैसे जिन्दा रहती हैं, मेरे बाप का चलन

क्या कहता है? उसकी हिम्मत आज भी जबर्दस्त है क्योंकि लोगों ने मान लिया कि बेटी को उसने रंडी मानकर त्याग दिया। मगर यह कोई नहीं जानता कि आज भी वह मेरा पीछा कर रहा है और दबे पाँव आकर सामने खड़ा हो जाता है, भिखारी की तरह पैसे माँगता है। नहीं देती तो धमकी देता है कि मैंने उसे जेल भिजवाया और नौकरी खत्म करा दी, वह भी मुझे देख लेगा। माँ अपनी अलग सूरत में कभी गालियाँ देती है तो कभी बाप को रकम थमा देने की सिफारिश करती है। इस तरह की माँओं की बेटियाँ वेश्याएँ न बनेंगी तो और क्या होंगी?

'दीदी, अपनों का दिया कैसा सुन्दर सदमा है कि हम चेहरे को लाली-पाउडर से ढककर मुसकराने का स्वाँग करते हैं।

'चोरी नहीं की, खून-कत्ल नहीं किया, यहाँ तक कि किसी को तकलीफ तक देने की बात मन में नहीं आई, फिर भी हम पकड़े गए। और बाप, जो आज भी बेटी का खून पीने के लिए तैयार है, आजाद घूम रहा है। माँ को सब निर्दोष, मासूम और लाचार मान रहे हैं। कैसा चालाकी भरा इनसाफ है यह?'

रेशमी की आँखें भर-भरकर छलक रही थीं। उसके काँपते हुए होंठ और थरथराती ठोड़ी चेहरे पर दर्द का भयानक नजारा उभार रही थी। अन्त में उससे कुछ न कहा गया क्योंकि रोते हुए हिलकियों ने आवाज रूँध ली।

क्या सान्त्वना दे इला उसे? यही कि आनेवाले समय पर भरोसा करो कि तुम गिरफ्तार नहीं की जाओगी। सरकार तुम्हें अब वेश्यावृत्ति का लाइसेंस देनेवाली है। नहीं, वह कुछ भी नहीं कह पाएगी क्योंकि समझ रही है कि इन औरतों का मुकाम ऐसे गड्ढों में बनाया जाता है, जहाँ से कोशिश करके भी न उठ पाएँ।

चली आई इला।

अपने कमरेरूपी दड़बे में। प्लास्टर उखड़ी हुई दीवारें, सिर से टकराती छत के नीचे रहना भी जैसे नियामत हो। घर से अपनी इच्छा के बल पर निकली हुई लड़की को इससे ज्यादा क्या मिलेगा?

रेशमी ने वेश्या का धन्धा अख्तियार किया और इला ने अपने आपको सिपाही के रूप में प्रस्तुत किया।

दोनों में फर्क क्या है?

इस कमरे को देखकर, माहौल परखकर इला ने मुंशी से कहा था, 'यहाँ मैं नहीं रहूँगी।'

मुंशी आँखें फाड़कर देखने लगा, फिर बोला, 'तू यहाँ नहीं रहेगी तो कहाँ रहेगी? मत भूल कि तू पुलिसवाली है, घर-परिवारवाले तुझे किराए पर कमरा देंगे नहीं। चौबीस घंटे की ड्यूटी बजानेवाली उन शान्त गृहस्थों की दिन-रात की जिन्दगी में खलल डालेगी। तेरा काम बस्ती में हर कोई जानता है। चोर औरतों, रंडियों और हत्यारियों के बीच रहकर तू भी क्या हो गई होगी? इज्जतवाला बर्दाश्त नहीं करेगा तुझे। चुपचाप यहीं बनी रह। यहाँ जो रह रही हैं, कॉलगर्ल्स हैं। वे मामूली नहीं, बड़ी हस्ती और रसूखवालों से उनके सम्बन्ध हैं। इसलिए इन लड़कियों को जगह मिली है। बता अब, तू क्या है?'

सबेरे की धूप चमकीली थी।

इला अपनी ड्यूटी के लिए तैयार हुई। तैयार इस बात के लिए भी कि कितने ही हमले हों, अपनी दृढ़ता को बिखरने नहीं देना है।

रिक्शा थाने के आगे आकर रुका।

थाने में जाकर रोजनामचे पर दस्तखत किए। इधर-उधर देखती हुई मुंशी के पास जा रही थी कि बहादुरसिंह सिपाही सामने आ गया। जलती हुई बीड़ी को दो उँगलियों के बीच फँसाए हुए झिरीदार दाँतों से मुसकराता हुआ देख रहा था जैसे कुछ कहना चाहता हो।

'क्या बात है, बहादुर भइया?' इला ने पूछ लिया।

'तन्ने रेसमी बुला री है।'

'रेशमी?'

'हाँ, रेसमी। और के?'

'कहाँ से आ गई वह?'

'वा गई ही कहाँ थी? अपनी जगह बैठी है।'

इला तेज कदमों से उस ओर बढ़ी जहाँ रेशमी को गिरफ्तार करके रखा था। ऐसे बढ़ी जैसे किसी हादसे की आशंका हो रही हो। क्या रेशमी

को बीच में ही किसी ने पकड़ लिया? या मुझे फँसाने के लिए इसे दोबारा गिरफ्तार किया गया है? मैं तो इसके पक्ष में तमाम दलीलें पेश करनेवाली थी और प्रार्थना करके एस.एच.ओ. सर को मनानेवाली थी कि रेशमी कसूरवार नहीं है।

लॉकअप जैसी कोठरी के सामने खड़ी इला न आगे बढ़ी, न पीछे मुड़ी, एकटक रेशमी को देखती रह गई, जो अपने दुपट्टे के छोर को ऐंठती हुई इला को सामने पाकर खिल उठी।

उफ् इसने कोई नई कहानी शुरू कर दी क्या? इला ने सोचा—क्या इस तरह छोड़ी गई मुजरिम अपने आप लॉकअप में बन्द होने आ जाएगी? क्या पता यहीं ग्राहक पटा लिये हों।

'क्या हुआ तुझे रेशमी?'

'पहले दम तो ले लो दीदी, आप तो घबरा रही हैं।'

'दम? कैसे ले लूँ दम? पहले ही बता दिया होता कि यहाँ भी तुम्हारा पेशा परवान चढ़नेवाला है।'

रेशमी के चेहरे पर सन्तोष था। वह हलके से मुसकरा दी।

इला एकदम पास आ गई। एक कुर्सी खींचकर बैठ गई। रेशमी जमीन पर बैठी थी। उसने इला की जाँघ पर हाथ रख दिया और बोली, 'दीदी, ये बहादुरसिंह सिपाही हैं न, हमसे कह रहे थे—करा दिया उस नई रँगरूट का सत्यानाश। इल्ला को तो यह पता ही नहीं था कि वह जानबूझकर रंडी पर दया दिखा रही है पर इसके बाद उसका क्या होगा? वह एस.एच.ओ. तो लगी नहीं है कि मुजरिम को अपने लेविल पर रिहा कर दे। अपनी औकात भूल गई लड़की।

'दीदी, पुलिस के तीन-चार जने ठट्ठा मार के हँस रहे थे कि अब आएगा मजा। इला चौधरी औंधे मुँह गिरेगी, जब मामला उसके खिलाफ बनेगा। घर की पंचायत समझती है? ऐसे तो कोई भी अपने दोस्त और नाते-रिश्तेदारों को चुटकियों में जेल से बाहर कर देगा। अरे, ऐसी गलतियों के लिए भी तो सख्त सजा है।

'दीदी, आपकी कसम, जैसे ही हमने आपके लिये सजा का नाम सुना, हम काँप गए। हमारे कारण एफ.आई.आर. दर्ज होगी आपके खिलाफ। आपको सस्पेंड किया जाएगा। और जाँच खुल जाएगी। लोग कह रहे थे आप पर कोर्टकेस तक हो जाएगा।

'अब बताओ दीदी, हम कैसे चले जाते? आपको फँसाकर हमें रिहा नहीं होना। और फिर हम पहली बार तो आए नहीं हैं। रंडी-वेश्या के नाम पर हम कितनी ही बार गिरफ्तार हुए हैं पर आप हमें पहली बार मिली हो। आपके खिलाफ कार्यवाही हो गई तो आप हमें फिर कैसे मिलेंगी?'

इला बुत की तरह खड़ी थी। रेशमी की संवेदना बहुत भारी पड़ रही थी।

लोग कहते हैं मेरे फैसले मेरे भविष्य के लिए घातक हैं

प्यारे जयन्त,

यह खबर तो मिल गई होगी कि हमारे एस.आई. को अबकी बार पन्द्रह अगस्त के दिन पुलिस मेडल मिला है।

मैं और समीना एकदम गलत साबित हुए जो इस एस.आई की गिनती खूँखार जानवरों में करते हैं। यहाँ की जनता में भी यह डाँगर (पशु) के नाम से जाना जाता है। लगा कि जानवर और डाँगर भी इस आदमी के व्यवहार को ठीक से परिभाषित नहीं कर पाते क्योंकि उनके पास जबान नहीं होती। इसके पास जबान है, जिससे यह मनमानी भाषा बोल सकता है और जब अश्लील शब्दों की झड़ी उसके मुँह से छूटती है तब महिला कांस्टेबल को पास खड़ी करना नहीं भूलता। कान में उँगली डालकर खड़े हो जाएँ तो 'सर' की बेइज्जती होती है। हम भी जानते हैं कि अफसर का हुक्म हमें मानना है क्योंकि हमें हर बात पर 'यस सर' कहने की बुरी आदत डलवाई जाती है। साथ ही अपने करेक्टर रोल के लिए हम अफसरों के मोहताज हैं।

नहीं सहन होता जयन्त, नहीं सहन होता! कैसे बर्दाश्त करें जब ये मुजरिम के कपड़े खुलवाकर उसे पीटें और हमें वहीं हाजिर रखें! क्या हम पूछ सकते हैं कि पुलिस में वही व्यवहार आम क्यों है जिसे समाज में अपराध माना जाता है? समीना के मुँह से निकल गया था—जिन औरतों को माँ-बहन कहकर पूजने की बात करते हो, उनके अंगों को लेकर फोहश जबान, इसके लिए सजा का कोई प्रावधान नहीं? पुलिस न हो गई अल्लाताला हो गई, किसी को सवाल करने का अधिकार नहीं देती।

मैं ज्यादा नहीं सोचना चाहती जयन्त, सोचते-सोचते घबराहट होने लगती है। समीना कहती है—अपनी रोजी-रोटी का खयाल कर इला, यह

सबसे पहली जरूरत है। इस जरूरत को दरकिनार कर सकते हैं हम लेकिन अभी तो यहाँ के हालात से लड़ने की बात सोचनी है। ठंडे दिमाग से सोच। जुनून से मसले हल हो जाएँ और मनचाही शान्ति बनी रहे, ऐसा होना मुश्किल है क्योंकि यहाँ हमारे आसपास ऐसे लोग ज्यादा हैं जो लाभ-लोभ के लिए अपनी नौकरी को चलाने के वास्ते बिलकुल नहीं चाहते कि अपराध खत्म हो जाएँ। जुर्मों में जब कमी आने लगती है, वे बकुसूरों को कसूरवार बनाकर थाने को गुलजार किए रहते हैं।

जयन्त, एक बार यहाँ आकर देखो तो कि ट्रेनिंग सेंटर के बाहर पुलिस का सिस्टम क्या है?

समीना तो एकेडमी के बारे में भी अच्छी राय नहीं रखती। कहती है कि वह पुलिस-इतिहास की चेतना से सम्पन्न है। अंग्रेजी हुकूमत ने गाँव-कस्बों में चलनेवाली स्थानीय पुलिसिंग की जगह थाने बनाए, कोतवालियाँ बहाल कीं, जहाँ अपराध और संगीन सजाओं के नियम गुलाम भारत को कुचलने में मदद देते थे। वह सिलसिला आज तक भी थमा नहीं। जिस अकादमी को हम याद करते नहीं थकते, वहाँ क्या था? एक छोटा-सा हिस्सा, जिसे हम हमदर्दी का सरोवर समझ बैठे थे। बाकी जगह तो जबानी और शारीरिक सजा के रूप में कोड़ों की फटकारें ही गूँजती थीं। छोटी-छोटी बातों के बड़े-बड़े बवंडर। लड़की दूध लेने या उसे गरम करने कैंटीन तक जा रही है, कहा जाता है उसे इश्क का जुनून चढ़ा है। वह मोबाइल से बात कर रही है, कहा जाता कि यार को बुलाना होगा। वार्डन जो महिला ही होती थी, गलती निकालकर हमें उस्तादों के हत्थे चढ़ा देती। फिर उस्तादों से कौन पंगा ले सकता है? अपने अपराधों की सूची से हैरान-परेशान लड़कियाँ उम्रकैद पाए मुजरिम की तरह ट्रेनिंग का समय काटा करती हैं। बंदिशों के बारे में कौन सोचता है क्योंकि हर हाल में मान लेना पड़ता है कि ये ही नीति-नियम हैं। अपनी जरूरतों को स्थगित करना या नष्ट कर डालना ही अनुशासित होना है। समीना ने एक वाक्य में एकेडमी के शासन प्रशासन को समेट दिया—'यहाँ की दुनिया टुच्चेपन के साथ सजाओं का समन्दर है।'

हाँ, जयन्त हाँ! हमारी मैडम और वार्डन से तो बेहतर रेशमी थी, जिसका जिक्र मैंने तुमसे किया था। एस.एच.ओ. साहब ने उसको आखिर छोड़ ही दिया था। छोड़ने से पहले उससे पूछा था—तुम इतनी बुरी दुनिया

में रहकर भी ऐसी अच्छी कैसे रह पाईं कि इला नाम की सिपाही ने तुम्हें चुपचाप लॉकअप से निकाल दिया और अपने रहवास पर लौट जाने के लिए छोड़ दिया, मगर तुम यहीं लौट आईं। ऐसा कोई करता है?

रेशमी ने जवाब दिया था—सर जी, लोगों ने मेरे साथ बुरे-बुरे धोखे किए हैं। बेरहम नाइनसाफियाँ बरती हैं, जिसको उन्होंने मेरे वजूद की फतह माना है। वे लोग मुझे मवेशियों से बदतर लगे हैं। सर जी, मैं ज्यादा कुछ नहीं, बस इनसान रहना चाहती हूँ। आप लोग मुझे जो भी समझें, भले मुझ पर थूक दें पर मैं अपनी आत्मा को जवाब देने लायक तो रहूँगी।'

रेशमी ने मुझसे मिलना चाहा था जाते समय। वह सामने आई तो लगा कि उसे गले लगा लूँ। एक-दो दिन का संग-साथ रहा, बरसों का रिश्ता बन गया।

'दीदी, जाते हैं हम। बोरेवाली औरतों को बताएँगे कि ऐसी पुलिस आई हैं, जो हमारी बात समझती हैं। यही तो चाहते हैं हम कि कोई हमदर्द मिले।'

जयन्त, खुशी के पल छोटे निकले। जिन्दगी की खूबसूरती और सफलता का नशा अपने अर्थ में चाँद-सितारों जैसा ऊँचा होता है, मगर थाने की सच्चाई जमीनी अहसास की तरह है। यहीं हम खड़े हैं, खड़े रहकर उड़ानों के बारे में सोच सकते हैं। मगर उड़ना चाहा तो पंखकतरा लोग चारों ओर से घेरने लगते हैं।

भले वह दिल को जलानेवाली बात थी, जिससे मेरा तन-मन सुलग उठा था। थाने पर ले दे जो मची थी। रेशमी चली गई, उसकी परछाईं को पकड़कर लोग नाच रहे थे। थाना धूल के बवंडरों के साथ शराबी लोगों की बदबू और मुजरिमों के यार-दोस्तों की खूँखार आँखों से दहशतनाक हो चला था।

कौन हैं ये लोग?

भोजपुरा गाँव का सरपंच और उसके साथी।

सरपंच यहाँ मुजरिम की तरह दर्ज है। वह लड़की सप्लाई करता है।

थाने के फाटक के पास ही सीढ़ियाँ हैं, मैंने बचकर निकल जाने की बात सोची। मगर वह सामने आ गया। साथ में दरोगा जी भी थे।

'सर, आज कोई इन्तजाम?' साँवले रंग के सरपंच ने अपनी घनी मूँछों में से पूछा।

'नहीं, आज कोई जरूरत नहीं है। नई रँगरूट है, चली जानी चाहिए। देख रहे हो अब मोटी-थुलथुल सिपाहियों की खेप खत्म होती जा रही है, वे थाने को लजाने लगी थीं। स्टाफ का टेस्ट बिगड़ जाता था। सबका ट्रांसफर कर दिया। फ्रेश माल, तरोताजा मौज।' उसने दबी जबान से कहा।

मेरे सामने सूरज की धूप धुँधला गई।

किसके बारे में बात कर रहे हैं? क्या मेरे ही विषय में? कहाँ भेजने की बात है? कौन बता सकता है? मैं न आगे बढ़ी, न पीछे घूमी। कहीं वह बात सच तो नहीं कि यहाँ लड़कियाँ आती हैं या लाई जाती हैं, पुलिस अफसरों और नेताओं के पास भेजी जाती हैं। सरपंच पुलिसवालों से भी पैसे वसूल करता है। सुरक्षाचक्र की यह उलटी घुमेर!

प्रत्यक्ष इशारा सामने आ गया।

'मैं! अरे!' सिर उठाना मुहाल हो गया।

'नहीं, मैं नहीं।'

'तू क्यों नहीं? मुजरिम गिरफ्तार करने भेजी जाएगी, तू मना करेगी?'

'नहीं, मैं छुट्टी लेना चाहती हूँ।' घबराहट को दबाकर मैंने कहा।

सामने खड़ा साँवला और ठिगना गठे हुए बदन का सरपंच बीहड़ मूँछों में मुसकरा रहा था। अपमानजनक हालत में मैं ही शर्मसार थी। शर्म इतनी गाढ़ी होती गई कि उसके ठोसपन से दिल फटने लगा। यकायक आत्मा से चीख उठी जो माहौल पर छा गई—'क्या कर रहे हैं आप लोग?'

'के बोली तू? मेरा नाम सुन्या तो होगा!'

'तेरे जैसे दसियों देखे हैं दरोगा-सरोगा!'

दरोगा अपने पहाड़नुमा शरीर से बेकाबू होकर हिला।

'रंडी को भगाने का जुर्म अभी बाकायदा तेरे ऊपर है।'

'बेशक। मैंने उसे छोड़ा था, आप लोगों की तरह रिश्वत लेकर नहीं, उसकी बेगुनाही के आधार पर।'

चोरी और सीनाजोरी जैसा माहौल पैदा कर दिया मैंने। सच बोलकर दरोगा की धौंस को चुनौती दे दी।

'ज्यादा बात न कर। जहाँ भेज रहा हूँ, चुपचाप चली जा। नौकरी करनी है या नहीं?' चिढ़े हुए स्वर में मुझे धमकी दे दी।

ऐसे तो ये मेरा जीना हराम कर देंगे। इनकी कही हर बात हुक्म की तरह आएगी तो हुक्म-उदूली करने का मुझे भी हक है।

'नौकरी? कैसी नौकरी?'

मेरे वाक्य पर दरोगा की आँखें उबल पड़ीं, दाँत पीसकर बोला–'तू दो टके की सिपाही, जबान लड़ाने का नतीजा जानती है?'

'हाँ, जानती हूँ, एकदम जान गई हूँ,' कहकर लगा कि मेरी हिम्मत अफसर पर तोप के गोले की तरह गिरी है।

'पहले तू अपने इन स्टारों को तोड़कर फेंक या मैं नोंचती हूँ इन्हें,' कहकर मैं उसके कन्धे पर झपटी और बोलती गई–'तू सप्लाई करेगा मुझे? तू नाली का कीड़ा, पुलिस में क्यों आया?'

अरे-अरे! करते हुए लोग हर कोने से दौड़े। दरोगा सँभलता तब तक वर्दी अस्त-व्यस्त हो गई। लोग सकते में आ गए। एक उम्रदराज सब-इंस्पेक्टर आगे बढ़े, मुझे समझाने लगे–'अरी गुड़िया, इल्ला, तू इतनी गुस्सा हो गई। भलीमानस, तेरा नाम तक तो लिया नहीं। फिर कैसे सोच लिया इतना? चल, अब शान्त हो जा।'

हम पुलिसवाले इशारे-संकेत और मंशा नहीं समझें तो लानत है हमारी बुद्धि पर। और लड़की को तो नीयत सूँघने की छठी इन्द्रिय मिली होती है।

दरोगा अपने उखड़े हुए सितारों को सहला रहा था।

तुम यही कहोगे जयन्त कि मैं एक ऐसा कदम बढ़ा देती हूँ जो भविष्य के लिए घातक हो सकता है लेकिन यह तो बताओ कि ऐसा न हो तो शंकाएँ और अटपटे अनुमान हमें जीने देंगे क्या? शोषण से छुटकारे के आह्लादक क्षण के लिए हम तरसते रहे हैं, तरसते रह जाएँगे। पैरों तले जब धरती काँपती है, तब फैसले की असली घड़ी आ जाती है, नौकरी की जरूरत और भविष्य का सुनहरा सपना आपस में टकराते हैं। लगता है, टकराहट ही जिन्दगी की दिशा तय करेगी, फिर अनिश्चित कैसी?

जयन्त से उसे दिली लगाव है, तभी तो इतना सब लिखकर इसका दिल हलका हुआ। इस दौरान अब वह नए सिरे से जिन्दगी को मोड़ देने की सोचने लगी। घबराहट अब आसपास नहीं।

ऐसे लमहों में उसे अपनी सखी प्रिया की याद आती है, उसका जज्बा या जुनून कि घर की सारी सुख-सुविधाओं को छोड़कर पुलिस की सिपाही

बनने आ गई। पूछा था—'इंगलिश विषय लेकर एम.ए. कर रही थी, आई.पी.एस. में भी तो बैठ सकती थी।'

जवाब में उसने जो कहा, ट्रेनीज को अजीब-सा लगा था—एक कविता की एक ही लाइन याद है मुझे या शायद यह गीत है, फिल्मी गीत—'फूलों की सेज छोड़कर दौड़े जवाहरलाल। साबरमती के संत तूने कर दिया कमाल।'

प्रिया शहर में पैदा हुई है, पिता की ट्रैवल एजेंसी है। आधुनिक सुख का हर साधन घर में मौजूद है। फिर क्या कमी थी? कमी जीवन में थी। सुख और विलास के जीवन से उसे ऊब होने लगी थी। एडवेंचर्स का जुनून हावी था, जिसके बिना जिन्दगी बेहद सूनी थी। छोटे तबके की औरतों/लड़कियों को वह मेहनत करते देखती, बच्चों को आवरणरहित समाज में खुलकर खेलते हुए पाकर खिल उठती। छोटे कस्बों के हाट-बाजारों में उसे देखा जा सकता था। यहाँ तक कि टिन शेडोंवाले सिनेमाघरों में वह रोमांचकारी फिल्म देखती पाई जाती। प्रिया का दुख था कि सम्भ्रान्त समाज और ऊँचे वर्ग में वह खो जाती है। उसने आम लोगों और मामूली तबके के बीच अपनी जगह बना ली जिनके बीच वह दिल की गहराइयों से मुसकराती। उनकी तकलीफों को देखकर मोम की तरह पिघल उठती। अत्याचार और नाइनसाफियों की सरजमीं पर सारी ताकत लगाकर अपने इन लोगों को शोषण से छुटकारा दिलाना चाहा था लेकिन महसूस किया कि उसे इनकी पैरोकारी से ज्यादा, कारगर संघर्ष की जरूरत है।

पुलिस विभाग कैसा रहेगा? सिपाही की पोस्ट माफिक पड़ेगी क्योंकि यह 'पदवी' जमीन से जुड़ी और मिली है। सर्वहारा समाज हवाओं में उड़नेवाली पुलिस अफसरों के बूते का नहीं।

'कुछ नहीं हो सकता यहाँ,' जब कोई यह वाक्य कहता, प्रिया मुसकरा पड़ती। आगे कहती—क्या अपने इरादे इतनी बदहाली में आ गए हैं कि अब नाउम्मीदी का कोई इलाज नहीं? माना कि हमारे प्रशासन का ढर्रा लोहे की तरह टूटता नहीं, फौलाद की तरह अकड़ा हुआ और कड़ा है, पर हम गुलामी के लिए मजबूर तो नहीं। देखा, थाना हमारी शैली देखकर हैरान हो उठता है।

'हैरान, हाँ हैरान-सा लगता है।' इला ने कहा था।

बासी-लुजलुजी वर्दी के साथ बीड़ी फूँकता गन्दे बदन और गन्दे दाँतोंवाला सिपाही जो अफसर को सलाम मारकर चौकन्ना खड़ा हो जाए, यही उसकी ड्यूटी के प्रति निष्ठा है। आज उसी जगह चुस्त, प्रेस की हुई कड़क वर्दी में चमचमाते बूटों से लैस स्मार्ट लड़की दिखाई देती है तो थाने का रंग बदल जाता है। यह बात ही तो मुंशी रीडर और दरोगा को चुभती है कि ये लड़कियाँ चापलूसी नहीं, साफगोई से पेश आती हैं।

इला को याद है, प्रिया ने अपनी ड्यूटी का समय अपनी सुविधा के अनुसार निर्धारित किया था क्योंकि उसके थाने से आखिरी बस पाँच बजे से पहले कस्बे के लिए निकलती थी।

'पाँच से पहले छुट्टी नहीं होगी,' मुंशी ने ऑर्डर किया।

'तो पाँच के बाद किसी की बाइक पर लिफ्ट लेनी पड़ेगी।'

'अच्छा! बढ़िया बहाना है किसी लौंडे की कमर में हाथ डालकर सैर करने का। किसे उल्लू बना रही है तू?' मुंशी बिफरे हुए बाप की तरह झल्लाया।

'क्या कहा आपने?' प्रिया की आँखों में तरेर पड़ी।

'सुना नहीं, जो कहा है?'

'आप भी सुन लो, मेरा टाइम हो गया।'

'बड़ी हेकड़ी दिखा रही है। तू क्या डी.सी लगी है यहाँ?'

'मुंशीजी महोदय, मैं डी.सी. भी लग सकती थी और कार से आती, जिसका दरवाजा आप सिर झुकाकर खोलते, मगर हमें ही हुकुमबरदारी में लिपटी चापलूसी पसन्द नहीं। बात यह है कि हम यहाँ मामूली औरतों की सुरक्षा के लिए आना चाहते थे क्योंकि वे औरतें ऊँची-ऊँची पुलिस अफसरों का नाम लेकर आम रास्तों के खतरों से निकल नहीं सकतीं। सुरक्षित चलने के लिए महिला सिपाही का साथ चाहिए।'

'अरे! कितना बोल गई तू।' रोब और अचम्भे से लबरेज था मुंशी।

'क्यों, थाने पर बोलना मना है क्या?'

प्रिया की बातें, हिम्मत की पोटली बनाकर दिल में छुपा ली हैं इला ने, जरूरत पड़ने पर मोहर-अशरफियों की तरह निकाल लेती है। समझ रही है कि उसके खिलाफ कोई जिन्दा सबूत खोजना चाहे तो प्रिया के ऐसे कई वाक्य मिलेंगे जो उसे बगावत पर उतार देते हैं।

और मेरी स्मृति भी है गुनाहगार!

जयन्त, यादों को कहाँ फेंक दूँ? समीना ने अपने खत में लिखा है—अभी तेरे ऊपर से ट्रेनिंग का नशा उतरा नहीं है। हाँ भई, यह शराब का नशा तो है नहीं जो शाम पिए और सुबह तक उतर जाए। जुनून का नशा है, संकल्पों के जाम ने मदहोश किया है। मुझे भी याद है इला—पीछे हट जाओ—यह जुमला वहाँ पाप और अपराध था। सदा यही समझाया गया—आगे बढ़ो, मंजिल तुम्हारा इन्तजार कर रही है।

इस पुलिस गीत की तरंग उठती होगी क्योंकि इसको हमने पवित्र मंत्र-आयतों की तरह सैकड़ों बार दोहराया है—

हरियाणा पुलिस का जवान
देश का विधि और विधान
तुम्हारे लिए ही तो है नागरिक...
जब से हमने वर्दी पहनी। जब से हमने शपथ उठाई
तब से हमने कानून व्यवस्था की रक्षा की कसम है खाई
जनता के दुख हुए हमारे/हमने ऐसी अलख जगाई
देश का विधि और विधान/प्रजातंत्र और संविधान
तुम्हारे लिए ही तो है नागरिक...

सच इला, इस गीत की लय और ताल यहाँ थाने की दीवारों से टकराती हैं और फिर लहर की तरह हमारी ओर लौट आती हैं, तभी न तू इतनी आक्रामक हो गई। मैं भी समझती हूँ कि अच्छे-बुरे लोग हर जगह मिलते हैं। हमारा अफसर नाइस पर्सन है। अब नशे की हालत में सज्जनता कैसे बचाए कोई? जीभ लड़खड़ा जाए तो कितना खयाल रहता है बोली-बानी का?

कह रहा था—'समीना एक बार हाँ कर दे।'

'हम जा रहे हैं, सर,'

'मेरा जी कैसे लगेगा, गुड़िया?'

मैं चुप।

'तू अकेली जा रही है?'

'नहीं सर, ड्राइवर छोड़ देगा मुझे।'

'क्या देने का वादा किया है ड्राइवर को।'

मुझे क्या हो गया इला कि हाथ उठा और झन्न से साहब के गाल पर पड़ा। थप्पड़ की आवाज बाहर तक गई। ड्राइवर भागता आया।

'मुझे कमरे पर छोड़ दो,' कहकर मैं ड्राइवर के साथ चल दी।

रात भर मुझे नींद नहीं आई। क्या करने आए थे हम, क्या कर रहे हैं? लग तो यह रहा है कि हमीं बस अच्छे हैं, बाकी सब दरिन्दे हैं। कौन विश्वास करेगा इस बात का! दोष हमको ही दिया जाएगा।

पर मैं दावे से कहती हूँ कि यहाँ देखा सिर्फ यही जाता है कि लड़की है तो उसे पटाना उनके शौर्य और मर्दानगी का प्रमाण है। यहाँ स्टाफ की लड़कियों और जवान महिला मुजरिम में कोई फर्क नहीं।

उम्मीदें बड़ी बेरहम हैं, आगे बढ़ने की कूवत पैदा करती हैं, बार-बार समझाती हैं, अगले थाने पर ऐसा कुछ न होगा। हजार नाइनसाफियों में इनसाफ की रोशनी चमक उठती है।

रोशनी का रूप हुए अखिलेश सर।

तुम्हारे सामने की बात है इला, सर ने कहा था कि वे भी जानते हैं कि लेडी कांस्टेबल के मोबाइल फोन पर पुलिस के लोग कैसा गदर मचाते हैं। वे मान रहे थे कि लड़की के फोन पर मुलाजिम तब जरूर बात करना चाहेगा, जब वह किसी औरत के साथ कम्प्रोमाइजिंग हालत में होगा। अपनी कामुक हरकतों का तफ्सरा सुनाने की कोशिश करेगा। सर ने कहा था—मैं एक-एक आदमी का रिकॉर्ड रख रहा हूँ।

अखिलेश सर का ही सहारा है कि थाने की बदसलूकी से घबरा जाने पर उनसे बात करके तसल्ली मिलती है। कहाँ हम सोचते थे कि पुलिस का विनम्र व्यवहार जनता में इनसाफ की उम्मीद जगाएगा। नए ट्रेड के जवान आएँगे, भाषा का चलन बदलेगा। मगर यहाँ तो अपने ही लाले पड़ गए। किसी इतवार को तुम यहाँ आ जाओ इला, देखोगी कि

जयन्त के भावों-विचारोंवाला यह अफसर टूटी उम्मीदों को जोड़ने की कोशिश में मशरूफ है। खुदा खैर करे!

इला ने सोचा—कभी-कभी समीना के विचार अचम्भे में डाल देते हैं कि वह थाने के नागरिकों के आदतनुमा व्यसनों की निन्दा ही नहीं करती, उन पर आग-बबूला हो उठती है मगर कुछ देर बाद उम्मीदों की बगिया में टहलने चल देती है। उसके मन में जब धुआँ भर जाता है तो आँखें सुनहरे सपने देखने को जिद करती हैं। क्या यही है उसके चरित्र की दृढ़ता का आधार? ऐसे ही धीरज की आकांक्षा और रास्ते बनाने की लगन मेरे भीतर जगी। नामुराद घटनाएँ, अशोभनीय व्यवहार और माहौल में मँडराती चील जैसी निराशाओं पर विजय तो पानी ही होगी, इस भावना से आत्मविश्वास के घने गुच्छे बनते जाएँगे।

जिन बातों की याद समीना बार-बार दिलाना चाहती है वे हरियाणा राज्य की उस चौड़ी चिकनी सड़क पर स्थित पुलिस एकेडमी की हैं, जहाँ से हजारों की तादाद में पर्यटक गुजरते हैं। जहाँ कट्टर और अन्धविश्वासी जड़ समाज की परम्पराओं से निकलकर आनेवाली जाँबाज लड़कियों की खबरें मिलती हैं। मुठभेड़ें जो सामन्ती समाज को हिला देने पर आमादा हैं।

'इला, लड़कियाँ यहाँ क्या हैं? खेतों में बैलों की तरह काम करनेवाली, गोबर-कूड़ा भरकर डालनेवाली, पशु चरानेवाली! काम का वजन ऐसे ही रहता है जैसे गधे और खच्चरों पर रहता है। उनकी खुराक भेड़-बकरियों से ज्यादा नहीं। ऐसे में कोई अपने बारे में सोचे और बोझ को पटककर भागे, उसके लिए क्या सजा होगी?' समीना ने पूछा।

'सबसे पहले शादी। विवाह वेदी पर पति के साथ बैठने के बाद आँखें नीची करके वर के घर में चले जाना।' इला के पास जवाब तैयार था क्योंकि उसी राह से गुजरी थी। आगे का नजारा आँखों में था—मैं ही नहीं, इस बात को यहाँ हर लड़की जानती है। यह दर्दनाक मान्यता लड़कियों की मांस-मज्जा से खून-पानी के रिसाव की ओर बढ़ती है। न

यकीन हो तो पुलिस की फाइलें खोलकर देखो, जो दबा दी गई हैं और लड़कियों के कुटुम्बी मौन साधे रहे हैं। माँ, चाची, ताई, बुआ-मौसी और बहन इन यातनाओं की चश्मदीद गवाह के रूप में लाचार बनी हुई हैं। वे जानती हैं कि इनसाफ के ठेकेदार ही इनसाफ पाते हैं जो घर-परिवार और समाज के मुखिया होते हैं। औरत का सिर इलजाम ढोने के लिए माना गया है। देखती तो हो कि कितनी ही औरतें जुर्म करती नहीं, जुर्म लादने के लिए मजबूत की जाती हैं।

इला बोलते-बोलते थकी नहीं लेकिन उसके होंठों के ऊपरी भाग पर पसीना आ गया। माथा भी नम हो गया और आँखें जल उठीं।

औरतों में औरत की कहानी इला के सीने से चिपट गई है। नहीं तो वह अपने ही उस महकमे से बेजार हो जाती, जिसे उसने अपनी रुचि से चुना था? बार-बार सोचा, आत्ममन्थन किया। कभी समीना से तो कभी प्रिया से पूछा और कभी जयन्त से मशवरा किया। खोलकर बताया—मुझमें कोई असामान्यता है, मैं नॉर्मल नहीं हूँ। मैं अपने पुरुष सहकर्मियों या अफसरों से नफरत नहीं करती, फिर क्या हो जाता है कि उनका व्यवहार मेरे ऊपर खौलते हुए पानी का सा असर करता है? मैं अपनी भावनाओं पर काबू करती हूँ और मिलकर रहना चाहती हूँ मगर तभी दो-टूक फैसला आ जाता है—मैं सहन नहीं कर पाऊँगी।

'कैसे सहन करूँ जयन्त?

'तुम कहोगे यह तो थाने का चलन है कि कोई औरत थाने पर आए तो उसे लोग सम्मान की निगाह से नहीं देखते।'

उस दिन की बात है जब ममता थाने पर आई थी। तीस साल की उम्रवाली दुबली पतली ममता, जिसका कद लम्बा था और रंग साँवला। नाक-नक्श मामूली थे। सुन्दरी नहीं कही जा सकती।

ममता का पति कैदखाने में बन्द था। वह अपने पति की रिहाई के लिए गुहार लगाती हुई करीब-करीब रोज ही आती थी। उसे निर्दोष बताती थी, साथ ही अपनी रोजी-रोटी का वास्ता देती थी।

उसकी आवाजाही पर पुलिस को एतराज था या नहीं क्योंकि उसको दुतकारते हुए किसी को देखा नहीं।

हाँ, उसके साथ थाने के लोगों ने गैंग रेप किया।

सामूहिक बलात्कार। पति की रिहाई का हर्जाना।

ममता से कैसे पेश आए पुलिसवाले कि वह पागल-सी हो गई। देह से कपड़े खुद ही नोचने लगी। नंगी औरत को ढकते इला और प्रिया थक गईं। महिला पुलिस की यही भूमिका हो सकती थी। इससे ज्यादा प्रिया ने सोचा कि बलात्कारियों के खिलाफ अर्जी लिखी जाए—एफ.आई.आर.।

ममता बेसुध-सी बोल रही थी, 'अभी और आदमी हैं, कल और परसों के लिए, उससे भी अगले दिन के लिए...वादा कर गए हैं, जरूर आएँगे।'

दूसरे दिन, जब उसके घर की ओर गई थी प्रिया तो पाया कि वह तो घर है ही नहीं।

थाने पर लौट आई थी प्रिया और इला रास्ते में थी, वहीं सुना—'एक औरत ने जहर (कीटनाशक) खाकर आत्महत्या कर ली—डी.जी. ऑफिस के अहाते में।'

अखबार, टी.वी. शोर-शराबा, हाय-तौबा होता रहा, किसी के कान पर जूँ तक नहीं रेंगी। पुलिस ऐसे कोलाहलों पर ध्यान देकर वक्त बरबाद नहीं करती। बलात्कार करनेवालों की आँखों में बेशर्मी बर्फ की तरह जमी रही। इला और प्रिया बगलों में हाथ भींचे, होंठ कसे इधर-उधर घूमती रहीं।

सब-इंस्पेक्टर मैम दाँत पीस रही थीं। अपने व्यर्थताबोध पर या औरत की मौत पर?

'थाने की धज्जियाँ उड़ाने में थानेदारों को ही मजा आता है।' अपनी एस.आई. करुणा श्रीवास्तव बुदबुदा रही थीं, 'एक पल में महिला पुलिस का बैंड बजाया! क्या हमने इसलिए ही यहाँ आने के लिए तकलीफें उठाई थीं?'

प्रिया का दिल भी जल रहा था, लपटें उठ रही थीं—दहकती आवाज आई, 'डी.जी ऑफिस, औरतों के लिए कत्लगाह, यह घटना कल इतिहास बन जाएगी।'

करुणा मैम यकायक बोल पड़ीं, 'इतना भी हो जाए प्रिया तो बहुत हो जाएगा। अक्सर तो ये लोग इस नाइनसाफी पर पर्दा डाल देते हैं। तुम समझती नहीं क्या कि राजवंशों और 'महान राजनीतिक' घटनाओं के घटाटोपी माहौल में ममता की दास्तान कहाँ ठहरेगी? अखबार में छपी है, मगर ठहरेगी नहीं यह खबर। गहराना तो दूर, रद्दी की टोकरी में चली जाएगी।'

करुणा मैम बेंच पर बैठी थीं—इला को याद है—मैं उनका कन्धा पकड़े खड़ी थी और उनके बुझे-बुझे चेहरे की ओर देख नहीं पा रही थी।

जयन्त आज तुमसे बता रही हूँ कि मैं क्यों नॉर्मल नहीं रह पाती—करुणा मैम ने जब मेरा हाथ कसकर पकड़ लिया था, मुझे महसूस हुआ वे अपने भीतर उठते तीखे दर्द को सहन नहीं कर पा रहीं मगर सहने की कूवत जुटाना चाह रही हैं। मैंने उन्हें अपने सीने से लगा लिया था कि देखो तुम्हारे सीने में जो शमा जल रही है, हमारे सीने को भी जला रही है, राख नहीं, रोशन करने के लिए।

हाँ, जयन्त हाँ, मैं अपने आपको जज्ब करके खड़ी नहीं रह पाई, हालाँकि जो दृश्य बना था, बेशक अजीब था। लोग हम पर हँसे भी थे। मखौल की बात यह है कि ममता का बलात्कार और उसकी आत्महत्या किसी को विचित्र नहीं लगी। सब 'ऐसा तो होता ही रहता है' के खाते में चला गया।

मगर इतना तो है कि जैसे कोई अपनी शोहरत के प्रशस्ति-पत्र और चमकदार धातुई मेडल-तमगे जड़वा-मढ़वाकर प्रदर्शन के लिए बाहरी कमरों में रखता है। ऐसे ही हम पुलिसवालों के अन्यायों, प्रताड़ना-दृश्यों और बलात्कारों को स्मृतियों में सहेजकर कागज पर दर्ज करते जाएँगे कि वे ब्योरे किताब की सूरत में सामने आएँ, देश के प्रत्येक पुस्तकालय में किताब पहुँचे और पुलिस-लायब्रेरियों में विशेष तौर पर रखवाई जाए। ताकि हमारे 'सूरमा' ममता, रेशमी और उस मनोरमा की यातना से वाकिफ हो सकें जिसे चीफ मिनिस्टर की कमांडो फोर्स ने ऑटोरिक्शा से खींच लिया था। ऑटोचालक को रस्सियों से बाँध दिया और औरत के साथ किलकारी मारते हुए बलात्कार किया। 'कमांडोज!' कैसी आशाजनक परिभाषा दी जाती है इनको। हम बताएँगे कि ये उस कोटि के मर्द हैं जो औरत के रूप में मादा देखकर संयम साध नहीं पाते। पशुवत्! इन्हीं लोगों को सुरक्षा की ड्यूटी दी गई है हमारे देश में।

हम लिखेंगे कि मनोरमा की कहानी को अखबारों ने किस रूप में छापा?—यह बलात्कार नहीं था, आपसी सेटिंग का मामला था। औरत ने खुद को पेश किया, पैसे नहीं मिले तो कमांडोज को फँसा दिया। इसके साथ महिला पुलिस के योगदान का जिक्र आएगा, जिसकी पहलकदमी से अपने ही पुलिस विभाग के लोगों को सजा मिली थी।

मैम को याद दिलाना जरूरी था, जो मुझे याद था—'अनुशासन और कठिन परिश्रम ही हमारी जीवन-शैली का आधार हैं।'

याद तो यह भी था कि सब-इंस्पेक्टर विश्नोई मैम ने हमको कितना डराया था, कहा था—महिला पुलिस की महिलाएँ भी कम दुष्ट नहीं होतीं। चीफ मिनिस्टर के घर की सिक्योरिटी की जाँच का ठेका लिया है तुमने? अपनी औकात में रहो। पुलिस में भर्ती होकर खुद को खुदा समझ रही हो? एक-एक को नपवा दूँगी।

'दो टके की सिपाही तुम, करुणा की शै पर उछल रही हो? मैं यहाँ घास छीलने नहीं आई। करुणा पहले खुद को ही तो बचा ले।'

अब हम विश्नोई मैम का सामना कैसे करते? मन में मलाल उभरने लगा—

सच में, क्या औरतों का संघर्ष किसी के फायदे की बात नहीं है? बस वे मर्दों की मौजमस्ती के लिए बनी हैं और यही जायज है?

अपने मन की बात करुणा मैम से भी नहीं कह सके। कैसे कहते, उनका साहस मुरझा जाता तो हम भी कैसे खड़े रह पाते? सबसे जरूरी तो उस समय यही था कि 'भले आदमियों' की करतूतें देखते हुए हमारा हौसला कमजोर न पड़े। वरन् सरिता विश्नोई मैम की तरह और भी कई थीं, जो पुलिसवर्दी में हिंसक मर्दों से ज्यादा खूँखार रूप में सामने आ जातीं। विमला उपाध्याय की याद समीना को भी होगी और मनीषा को भी। उसने ही कृपाशंकर पांडे सर पर अपनी कृपा बरसाई थी। रिटायरमेंट के नजदीक था पांडे जो शिकायत दर्ज करानेवाली औरत को रोज अपने क्वार्टर पर बुलाता था। उस एस.एच.ओ. का व्यवहार शराफत भरा था, औरत चली जाती थी और गौर से देखती—ऐसे सज्जन भी होते हैं पुलिस अफसर?

मगर एक दिन दिल मचल उठा। औरत को पकड़कर बिस्तर पर पटक लिया। जी में जितनी इच्छाएँ थीं, मनमाने तौर पर पूरी कीं।

औरत ने शोर मचाया। बलात्कार का मामला बना। दस साल की सजा का प्रावधान है। वह तो विमला उपाध्याय ही थी कि केस ही नहीं बनाया। औरत को 'अक्सर ही शिकायत करनेवाली' के रूप में दर्ज किया और पैसा कमानेवाली बताया। मर्द साथियों में जब आपसी बातें हुईं तो रियायत का तोहफा दे दिया गया—वह बेचारा क्या करता? अगर कुछ

हुआ भी है तो समझ लो कि खुद को कंट्रोल नहीं कर पाया होगा। सोचो, उसकी पत्नी कब से उसके पास नहीं है। और यह साली आती ही क्यों थी? अब सती बनकर दिखा रही है।—विमला ने अपना पूरा समर्थन इन्हीं बातों को दिया। क्या किया जाए विमला उपाध्याय पर वर्दी इस कदर हावी है कि हमदर्दी को कस लिया। प्रशिक्षण के दौरान हमने वर्दी को अपनी शख्सियत का आईना माना था, मगर अपनी ही नजर के सामने आईना स्याह हो गया।

ऐसा नहीं कि विमला उपाध्याय भी बेमकसद काम करती हो। अपनी तफ्तीश के सुनहरे अवसर को उसने भी अपने भविष्य से जोड़कर देखा। रिटायर होते-होते कृपाशंकर पांडे विमला के प्रमोशन की सिफारिश कर गए, अहसान फरामोश नहीं थे, दिखा दिया। यह बात करुणा मैम ने सार्वजनिक कर दी।

साबित भी हो गया कि मर्द होना खूबी और खासियत है और औरत होना जानी-मानी बुराई। या कि कमजोर होना ही अभिशाप है! आत्मसम्मान बचाने के लिए मजबूत होना पड़ेगा, हर हाल में मजबूत!

हाँ, करुणा मैम को ऊँचे कद पर खड़े पाया, आज उनकी वर्दी कड़क थी। साँवला लम्बोतरा चेहरा असरदार था। आँखों में चमक थी। वे इला, समीना, मनीषा और प्रिया से विदा लेने के पहले कुछ कहना चाहती थीं।

कहा—'आत्मविश्वास बनाए रखने के लिए हमें छोटी-छोटी जंग लड़नी पड़ेगी क्योंकि ये ही बड़ी जंग का सबब बनेंगी। जानती हो, विमला जैसी पुलिसकर्मी के लिए हमारी बगावत लज्जा का विषय है। और सरिता विश्नोई के लिए यह हमारी चरित्रहीनता की निशानी। और क्यों न हो, अब तक ऐसी सच्चाइयों को उजागर करने का चलन नहीं रहा, लोग डरते हैं। नतीजे भी ऐसे ही रहे कि बलात्कारियों, हिंसकों, सामन्तों से मुठभेड़ों को टाल जाना और स्त्री के जुझारूपन पर उसे सजा सुनाना, चरित्र पर कीचड़ उछालकर उसे चुप करा देना, अच्छे-से-अच्छा माना जाता रहा है। मगर अब जो हम कर रहे हैं या करना चाहते हैं, नई बात है, नई बात होगी।

'नई बात! घरेलू हिंसा का नाम पहले किसी ने सुना था? विमेन सेल कहीं नहीं थे। हम सताई हुई औरत के साथ-साथ सिविल ड्रेस में चलते

हुए हिंसक पुरुषों पर गुरिल्लों की तरह ही तो धावा बोलते हैं। मुठभेड़ और जंग की परम्परा केवल राजाओं के बीच रही है, राष्ट्रों के बीच चली है, हिस्सेदारों ने लड़ाइयाँ लड़ी हैं, भाई-भाई भी आपस में भिड़े हैं। मगर औरत, वह तो इस हक के काबिल ही नहीं कि अपने लिए लड़े।

'आज औरत परिवार, समाज और अफसरशाही के खिलाफ खड़ी दिखाई देती है, यह विलक्षण है। पहाड़ घर में कब उठ खड़ा हुआ? औरत की यह छवि रास नहीं आ रही, मगर वह अपने भूगोल में फैल रही है क्योंकि नया इतिहास रच रही है...'

करुणा श्रीवास्तव!

जयहिन्द मैम!!

जंगल का अन्तहीन विस्तार... पर विश्वास था, इससे हम निकलेंगे

हम सामान्य मध्य वर्ग में, चाहे वह किसान का ही घर हो, पारम्परिक ढंग से पली-बढ़ी लड़कियाँ ही हैं, जिनकी जिन्दगी का पहला मकसद अच्छे से दूल्हे की प्यारी पत्नी बनने का होता है लेकिन हमारे ही दिमाग का फितूर था कि इस ओर से मुँह मोड़कर चले। लिहाजा सामान्य स्त्री के रूप में गृहिणी होने के आसार दूर-दूर तक नहीं दिखे। जैसा कि स्वाभाविक था 'अच्छी औरत' होने की परीक्षा में असफल रहे। हम, मतलब कि मैं और समीना।

समीना और इला।

'पति का साथ' पत्नी के मन में अलग तरह का विश्वास पैदा करता है। वह बहुत से कामों को कठिन-कठोर मानकर छोड़ सकती है, जिन्हें पति पूरा करता है और गर्व का अनुभव करता है। पत्नी अहसानमन्द-सी उसके किए-धरे को अपने प्रेम में घुला- मिला लेती है और यहीं से शुरू होता है समर्पण। इला की समझ में यह फलसफा आने लगा था, समीना की समझ में धीरे-धीरे आ गया।

समीना से इला की मुलाकात पहली बार तब हुई थी, जब वह स्पोर्ट्स के लिए चंडीगढ़ गई थी। वहाँ लगभग पन्द्रह दिन रहना पड़ा था। समीना वहाँ अखबार में रिपोर्टर थी, इला की फुटबॉल-मैच में जीत और कैप्टेंसी को लेकर कुछ प्रेरणादायक लिखना चाहती थी ताकि अखबार के जरिए दूसरी लड़कियाँ भी इला से प्रभावित हों और साहस करें।

एक सुबह नरम धूप में प्रैक्टिस करती हुई इला के पास समीना उस अखबार को लेकर पहुँची थी, जिसमें इस कैप्टन की तसवीर के साथ समीना का राइट-अप था।

एक दूसरे की मुरीद!

जिस तरह समीना इला की खेल भावना से प्रभावित थी, उसी अन्दाज में इला समीना के लेखन पर मुग्ध हो गई कि किसी की प्रतिभा को कैसे दरियादिली से पेश करके मिसाल की सूरत में ढाला जा सकता है।

तीन दिन की भेंट में ही परिचय का प्रगाढ़ रूप प्रस्तुत हुआ—समीना अपने माता-पिता की इकलौती सन्तान है। उसने बताया, 'मैं चंडीगढ़ की थोड़े ई हूँ, निपट गँवार हूँ। रसूलपुर है मेरा गाँव, जो अम्बाला के पास है। यहाँ तो मैं टेन प्लस टू के बाद बी.ए. करने आई थी। अब्बू ने हॉस्टल में नहीं रहने दिया, रिश्ते की फूफी के घर रखा कि मैं बिगड़ न जाऊँ।'

'बिगड़ना...मतलब?'

'यही कि लड़कों से बात न करूँ, उनके संग घूमूँ फिरूँ नहीं। कपड़े भी कायदे के पहनूँ, यानी शलवार-कमीज और सलीके से ओढ़ा हुआ दुपट्टा।'

'और तुम?'

'मैं बिगड़ ही गई न! फूफी ने भी ध्यान नहीं रखा, बल्कि कह दिया—यहाँ भाईजान थोड़े ई देखने आ रहे हैं। अपनी मनमर्जी से पहनो-ओढ़ो। जब पढ़ने के लिए शहर तक भेज ही दी है तो गाँव से पहरेबाजी कहाँ तक चलेगी? मेरी बात यह है कि मैं फुफ्फी हूँ, दरोगा या जेलर नहीं। तेरी मर्जी का नाश करके कैसे खुश रह पाऊँगी?'

'फुफ्फी, प्यारी फुफ्फी! इला के मुँह से अनायास निकला और बोली, 'मिस बिन्दास, आप तो एकदम जींस और टीशर्ट में आ गईं।'

'अरे वाह! क्या रिकॉर्ड है?'

समीना खूब गोरे रंग की सुन्दर मगर तनिक टेढ़े दाँतोंवाली लड़की कद से लम्बी ही है। बातें करने का ढंग अपने आपमें कमाल है। उर्दू के शब्दों का उच्चारण इला को नफासत का अहसास कराता है।

मिलने को तो बहुत लोग मिल जाते हैं लेकिन साथी वे ही बनते हैं, जिनको तुम्हारा दिल रुचिपूर्वक चुने। इला की इच्छा यही रही है कि दोस्त ऐसा हो जो अक्सर मुसकराने की दावत दे। माना कि हमेशा मुसकराने के मुकाम नहीं मिलते, मगर काँटों से भी गुजरें तो दिल में टीस न उठे न चेहरे

पर उदासी ठहर जाए। यह लालसा भले बेवकूफी लगे लेकिन शोकपूर्ण मुद्रा में हम क्या हासिल कर पाते हैं?

दोनों अलग-अलग हुईं तो खतो-किताबत ने जोड़ दिया। मोबाइल पर एस.एम.एस. आने लगे। समीना की चिट्ठियाँ सँजोकर रखी हैं इला ने। पत्र की शुरुआत में ही लिखा रहता—'लड़कियों का इन्कलाब'। जैसे यही अल्लाह की इबादत का कलमा हो।

'तू मेरी चिट्ठियाँ रखती हैं? यार, मेरी इस खतरनाक आदत के कारण मेरे अब्बू खतों को रख नहीं पाते, पढ़ते ही फाड़ देते हैं। कहते हैं अब्बू—सम्मो, मैं तो तुझे मुआफ कर दूँगा मगर दूसरे तो न कर पाएँगे। नाते-रिश्तेदार खुफिया तौर पर तेरी बातों को बिरादरी में फैला देंगे, बेटा फिर शादी का पैगाम कैसे आएगा तेरे लिए?'

'उफ्, अब्बू! सब कुछ शादी के लिए ही सोचते हो! कुछ मेरे लिए भी तो सोच सकते हो? खेलूँ-कूदूँ नहीं, सर से दुपट्टा ओढ़ूँ, बुर्का पहनूँ, नौकरी करने की न सोचूँ, सारी हिदायतों का एक ही मकसद, शादी।'

अब्बू उम्मीदों भरी आँखों से अपनी बेटी को देखते, उम्मीद भी एक ही थी—समीना एक दिन सुधर जाएगी। असल में अब से पाँच साल पहले अब्बू ने मौलवी साहब की जबानी सुना था—शौकत अली, तुम्हारी बेटी हमें इस तरह देखती है जैसे हम उसके गुनाहगार हों। वह अपनी पढ़ाई से कुरान शरीफ पढ़ने का सवाब कमाती हो, ऐसा हमें लगता नहीं। बाप की नजर से यह भी तो देखो कि उसका इल्म किस मकसद के लिए है? आइन्दा निगाह रखो कि वह क्या पढ़ती है, किस तरह की किताबें और कैसे रिसाले?

अब्बू ने उस समय तो अपनी मजबूरी जताते हुए कह दिया था, 'बाप-बेटी का रिश्ता है, रिश्ते का पर्दा रखना पड़ता है। उसकी माँ अनपढ़ है।' मगर मौलवी साहब की बात अब्बू के कलेजे में विष की गाँठ की तरह आज भी छिपी हुई है, जो मौका पाते ही माहौल को जहरीला बना देती है।

मौलवी साहब भी चूके नहीं थे, नथने फुला-फुलाकर कहते रहे, 'हाँ, अगर तुम निगाह भी रख लो तो रोकोगे कैसे? तुम्हारी बेटी के बागी तेवर तुम्हें डराते हैं। कभी सोचा है, इसे पराए घर जाना है। यह शादी के बाद भी रास्ते पर आ पाएगी? अव्वल तो कोई अच्छा खानदान पैगाम देनेवाला नहीं। मान लो कोई हमसे ही इस बाबत मशवरा करे, हम क्या कहेंगे? यही

कि लाहौल विला कूवत! ऐसे बच्चों को देखकर लगता है कि बुरा वक्त आ गया है। रस्मोरिवाज की धज्जियाँ उड़ाना ही इनका हुनर है।'

मौलवी साहब की भविष्यवाणी, समीना ने नौकरी भी की तो किसी मदरसे या स्कूल की नहीं, कढ़ाई-बुनाई के कला केन्द्र की नहीं, खवातीनों को कुरान शरीफ पढ़ाने की नहीं, अखबार में रिपोर्टर की ले ली। अब्बू की आँखें फटी की फटी...उनमें औलाद का मोह था, नहीं तो घर आने पर वे आसानी से पाबन्दी लगा देते। ऐसे ही जैसे उन्होंने समीना की छोटी-सी रैक में तस्लीमा नसरीन की लिखी किताबें देखकर हुक्म दागा था–'फेंक दूँगा इन किताबों को, बड़ी फ़ाहशा औरत है। देशनिकाला ऐसे ही नहीं दिया गया उसे। सुनते हैं कि हरामजादी ने पैगम्बर साहब को गालियाँ लिखी हैं। सिर कलम करने का फरमान जारी हुआ है बँगलादेश में। शैतान औरत के लिए यही मुनासिब सजा है।'

समीना अब्बू को लाल-पीले पड़ते देखकर ताज्जुब में पड़ गई थी–क्या इन्होंने पढ़ी हैं किताबें? छुई तक नहीं। बिरादरी के चन्द लोगों से जो सुना, सच मान लिया। इस तरह का रवैया भी तो एक तरह का जुर्म है। यहाँ समीना जैसी लड़की के लिए कोई दरवाजा क्या, झरोखा तक नहीं खुलेगा।

इला से जो मुलाकात हुई, उसने उम्मीदें जगा दीं। भूल जाना होगा इला को, समीना ने फैसला लिया। पुलिस में भर्ती होने का सपना देखेगी तो आँखें फूट जाएँगी। पहनावा बदलने से जहाँ भूचाल आता हो वहाँ जिन्दगी में आए बदलाव को कौन बर्दाश्त करेगा! मगर समीना को इसी 'कल्चर' के साथ चलना है क्योंकि उसे मुस्लिम घराने में जन्म लेकर मुल्ला-मौलवियों की लफ्फाजी का बोझ उठाना है। जैसे ही कन्धे डालेगी, मजहब की तौहीन हो जाएगी।

उन्हीं दिनों रात को सपना आया, वह पुलिस की वर्दी में है और उसे अभी-अभी तस्लीमा नसरीन की सुरक्षा गार्ड होने के वास्ते भेजा जा रहा है।

कितनी अटपटी बातें सोचती हैं समीना, अखबार में काम करने पर अब्बू चुप हैं, यही क्या कम है लेकिन उसे एक के बाद एक सुख चाहिए–पुलिस में भरती होने की लालसा पूरी होने का सुख। और यही सोचकर उसके तन-मन की सारी थकान गायब हो जाती है। इसी जुनून

में वह सुबह उठकर रोजाना दौड़ लगाती रही। नहीं पता था कि दौड़ का सिलसिला कब तक चलाना है। बस एक ही भाव कि वह इला को कितना- कितना अपने नजदीक पाती है, जो उससे अभी-अभी बिछुड़ी है। वह उस तस्लीमा के लिए उस्ताद के रूप में सजदा करती है, जिसकी वाणी पर अंकुश है और कलम को तोड़ डाला है। जो बदनाम और खारिज नाम हैं, उनके प्रति समीना की हमदर्दी क्यों है? किसको बताए कि ऐसे लोग ही उसे ऊँचाइयाँ चढ़ने के लिए उकसाते हैं और वह कोशिश करने लगती है। इससे सहज साहस नहीं टूटता और अपने अन्दर बेहतरी के अलावा कुछ नहीं दिखता। वह मौलवी साहब से भी मुसकराकर सलाम कर लेती है।

जिस तरह सद्भावनाओं की, शुभकामनाओं की और साथी की जरूरत होती है, हर रूप में इला याद आई। एक वही है, जो उसकी जिन्दगी से नावाफिक नहीं है। वह अच्छी तरह जानती है कि समीना 'नेक लड़की' के रूप में रह नहीं पा रही। उसके पास रोजा-नमाज के लिए ही नहीं, अब्बू की हिदायतें और अम्मी की मिन्नतें सुनने का भी वक्त नहीं है।

'पुलिस में भर्ती होगी तू?' मिन्नतों के बाद अम्मी की आवाज भर्रा गई। 'तेरे अब्बू कान को हाथ लगाकर तौबा करने लगे थे, देखा तूने?'

'तेरी दोस्ती बदमाश लोगों से तो नहीं हो गई?'

हालाँकि समीना ने घर में होते स्यापे पर ध्यान न देने की कसम खाई थी, फिर भी अब्बू के लफ्ज कानों में उतर गए, शायद इसलिए कि वे पुलिस की नौकरी की बाबत थे। वे अम्मी से कह रहे थे—

'शब्बो, रोना-धोना छोड़ो। अब कड़ा रुख अपनाना पड़ेगा। पिछली सरकारवाले मुख्यमंत्री के लड़के से मेरी जानकारी है। माना कि अब वह किसी की नौकरी लगवा नहीं सकता, मगर नौकरी से हटवा तो सकता है। तुम्हारा काम है कि माँ की तरह लड़की को समझाओ। निकाह के लिए राजी करो। मौलवी साहब के पास बदरुद्दीन खान के घर का पैगाम है। अपना वास्ता दो। अपने आँसू उसकी शादी की कोशिश में खर्च करो। वह जिद कर रही है, फिर भी अभी उसका मन कच्चा है। एकदम गीली मिट्टी की तरह कच्चा और नरम, अपने साँचे में ढाल सकते हैं।'

समीना ने इला को बताया था—अब्बू कच्चे मन के नहीं थे। तजरबों ने उन्हें पक्का कर दिया था। साथ ही मौलवी साहब का हाथ उनके कन्धे

पर था। सोने में सुहागा बदरुद्दीन खान का बेटा आसिफ खान समीना के काबिल शौहर था।

दो बातों ने निकाह के आसार डाल दिए।

एक, आसिफ भी पत्रकार निकला जिसे वह जानती थी। दो, पुलिस में भर्ती होने की ख्वाहिश को आसिफ ने सर-आँखों लिया। मौलवी जैसे मजहबी लोगों को नए जमाने की हवा का रुख दिखाया। तरक्की का वास्ता दिया।

समीना की हर मुराद का खयाल रखा गया, यहाँ तक कि निकाह की तारीख उससे पूछकर तय की गई। आसिफ का मिजाज और चलन देखकर लगा कि अब्बू के बाड़े से तो आसिफ का साथ कहीं बेहतर है, जहाँ बुर्का-नकाब तो दूर की चीज हैं शलवार कमीज पर दुपट्टे का बन्धन तक नहीं। आसिफ ने कह दिया था, 'दुपट्टा! कपड़े के ऊपर कपड़ा ओढ़ना मेरी समझ में नहीं आता। फिर पुलिस की वर्दी पहननेवाली लड़की चुनरी-ओढ़नी में लिपटी फिरेगी?'

आसिफ, गजब लड़का। उसने कहा था, 'तुम अपनी हिम्मत से पुलिस महकमे में जा रही हो तो हौसला भी रखोगी।' इतना सुनकर समीना का दिल भर आया था—आखिर मुझे साथी मिल गया। ऐसे होते हैं शौहर? गद्गद समीना मुँह से कुछ बोल नहीं सकी थी। ऐसे ही जोड़े जन्नत में बनते हैं।

'मन लगाकर काम करना समीना। अपनी काबिलियत साबित करोगी तो आगे प्रमोशन मिलना मुश्किल नहीं। तुम जल्दी ही सब-इंस्पेक्टर हो जाओगी।'

'यस आसिफ, मैं ड्यूटी को अपना मजहब समझूँगी।'

शादी हुई, मगर समीना गृहस्थी के बन्धन में नहीं बँधी। उसका तभी सलेक्शन हुआ, ट्रेनिंग सेंटर के लिए रवाना हुई। आसिफ साथ-साथ आए। छोड़कर रुखसत हुए तो एक बार फिर याद दिलाया, 'सरकारी नौकरी है। इस बात को शायद तुम मुझसे बेहतर समझती हो।'

समीना के भीतर जन्म लेनेवाली सिपाही और भी दृढ़ होने लगी। व्यस्त दिनचर्या के चलते वह रात को आसिफ की तसवीर देखते रहने और उसको फोन करने के लिए आधा घंटा जरूर निकालती। वार्डन भी टोकती नहीं थी, आसिफ उनको खुदा हाफिज कहकर बहुत ही मीठी मुसकान भेंट

कर गए थे। बात शौहर होने की भी थी, शौहर के मामले में रोक-टोक की कोई वजह नहीं होती।

इसमें क्या शक है कि ट्रेनिंग सेंटर यानी पुलिस एकेडमी के कड़े नियमों के बावजूद जब इला का साथ होता, आसिफ फोन पर 'जानेमन' बोलते तो लगता समीना दुनिया की सबसे खुशनसीब लड़की है। कई दिक्कतों और मुश्किल हालातों को फतह करे वह यहाँ अभ्यास के लिए दिए गए खेलों, कॉलेज के विषयों में अच्छे से अच्छा प्रदर्शन करती। नतीजा जब आसिफ को बताती तो उनका भेजा हुआ स्थानीय फूलवाला रंग-बिरंगा गुलदस्ता लेकर एकेडमी के गेट पर दे जाता।

समीना ने तहेदिल से अनुभव किया कि वह फूलों के शहर में रहकर प्यार के सरोवर में अपनी थकान उतार देती है। आसिफ का यह जुमला कितना सच था—'पत्रकारिता एकदम भरोसे का कैरियर नहीं, एक अखबार से दूसरे अखबार के दफ्तर में चक्कर काटने की जल्दी नौबत आ जाती है। तुम खुशनसीब हो, देखो, ट्रेनिंग शुरू होते ही पूरी तनख्वाह मिलने लगी। अब तुम्हें अपनी माली हालत के लिए चिन्ता करने की जरूरत नहीं, यह बात तुम्हारे अब्बू भी समझ गए हैं। बड़ी उम्र के लोगों को कमाई के बारे में बताया जाए। वे आपको आसानी से माफ कर देते हैं।'

'आसिफ, यहाँ के रूल्स बहुत कठोर हैं, ट्रेनिंग से तीन-चार लड़के भाग गए। मैं इला का चेहरा देखती हूँ तो उस चेहरे पर कई रंग उतरते-चढ़ते दिखते हैं, ऐसे रंग जो अभी तक मैंने देखे न थे। यह तो तुम भी जानते हो कि हर जगह लड़कियों के मुकाबले लड़कों को ज्यादा तवज्जो दी जाती है। यहाँ के उस्ताद भी इस रिवाज से अलग नहीं। यहाँ तक कि मैडम लोग भी फूहड़ गालियाँ देने से नहीं चूकतीं। प्रिया घर गई थी, परमीशन लेकर। लौटकर आई तो वापसी दर्ज कराने गई। पता है, उससे मैडम ने क्या कहा! फटते हुए गुस्से में से जो जुमला निकला, वह था—वापसी का कागज उसी को जाकर थमा, जिसके साथ सोकर तूने छुट्टी ली थी। आसिफ, प्रिया का चेहरा तमतमा गया और मैं सचमुच बहुत डर गई कि अगर प्रिया की जगह मैं होती तो? आसिफ सुनते तो? यह बात कहने के लिए मैडम औरत हैं, मगर यह ऐसी औरत हैं, जैसे कि पुलिस के अन्यायी और बदतमीज मर्द होते हैं। आज अपने रिपोर्टरवाले कैरियर की बहुत याद आ रही है, वहाँ होती तो अखबार में इस औरत का नाम

लेकर इसे समझाती कि अपने से छोटों से भी बात करने का शऊर क्या होता है?'

आसिफ फोन पर बोल रहे थे, 'यह रवैया ज्यादा दिन टिकनेवाला नहीं। यह अंग्रेजोंवाली पुलिसिंग क्या हमेशा चलती रहेगी? समीना डार्लिंग, जिन्दगी में बदलाव इतने दबे पाँवों आता है कि आहट भी सुनाई न दे। तभी उसे सहजता से लिया जा सकता है।'

हाँ आसिफ, हाँ। यहाँ के फूहड़ और बदमिजाज उस्तादों की डाँट-डपट से जब कान सनसनाने लगते हैं, मैं रंगशाला की ओर देखने लगती हूँ। अगर बैरक में सुपरवाइजर किसी दूसरी लड़की पर भी दहाड़ती है, मुझसे सुना नहीं जाता। मैं पुस्तकालय की ओर चल देती हूँ।

'प्यारी समीना, मेरी जान! बहादुरी की मिसाल बनने गई हो, हाथ में हिम्मत की मशाल उठाओ।'

'तुम्हारी सलाह सिर आँखों। इस एकेडमी के चीफ ने इतिहास का गहरा अध्ययन किया है आसिफ। तुम जो कह रहे हो, वह वे करने की ठान चुके हैं। पुलिस के अंग्रेजी ढर्रे के खिलाफ आधुनिक पुलिस आएगी। ट्रेनिंग के कोर्स में बदलाव किया गया है। तुम यहाँ आओगे तो मैं तुम्हें एक-एक चीज दिखाऊँगी। एक-एक जगह जहाँ से परिवर्तन की लहरें उठती हैं, भले उन्हें बीच में ही बाँध दिया जाए, मगर उठती तो हैं।'

बात तो और भी लम्बी हो सकती थी लेकिन समीना का मन था कि आसिफ सुनकर नहीं, देखकर समझ ले कि उसकी बीवी ने नई दुनिया की ओर कदम बढ़ाए हैं।

मगर इस अभियान का नाम क्या बताएगी समीना? इला कहती है, 'जिन सख्त नियमों की जगह मनुष्यता से भरपूर नियमावली सोची गई, सच में उसका नाम आसानी से नहीं मिला। सवाल यही था कि नागरिकों की सुरक्षा में तैनात हमदर्द पुलिस का नाम क्या होगा? नाम देना तो होगा, तभी पहचान बनेगी।'

इला बताती है, 'इस अभियान को पुलिस विभाग के लोगों ने ही दुराग्रह माना। ठीक एक अविश्वसनीय घटना की तरह।'

'जनता पुलिस के कोड़े खाने के लिए है। आम आदमी को तो मालिक लोग अपने पूर्वग्रहों के कारण खोटा ही पाते हैं। लोकतंत्र और

पुलिसतंत्र में छत्तीस का आँकड़ा है। जनता दास और गुलामों का नाम है। बेशक आजादी मिलने के पचास साठ साल बाद भी पुलिसकर्मियों और अफसरों की दिलचस्पी इसी रवैये से चिपकी हुई है, जहाँ अंग्रेजी राज के खँड़हरों के सिवा कुछ नहीं।'

इला की बातों से समीना को अपनी बात याद आई—'यार, यही तो मैं अब्बू से कहती थी कि हमारी जिन्दगी नई है, नए रास्तों से गुजरना चाहती है। तस्लीमा नसरीन को जब गाली देने लगते थे मौलवी और अब्बू, मुझे लगता था, मुझे फोहश जबान में कोस रहे हैं। मेरे मुँह से यकायक निकल जाता—वह मजहब के नाम पर झूठे और फरेबी दावों को नहीं मानती। बीते हुए कल के फफूँदी रिवाजों पर सवाल करती हैं तस्लीमा। सच में वे हमारे किसी काम के नहीं। अब्बू, वक्त रोज बदलता है, जो वक्त के साथ नहीं चलते, पुराने पड़ते जाते हैं। पुराने तो महल भी जर्जर और खँड़हर हो जाते हैं, जो पत्थरों के बने होते हैं।

समीना की बैरक के सामनेवाली क्यारी में आज गुलाब का पहला फूल खिला। अपने हाथों 'फटीक' के रूप में मेहनत से खोदी-निराई और खुरपी की सहायता से ही सुगढ़ नक्शे में ढाली क्यारियाँ गुलाब के पौधों की कतारों में सजी हैं।

आज समीना फूली नहीं समा रही। उसे लगा, यह महज फूल नहीं, उसके नाजुक दिल की पँखुडियाँ हैं। सुर्ख रंग आसिफ की मोहब्बत का है। उसमें बच्चों सरीखा उत्साह था, जो फूल के इर्द-गिर्द खेल रहा है।

आसिफ को आना है, अभी-अभी चल दिए हैं। आपसी मोहब्बत पर किसी-न-किसी तरह रोज मोहर लगाते हैं आसिफ। जिस शादी को लेकर वह गहरे असमंजस में थी, आज आसिफ के सपनों में डूबी है। सच में यहाँ सिर्फ जिस्म की ख्वाहिश नहीं, उन्हें प्यार ज्यादा है। क्या मैंने ही अपनी छवि मादा के रूप में बना रखी थी? मर्द की नजर में खुद को दोस्त की तरह नहीं देख पाई? आसिफ ने मेरी गलती को सुधार दिया। इस रिश्ते ने सचमुच मुझे खुशी और इज्ज़त बख्शी है। इसके साथ ही वह क्यारी में खिलते लाल गुलाब की ओर बढ़ गई।

'अक्टूबर का महीना सचमुच प्यारा होता है,' समीना के मुसकराते होंठ यही कहना चाहते हैं। आसिफ का दीदार हुआ।

अब वह आसिफ के साथ-साथ चल रही थी। वर्दी और बूट पहने हुए समीना को आसिफ बार-बार तारीफ की नजर से देखते।

'कहाँ ले जा रही हो हमें?' शेरवानी और अलीगढ़ कट पाजामावाले आसिफ ने आशिकाना अन्दाज में पूछा। समीना हँसी को दबा गई। वह बताएगी नहीं, सामने ले जाकर खड़ा कर देगी इला, प्रिया और जयन्त के।

जयन्त? वह बता चुकी है कि जयन्त इला का दोस्त है, हो सकता है, कभी दोनों शादी कर लें। आसिफ क्या दूसरी तरह भी सोच सकते हैं? या हमारे मित्रताभाव से ही सन्तुष्ट हो जाएँगे? दुविधा आ रही है मन में। फिर भी वह आगे बढ़ती रही। आधुनिक विचारों का अगुआ उसके साथ है।

'आसिफ, जयन्त यहाँ तीन-चार साल से है। उसे बहुत सी बातें मालूम हैं। इस एकेडमी के बारे में तुम्हें जो दिलचस्पी है, मैंने जयन्त को बता दी है। वह यहाँ आए बदलाव का ब्योरेवार वर्णन कर सकता है। तुम्हें लगेगा, आँखों देखा हाल सुन रहे हो।'

आसिफ ने मुग्ध भाव से मुसकराते हुए कहा, 'भई वाह! यहाँ से हम बहुत-कुछ लेकर जाएँगे। मैं मानता हूँ समीना, कोई इनसान हो या जगह, हमको अनजाने ही कुछ न कुछ दे जाता है।'

दोनों उस सरोवर के पास से गुजर रहे थे जहाँ जलपक्षी मुक्त विहार करते हुए अपनी बोली में एक-दूसरे को पुकार रहे थे।

रंगशाला आ गई।

जयन्त दिख नहीं रहा था। समीना की योजना का अब क्या होगा? उसने तो खासतौर से आसिफ को एकेडमी के कायाकल्प का ब्योरा देने का इरादा किया था। सोचा यह भी था कि आसिफ परिवर्तन की इस मुहिम को अखबार के जरिए देश भर में पहुँचाएगा।

'आदाब अर्ज है, इला साहिबा!' इला को रंगशाला के दालान में कुर्सी पर बैठे देखकर आसिफ ने अभिवादन किया।

'पहचान गए एकदम?' समीना खिल पड़ी।

'अरे यार, चंडीगढ़ में जब इन्होंने मेडल जीते थे, हमने अखबारों में चार दिन तक वे चर्चा में रखे। और फिर कोई एक बार हमसे मिल ले, भूलते कहाँ हैं? अखबार की नौकरी की पहली शर्त है याददाश्त का तेज होना।'

इला हाथ जोड़कर उठ खड़ी हुई और फिर उँगलियाँ माथे से लगाकर आदाब कबूल किया। दो कुर्सियाँ बैठने के लिए दीं।

औपचारिक बातों में युवा लोग अक्सर वक्त जाया नहीं करते।

इला का आख्यान शुरू हो गया—

'कौन आएगा नई इमारत की नींव रखने?' इला ने कहा तो आसिफ ने ताली बजाई—'इला मैम, हेडिंग शुरू में ही दे दिया!'

'आसिफ साहब, यहाँ मशवरा हुआ था और फिर तय किया गया कि इस काम के अगुआ वे ही होंगे जो घर-परिवार की कबीलाई दीवारें तोड़कर यहाँ तक पहुँचे हैं। गैर-बराबरीवाली जड़ व्यवस्था के खिलाफ उनका साहस सिर से कफन बाँधने को तैयार रहता है। नया बनाने की भावना में उनकी कलाप्रियता, रचनाधर्मिता और सामूहिकता उन औजारों का काम करती है, जो मनुष्यता के लिए बने हैं।'

'बहुत खूब!' आसिफ ने दाद दी।

'ये मेरे शब्द नहीं हैं, जयन्त ने लिखा था यह सब क्योंकि इस विषय पर उसे नाटक तैयार करना था।' इला ने अपना पक्ष पेश कर दिया।

'मगर हम तो आपकी जबानी सुन रहे हैं।' आसिफ ने तारीफ का सेहरा सजाया।

आगे बढ़ी पिछली कहानी—

हममें से अपनी दिशा से कोई भटक न जाए बस, नहीं तो हमें अपने व्यवहार में खूँखार बनते देर नहीं लगेगी।

यह काम आसान नहीं था। आसानी से स्वीकार किया जानेवाला भी नहीं। पुरजोर विरोध होगा क्योंकि पुलिस सभ्यता की जड़ें पाताल तक अपनी शाखाएँ पहुँचा चुकी हैं।

नए अँखुए अपनी ताकत से धरती फोड़कर निकलेंगे। नई पौध तैयार हुई तो नाक-भौं सिकोड़नेवाले कीट-पतंग बनकर मँडराने लगे। इस

सबके बरक्स एक-एक सिपाही कड़ी की तरह जुड़ता हुआ चेन बनाने लगा।

क्या खयाल, क्या कल्पना? शेखचिल्ली का सपना! खब्ती रिसर्च का जादू! बेवकूफों की दिव्यदृष्टि!! सम्भावना के नाम पर इस टोली की योजना बेसिर-पैर की और व्यर्थ ही होगी सारी कोशिश। वर्तमान की खूँखार असलियतें कल्पनाओं और सपनों से तिरोहित नहीं होनेवाली।

हताश लहरें बराबर ऊपर से गुजरती जातीं। नए रास्तों के राहगीर ठिठक जाते। लेकिन संकल्प से ज्यादा पक्के और दृढ़ तो पहाड़ भी नहीं होते। इरादे फिर सिर उठाते। नजरें भरी-पूरी आँखों में कलात्मक हो उठतीं। सपनों की आवाजें मुखर हुईं तो सुरीले संगीत उठे। और साथ ही मनोविश्लेषण करनेवाले मस्तिष्क। नई इबारत की तरह जिन्दगी को बाँचनेवाले बाँके युवक और युवतियाँ। ये ही थे कुशल सिपाही, प्रेम करनेवाले दृश्यों के सूरमा और हमदर्दी के तानों-बानों से सम्बन्धों को बुननेवाले बुनकर वीर। पुण्य ग्रन्थों पर लगातार नए सिरे से विचार-मन्थन की प्रक्रिया शुरू हुई।

कैसे-कैसे लोग! मैदान में सुबह-सबेरे रायफल उठाकर परेड करते, वहीं दिन ढले शाम को हारमोनियम-तबला और बाँसुरी पर संगीत की धुनें छेड़ देते। खेल के मैदानों ने अपने रूप में साफ-सुथरा खुला वातावरण दिया, वहीं निशानेबाजी के भेदन थे।

रंगशाला आकार लेने लगी।

हथियारों के भंडार के ठीक सामने पुस्तकालय उठता गया।

साहित्य, राजनीति, इतिहास और कलाओं पर लिखी हुई पुस्तकों का संचयन करना नई बात थी। ज्ञान-विज्ञान समिति के अन्तर्गत कम्प्यूटर और इंटरनेट की दुनिया खुली।

फिर सुनी चकचक मिन-मिन!

—यह पुलिस ट्रेनिंग सेंटर है या भाँड़ों का अड्डा? या कि नौटंकी कम्पनी?

—लोग क्या-क्या कह रहे हैं!

—कहने दो!

—मुबारक यह कदम।

—धन्यवाद, थैंक्स।

—जहन्नुम में जाओ, नया बाजा बजानेवाले।

—जहाँ भी रहें अपनी अन्तरात्मा के साथ रहें।

—कब तक है यह नाटक?

—जब तक नया समय यहाँ दस्तक नहीं देता।

—तबलची, गवैए, नचकइए पुलिस नहीं हुआ करते।

—क्या सिपाहियों को कलाएँ नहीं आनी चाहिए?

कारवाँ बढ़ता रहा। राहें रोशन हुईं। सिपाही, सब-इंस्पेक्टर, डी.एस.पी. रैंक तक के प्रशिक्षण लेनेवाले अपनी संवेदना ड्यूटी के साथ मिलाकर देखने लगे। समय बेशकीमती है, जीवन-मूल्यों को समय रहते थामना होगा। न कि क्रूरता और बेईमानी का जामा पहनकर दरोगा बन जाना।

आसिफ ने कहा था, 'एकडेमी की दुनिया ख्वाबों की दुनिया है, समीना। बाहर आते ही यह खत्म होने लगेगी, देखकर घबराना मत। पुलिस प्रशासन के लिए सख्त हो जाना भी जरूरी है। समाज का रूप देखकर अपनी हमदर्दी पर ताला जड़ देने का तुम्हारा मन करेगा, यह भी तय है।'

आसिफ ने जो भविष्यवाणी की थी, उसमें झूठ भी क्या था?

समीना, ट्रैफिक पुलिस की सिपाही, चौराहे पर खड़ी होकर वाहनों को कायदे से निकालना चाहती है। सब कुछ सुचारु रूप से हो, मगर क्या और कितना होता है सिग्नल से?

लड़की खड़ी दाएँ-बाएँ का इशारा करती है तो ट्रैफिक चलने के बजाय रुक जाता है। समीना घबरा गई—अरे यह रुकावट! जाम लगता चला जा रहा है। तभी ट्रकवाला चींटी की चाल से अपने ट्रक को सरकाता हुआ इस महिला सिपाही के पास आ गया—ओए! आजा-आजा, मेरे संग बैठ, चल। मेरी नमकीन भुजिया। कहाँ चलेगी, झरिया या कलकत्ता?

समीना सन्न रह गई। ऐसा होगा, यह तो सपने में भी नहीं सोचा था। रात भर अपमान को मथती रही और आसिफ को याद करती रही।

आसिफ एक दिलबर, दिलदार शौहर, बहुत-कुछ जानकर भी नौकरी छोड़ आने की बात कभी नहीं करते। वह क्यों चिन्ता करती है?

मोटर साइकिलवाला, एकदम नजदीक आकर ब्रेक मारता है कि समीना का ध्यान उस पर जाए।

—'होटल चलती क्या? अपनी जवानी पर तो तरस खा। कितनी थक गई होगी! आ, आजा, बैठ चल मेरी कमर में हाथ डालकर।'

समीना बाइक सवार को कौन सा रास्ता दिखाती, खुद ही हड़बड़ा गई। चारों दिशाओं में अँधेरा छा गया। उसने जल्दी ही अपने आपको सँभाला। प्रिया की बात अनायास ही याद आई—ये साले मोटर-बाइकवाले खुद को घुड़सवार की तरह बहादुर समझते हैं। सोचते हैं, हमें उड़ा ले जाएँगे। इन पिल्लों को मैं खूब जानती हूँ। कमर पर सीधा डंडा मारो, चुपचाप चले जाएँगे।

समीना इस कारवाले का क्या करे? साथ बिठाकर ले जाने के लिए अड़ा है। अगर वह इसका चालान कर दे, तो भी क्या यह आगे ऐसी हरकत न करेगा? कमर पर डंडा भी कार चालक को कैसे मारा जा सकता है?

'ए! तू क्या कह रहा है? गाड़ी इधर ले ले। मैं बताऊँगी, मुझे कहाँ जाना है। कर इधर गाड़ी।' समीना गाड़ी के सामने खड़ी हो गई।

कार चालक ने झटके से गाड़ी काटी और तेजी से खिड़की खोलकर थूक दिया। समीना को सुनाकर बोला, 'साली दो टके की...।'

इन बातों को वह आसिफ को बताए बिना नहीं मानेगी। क्या सोचकर आई थी, यहाँ क्या हो रहा है! दिल का मलाल आसिफ के सामने न निकाले तो किसके सामने? कल को यहाँ आसिफ या उनका कोई जानकार देख ही ले तो? वह झूठी पड़ जाएगी।

समीना ने मोबाइल फोन पर तीनों घटनाएँ बयान कर दीं और कहा—आसिफ, मन कर रहा है कि एकेडमी चीफ को खत लिखें और बताएँ कि इस खूँखार और बदनिगाह वाले समाज को आप कौन सा सशक्तीकरण देना चाहते हैं? वर्दी पहनकर नागरिकों की सुरक्षा की क़सम खानेवाले हम नागरिकों की गालियाँ खा रहे हैं, बेइज्जती झेल रहे हैं, वेश्या की तरह खुद का परिचय पा रहे हैं।

आसिफ ने तो अपनी बीवी को एक दोस्त की तरह, संरक्षक की तरह समझाया ही था—यह पब्लिक से जुड़ी सर्विस है, हर तरह के मुकाम

आएँगे। तुम घबराओ नहीं। इतनी कमजोर नहीं हो कि लुच्चे-लफंगों से डर जाओ। तुम सड़क चलती आम लड़की नहीं, भारतीय पुलिस की सिपाही हो।

समीना ने इस हद तक आसिफ से उम्मीद नहीं की थी। उसे तो अपनी बेइज्जती शौहर की बेइज्जती लगी थी। जिस तरह वह अपने अपमान पर अब्बू के बारे में सोचकर घबरा उठती थी, अब आसिफ को लेकर चिन्तित हो उठती है। इला ने कई बार कहा है—नौकरी जैसी भी है, हमारी है। कोई हमें दूरबीन से भी देख ले तो भी हम यही जवाब देंगे।

समीना भी अब निश्चिन्त थी। आसिफ का नजरिया उससे ज्यादा साफ है। औरत जात यों ही खुद को गुनाहगार मानकर शर्मसार होती हुई डरती रहती है। दोष मर्द को देने लगती है तो यह अपनी ही कमजोरी हुई।

आसिफ हर पाँच तारीख को आते हैं। वेतन दो तारीख को मिलता है। अबकी बार आएँगे तो समीना को बहादुर ही नहीं, खुले दिल की भी पाएँगे। अपनी तस्लीमा नसरीन को ऐसा जीवनसाथी ही तो नहीं मिला, तभी तीन-चार बार शादी करने के बाद आज अकेली हैं। आसिफ तुम ग्रेट हो! अल्लाह, तू उससे भी ज्यादा ग्रेट! तकदीर पर कभी विश्वास नहीं किया लेकिन आसिफ तकदीर से ही तो मिले हैं। उन्हें खोजने की कौन सी कोशिश की उसने?

काश, समीना को लक्ष्मी मैडम न मिली होतीं। समीना की किस्मत रोशन रहती 'वूमेन सेल'...

हाँ, लक्ष्मी मैम वूमेन-सेल में ही मिली थीं। घरेलू हिंसा की शिकायत लेकर शान्ता नाम की औरत आई थी। जब वह चलकर आई तो मुश्किल से कदम बढ़ा पा रही थी।

समीना ने उसकी एफ.आई.आर. लिखी और सोचा अब उसके पति को बुला लिया जाएगा।

लेकिन तभी लक्ष्मी मैडम आ गईं। अपने लम्बे और मजबूत बदन पर वर्दी बेल्टवाली हमारी एस.एच.ओ. गुड़गाँव।

'समीना, खाली अर्जी लगाने से काम नहीं चलेगा।'

'फिर मैम?'

'इस लेडी की हर हालत में मेडिकल जाँच होनी चाहिए।'

'मगर मैम, शरीर पर तो मारपीट के निशान तक नहीं हैं।'

'इसलिए ही तो। सुनो, पहले इसके कपड़े उतरवाकर देखो।'

समीना इस तरह का काम करते अक्सर सकपका जाती है। अखबार छोड़कर कहाँ चली आई! जहाँ मर्द अपनी मौज-मस्ती के लिए औरत के कपड़े उतरवाता है, वहीं पुलिस की महिलाएँ दिल हिला देनेवाले नजारे देखने के लिए...।

और! दिल दहल गया। समीना का मुँह सफेद पड़ गया।

शान्ता के कपड़े उतारे गए, उसके प्राइवेट पार्ट्स टाँकों से भरे हुए थे। वह हिलते ही जिबह होती बकरी की तरह डकरा उठी।

क्या मेरी पीड़ा को समाज के लोग जानते हैं? समीना ने सोचा। क्या हमारी हमदर्दी जिस तरह तड़पती है, उसे लोग समझते हैं? समझते होते तो फूहड़ भाषा में जुमले उछालकर नहीं जाते।

शान्ता को ऑटोरिक्शा में बैठाकर जब ले जाया गया तो लक्ष्मी मैडम अपने पद का खयाल भूलकर साथ बैठ गईं।

'आप क्यों?' समीना ने पूछा।

'डॉक्टर कम नखरे नहीं करेगी।' मैम ने आशंका जता दी।

शान्ता कराह नहीं रही थी ऑटो में दर्द का समन्दर गड़गड़ा रहा था। समीना यह सोचकर खुद को राहत दे रही थी कि यह सामूहिक संवेदना की शुरुआत है। इसी भूमिका में तो अपनी भावनाएँ कर्म का रूप लेती हैं।

जो आशंका थी, वही हुआ। अस्पताल की एम.एल.आर. (मेडिकल लीगल रिपोर्ट) के आधार पर शान्ता के साथ यौन हिंसा का पिशाची कांड हुआ है। पति ही गुनाहगार है। उसके खिलाफ तीन-चार घटनाएँ तामील हुईं।

समीना ने आज औरत के मामले में लक्ष्मी मैम को बेमिसाल औरत के रूप में पाया। मुँह से निकला—थैंक्यू मैम।

एकेडमी में यह चर्चा अक्सर होती थी कि महिला पुलिस की सीनियर महिलाएँ खूँखार और काम को टालनेवाली होती हैं। वे पुरुषों से ज्यादा क्रूर

और बर्बर व्यवहार करती हैं। वे महिलाओं की एक नहीं सुनतीं, बल्कि पहले ही मारने-पीटने लगती हैं। हिदायत दी गई थी कि सीनियर्स से नई लड़कियाँ दूर रहें।

मगर समीना लक्ष्मी मैम के करीब आती गई।

बातों-बातों में मैम थाने से सम्बन्धित ही नहीं, जिन्दगी से जुड़ी सच्चाइयों को सामने ले आतीं। शान्ता ने भी बताया था—पति मायके से रुपए पैसे लाने के लिए कहता। कभी पुचकारकर तो कभी समझाकर तो फिर धमकाकर। शान्ता आखिर बाप भाई से कितना पैसा माँगती। एक दिन उसने कह ही दिया—तुम मुझे मार डालो तब भी मैं पैसा नहीं ला सकती।

पति भी हार माननेवाला नहीं था। उसने उसका खाना-कपड़ा बन्द कर दिया। तब भी काम न बना तो जिन दोस्तों से पैसा ले सकता था, उनके आगे शान्ता को पटक दिया। आगे क्या हुआ, वह तो शान्ता की एफ.आई.आर. में विस्तार से लिखा गया, मेडिकल लीगल रिपोर्ट लगाई गई।

लक्ष्मी मैडम ने अपना किस्सा सुनाया—

'बच्चो, यह शान्ता की ही कहानी नहीं, हर औरत की कहानी हो सकती है। शान्ता से उसका पति मायके से पैसे मँगवाता था, नहीं मिले तो उसे ऐसी सजा देने पर आ गया जैसी कि कसाई भी जानवर को नहीं देता। एक बार में आदमी खत्म हो जाए और रोज-रोज मौत की यातना से गुजरे इसमें फर्क है न?

'तुम लोग नए जमाने की नई औरत के रूप में उभर रही हो। पहले कमाने का जिम्मा मर्द का होता था, अब औरत भी अपने पाँवों खड़ी हो रही है। खड़ी तो हो रही है लेकिन उसे खड़ी रहने देते कहाँ हैं? मुझे ही लो, मैं अच्छी-खासी नौकरी करती थी, एस.आई. थी। तनख्वाह मिलती हर महीने ससुर जी आकर ले जाते। इतना भी नहीं छोड़ते थे कि मैं अपना ही खर्च चला लूँ।

'जो कुछ निछावर करते वे तारीफें थीं। शाबाशियाँ बरसाते। सगे-सम्बन्धियों से कहते—बहू हीरा है। बेटे ने कमाकर कभी नहीं दिया, बहू देती है। बहू पुलिस में है, रोज ही गुनाहगारों से वास्ता पड़ता है। मगर वह घर के लिए साक्षात् लक्ष्मी का रूप है। वर्दी पहनकर कमाती है, पर्दा

में रहकर घर की लाज निभाती है। बहू लाखों में एक है—सीता-सावित्री-सी नेक।

'सालोसाल निकलते गए। मेरे हाथ में कुछ भी न था। अपनी इच्छा से अपने बच्चे के लिए भी खर्च न कर पाती। अपनी मर्जी से किसी को ले-दे नहीं सकती। ससुर जी से माँगती तो 'क्यों और किसके लिए' जैसे सवाल सामने तैयार मिलते। पति के तेवर भी कड़े हो जाते।

'वेतन मिला और मेरे कदम बैंक की ओर बढ़ चले। बार-बार ससुर और पति का ध्यान आता, मैं झटक देती। पैसा बैंक में जमा कर दिया कि अपने खर्च के लिए किसी के आगे हाथ न पसारूँ। मैं अपनी कमाई उनको सौंपकर अपनी खुशियों पर ताला डाल देती हूँ और चाबी उनके हाथ में थमा देती हूँ।

'बस हो गया शाबाशियों और नेक औरत का अन्त। खत्म हो गई सीता और सावित्री। अब उनकी निगाह में मैं एक नाजायज औरत थी जो तनख्वाह मिलते ही यारों के साथ गुलछर्रे उड़ाने निकल जाती है। जब भी पति मिलते ऐसे सवाल किए बिना न टलते—मसलन रात की ड्यूटी किसके साथ...टूर और केस की तफ्तीश में कौन से आशिकों की जमात...।

'समझी? यह औरत की आर्थिक मजबूती का खामियाजा है।'

लक्ष्मी मैम! आपसे जुदा नहीं है इस समीना का तजरबा...

महज दो साल बाद आप इस कदर याद आ रही हैं, दुआएँ दूँ या कोसूँ आपको? आजाद से आजाद खयालों की लड़की जब शादी निभाने पर उतरती है, उसे बीसियों तरह के डर सताने लगते हैं।

सच्ची कह रही थीं आप, उसके मन में रुपए-पैसेवाला हक कभी नहीं आना चाहिए नहीं तो वह फाहशा...

इला के जन्मदिन की बात है यह, ज्यादा दिन नहीं गुजरे।

इस जन्मदिन की योजना पिछले तीन महीने से बन रही थी।

यों तो इला ने कहा था—यार, मम्मी-पापा मुझसे नाराज हैं, तब क्या आँखों से ओझल हो गए? यादों में छाए रहते हैं भाई बहन के साथ।

'ठीक है इलू, इनसान की उम्र का सबसे प्यारा और अहम हिस्सा बचपन होता है। अगर यह वक्त अपनी छाप छोड़नेवाला न होता तो अपने घर-गाँव और वतन को कौन याद करता? कितने-कितने कद्दावर लोग

अपनी मिट्टी के लिए शहीद हो गए। या वे अपनी धरती के प्यार में ऐसे डूबे कि कद बढ़ाते चले गए।'

इला का जीवन दर्शन जिसमें समीना का जीवन दर्शन मिला हुआ है।

'समीना, घर जाने का बहुत मन है।' इला की आँखों में नमी आ गई।

'ठीक है, चली जा।'

'अभी तक मम्मी का उदास चेहरा याद आते ही दिल घबरा उठता था और पापा का सख्त चेहरा...मेरे हाथ-पाँव ठंडे पड़ने लगते। पर अब, अब उतनी ही बेचैनी सताती है उन्हें देखने की।'

'अब क्यों बेहाल हैं इला मैडम? जेब गरम है इसलिए?'

'शायद, लगता है, अपनी मर्जी से मम्मी के लिए शॉल ले जाऊँ। अपना जन्मदिन वहीं मनाऊँ। मेरी माँ कोई नौकरी नहीं करती, घर में रहते हुए मेरा इन्तजार जरूर करती होंगी। मेरे बारे में कोई पूछता होगा तो अपने मन से मेरी कोई मजबूरी गढ़कर बता देती होंगी। मम्मी को सरप्राइज दूँ, सम्मो? माफ किया, न किया यह बाद की बात है।

'बर्थडे! जन्मदिन! यार, हमारी ट्रीट का क्या होगा? हमने कब से सोचकर प्लान बनाया है।'

'चलो, अबकी बार तुम्हारी ट्रीट ही शानदार हो जाए। घर किसी त्योहार पर चली जाऊँगी।'

'टरकाओ फंडा नहीं चलेगा कि अपने थाने पर ही जश्न मनाने लगे।'

'नहीं-नहीं, पार्टी शानदार होगी।'

'कि रेस्टोरेंट में इलू?'

'क्या बात करती है रेस्टोरेंट की! अबकी बार आगरा चलते हैं। ताजमहल देखेंगे साथ-साथ। तू चाहे तो आसिफ मियाँ को भी बुला ले।'

आसिफ! समीना के मन में उमंग उठी।

दूसरे ही पल उसकी उमंग धीमी लहर की तरह बिखरने लगी। आगरा जाना भी क्या मुनासिब होगा? अम्मी-अब्बू के घर होती तो चली जाती थी, तब जब चंडीगढ़ में पत्रकार थी। अब तो आसिफ को बताना तक हिचक में डाल रहा है। बताओ, फिर उनकी आवाज से अन्दाजा

लगाओ कि अपनी बीवी का प्रस्ताव उन्हें कैसा लगा? निश्चिंत ही वे ऐसी आवाजाही को फिजूलखर्ची मानेंगे।

माना कि बेहद प्यार करनेवाले शौहर हैं। अपनी बीवी की बहुत चिन्ता करते हैं। हर बात की खबर रखना फर्ज समझते हैं। समीना की हिफाजत में इसलिए ही कमी नहीं आती। नसीहत भी देते हैं कि वक्त अच्छा गुजरे। समझाया था यह फलसफा जिन्दगी का–'समीना, यह मत समझो जो तुमने कमाया, वह कमाई हो गई। कमाई का पैमाना तो यह है कि तुमने बचाया कितना? खर्च तो आदमी अपनी कमाई क्या, दूसरे से कर्ज लेकर भी कर डालता है। ऐसे आदमी को कमाऊ कौन मानेगा?

'मैं मानता हूँ कि औरतें छोटी-छोटी बचत में खुश हो जाती हैं, हमारी अम्मी अब्बा की जेब से चुपचाप दस का नोट खींचकर मालामाल होने का दावा करती थीं, बस इसलिए ही कभी बड़ी रकम या सम्पत्ति की मालिक नहीं बन सकीं। जानती हो न अट्ठानबे प्रतिशत औरतों के पास अपनी जायदाद नहीं होती। वे दूसरों की दौलत के सहारे रहकर ही सुकून में बसर करती रहती हैं, इसलिए अपना सहारा कभी मिलता नहीं।'

समीना को इतना इल्म कहाँ? बेवकूफ की तरह देखती आसिफ को। अपने घर में कभी ऐसा सुना नहीं। अब्बू क्या मौलवियों की संगत में रहकर फकीर होनेवाले हैं? बचत से ज्यादा ज़कात की बातें सुनते हैं। यों भी पैसे को लेकर समीना के दिल में अब्बू की यादें बहुत कम हैं। अब तो और भी कम क्योंकि नौकरी से लेकर घर तक आसिफ की दुनिया फैली हुई है। एकसूत्री कार्यक्रम भी यही रहा, वेतन मिलते ही रुपयों को आसिफ के हाथों में सौंप देना। ऐसा करने से सवाल-जवाब के झमेले और नसीहतों की भरमार से साबका नहीं पड़ता।

इला, इला अभी कुँआरी है, शादीशुदा जिन्दगी के तेवर क्या जाने? क्या जाने कि उसकी पटरी से समीना की पटरी अलग क्यों हो जाती है!

बहरहाल आगरा तो जाना ही है।

जन्नत देखने के लिए तो आदमी को मरना भी पड़ता है। फिर यह मनभावन सफर। वह इला के साथ बस से सबेरे-सबेरे निकल गई। अब तक ऐसी योजनाएँ मन के नक्शे पर ही फैली रहीं कि मटन-बिरियानी और कबाबों की दावत पर साथियों को न्योतेगी। चाँदनी रात में कैंडिल नाइट डिनर करेगी। किया भी, मगर जो हो पाया वह अखबार की नौकरीवाला

जमाना था। अब तो पता नहीं कौन सा दबाव बढ़ जाता है कि कुछ कहने के लिए आवाज खुलती नहीं।

मुद्दत बाद दिल खोलकर खुश है समीना। जबान खोलकर बातें कर रही है। कुँआरेपन की आजादी का सा अहसास ऐसा कि मुँह में बताशे फूटें।

'ये ताजमहल है। सफेद संगमरमर का मकबरा!'

इला ने जयन्त और प्रिया को भी बुला लिया है। प्रिया के पास महँगा डिजिटल कैमरा है।

कितने-कितने पोज दिए समीना ने। ताजमहल के लिए जाती सुन्दर, साफ-सफेद गैलरी पर चलते हुए, मकबरे की दीवार पर सिर टेककर। और जमुना के किनारे का दृश्य समीना की तसवीर के घेरे में।

इला जयन्त के साथ तसवीर खिंचा रही है।

जयन्त बर्थ डे गर्ल को केक खिला रहा है। प्रिया दोनों के गले में अपनी बाँहें डाले हुए।

'जयन्त, इला को किस करो।' प्रिया ने जिद की तो जयन्त झेंप गया।

समीना, प्रिया और इला ठहाका मारकर हँस पड़ीं।

जयन्त परेशान, बोला, 'यार पुलिस की लड़कियाँ शरमाना भूल चुकी होती हैं, इनके साथ आना खतरे से खाली नहीं। मुझे पता होता तो उदय को ले आता।'

'अरे वाह! जयन्त, अब भी शरमानेवाली लड़कियों की ख्वाहिश है? तुम्हारी संवेदनाएँ इकहरी हैं, हम तो एकेडमी चीफ से कह देंगे। बस, समझ लो, संवेदी विभाग से तुम्हारी छुट्टी।' प्रिया ने खूब सताया जयन्त को।

चुहल भरी मनोरंजक यात्रा, एक यादगार सफर और आगरा का ताजमहल अँधेरी रातों का उजियारा-सा खिलता रहा। समीना ने जो अनुभव किया, वह आसिफ के 'प्यार' से मुक्ति थी, यह बात वह इन्हीं शब्दों में नहीं कहेगी, मगर अनुभव ऐसा ही था। शौहर को खुद से बेहतर माना है, खुलापन या बेबाकी फिर कैसे हो? क्या यहीं से कसावट शुरू हो जाती है? चाहा तो यह था कि जो रास्ता वह चाहती है, उस पर बढ़ी चले। आसिफ उत्साहवर्द्धन करते चलें लेकिन बड़ी भलमनसाहत के साथ उन्होंने नसीहतें पेश कर दीं। जहाँ नसीहतें होती हैं, आजादी कैसे हो सकती है? आसिफ

बहुत खुश तो नहीं होंगे उसने पैसा जो नहीं भेजा है और आसिफ के आने में रोक लगाती रही है। ड्यूटी ऐसी ही रही कि उनको दिक्कत होती।

पिकनिकनुमा घुमक्कड़ी का अन्त ऐसा होगा, पता न था।

जो तसवीरें खींची थीं, अभी तो वे कैमरे में ही थीं, फिर भी बात सार्वजनिक हो गई।

इला, समीना और प्रिया। जयन्त का नाम कहीं नहीं था।

दूसरे दिन अखबार में प्रमुखता से जो खबर छपी, गजबनाक थी।

—तीन महिला पुलिसकर्मी अपने-अपने बॉय फ्रैंड्स के साथ होटल में रँगरलियाँ मनाते देखी गईं। इन पुलिसकर्मियों की ड्यूटी ट्रैफिक सिग्नलों पर लगी हुई थी, इसी का फायदा इन्होंने उठाया। इनोवा गाड़ी रोकी और उस पर सवार हो गईं, सीधे आगरा पहुँचीं। यह खबर प्रामाणिक है कि इन पुलिसकर्मियों के नाम क्रमशः इला चौधरी, प्रिया अग्रवाल और समीना खान हैं। इस खबर ने सनसनी फैला दी कि सुरक्षा के लिये तैनात की गई ये महिलाएँ बदचलनी का नमूना बनकर पेश आ रही हैं।

समीना को काटो तो खून नहीं।

इला का चेहरा तन गया और मुट्ठियाँ भिंच गईं।

प्रिया अग्रवाल ने ठसक के साथ पाँव उठाया—'माय फुट।'

समीना जयन्त से एक ही बात पूछती रही—अब क्या होगा? कोई यकीन करेगा कि वे सब ऐसे ही घूमने गए थे। किस-किस से कहेंगे कि इला का बर्ड-डे था। कि हमें भी जश्न मनाने और खुश होने का हक है। कि हम जुर्म और जालिमों के घेरों में रहते-रहते टूटने की हद तक थक जाते हैं।

इला को एस.एच.ओ. का खयाल आ रहा था तो समीना को अपने शौहर का। सर सवाल करेंगे, क्या जवाब होगा?

'जवाब तो फिर भी हो जाएगा क्योंकि हम छुट्टी लेकर गए थे, मगर मेरे आसिफ को कैसे समझाया जाएगा?'

जो भी है, सब आवारापन में गिना जा रहा है। कमाल है पुलिस विभाग में आने के बाद भी लोग इतनी तंगदिली से पेश आते हैं कि अपनी ताकत पर यकीन ही नहीं रहे। जब पुलिस की लड़कियों के साथ यह सलूक किया जा रहा है तो आम लड़कियों का जो हाल होता है, हमें समझ लेना चाहिए।

प्रिया अपनी बात कह रही थी—'हमें इस सबकी आदत डाल लेनी चाहिए। इससे अलग कुछ होगा, उम्मीद करना बेकार है। हाँ, यह बात जरूर है कि आदत हावी हो भी जाए, तकलीफ फिर भी होगी। अगर तकलीफ होना भी बन्द हो जाए तो फिर हम इनसान ही कहाँ रहेंगे?'

इला के थाने का दृश्य था कि अपने ही कलीग अखबार की खबर जोर-जोर से पढ़ रहे थे या उस चर्चा को इस तरह कर रहे थे कि इला सुन ले।

समीना को अपने लिए इससे बेहतर उम्मीद नहीं।

आसिफ का भूत उसे बराबर डरा रहा है। क्या समझाएगी उन्हें?

इला भभक पड़ी थी, 'क्यों समझाएँ हम किसी को? चलो, जहाँ नौकरी है, पूछताछ हो सकती है, मगर घरवाले? क्यों माँगेंगे वे जवाब? हमें वेतन क्या यों ही मिल जाता है, फालतू या फोकट का? समीना, याद रख, तू कितनी मेहनत करके कमाती है और तेरा पति आराम से सारे रुपए ले जाता है। ऊपर से कैफियत माँगेगा?'

समीना बेहद उदास हो गई, बोली, 'तू नहीं समझेगी इला।'

'क्या नहीं समझूँगी मैं? अफसर से भारी है तेरा पति? या वहाँ बैठा दूरबीन से देख रहा है तुझे? अखबार पढ़ते ही बदचलनी का फरमान जारी कर देगा। सजा देगा वह तुझे? तू भी क्या उसे इसी नजर से देखती है? वह कहाँ आता-जाता है, तुझे खबर रहती है क्या? या तेरी आज्ञा लेकर जाता है? यार, तू पत्रकार थी, मगर कैसी थी कि जरा सी भी बेबाकी नहीं।'

समीना कड़ुवा-सा मुसकराई—'पत्रकारिता बेबाक होती तो हमारे बारे में इस तरह छपता? पत्रकार ईमानदारी से कोसों दूर भागते हैं। उन्हें चटपटा मसाला चाहिए। मैंने बहुत कोशिश की कि अपनी तरह वहाँ लिखूँ लेकिन कामयाबी मिलती नहीं थी, बस, अखबार छोड़ दिया।'

इला बेबस हो आई, कहने लगी, 'तू ही बता अब चारा क्या है तेरे बचने का?'

'क्या बताऊँ? सोच रही हूँ कि कुछ रुपए तुम लोगों से उधार ले लूँगी। अबकी बार आसिफ को बड़ी-सी रकम भेज दूँगी। वैसे भी तीन महीने से तनख्वाह दी नहीं है, वे भन्ना रहे होंगे। खर्चे भी तो बहुत हैं।'

इला आँखें फाड़कर देखने लगी, 'समीना, क्या हो गया है तुझे? वह क्या कुछ भी नहीं कमाता? पिछले महीनों में तेरी अम्मी कितनी बीमार रही है। उनके लिए ही तो पैसे भेजे हैं। जो बैंक में है, वे रुपए भी न जाने कब जरूरत बन जाएँ? यार, समाज को सुधारने की बात करते हैं हम, घर के लोग उलटे हमें ही चूसे ले रहे हैं।'

'समीना, याद है लक्ष्मी मैम की बात? याद नहीं तो याद कर ले। इस तरह तो तू अपने पाँवों नहीं खड़ी, बेगारी मजदूर है। बड़ा करती है आसिफ-आसिफ, इस कीमत पर है वह तेरा आसिफ और आशिक?'

समीना को इला के स्वभाव की थाह है, वह समझौता किसी अन्याय को ढोने के लिए करे, नामुमकिन है। जो भी है इला की बातें और अपनी प्रवृत्ति का मन्थन करके समीना ने अपनी ही दुविधा का पता पाया। इसमें क्या शक है कि सज्जनता का खोल अत्याचार सहने के मामले में बड़ा सहायक होता है। तभी तो इला की तरह कभी अपना जन्मदिन नहीं मना पाई, ऐसी बातों पर आसिफ फिदा रहते हैं।

आज दिमाग में तमाम घाव हैं, तमाम टाँके। मगर समीना नाम की बीवी शान्ता जैसी नहीं, काफी कायर है। इला पैसा उधार नहीं देगी तो उसकी मुसीबतें बढ़ जाएँगी। आसिफ की खुशामद में पैसा हर हाल में जुटाना है, भले किसी उधारीवाले धन्धेबाज से बात करनी पड़े। जो जितना प्यार करता है, उतना ही गुस्सा दिखाने का हक पा जाता है। आसिफ का गुस्सा यहाँ किसने देखा है? वे कचोटों भरे तानों से ही बीवी को इतनी घायल कर दें कि उठा न जाए। शौहर का ओहदा दुनिया में सबसे बड़ा है, औरत के लिए खुदा के ओहदे की तरह। गृहस्थी का ताला तोड़ने की हिम्मत शादीशुदा औरत कब करती होगी, समीना कल्पना नहीं कर सकती। वह तो आज भी खुशामद भरी वफादारी की कसम खाती है।

फिर क्या हुआ?

वेतन के रुपए आसिफ के पास क्यों नहीं भेजे?

समीना सुबह-सुबह अपनी खिड़की से परिन्दे देखती है, कितनी अच्छी जिन्दगी जीते हैं ये पंछी। इनकी शादियाँ जो नहीं होतीं। इनके यहाँ औलाद भी जायज या नाजायज नहीं। कारण कि इनको धन-सम्पत्ति जोड़ने का लोभ नहीं। और वारिसों के लिए जायदाद छोड़कर जाने की तृष्णा नहीं।

दिन गुजरने तो लगे, यह अलग बात है कि आसिफ के फोन ने कान खा लिये।

—पैसे का क्या किया?

—कुछ नहीं।

—चोरी-वोरी करा दी क्या?

—नहीं, यहीं खाता खोल लिया है। मुझे छुट्टी नहीं मिलती।

—मैं तो आ रहा था, रोका क्यों?

—अभी हम एक नई तरह की ट्रेनिंग में जा रहे हैं।

—शौहर के लिए वहाँ मनाही है क्या?

—वहाँ मिलने पर पाबन्दी है।

—साफ कहो, मेरा आना तुम्हें खल रहा है।

समीना इस बात पर 'हाँ' कहे या 'ना'?

महीने भर से यही सोच रही है वह, मेरा शौहर वही आदमी है, जिसने मुझसे निकाह किया था?

आसिफ वही हैं जो शुरुआती रातों में और कुछ महीने पहले तक मोहब्बत की झड़ी लगा देते थे?

आज जिन्दगी को थपेड़े क्यों लगते हैं, मैं वही, आसिफ वही। शक-सन्देह की बात भी क्या है? मगर कड़ुआहट आवाज के जरिए, तेवरों के जरिए मुझ तक आकर जिन्दगी को उजाड़ने पर आमादा क्यों है? अन्धविश्वासों पर यकीन जमाया, धोबिन ताबीज ले आई। जैसे ही गले में पहना, कहीं दूर से आवाज आई—अन्धविश्वास क्या हैं? कायर डरपोकों के फितूर भरे सहारे। अज्ञानियों के सुरक्षित सुख।

समीना ने घबराकर इला को फोन किया, 'हम कहीं के नहीं रहे। हम तो बस उन दुखों को समर्पित हैं, जो बस दुख हैं।'

छह महीने बीत गए।

आसिफ नहीं आए, न उनका अब फोन आता।

फोन अब्बू ने किया, 'क्या बात है सम्मो, आसिफ से झगड़ा हुआ है क्या? वह बहुत नाराज है।'

'मैंने नाराजगी के लिए क्या किया है अब्बू?'

'सुनते हैं, तू आगरा गई थी। किसके साथ गई थी?'

'आपने इस तरह कभी पूछा है, अब्बू?'

'बेटा, माँ-बाप की बात अलग है। शौहर तो फिर शौहर है।'

'अब्बू, यह कहो कि शौहर बब्बर शेर होता है।'

'अरे-अरे! तू क्या कह रही है कहीं वो तलाक...'

अब्बू के फोन के साथ ही समीना को रिश्ते के टूटकर चटकने की आवाज आई। शादीशुदा जिन्दगी के लिए खतरे की घंटी।

आसिफ...अभी तो वह वक्त आया था कि आपकी बीवी की काबिलियत उजागर होनेवाली है। यहीं से रास्ता अलग करने की सोच ली? अब्बू भी अब जान गए होंगे कि आसिफ साहब दहेज माँगनेवाले शौहर नहीं, बीवी की कमाई को अपनी कमाई मानकर अपने खाते में जब्त करते जानेवाले शरीफ आदमी हैं।

इला को सारी बातें बताकर समीना ने जो तय किया, फोन पर जाहिर कर दिया—'जो होगा देखा जाएगा। लक्ष्मी मैम की जिन्दगी में कौन सा सुख नहीं है? कहाँ खालीपन है? इला, हमने जो अब तक तजरबे से पाया है। उससे वे विश्वास उखड़ गए जिन पर शादी और परिवार का शान्त ढाँचा खड़ा रहता है।'

जो लोग औरतों से नफरत करते हैं औरतों के बारे में जानते ही कितना हैं?

इला की ड्यूटी वूमेन सेल में लगी हुई है। समीना अभी भी थाने में है। थाना हो या वूमेन सेल औरत जात के अपने-अपने केस हैं।

इला का बहुत मन होता है कि समीना आसपास हो। खाना खाने या साथ रहने भर के लिए नहीं, विचार-विनमय करना महत्त्वपूर्ण है। संवाद बने तो समाधान निकलने का हीला हो। यही तो 'डेमोक्रेसी' के लिए अचूक आचरण बताया गया था। सेल की अफसर रमा बंसल इस बात को मानने के लिए तैयार नहीं।

अर्चना के केस ने इला को बुरी तरह विचलित कर दिया।

अर्चना का कुल केस समझाकर भी इला अपनी बात बंसल मैम को नहीं समझा पाई। इसी चिन्ता भरे अफसोस के साथ कहीं उसे खुद की योग्यता पर सन्देह होने लगता है।

अर्चना तेईस-चौबीस साल की लम्बे कदवाली लड़की। शलवार सूट की गुलाबी रंगत के साथ सामने आकर खड़ी हो गई थी। गोद में डेढ़ साल का बच्चा था। बच्चा टुकुर-टुकुर देखता था और माँ उदास थी।

हँसकर पूछा इला ने, 'क्या नाम है इसका?'

नामालूम-सी मुसकान आई अर्चना के चेहरे पर—समर्थ नाम है।

'जॉब करती हो न?'

'हाँ, बैंक में नौकरी है।'

'कितना वेतन मिलता है?'

'पन्द्रह हजार।'

नुकीली नाक और भरे-भरे होंठोंवाली खूब गोरी लड़की से और क्या पूछा जाए। बहुत कुछ एफ.आई.आर. में लिखा है—पर्दा करने की बात पर

अक्सर कलह होती है। वेतन के अलावा मायके से बड़ी रकम लाने के लिए सास-ससुर दबाव डालते हैं। पति उनका साथ देता है या चुप रहता है जैसे उसने ही अपने माँ-बाप को अपना एजेंट बनाकर मेरे पीछे लगाया हो। रोज-रोज लड़ाई के बहाने फिर मारपीट का सिलसिला, बैंक जाने लायक चेहरा नहीं रहता। सहने की भी कोई सीमा होती है। कठोर तकाजों की दहशत जानलेवा है, तभी तो मैंने कह दिया—दहेज वसूली का मुकदमा कर दूँगी।

इला ने ऐसी दरख्वास्त पहली बार नहीं देखी। जितनी बार देखी है, उसे वह कागज 'औरत की आवाज' लगा है। मगर सवाल भी कम नहीं उठे, मसलन—ताकत और आवाज वहीं सलामत रहती है, जहाँ इनसाफ की जमीन हो, यहाँ तो अक्सर ही ताकत का खात्मा बेईमानियों, चालबाजियों और साजिशों के द्वारा आसानी से कर दिया जाता है।

अर्चना ने क्या कहा?

'यहाँ तो हम बाद में आए हैं, मैम, पहले तो सास-ससुर यह किस्सा पंचायत में ले गए थे। वहाँ मेरे और परिवार के बयान हुए। फैसला भी हुआ। पंच बोले—ऐसे तो घर टूट जाएगा। समझौते में समझदारी है। बहू-बेटी से ही परिवार चलते हैं। अर्चना बेटी, तुम पढ़ी-लिखी हो, अपने शास्त्रों में क्या लिखा है, पढ़ा तो होगा। रामायण पढ़ा करो, शान्ति मिलेगी। और लड़के को भी अपनी धर्मपत्नी का खयाल रखना होगा।

'टॉर्चर में कोई कमी नहीं आई। मेरा वेतन हर महीने लेकर भी पेट नहीं भरता था। मैं पैसे-पैसे को मोहताज रहती। पति की ऐयाशी में कमी नहीं आती। शराब पीना और फिर बीवी को पीटना जुल्म नहीं माना जाता, आदमी के लिए रिवाज है। रिवाज टूटता नहीं। मुझे बिना नागा पिटना है। यही मेरी सहनशक्ति का बड़ा गुण है।'

इला ने समीना को बताया था कि वह पति की करतूत पर बिफर पड़ी थी, वहीं रमा मैडम खड़ी थीं। वे लपककर पास आईं और चीखती-सी बोलीं, 'डोंट क्रियेट पैनिक। तमाशा मत करो। वूमेन सेल के काम करने की प्रणाली क्या होती है, पता है कुछ? ताली दोनों हाथों से बजती है, पति का पक्ष जानना जरूरी है। जो औरत यहाँ तक चली आई, भोली नहीं है। समझी?'

रमा बंसल मैम सेल की सर्वेसर्वा हैं। उन्होंने अर्चना को समझा-बुझाकर गुड़गाँव लौटा दिया।

एक सप्ताह बाद अर्चना फिर आ गई।

अबकी बार बेटा साथ नहीं था, बूढ़ी माँ पीछे-पीछे चलकर यहाँ तक पहुँची थी। दुबली-पतली साठ-पैंसठ वर्ष की महिला ने इला के सामने काँपते हुए हाथ जोड़कर कहा था, 'बेटा, अबकी बार इसकी अरज सुन लो।'

'मैं तलाक लूँगी, जरूर लूँगी।' यह अर्चना थी, हरे रंग के चूड़ीदार में।

इला चुप।

'दीदी, मर्दों के घेरे में नाइनसाफी मिलती है औरत को तो सब्र आ जाता है कि वे नहीं समझ सकते, जो हम पर बीत रही है। पर औरतों के बीच...इस वुमेन सेल में...ऐसी नासमझी के लिए जगह नहीं होनी चाहिए।'

इला अपनी तरफ से कितना भरोसा दे? एक कांस्टेबल की आवाज में कितना ही दम क्यों न हो, यहाँ नक्कारखाने की तूती बना दी जाएगी। छोटे पद पर रहनेवालों की समझ भी छोटी मानी जाती है, यह मान्यता हर जगह काम करती है। एकेडमी के सर शायद इस दुनिया के नहीं, तभी तो बार-बार कहते थे—इनसाफ दिलाने के लिए पद की नहीं, पहल की जरूरत होती है। काश! हम भूल गए होते उनकी इस सीख को। जितना भूलना चाहते हैं, उतनी ही शिद्दत से याद आता है, आता ही रहेगा क्या?

सौ फीसदी पद बोल रहा था, रमा बंसल की आवाज कड़कने लगी, 'ऐ लड़की, तलाक का समय अभी नहीं है। यह बूढ़ी माँ तुझे ससुराल नहीं जाने दे रही, कब तक का वक्त है इसके पास? लाचार होने में कितने दिन हैं अब? चलो, यह जिन्दा भी रहती है और तू कमाती है, मगर तेरे मायके में रहने पर लोग दस तरह के सवाल उठाएँगे। कलेजा छलनी हो जाएगा, तब तुझे होश आएगा। हमारी सामाजिक व्यवस्था को तू कुछ हजार रुपए कमाकर काबू में नहीं ले सकती।'

इला ने कड़ुआ मुँह बनाया।

'देखो, तुम्हारा क्या नाम है, जो भी है, हमने तुम्हारे पति को बुला लिया है। इस बाबत हमने डी.एस.पी. साहब से भी बात की थी, उन्होंने

कहा था—शराब कौन नहीं पीता आजकल? हम भी पीते हैं। बताओ, इसके आगे हम क्या कहें? इतना ही कहना है कि तुम्हारा पति विमल कुमार अब तुम्हें कोई शिकायत नहीं होने देगा। वह तुमसे माफी माँगने के लिए तैयार है। कसम उठा रहा है अपने इकलौते बेटे की।'

अर्चना इस महिला पुलिस अफसर को उम्मीद की नजर से देखने लगी। अपनी निष्ठा के सत्यापन में उसने मैडम का हाथ थाम लिया।

'चली जाओ अबकी बार। हम पंच नहीं हैं, पुलिसवाले हैं, समझीं?' बंसल मैम ने मोहब्बत भरे लहजे में भरोसा दिया।

इला देख रही थी, अपनी माँ को साथ में लिये अर्चना आज्ञाकारी बालक की तरह वूमेन सैल की बिल्डिंग से निकल गई।

मैम ने समझाया इला जैसों को—'देखा, अपनी भारतीय परम्परा में रिश्तों के लिए काफी गुंजाइश है!

मैम खासतौर पर इला को सम्बोधित करने लगी, 'ध्यान रहे, ट्रेनिंग में अगर थ्योरी पढ़ाई जाती है तो थाने तुम्हारी प्रयोगशालाएँ हैं। विवाह संस्था पर तलाक का तेजाब मत डालो।'

अर्चना फिर सेल में लौटकर नहीं आई।

एक महीना बहुत होता है, अर्चना नहीं आई।

जब आई तो अर्चना की बूढ़ी माँ आई। इला से सामना हो गया। न भी होता तो उसके आने की खबर मिलती। इला देख रही थी, वह और ज्यादा बूढ़ी हो गई है। उसके हाथ-पाँवों में किसी ने कीलें ठोक दी हैं, वह लोथ की तरह रेंगती चली आ रही है।

इला लपककर आगे बढ़ी और अम्मा के पास पहुँच गई।

'अम्मा, तुम अकेली? अर्चना कहाँ है?'

बूढ़ी अम्मा काँपने लगी। कुछ बोलते न बना तो कराह कर रो पड़ी। इला के पास सान्त्वना के शब्द नहीं।

'अम्मा! बताओ तो क्या हुआ?'

'बेटा, मेरी अरचना चली गई...बिस देकर मारी है राच्छस ने।'

इला खड़ी की खड़ी रह गई। उसे लगा साँसों में आँधी-तूफान उतरने लगा है। न धैर्य रहेगा न अनुशासन...ऐसे तम्बू उखड़कर ही रहेंगे। ठंडी लाशों का ताप सोख लिया इस वूमेन सेल ने। हमारी चेतना कितने दिन बख्शी जाएगी।

एक दिन, केवल आज का दिन!

अम्मा और इला को आपस में इस तरह गुँथा देखकर विद्या, विभा और दामिनी पास चली आईं।

'क्या हुआ?'

इला अपनी पैंट की जेब में रुपयोंवाला पर्स टटोल रही थी।

दो सौ रुपए। पहली रिपोर्ट निकलवाई जाए। एफ.आई.आर. नए सिरे से करनी होगी। पत्नी की हत्या, दहेज हत्या, शोषण और अत्याचार...धाराओं की फेहरिस्त है इला के पास। और साथ ही खड़ी हैं महिला सिपाही, एकजुट, एकगुट। नए रँगरूट।

रमा बंसल ने सब सुना, बाहर निकल आई। उदास चेहरा, उपाय खोजने में तल्लीन मन-मस्तिष्क।

वे भीतर चली गईं, अपनी कुर्सी पर आसीन होकर क्या कहा, क्या बताया कौन जाने!

बाहर चकल्लस आई–'लड़कियों ने मुंशी से फेवर लिया है। अफसर को भी पटा लिया। इनका जवाब तलब होना चाहिए कि बुढ़िया के लिए इन्होंने अधिकार क्यों हाथ में लिये?'

लड़कियों का कहना था–जो भी किया, किसी की यातना या हत्या से ज्यादा जघन्य अपराध नहीं किया। लांछन हमारी जिन्दगी में कोई मानी नहीं रखते क्योंकि ये कुछ कुढ़े और चिढ़े हुए लोगों के फिकरों के सिवा कुछ नहीं। मगर ड्यूटी जो होती है, वह होती है इनसाफ के लिए। अब देखते हैं कि अर्चना के पति और परिवार को बचाने के लिए कितनी रिश्वत विभाग में बरसती है? नेताओं की कितनी सिफारिशें आती हैं? बसंल मैम को कब प्रमोशन मिलता है? डी.एस.पी. सर कब तक इला को सिरफिरी लड़की कहते रहेंगे? लड़कियों की मनचाहे तौर पर एब्सेंट लगती जाएगी, कब तक?

हम डरनेवाले नहीं। ब्लैकमैल वे होती हैं, जिनके जी से लालच चिपटा होता है। धमकियाँ, भभकियाँ और ब्लैकमेलिंग महिला पुलिस की लगन और ईमानदारी को दीमक की तरह चाट रही हैं। क्या अब भी कोई शक है कि रमा बंसल अर्चना के कत्ल की बायस बनी हैं? फिर इला जैसों के दिल में अपनी सीनियर्स के लिए प्रचलित घृणा का बड़ा-सा टुकड़ा जिन्दा क्यों न रहे?

इला रात में अपने कमरे पर आई। चुपचाप बिस्तर पर लेट गई। सोच का अफसोस भरा बगूला दिमाग में लावे की तरह घूम रहा था। पुलिस के बारे में जो बीभत्स धारणा है, झूठी तो नहीं। महिला पुलिस के बारे में भी अर्चना और उसकी माँ क्या सोचती होंगी। हम सचमुच शैतानी चेहरे हैं अपनी वर्दी में। हमारे ऊपर रुतबे का बुखार चढ़ा रहता है। बंसल जैसी मैम तो इस बुखार की आदी हो गई हैं, जबकि बुखार उन्हें हमारी तरह ही पीड़ित करता है।

अचानक जेब में हाथ गया इला का। पर्स जेब में रख लिया था या कहीं भूल आई? क्या पता कल भी अम्मा आए और पैसे की जरूरत पड़े।

पर्स तो सलामत था, अपने साथ एक कागज भी चिपकाए हुए था। यह कहाँ से आया? इला ने कागज निकाल लिया। याददाश्त पर जोर डाला। हाँ, इसे विद्या ने उसे दिया था, कहा था पढ़ना जरूर।

इला ने देखा गौर से, अखबार की कटिंग है। पढ़ने का मन बने तब न? पढ़कर क्या कर लेगी वह? अपने जुनून से अपनी ही आँखें फोड़ लेगी। आज तमाम दिन अर्चना के मसले पर हलकान होती रही है। अर्चना की जानिब मुलायम दिल रखकर या हमदर्द बनकर कितना कुछ कर पाएगी?

अखबार की कटिंग खोल ली, पढ़ने लगी—महिला न्यायाधीश ने कहा है, महिलाओं पर जुल्म के मामलों की सुनवाई के बाद कहा है कि घरेलू हिंसा का शायद ही कोई ऐसा मामला हो, जिसमें औरत औरत के खिलाफ काम करती हुई न पाई जाए। महिला सशक्तीकरण तब तक कोई मुकाम हासिल नहीं कर सकता, जब तक कि औरत अपने साथ की औरत का दुख-दर्द न समझे।

इला के मन में एक विचार तीखे रूप में कौंधा—हमारी रमा बंसल जैसी मैडमों को महिला न्यायाधीश के इस बयान को पढ़ने की सख्त जरूरत है।

रेशमी जैसी लड़की का केस इस न्यायाधीश के पास जरूर आया है, तभी तो अपने साक्षात्कार में कह रही है—'दुष्कर्मी पिता को सलाखों के पीछे भेजने के एक फैसले को सुनाते हुए लगा कि मैंने इनसाफ किया है लेकिन अगले ही क्षण सोचने पर मजबूर हो गई, जब बलात्कारी की पत्नी यानी कि पीड़ित बेटी की माँ ने तड़पते हुए अपनी जिन्दगी गुजारने के आधार के बारे में अदालत से पूछा।'

इला के तन-बदन में आग लग गई, तब क्या पिता या भाई द्वारा हुए बलात्कारों को जायज कर देना चाहिए?

सब लोग कहो कि इला को अपनी सीमाओं का ज्ञान नहीं है। मुनादी कर दो कि उसे पुलिस विभाग की महिमामयी परम्परा को तोड़ने में आनन्द आता है। मान लो कि इला का यह रवैया उसकी बीमारी है। नौकरी से हाथ धोएगी इला। तब क्या सही-गलत की भिड़न्त में गलत का साथ देकर वह सुखी और सुरक्षित रहे?

कौन नहीं रहना चाहता महफूज? मगर यह विष भी गौरवशाली परम्पराएँ ही पैदा कर देती हैं कि अमृतमयी जड़ें जहर में डूब जाएँ। 'यस मैम, यस सर' कहने की आदत इला डालना चाहती है, मगर इस तरह जीने की आदत को जिन्दगी नहीं मान पाती।

काश, समीना पास होती, इस अन्धड़ से निकलने की राह सुझाती ही नहीं, रास्ता बना देती। माना कि पाबन्दियाँ तोड़ने में उसे समय लगता है, मगर वह अपने कदम पीछे खींचती नहीं। भरोसा था जो इला को साधने लगा।

तमाम तनावों और उलझनों को काट फेंकने में उसकी मदद सर भी कर सकते हैं। पलवल थाने के एस.एच.ओ. जिन्होंने अपने गहन संकट में भी यह बात कहकर मानी थी कि महिला पुलिस में अभी सुधार की बहुत जरूरत है। सबसे पहले तो महिला पुलिसकर्मियों को भीतरी कमजोरियों पर विजय पानी होगी।

सर ने कहा था—पुलिस में भर्ती होनेवाली लड़की सिपाही होती है, न कि कमजोर औरत बनकर रह जाए और नाइनसाफी भरे मर्दाने फैसलों पर सहमति देती जाए।

इला एस.एच.ओ. अनुरागं द्विवेदी को पत्र लिखने बैठ गई। उसने अर्चना की कथा लिखी और मनीषा की याद दिलाई, जिसे सर जानते हैं। कितनी मेहनती है वह। काम ही उसके लिए पवित्र धर्म है।

मनीषा की शादी हो गई है और यही बात उसकी छवि को धूमिल कर रही है। माना जा रहा है कि अब वह अपनी ड्यूटी में कोताही करेगी। कुछ इस तरह वर्णन किया जाता है कि मनीषा विवाह की मजबूत डोर (रस्सी) से कसकर बाँध दी गई हो। उसके हाथ-पाँव धीरे-धीरे शिथिल पड़ रहे हों। इला उस भाषा को कैसे प्रयोग करे, जो मनीषा के लिए यहाँ लोग

कर रहे हैं? बस, इसीलिए लिखने बैठ गई कि कलम मददगार होती है अनकहे को कहने में। मुंशी, हवलदार, ए.एस.आई. की सम्मिलित वार्ता है यह—

'यो अब के करेगी काम करके!'

'बिस्तर गरम करने के बाद कितनी ताकत बचती है लुगाई में?'

'अब तो ये बेकार हो गई।'

'बेकार, मतलब कि अपने पति के अलावा किसी के काम की नहीं।'

सर, यह क्या रवैया है? हमारे बाप की उम्र के ये लोग, क्या जवाब दिया जाए? बस, सीधी खड़ी हो गई उनके सामने, जैसे कोई धनुष तना हो। हाँ, इतना जरूर हुआ कि फिर चुप्पी छा गई उन लोगों के बीच।

तभी एक पुलिसमैन केवल लँगोट पहनकर सामने आ गया जैसे उसका नंगा बदन ही मर्दानगी की निशानी हो। थाने में कार्यवाही होने का समय हो रहा था, पर इस तरह का प्रदर्शन मानो थाने का रिवाज हो। हमारे साहस और उम्मीद-भरे दिल को क्षत-विक्षत करनेवाले दौर ऐसे ही बहानों से शुरू होते हैं। यही दौर दृश्यों में बदल जाते हैं। कई बार यही मन में आता है, इन लोगों को दोबारा ट्रेनिंग की जरूरत है। ये पुलिस विभाग में मनुष्य की तरह रहना भूल चुके हैं। और रूढ़, जर्जर संस्कारों से इस कदर ग्रसित हैं कि लड़की या औरत को योनि मात्र ही समझते हैं। इनसे पूछा जाए कि विवाहित मनीषा इनके लिए नहीं है तो क्या कुँआरी या विधवा स्त्रियाँ आसानी से इनके हत्थे चढ़ जाती हैं? या उनके साथ पुरुष न होने से इनको निष्कंटक रास्ता मिल जाता है? वैसे ये खुश तो इस बात पर भी होते हैं कि इन मर्दों के कारण औरत का पति भी पत्नी की मर्यादा रखना भूल जाए। तभी तो इतना काम सिर पर लाद देते हैं कि लड़की सिर न उठा सके।

'एड़ी-पंजों की नौकरी है यह। आराम चाहिए था या पति को खुश रखना था तो स्कूल में टीचर हो जातीं।' सही कह रहा था मुंशी, लेकिन अपमानजनक बातें और लज्जास्पद फिकरे सुनना तो किसी नौकरी का नियम नहीं। सर, माँ की छवि को पूजनेवाले, पत्नी को धर्मपत्नी कहनेवाले हमारे सहकर्मी न माँओं के अंग विशेषों को बख्शते हैं, न पत्नी के धर्म को रहने देते हैं।

मैं क्यों लिख रही हूँ ये बातें?

सर, आपके लिए ही क्यों तैयार कर रही हूँ यह प्राइवेट रपट? इसलिए कि मेरे दिमाग में अपनी चुस्त वर्दी में आपका स्वस्थ व्यक्तित्व इस तरह समाया हुआ है कि आपका जब भी जिक्र आता है, इला नाम की लड़की विभाग की अन्धेरगर्दी और जुल्मी लोगों के प्रति बगावत पर उतारू हो जाती है। लगता है, जो भी हो चुप रहकर अपने हक नहीं लिये जा सकते। समझौतों के कारण ही तो पुलिस में आने पर भी महिलाओं की कमजोर और शिकार के रूप में उपस्थिति है। केवल उपस्थिति से परिस्थिति नहीं बदलनेवाली।

लिखते-लिखते कलम रुक गई मन के परदे पर कुछ दृश्य सजीव हो उठे। कलम फिर से चलने लगी—

एस.एच.ओ. पलवल, हमारे सर! वह दिन भूलने लायक नहीं।

रैलियों का मौसम आ गया। चुनाव आनेवाले थे। चुनाव के आयोजनों के साथ ही चुनाव के बहिष्कार का भी दौर था। एक तरफ ऐसे लोग जो पुरुषोचित ताकतवरी और अपनी ताकत पर भरोसेमन्दी से लबरेज खुले रास्तों पर बेधड़क आ-जा रहे थे तो दूसरी ओर कुछ आन्दोलनकर्ता झुंड बनाकर अपनी बात कहने के लिए नारे लगाते, जनता को अपने भेड़ रूप से निकलने के लिए जगाते, भेड़ियों से सावधान करते हुए पैदल मार्च कर रहे थे।

ट्रैफिक पुलिस से घिरा चौराहा।

इधर-उधर से आने-जानेवाले वाहनों की रेलमपेल के कारण जाम लगना फिर पुलिस को उस रुकावट के बीच से रास्ता बनाना। कुछ कुशल सिपाहियों में रास्ता बनाने की अद्‌भुत क्षमता होती है। कुछ अफसरों में निर्देशन की अपूर्व मेधा होती है। बड़े-से-बड़े चौराहे पर भीड़ का बुरे-से-बुरा दृश्य हो जाता है, क्षमता और निर्देशन के अभाव में।

दिन साफ था। रोशनी की कमी न थी, साथ ही मार्च महीने की दिलकश ठंडक। चुनावों के लिए इससे अच्छा कोई दूसरा मौसम न होता।

मनभावन मौसम में नेता, अभिनेता और पुराने मंत्री-सन्तरी निकल रहे थे तो वे लोग भी अपने काम को अंजाम देने का अच्छा मौका मान रहे थे, जिनके नाम अपराधी, गुंडा, बदमाश जैसे सम्बोधनों के साथ पुलिस के पास होते हैं। यहाँ चार कुख्यात गुंडों की तलाश का भी अभियान जारी था।

एस.एच.ओ. सर की टुकड़ी के रूप में हम लड़कियाँ भी महिला पुलिस होकर यात्रा करनेवालों पर नजर रख रहे थे। कारें आ-जा रही थीं। सफर में ज्यादातर नौजवान थे। ध्यान से देखने की हमें भी हिदायत थी। देखा कि उनकी आँखों में उत्साह से भरी चमक है। जैसे वे रोमांचित व्यक्ति हों और अपने लक्ष्य में कामयाबी मिलने का पूरा विश्वास हो उन्हें।

सफेद इनोवा, नीली सुनहरी स्कॉर्पियो, सैंट्रो, विविध रंगों में तवेरा और होंडा सिटी कारों की तमाम किस्में जिन्हें ज्यादातर ड्राइवर चला रहे थे। ड्राइवर नौसिखिया या कच्चे नहीं थे, वे बिना साइड माँगे ही रास्ता काटते हुए आ रहे थे, जैसे उनके पास कारें न हों, अरबी घोड़े हों।

'हर गाड़ी को चेक किया जाए,' पुलिस का अपना फरमान। पता था कि बदमाशों ने कई-कई तरह से चकमा देना सीख लिया है। पुलिस की जैसी वर्दी में तो डाकू ही रहा करते हैं। मंत्रीजी जैसी टोपी, कुर्ता और अंगवस्त्रों को कुख्यातों ने अपना लिया है। बुर्केवाली औरतें बनकर तो कितने ही अपराधी निकले हैं। घूँघटवाली को बेपर्दा करने के लिए हिम्मत और अनुमति चाहिए। धार्मिक जुलूस भी अपराधियों के लिए अच्छे साधन सिद्ध हो रहे हैं।

सर, आपने कहा था—साल का यह दौर बड़ा कठिन है, जब रईसजादों की कारें फ्लैग उड़ाती हुई किसी रैली के लिए रवाना होती हैं। वे तमाम चर्चित-अचर्चित पार्टियों की झंडियों के साथ काले शीशेवाली बन्द खिड़कियों के भीतर जो बैठे हैं, बेशकीमती कपड़े में सजे, इत्र से महकते हुए, भला इनको रोकना किसके बस की बात है! नौजवान हाथों की उँगलियों में रत्न जड़ी अँगूठियाँ, गले में सोने की मोटी जंजीर से लटकी रिद्धि-सिद्धिवाली नन्ही-नन्ही मूर्तियाँ और हथेलियों के बीच फँसी आधुनिक पिस्टल। ये निशानी हैं भविष्य में आनेवाले विधानसभा और संसद के कर्णधारों की। पुलिस के लोग जल्दी ही इनकी शान-शौकत को देखकर इन्हें पहचान जाते हैं। साथ ही इनकी सुख-सुविधा का खयाल रखते हैं। ऐसा कुछ भी नहीं होना चाहिए कि इनकी भवें चढ़ें, मजा किरकिरा हो।

मगर सर आप!

महान वंश के सपूत, जिनकी गाड़ियाँ ट्रैफिक के नियमों की धज्जियाँ उड़ाती हुई सरपट दौड़ जाना चाहती थीं।

पुलिसकर्मियों को दुविधा में देखते ही आप आगे बढ़ आए थे और खुद ही सीटी बजाने के बाद बोले—स्टॉप!

मगर कोई कहाँ रुका? सिपाही लगातार अपने फेफड़ों में पूरा जोर लगाकर तेज और लम्बी-लम्बी सीटी बजाते रहे। मगर एस.पी. का ऑर्डर भी कार के पहियों के साथ घिसटता चला जा रहा था, बिलकुल ऐसे ही जैसे किसी सजायाफ्ता आदमी को घोड़े की जीन से रस्सी के सहारे बाँधकर खींचा जाता है।

यकायक! अचानक! पलक झपकते ही सर आपकी मोटरसाइकिल गाड़ी के आगे आ खड़ी हुई कि गाड़ी तेज ब्रेक के कारण धक्के के साथ ऐसे रुकी जैसे अभी पलटी खा जाएगी।

लकदक नौजवान ने शीशा सरकाकर आपकी ओर जलती हुई नजरों से देखा। जब वह उतरा ड्राइवर को साथ आने का इशारा दिया।

सर और गाड़ीवाला आमने-सामने!

'क्या बदतमीजी है?'

'क्या कहा आपने?'

'सुना नहीं? हम रैली में जा रहे हैं।'

'ओ! हम क्या यहाँ गैर-जरूरी काम के लिए खड़े हैं?'

'रास्ता छोड़ो।'

'आप लोग रैली में जाते हैं तो इतनी जल्दी में क्यों होते हैं?'

'पुलिसवालों को नेताओं से बहस नहीं करनी चाहिए।'.

'कुछ पूछना गुनाह तो नहीं।'

'जानते हो, हम असल में हैं कौन?'

'हम 'हू इज हू' की सूची लेकर यहाँ नहीं खड़े हैं। बस, इतना जानते हैं कि हू ब्रेक्स लॉ एंड ऑर्डर।'

'मिस्टर दरोगा, हमने गैर-कानूनी कुछ नहीं किया।'

'इससे ज्यादा इस समय गैर-कानूनी कुछ नहीं, समझे।'

उसने हाथ उठा दिया था सर आपके ऊपर और वह थप्पड़ चौराहे पर गूँजा था। आपने लात मारकर उस नौजवान को धराशायी कर दिया।

फिर क्या था? राजकुँवर के चेहरे का रूप सरासर अपमान का रूप था जो अपने रंग में लाल भभूका हो गया। होंठों पर फड़कन तारी थी।

नाक ऐसे उठ-गिर रही थी, जैसे चेहरे पर कटार चमकती हो। वह अभी सबका संहार कर देगा। हाँ, चढ़ती उम्र और बढ़ती समृद्धि के सामने इस पुलिसिया पहरे का क्या तालमेल? दरोगा से पटखनी खाकर वह आक्रोश का साक्षात् अवतार न हो जाता तो क्या हो जाता? वह अपनी गर्दन की अकड़ और चेहरे पर होंठों को ऐंठता गाड़ी ले गया। ले गया मगर पुलिस की तलाशी के बाद।

सर, वह रैली में नहीं गया था फिर। सीधा तत्कालीन मुख्यमंत्री के पास पहुँचा था।

असरदार लोगों का असर ऐसे ही होता है जैसे नाग के विष का असर, जो अच्छे-अच्छों को सुला देता है और सोते-सोते ही सब कुछ खत्म हो जाता है।

एस.पी. साहब की पेशी हुई थी मंत्री जी के सामने।

अपनी निष्ठा में तिनके भर भी कोताही नहीं की थी एस.पी. सर ने। एस.एच.ओ. सर!

आपके लिए वह दिन अपनी आत्मा पर निष्ठा का था, किसी अफसर या मंत्री की चाटुकारिता का नहीं।

आपको जल्दी से जल्दी सस्पेंड कर दिया गया था।

आपकी एक-एक बात याद है मुझे क्योंकि आज तक वे बातें इला नाम की सिपाही की गिरह में बँधी हैं। आपने कहा था, 'यह है जनता, ये हैं हमारे जनप्रतिनिधि, जो पुलिस से हर मामले में सुरक्षा और ईमानदारी की उम्मीद करते हैं और अपने स्वार्थ में बेईमानी तथा असुरक्षा के लिए पुलिस प्रशासन को मजबूर करते हैं। क्या लोकतंत्र है यह? इसका चेहरा अवसरवाद का चेहरा है।'

सर, हमने एकेडमी में पढ़ा था, बार-बार उसे ही याद कर लेते हैं कि लोकतांत्रिक प्रक्रिया के लिए पद की नहीं, पहल की जरूरत होती है। पहल करने का जज्बा जो हमारे सामने रखता है उसके सामने क्या एस.पी. और क्या कोई मंत्री? सर, यह सब तो अपमानजनक या दर्दनाक तब होता, जब आप अकेले होते, हम सब आपके साथ हो गए तभी से। आपको कौन नष्ट कर सकता है? जब कभी अपनी ईमानदारी के बदले मुझे सजा मिलती है, मेरी बगावत आपकी खुद्दारी के साथ मिल जाती है और लगता है कि यह सब निरन्तर चलनेवाली जंग बनती जा रही है। सच मानिए सर, अपनी

ही जैसी स्त्रियों के साथ मोहब्बत और आपके इनसाफ-पसन्द प्यार ने मेरे भीतर जन्म ही नहीं लिया, पनपकर दृढ़ विश्वास बना डाला है। आपकी बहादुरी से अपनी जिन्दगी को प्यार करना सीखा। नहीं तो जिन्दगी में खालीपन का सूराख बनता जा रहा था।

आपकी—इला

पत्र के रूप में अपनी भावनाएँ व्यक्त करके इला को मनचाहा सुकून मिला। साथ ही सर के लगाव की मोहक लहरें भी उसका हृदय शीतल करती रहीं। कितने दिनों से सोच रही थी अपने भीतर से उठते ज्वार को बाहर निकालना। जयन्त ठीक कहता था, कागज और कलम आपके भावों के लिए अपना योगदान अभिव्यक्ति के रूप में देते हैं, उनका सदा भरोसा करो। अब वह कूरियर कर देगी, सर के लिए। जवाब नहीं चाहती इला, उसे तो बस सर को अपनी ओर से जो कुछ देना था, इसी रूप में देना था। इससे ज्यादा चाहिए भी क्या कि भयंकर थकान और मन में चलती उथल-पुथल से निजात मिली। साथ ही आत्मशक्ति का विस्तार, जो पत्र में लिखा है, चेतना की मशाल है।

इला आज अपने कमरे में पुरसुकून सोना चाहती थी और रात के समय सोई भी। कोई दुःस्वप्न उसे नहीं आया, जैसा कि अक्सर नींद में होता था। मुजरिमों की दुनिया के सिवा सपनों में भी क्या था? एक विचित्र और मन मथनेवाले वे ही दृश्य जो दिन में गुजरते हैं। कितनी बार तो वह 'मम्मी' कहकर चीख पड़ी है। और यह कोई बहुत दिनों की बात नहीं, अभी तीन महीने पहले की ही है। उस सपने को सपना भी तो नहीं माना जा सकता निखालिस। असलियत की तसवीरें एक के बाद एक...।

सपने में इला ने उस समय को याद किया जब वह हरियाणा राज्य की चिकनी सड़क पर झज्जर के लिए जा रही है। यहाँ वह अपनी सहकर्मी प्रिया के साथ आई थी और उसी ने शिकायतनामा लेकर आई उस लड़की से मिलवाया था, जिसका नाम शीतल था। इस लड़की ने...उफ्! अपने पति की हत्या कर दी। हत्या करते ही वह अखबार के जरिए सुर्खी बन

गई। अब हर घर में उसका नाम बिखरा पड़ा था और हर घर उस पर थूक रहा था।

इला ने अपने सपने में हूबहू उस लड़की को देखा, जिसे गिरफ्तार करने का आदेश उसे मिला था। लड़की की ससुराल यानी पति का घर पक्की ईंटों का बना था, ऊपर से चमकदार सफेदी थी। आसपास की सफाई-धुलाई से गली भी अपनी लाल ईंटों के साथ दमक रही थी।

शीतल पीले शलवार, कमीज और उसी रंग के झीने दुपट्टे में जहीन और नाजुक लड़की ही थी। आँगन पार करके भीतरी कमरे में इला को लोग राह दिखाते हुए ले गए, वहीं थी शीतल। रस्सियों से जकड़कर बँधी हुई। लड़की को इस रूप में देखकर एक बार को तो लगा, धड़कन रुक गई है। भय...यह नहीं छूटता। हे भगवान् क्या किया इस लड़की ने! मगर उसने अपनी ऊपरी छवि बेखौफ कांस्टेबल की ही प्रस्तुत की। और हत्या का विश्वास भी कर लिया क्योंकि लोग उसके लिए 'हत्यारी' शब्द का प्रयोग कर रहे हैं। इला अपनी ओर से यहाँ क्या कह सकती है?

कड़क पुलिसवाली के रूप में इला चौधरी।

नाजुक शरीर, गोरी रंगत, उम्र कोई न बताए तो यह हत्यारी पन्द्रह वर्षीया किशोरी से ज्यादा नहीं लगती। रस्सी की बेरहम कसावट से छूटने की मामूली-सी कोशिश तक नहीं। वह इस बन्दिश को अपने वजूद का हिस्सा बनाकर देख रही है। पीछे मुड़कर देखा इला ने, आँगन में तमाशबीन जुड़े हुए हैं।

जैसा कि सपने में हो जाता है, वे तमाशबीन तुरन्त ही तीन आदमियों में बदल गए–दो पुरुष और एक औरत। तीनों शीतल के आसपास। औरत उसे लगातार गालियाँ दे रही थी। बीच-बीच में उसकी कनपटी पर थप्पड़ मारती। और दाँत पीसकर पीठ पर घूँसे बरसाती।

'बन्द करो यह मारपीट।' इला कहना चाहती, मगर सपने में अपने वश में कहाँ होता है कोई। बस, इतना ही महसूस किया कि शीतल ने इन सबसे लड़ने का इरादा छोड़कर अपने प्रति निर्दय, भावहीन और चेतनाशून्य हो जाना ही अख्तियार कर लिया है। लड़की का बुत, वह भी बँधा हुआ। और इला अपनी नींद से भरी हुई। वह जो सपना देख रही थी, खास शीतल का था या कि किसी भी औरत से जुड़ा हुआ...जो अपनी जिन्दगी

के लिए लड़ती है। खून में डूबी हुई यादों में उभरती आती न जाने कितनी-कितनी शीतलें!

सपना उखड़ गया फिर नींद नहीं आई। फिर दृश्य पर दृश्य!

पुलिस, पुलिस को देखने के बाद वहाँ खड़े लोगों में स्तब्धता छा गई और अब उन्होंने पुलिस के व्यवहार को आशा भरी नजरों से देखना शुरू कर दिया। पुलिस पर सारी बर्बरता, क्रूरता और अमानुषिक हो जाने का जिम्मा छोड़ दिया जो वे शीतल के लिए चाहते थे। पीड़ादायी आनन्द को अनुभव करनेवाले अगर देखने हों तो वे औरत के लिए लगभग हर जगह मिलेंगे, भले डायन का यातना भरा दृश्य हो, चुड़ैल को पीटने का तमाशा हो या कि पत्नी या बहू को जलाकर मार देने का करिश्मा हो। इला ने ऐसे नजारे कई बार देखे हैं, जहाँ समाज के लोग एक स्वर में अनैतिकता का विरोध करते हैं। पुण्य और पवित्रता की पुरजोर वकालत करते हैं। 'इज्जतदार औरतें' अपने पुरुषों से डरी हुई शीतल को पथरीली निगाहों से देख रही थीं।

'इसने आखिर क्यों किया ऐसा?' इला की आवाज में यह वाक्य जोरदार तरीके से उभरा कि जैसे सोते हुए भी उसने अपने बर्राने की आवाज सुनी हो।

'यह न पूछो कि क्या किया, पहले यह जान लो कि इस हरजाई ने मिट्टी का तेल छिड़ककर अपने पति को आग लगा दी।' यह कहनेवाली एक अधेड़ स्त्री थी।

मगर क्यों? इला ने बार-बार कहना चाहा कि इस खूबसूरत और सजीली लड़की ने खुद को भी हलाल करने के लिए क्यों तैयार कर लिया? घर-परिवार के लोग हों या कानून का शिकंजा हो या कि पुलिस, सबको इसे काट-चीरकर रख देने का अधिकार मिल गया है।

अचानक लड़की ने हिचकी ली। ऐसा लगा जैसे उसके सीने में कुछ तड़ककर कौंधा है। किसी भीषण सजा की कल्पना में तीखी उत्तेजना की लहर-सी उठी है।

'सूरतें अक्सर धोखा दे जाती हैं,' साथी सिपाही कहा करते हैं।

'औरतें योजना को अंजाम देने में बहुत तेज होती हैं क्योंकि अत्याचार से पैदा हुई पैनी धार मन-मस्तिष्क को तेज कर देती है।' इला मानती है।

शीतल की आँखें अँधेरे से कमरे में बिल्ली की आँखों की तरह चमकती हैं। क्या यह यहाँ अपनी निजी रोशनी के साथ है! अपनी मौत की कल्पना करती हुई वह बराबर इला की ओर देख रही है। आग भरी नजर है यह, इला के आने से शोले की तरह धधक उठी। इला ने अपने सीने पर हाथ रखा, वह क्यों लड़की से एकमेक होती जा रही है?

तभी बूढ़ी औरत अपना सिर माथे तक ढकती हुई चिंघाड़ उठी, 'इस चुड़ैल ने मेरे लड़के को फँसाया था। उसको अपने रूप-रंग से पागल कर दिया था। नहीं तो हम अपने पूत का ब्याह करते इस हरजाई से? माँ-बाप का मुँह काला कर दिया। अब रंडी जाएगी जेल। चढ़ेगी फाँसी।'

इतनी गालियाँ और सजाएँ सास ने बोल दीं।

'दरोगा जी आ गए। आ गए दरोगा जी,' हलचल-सी मच गई। सास भीतर घुस गई। इला को लगा, पुलिसवाली लड़कियों को देखकर औरतें जहाँ आपबीती कह पाती हैं, वहीं उनके स्त्रीपन का फायदा भी उठा लेती हैं।

जैसे ही शीतल घर से बाहर लाई गई, रेले के रेले भीड़ आई, जैसे सारा कस्बा जमा हो गया हो। लोग ऐसे देख रहे थे जैसे यह बहू अब कभी नहीं लौटेगी। न यह घर उसका, न गाँव उसका जहाँ अपने पिता का घर छोड़कर आई थी। अपने प्यार के भरोसे, अपने वर के चुनाव पर गौरव करती हुई...साथी का अटूट विश्वास, उसका दिया वास्ता रास आ गया था उसे। मगर अब यह पुरानी बात है, इतनी पुरानी कि भूल भी गई होगी, हादसों ने चटनी कर दिया जिन्दगी को।

तलाशी ले रही है इला, मगर कुछ नहीं मिला। एक प्रेमपत्र तक नहीं।

अब वह धीरे-धीरे रोने लगी थी। सार्वजनिक अपमान शायद सध नहीं रहा था। खुला चेहरा था, जिस पर आँसू और सिसकियों का अपना दबाव। दुख बहुत सस्ता है, जिसमें अपना ही कलेजा खर्च हो रहा है।

वह सीधी खड़ी हुई तो इला से दो इंच ऊँचा कद। बहू होने के लिए आँखें शर्मदार हरगिज न थीं। यह पुलिस की सिपाही होती तो? मुकाबला करने की पूरी ताकत है इसमें। कहते हैं, पिछले चार साल से परिवार और

समाज का सामना कर रही है। घर को मरघट बना देने की कूवत हर एक में नहीं होती। शीतल 'चुड़ैल' कहके पुकारी जा रही थी। चुड़ैल जो आत्मा होती है और जीवितों पर भारी पड़ती है। उससे सारा कस्बा डर रहा था जबकि औरतों को हमेशा ही डराया जाता है।

ओह! बयान दर्ज होनेवाले हैं।

—शीतल नाम की लड़की ने अर्जुन से प्रेम विवाह किया था। जब वह अपने रूप में अर्जुन की पत्नी बनकर आई, अर्जुन के दोस्तों की संख्या बढ़ती गई। आए दिन दो-तीन नौजवान घर आने लगे।

—अर्जुन शराब पीता था, शादी से पहले से ही। अब कुछ ज्यादा ही हो गई शराब और दोस्ती की ललक।

—नशा चढ़ता तो अर्जुन की जबान चलती। पति दोस्तों से यहाँ तक कह देता—लो, इस औरत को...बच्चा न रह जाए, बस। इससे जैसे चाहते हो, वैसे...। बस, ज्यादा न सताना, यह मुझे बहुत प्यारी है। घायल न कर देना नहीं तो जान ले लूँगा।

—दोस्त अपने दोस्त की बातें सुनते, मगर उन पर कोई असर न होता। वे शीतल को बड़े गौर से देखते और इत्मीनान से पास आते क्योंकि वे आपस में गहरे दोस्त थे। साथ पीते, साथ खाते तो औरत के पास भी साथ-साथ। शानदार पार्टी का माहौल होता। शीतल प्रेमी पति की आज्ञा न माने तो जाए कहाँ? माता-पिता के घर का दरवाजा कब का बन्द हो चुका उसके लिए।

—शीतल का बदन कपड़े के एक टुकड़े तक को तरस जाता और वे चारों खुशी से उछल रहे होते। लगता कि अब किसके लिए छुपाए अपने बदन को? अपने लिए, खुद को नंगा देख पाना तीखा दर्द पैदा करता है। सुना है, धरती फटती है, आसमान टूटता है...नहीं, सब कहने की बातें हैं।

—सच यही है कि हर रात दारू पार्टी हो। अर्जुन के हाथ में शराब से भरा गिलास हो। आँखें नशे से उबली पड़ रही हों और फिर उसे ऐसी नींद चढ़े जो होशो-हवास के सिर चढ़कर बोले। वैसे भी खिड़कियों के शीशों पर गत्ता जड़ा हुआ है। पति का एक दोस्त जब उसकी देह से काम-सुख ले रहा होता, दूसरे दोस्त कुछ-न-कुछ बेहूदा बोलकर उसकी कामेच्छा बढ़ा रहे होते।

—शीतल गुमसुम। हरकत सिर्फ देह में, कम्पन और थरथराहट। कुछ बोले विरोध के लिए तो कामातुर पुरुष उसे पीसकर रख देंगे। मान लिया कि उसके बदन पर पति के साथ दोस्तों के भी नाम लिखे हैं। हाँ, हर गीली और घिनौनी रात की सुबह होती। वह नहा लेती।

—अर्जुन, जो पति था, उसके लिए प्यार की लहर उमड़े, मुमकिन नहीं, क्योंकि वह लहर अब वीर्य भरी गन्दी और बीभत्स नाली बन गई। सब जानते हैं, शीतल अर्जुन की महबूबा पत्नी है। यह कोई नहीं जानता कि उसको वेश्या का मुखौटा पति ने ही पहनाया है। पति ही कोठे की मालकिन का पार्ट अदा कर रहा है। शीतल तो एक नंगा शरीर है, जिसके हाथ-पाँव बँधे हुए हैं। प्यार की इन्तहा में डूबी हुई नारी! इस नारी की पिसी हुई हड्डियाँ और घायल मांसपेशियाँ टीस के मारे फटती थीं, उसी बेबस चीख से पैदा होती थी ताकत। मजबूरी के सामने जो रास्ता बनता है, उसकी मंजिल का मुकम्मल रूप नहीं होता। क्या वह अपने साथ घटित कार्य व्यापार पर विचार करने की हालत में थी? या अपने अंग-प्रत्यंगों से घृणा करने के अलावा चारा भी क्या था?

—बेइन्तहा प्यार! बेइन्तहा नफरत! बेइन्तहा कद्र!

प्यार की ऐसी आग भड़की कि अर्जुन का ताउम्र साथ चाहा। संग-साथ ने इतना जुड़ाव बनाया कि शामिलखाते से नफरत होने लगी। वह क्या करती जब पति की कद्र करते-करते इतनी थक गई कि कत्ल पर आ गई।

शराब के नशे में धुत अर्जुन पर मिट्टी का तेल छिड़कती हुई उसकी धर्मपत्नी और दियासलाई की एक तीली से स्वाहा करनेवाली सुहागिन शीतल।

दृश्य! कि आग की लपटों को साक्षात् देखा?

चीख मारकर उठ पड़ी थी इला। क्यों चीखी? अर्जुन को जलते हुए देखकर? भयानक दृश्य का नजारा...।

नहीं, इसके बाद शीतल को गिरफ्तार करके लानेवाला दृश्य।

यह सब जब प्रिया को सुनाया था तो उसने कहा था, 'तू कभी तो पुलिसवाली की तरह सोच लिया कर। हत्यारी औरत के साथ हमदर्दी जोड़ रही है। तेरे साथ जो जेंट्स गए थे, यही कहते आए—यह लड़की आगे क्या करेगी? जहाँ सख्ती का काम था, तू रुँआसी हो रही थी। मर्डरर थर्ड डिग्री

से गुजारी जानी चाहिए, तू दे सकती है इतनी सख्त सजा? ऐसी लड़कियाँ पुलिस-विभाग को कमजोर बना देंगी, इनकी भर्ती फिजूल है।' लोग सही कहते आए।

प्रिया के सामने अपराधिनी-सी हो उठी इला, बेबस की तरह बोली, 'मैं क्या करती, वह मेरे जैसी ही तो लड़की थी। बयान सुनकर भी पुलिसकर्मियों की समझ में नहीं आया कि उसने पति को मौत के घाट क्यों उतारा? पर क्या किया जाए, निरंकुश लोगों का अपना नजरिया है। वे ठीक ही समझ रहे हैं कि शीतल पर जो कुछ जुल्म की तरह टूट रहा था, सहन करते जाना पति की आज्ञाकारिणी होना है। क्या कोई औरत भी देह पर होते इस बीभत्स कांड का समर्थन करेगी? अर्चना वूमेन सेल में शिकायत लेकर आई थी, धीरज रखकर शादी निभाने के लिए लौटा दी गई।

अन्त में प्रिया, कोई क्यों लेता है कानून हाथ में, क्योंकि कानून के मालिक प्रताड़ित आदमी-औरत की पुकार नहीं सुनते। टालने की भी हद होती है।

ऐसी हदों के बीच ही तो उसकी सास उसके बाल पकड़कर खींच रही थी और मुझे उसके ऊपर निर्दय से निर्दय व्यवहार करने के लिए कहा जा रहा था। यहाँ कबीलाई रिवाज सामाजिक माने जाते हैं, यह भी तो जुर्म है। सताई हुई औरतों के लिए रहनुमा हैं हम, जल्लाद नहीं। पुलिसिंग का मतलब क्या होता है?

पर लगता है, मैं इस 'स्वर्ग' से आग चुराने आई हूँ।

शीतल—अपने पति की कातिल, मर्डरर। याद आती है इला को, उसमें गुस्सा और असन्तोष के लक्षण खत्म हो गए थे। क्या गिरफ्तार करनेवाली इला के व्यवहार में ऐसा स्पर्श मिल गया था कि आँखों में उम्मीदें शान्त होकर ठहर गईं? क्या अपने और पुलिसवाली के बीच का स्त्रीपन सहारा दे रहा था?

'पता है फिर क्या हुआ?' प्रिया ने बताया था—मैडम इला चौधरी, तुम्हें उस रात शीतल नाम की मर्डरर की निगरानी के लिए नहीं रखा गया। उसकी जिम्मेदारी अनुभवी महिला पुलिसकर्मी को सौंपी गई—सन्तोष शर्मा को। कड़ी, खूँखार और खतरनाक से खतरनाक महिला-मुजरिम को पानी पिला देनेवाली सन्तोष शर्मा पुलिस मेडल ले चुकी है। वह जानती है

इस महकमे में कैसे धाक जमाई जाती है। शीतल से कैसे पेश आई हमारी सीनियर, तू भी सुन ले, कुछ सीखना चाहे तो सीख ले। सन्तोष शर्मा उस अपराधिनी को रात के समय सब-इंस्पेक्टर सर के पास ले गई, उन्होंने बताया कि इसको कहीं और...। ज्योति नाम की सिपाही गवाह है, शीतल की नंगी छातियों को डंडे से उछालती हुई उन साहब के पास ले गई थी, जिनकी कृपा से इस सीनियर कांस्टेबल को हेडकांस्टेबल बनना था। और उसने कहा था, 'देख तू कत्ल केस की मुजरिम है, सर जैसे चाहें, वैसे... नहीं तो जेल में सड़ेगी।' पुलिसवाली की बात सुनकर शान्त और गम्भीर बनी रही शीतल। उसने अपनी आँखें बन्द कर लीं। शायद अपनी देह से निर्लिप्त होने लगी थी वह।

इला का चेहरा आग का गोला हो गया। दाँत कस गए और ठोड़ी थर्रा गई। नाक रह-रहकर फड़क उठती। शीतल की आत्मा सवार होती गई।

'इसलिए ही मुझे वहाँ से हटा दिया गया था? या हटवा दिया गया था? अच्छा शिकार आया था सन्तोष शर्मा के प्रमोशन के लिए। मैंने भी इसलिए ही सोचना छोड़ दिया कि मर्दों का औरत से नर-मादा सम्बन्ध के सिवा कोई सम्बन्ध नहीं होता। और मैं जानती भी हूँ कि यादराम सब-इंस्पेक्टर पिछले महीने जब मेरी मुजरिम के चक्कर लगाने लगा था, मैं चौकन्नी हो गई थी। उसने कितनी कोशिश की थी मुझे वहाँ से टरकाने की। कितनी बार कहा था—गुड़िया तू मुजरिम को लॉकअप में बन्द करके बाहर चारपाई डालकर सो जा।

—क्यों सर, मुजरिम को भगाने का इरादा है क्या?

—भगाना होता तो गिरफ्तार क्यों कराते?

—हाँ, यह भी सही है। मैंने उनकी हाँ में हाँ मिलाई। और हथकड़ी ली जो रात को एक ओर से मुजरिम के हाथ में डाली, दूसरी ओर से अपने हाथ में कसी। यादराम सब-इंस्पेक्टर इस महिला मुजरिम को उठाने आएगा तो साथ मैं भी उठूँगी। बेटा, तू डाल-डाल तो हम पात-पात।

मगर पुलिस के नाम पर जो कीचड़ पुती है, वह बिना कारण के नहीं। ये लोग कानून को नहीं, संस्कारों को घोंटकर पिए हुए हैं। वे सब कुछ देखकर भी नहीं मानना चाहते कि घरेलू दायरों का नाम घर-परिवार

जरूर है लेकिन यहाँ भी धड़ल्ले से वेश्याएँ बनाई जाती हैं लड़कियाँ। इसी तरह थानों और कोतवालियों में चकलाघर खोले हुए हैं।

शीतल जैसी विद्रोही को न्यायिक प्रक्रिया में उम्र कैद होगी। उसका तर्क, प्रार्थना और पुकार कोई नहीं सुनेगा। जबकि सब कुछ साफ है कि जिसे जघन्य अपराध माना जा रहा है, वह क्यों हुआ? कोई नहीं मानेगा कि माता-पिता के घर वह अपने प्रेम के लिए लड़ी थी और पति के घर आकर अन्याय, अत्याचार और यातनाओं के खिलाफ लड़ी है।

'हम मान रहे हैं कि वह एक योद्धा है।' प्रिया ने इला को ढाढ़स बँधाया–'आगे जो भी हो, एक जाँबाज के लिए इतना सुनना ही काफी है कि वह न्यायपूर्ण व्यवस्था के लिए खतरों से खेल गई है।'

आगे?

नई पुलिस, नई व्यवस्था?

नामुमकिन।

मुमकिन होगा।

इला और प्रिया ने एक-दूसरे का हाथ थाम लिया जैसे वे जोखिमों के भयानक समय के अँधेरे में भी अपनी आँखें आसमान की ओर उठाकर दहकते सूरज या चमकते सितारों से बातें करना चाहती हों।

'अब मैं चलती हूँ। मेरी ड्यूटी का समय हो गया।' कहकर ऊँचे कद की प्रिया लम्बे-लम्बे डगों से धरती नापती हुई बाहर निकल गई। इला की आँखों में प्रिया की वर्दी सिर पर लगी टोपी और चमकीले बक्कल वाली बेल्ट की छाया उतरा रही है।

इला को जो कुछ प्रिया ने बताया, उसके सदमे से लगभग दो-तीन घंटे बाद होश आया। शीतल की छवि उसके मन से जाती नहीं। क्या कोई सिपाही लड़की किसी मुजरिम से ऐसे जुड़ जाती है?

दरअसल इला की चेतना पर यह असह्य चोट थी कि शीतल के मामले में उसको अविश्वसनीय माना गया।

'हमारी सीनियर्स हमको कौन सा रास्ता दिखाना चाहती हैं?' इला ने सोचा। यह स्थिति असहनीय है। क्या यही उसकी दुनिया है? या यह

तकलीफ ही उसे दुनिया से अलग कर रही है। छोड़ इला इन बातों को, अब तुझे सो जाना चाहिए—उसने खुद से कहा और दूसरे ही पल सोने से तौबा कर ली। सपने देखना सबसे ज्यादा दर्दनाक है। सोना नहीं। तब क्या जाग-जागकर रोना है या रो-रोकर जागना है? ये लोग औरतों से नफरत करते हैं, बस। औरतों के बारे में जानते ही क्या हैं? कहीं ऐसा दिन न आ जाए, जब तमाम शीतलें पति अर्जुनों या प्रेमियों को बन्दी बनाएँ और मिट्टी का तेल छिड़ककर मार डालें। प्रतिशोध बड़ी खतरनाक चीज है...।

हमने ताज्जुब में डाल देनेवाली सच्चाइयों को अपनी आँखों से देख लिया

होली का त्योहार आनेवाला है, इला अबकी बार निश्चित ही मम्मी-पापा के पास जाना चाहती है। अभी चली जाए तो अच्छा हो। नहीं तो भविष्य का कुछ पता नहीं। सस्पेंड होते-होते मुश्किल से बची है। क्या अच्छा लगेगा कि वह सस्पेंशन की हालत में घर जाए? अपनी इस तौहीन को छिपा भी लेगी, तब क्या खुश भी रह पाएगी?

इला हठी तो थी, मगर इस कदर हठ की पक्की न थी कि आगे का रास्ता जिद के कारण ही अवरुद्ध हो जाए। एकेडमी में ट्रेनिंग करते समय जयन्त की सोहबत ने उसे अपने किसी विचार के लिए लड़-मरने को प्रेरित किया। तब से वह चली आ रही मान्यताओं पर प्रश्न ही नहीं करती, उनके खोखलेपन को खोलकर रख देती है। एकेडमी के 'संवेदी पुलिस-सशक्त समाज' वाली धारा में तो यह सब तर्क-वितर्क चल जाते, लेकिन थानों पर आसानी से नहीं माने जाते। जब पुरानी पुलिसकर्मी बताती हैं कि फलाँ लड़की फलाँ अफसर से सेटिंग करके आराम से रहती है और मजे करती है, और जो ऐसा नहीं करतीं, वे ज्यादातर गेट पर सन्तरी की ड्यूटी देती हैं, रोजनामचा भरने के बावजूद उनकी अनुपस्थिति लगाई जाती है—इला इन बातों पर विश्वास न करती। वह कहती—मेरे साथ ऐसा होगा तो मैं डी.एस.पी., एस.पी. के यहाँ पेश हो जाऊँगी। लड़कियाँ इनके बिस्तरों के लिए हैं? उसने संकल्प लिया था, ऐसी बातों में लापरवाही बरतने की जरूरत नहीं है। ऐयाश पुलिसकर्मियों को वह दुश्मन की निगाह से देखती। महिला पुलिस महिलाओं की सुरक्षा के लिए है, इसमें इन लोगों का क्या दखल?

फिलहाल अभी तो घर जाने का प्रोग्राम उसके दिलो-दिमाग पर हावी था। वह ऐसा कुछ भी याद नहीं करना चाहती थी, जिससे दिल में टीस

उठे और वह बेचैन हो जाए। दो-तीन दिन पहले बाजार से निकलते हुए वह एक दुकान के सामने ठहर गई थी। टी शर्ट और जींस देखकर खरीदने का मन बनाया था। घर क्या पुलिस यूनिफॉर्म में जाएगी या पुराने कपड़ों में? क्या कहेंगे घर के लोग—कितना कमाया कि ढंग के कपड़े तक नहीं। नहीं बता पाएगी कि अपनी एड़ी-पंजों की नौकरी में उसे बहुत से जरूरी काम याद नहीं रहते। सच में कितनी छोटी और सीमित दुनिया हो गई है उसकी। एकदम घिरी हुई किले की दीवारों के माफिक। दीदी ने फोन किया था कि घर आ जा, वह भी पहुँच रही है, लेकिन यह बात उसके भीतर तक पहुँचे तो सही। अपने आपको इला ने ही तो ऐसा बना लिया है, जीवन-जगत से परे। मारकाट, चोरी, लूटपाट...यह क्या सामान्य संसार है? नहीं, वह खुद को बदलने की कोशिश करेगी, बहुत नहीं तो थोड़ा ही। आदमी से पत्थर बनते जाना जहाँ की कार्य प्रक्रिया हो, वहाँ कोई अपने भीतर तरलता कहाँ तक बचाएगा? छोटे-छोटे उल्लासपूर्ण क्षण न जाने कहाँ खो गए! दीदी को क्या-क्या बताएगी? वैसे भी वह शादी का मंडप त्याग कर भागी थी, जिसमें दीदी के संग-साथ ही उसकी भी शादी होनी थी, उन्हीं के देवर के साथ। वे नाराज नहीं हैं, यही क्या कम है। बुआ ने तो उससे बोलना ही छोड़ दिया है। मामा भी उसके इस कदम को पसन्द नहीं करते। मम्मी फोन पर कह रही थीं, लोग कहते हैं, इला का ब्याह नहीं होना। दीदी के देवर की शादी तो तभी हो गई थी, इला के बदले मामा ने अपनी बेटी को दुलहन बनाकर बिठा दिया था, तब बात सँभली। उनके लिए तो इला खब्ती है, पागल है, सनकी है, अपने लिए गड्ढे तैयार करनेवाली और क्या मालूम कि बदचलन भी मानते हों।

कैसे कहें कि वह ठीक है?

दिखा तो सकती है कि वह ठीक है, आपकी दूसरी बेटियों जैसी बेटी। यही सोचकर इला बाजार के लिए निकली थी। जींस लेगी तो पैंट पहनकर ही बाजार जाना होगा, वैसे भी इस कस्बे में इला को लोगों ने वर्दी में ही देखा है, यही पहचान है उसकी।

एक क्षण में ही बड़ी नाजुक सी भावना गुजर गई हृदय से। क्यों न अपने लिए चूड़ीदार पजामा और कुर्ता ले लिया जाए। दुपट्टा भी दिलकश लगेगा। ऐसी पोशाक में देखकर मम्मी तो न्योछावर हो जाएँगी। दीदी बड़ी आशा के साथ चचेरे-फुफेरे देवरों से रिश्ते की बात चलाने लगें तो आश्चर्य

नहीं। अपने कमरे का ताला बन्द करते हुए इला को हँसी आ गई। लड़की के वेश में लड़की रहे तभी ठीक मानी जा सकती है। इला ने सड़क पर जाकर रिक्शा पकड़ा और बाजार चलने के लिए कह दिया। रिक्शावाला जानता था, बोला, 'जो हुकुम हुजूर।'

रिक्शे में अपनी ड्रेस को ही लेकर मन-ही-मन उधेड़बुन चलती रही। कौन सा रंग ठीक रहेगा? प्रिया कहती है—उस पर गुलाबी रंग खिलता है। नहीं, समीना की राय है कि इला पर आसमानी रंग बहुत जँचता है। जयन्त एकदम पागल लड़का, कहता था—खाकी में तुम्हारा जवाब नहीं।

कितने-कितने रंग इला की आँखों से गुजर गए। नजरों पर चढ़ गए। कपड़े की दुकानों पर लटकते दुपट्टों की रंगत और जड़े हुए सितारे, इला सचमुच ही खो गई। घर जा रही है, घर की सी लगे हर हाल में। एक दुकान से दूसरी दुकान, दूसरी से तीसरी। चौथी दुकान पर वह सीढ़ी चढ़कर ऊपर पहुँचना चाहती थी कि तभी आवाज आई—

'दीदी! सिपाही दीदी!'

एक सुन्दर लड़की, पीले रंग का चूड़ीदार पाजामा पहने हुए, चमकीला सितारों जड़ा दुपट्टा ओढ़े सामने आ खड़ी हुई। अठारह-उन्नीस साल की इस लड़की की पहचान इला से कैसे हुई?

उसकी आँखें उल्लास से भरी हुईं। उत्साह ऐसा कि उसने इला के हाथ अपने हाथों में लिये।

कौन है यह?

—आप मुझे नहीं पहचान रहीं दीदी। पहचानेंगी भी कैसे, मुलाकात भी लम्बे समय तक नहीं चली थी।

इला मुसकराकर बोली, 'मैं भूल गई हूँ शायद, क्या नाम है तुम्हारा?'

'मेरा नाम शुभ्रा है। कुछ याद आया?'

इला ने याद करने की कोशिश बहुत की, मगर ना में सिर हिला दिया।

'अच्छा इधर सड़क के उस तरफ आइए, मैं बताऊँगी। सच दीदी मैं कब से आपके पास आना चाह रही थी।' कहनेवाली लड़की की बड़ी-बड़ी आँखें लगाव से भरी हुई लगीं इला को। उसका साँवला-सलोना चेहरा बहुत ही मासूम।

एकान्त जैसा था। वह इधर-उधर देखकर बोली, 'दीदी, आपने गिरफ्तार किया था हमें। सच, हम तब थर-थर काँप रहे थे आपके सामने।'

'काँपना तब बन्द हुआ, जब आपने अपनी कलीग से कहा था—'सारे गुनाह लड़की के सिर आ जाते हैं। इस उम्र में प्यार-व्यार हो ही जाता है। हमारा समाज ऐसा है जो इसे पाप मानता है या अपराध। यह नहीं देखते कि लड़की-लड़के इस समय कैसे भरे-पूरे नजर आ रहे हैं।'

दीदी, ऐसी बातें हमने पहली बार सुनी थीं प्यार के बारे में कि हम इसमें खुश नहीं कि लड़के के साथ भागे हैं, इसमें खुश हैं कि अपनी आजादी के लिए भागे हैं। मैं तो अवाक् रह गई दीदी।

आपने पूछा था, 'यह लड़का कौन है?' तो मैं हकलाकर रह गई थी। फिर भी कहा था, 'प प पति है...'

आपकी साथिन ने डंडा दिखाकर कहा था, 'सच बोल, नहीं तो... दरोगा हवालात में डाल देगा।'

सच्ची दीदी, इस बात का हमें खौफ नहीं लगा था क्योंकि हवालात में जिन्दा तो रहेंगे। घरवाले तो मारकर गाड़ देंगे। लाश पेड़ पर झूलेगी। यह सब समझने के बाद भागना ही लाजिमी था।

आपने कहा था अपनी कलीग से—'जाहिदा, तू भी पागल है, यह लड़का इसका पति होता तो उसके साथ यह घर से क्यों भागती?'

मुझे हँसी आ गई थी दीदी आपकी बात पर। कितना सही बोली थीं आप। फिर भी आपकी जाहिदा ने मेरे गाल पर थप्पड़ मारा था। और कहा था—क्यों कह रही है कि लड़का तेरा पति है? मैंने धीरे से गाल सहलाते हुए कह दिया था—आप लोग यही सुनना चाहती हैं। मतलब कि मैं झूठ ही बोलूँ।

सजा मिलेगी, यह तय बात थी। आपकी जाहिदा ने कहा था—सजा माफ करानी है तो जमानत के लिए घरवालों को बुला ले।

अब आप ही बताइए कि जिनके खौफ के कारण भागे हैं, वे ही हमारी जमानत देंगे, ऐसा कैसे होगा? मैंने पूछा था। आगे कहा था—हमारे लिए प्यार का एक दिन ही काफी है, जो इस होटल के कमरे में बिताया।

'अच्छा, किसी रिश्तेदार को बुला ले,' आपने सुझाव दिया था दीदी और मेरे सिर पर अपना हाथ धर दिया था तो मैं रो पड़ी थी। कितनी

ही देर तक आप मुझे चुप कराती रहीं। अफसोस करती रहीं मेरी नादानी पर, प्यार के पागलपन पर और सबसे ज्यादा घरवालों की नासमझी पर।

'दीदी रिश्तेदार को जमानत के लिए? नहीं, माँ-बाप भी तो रिश्तेदारों और जाति-बिरादरी से डरते हैं। वे 'बदनामी के व्यापारी' पापा यही कहा करते हैं।

'शुभ्रा, तुम कितनी समझदार हो, फिर भी गुनाहगार।' आपने कहा था तो न जाने कैसी हिम्मत आई कि मैं कह बैठी, 'दीदी, आप ही मेरी जमानत दे दो।'

'हम!'

'हम जमानत दे दें। तुम जानती हो कि हमने गिरफ्तार किया है, जमानत कैसे देंगे। और क्या पता कि तुम फिर भाग जाओ, प्यार आज के लिए ही थोड़े ई किया है? घर के लोग प्यार को जगह देंगे नहीं।'

'हाँ दीदी, अब क्या होगा? दो छोटी बहनें हैं, उनकी पढ़ाई छुड़वा दी जाएगी। कहते हैं, हमारे यहाँ कि पढ़नेवाली लड़कियाँ इश्क करके भाग जाती हैं।'

'यह बताओ, होटल में क्या कर रही थीं?'

'चाय-पकौड़े खा रहे थे। बातें कर रहे थे।'

'यार इला, इससे ज्यादा बात करने की जरूरत नहीं।' जाहिदा ने समझाया था आपको। आगे कहा था—'लिफ्ट दोगी, यह हमारे सिर पड़ जाएगी। है तो बदमाश ही।'

'फिर क्या किया जाए? लॉकअप में डाल दिया जाए? जाहिदा तू जानती तो है, होटल में इसके साथ लड़के ने ऐसा कुछ नहीं किया होगा जैसा कि हमारे पुलिसकर्मी कर गुजरेंगे।' आपने कहा था।

'उपाय क्या है? इसे क्या अपने कमरे पर ले चलेगी? और लड़का कहाँ जाएगा?'

आप दोनों ने एक-दूसरे की ओर देखा और मुझे डाँटना शुरू कर दिया, 'प्यार किया है, ठीक है, लेकिन यह कायरपना मत करो। पढ़ाई के दौरान यह भागना-भूगना पढ़ाई को बदनाम करता है। पहले पढ़-लिखकर कुछ हासिल करो, प्यार का जज्बा कहीं खो थोड़े ई जाएगा? आगे ऐसा नहीं करोगी, प्रॉमिस करो।'

आपका रवैया क्या था जादू भरा करिश्मा था। अब तो याद आ गया होगा आपको सारा वाकया। मैं विभोर-सी बोली थी, 'मैम, आय, प्रॉमिस आय वॉच फॉर यू।'

आपने घरवालों को बुला लिया। मेरा कलेजा काँप रहा था। माता-पिता आए और साथ में दादा जी भी। तुर्रेदार पगड़ी देखकर जाहिदा मैम आँखें फाड़े देखती रह गईं।

'कहाँ है लड़की?' दादा जी की दुखभरी शर्मिन्दा-सी आवाज, यह आवाज कमजोर कैसे पड़ गई, मेरे कारण? नहीं तो यह आवाज बादलों की गड़गड़ाहट का भ्रम देती थी।

आप भी सहमी हुई थीं। जाहिदा मैम से कहा था आपने, 'आसार कुछ अच्छे तो नहीं। ऐसा न हो नाक मूँछ के लिए लड़की को मार दें।'

आप जरूरत से ज्यादा विनम्र हो गई थीं। दादाजी से धीमे स्वर में कहा था, 'ताऊ जी।'

'हाँ जी, कहो क्या कहड़वाली हो?'

'ध्यान से सुनो। असल बात यह है कि आपकी लड़की पढ़ने आई थी। वह एक लड़के से अपने पेपरों के बारे में बात कर रही थी। संयोग ऐसा बना कि तभी पुलिस को एक लड़की और लड़के की तलाश थी। जो हुलिया पुलिस को बताया गया, वह आपकी शुभ्रा से मिलता था। बस, पुलिस एक्शन में आ गई।

'हम लोग इसे यहाँ ले आए। निर्दोष लड़की, हम हर हालत में यह चाहते थे कि इसको इसके माता-पिता को ही सौंपा जाए। थाने में आने के बाद अक्सर लोग लड़कियों का गलत फायदा उठाते हैं। यह बेकार ही लोगों की नजरों में आए। आपकी बेटी ने हमें बहुत प्रभावित किया है। अपनी शुभ्रा पर शक नहीं, फ़ख्र करेंगे आप ताऊ जी।'

दीदी! मैं उस दिन को नहीं भूली। न कभी भूलूँगी। आप मेरे घर चलो न? मम्मी कहती है—एक दिन अपनी दीदी को लिवाकर ला। वर्दी में उसका रूप ही जगमगाता है। मम्मी एफ.आई.आर. सीरियल आपको याद कर करके देखती हैं। उसमें वह चन्द्रमुखी चौटाला है न!

आज शुभ्रा को देखकर इला को सारा वाकया याद आया। वह तसवीर ज्यों की त्यों सजीव हो गई। बीता हुआ कोई समय बदले हुए रूप में लौट आता है इस तरह!

इला अपने कमरे पर लौटी, कपड़े खरीदना भूल गई। उसने जैसी स्वाभाविक शक्ति पाई उसी के कारण रात को मीठे सपने आए। क्या ये सपने हमारी ड्यूटी की एवज कीमती उपहार नहीं?

कल शुभ्रा की माँ ने बुलाया है। इला ने अपनी धुली हुई और प्रेस की हुई कड़क वर्दी को प्यार से देखा।

बड़ा शुभ था वह सप्ताह! या बड़ी खुशनसीब थीं इला और समीना! या कि पुलिस के अध्याय का अँधेरा पक्ष रोशनी से भरता जाता था!!! जो भी भावना लहूलुहान हुई, आज घावों के भरने का समय है। ऐसा ही खत लिखा है समीना ने।

इला, मेरी प्यारी इला!

तुमने कुशल-क्षेम पूछा है। आसिफ के व्यवहार के विषय में तुम चिन्तित हो। तो कह रही हूँ चिन्ता करना छोड़ दो। वह वेतन माँगता है, मैं नहीं दूँगी। वह क्लेश करेगा, मैं उससे दूर रहूँगी। वह तलाक-तलाक बोलेगा, मैं मुसकराकर चल दूँगी। ये ही तो हथियार हैं, अपनी जिन्दगी की रक्षा करने के। और फिर सबसे बड़ी ताकत कि हम पुलिस में हैं, यह बात हर आदमी जानता है।

मैं यह खत एक घटना बताने के लिए लिख रही हूँ। अखबार में भी छपा था इसके बारे में, मगर अखबार इतनी बारीकी और गहराई से कहाँ देते हैं खबर को। अखबार फिर अपने विज्ञापन कहाँ छापेंगे? अहमियत वहाँ खबर को नहीं, विज्ञापन को दी जाती है। जो छपा था, उलटा-पुलटा था, पढ़कर मुझे दुख हुआ। दुख करने के सिवा हम कर तो बहुत-कुछ सकते हैं, लेकिन सुधार की उम्मीद नहीं बँध पाती। मैं यह घटना इसलिए भी लिख रही हूँ कि तुम चाहो तो इसे प्रिया और जयन्त को दे दो। वे दोनों इसका उपयोग आगे लिखी जानेवाली किताब में कर सकते हैं। किताब भी तो जिन्दगी का रोजनामचा ही होती है। हम उसमें तरह-तरह की बातों की एफ.आई.आर. दर्ज करते हैं।

उस दिन मैं और सुमन साथ-साथ ड्यूटी दे रहे थे। सुना था कि उस दिन हमारे यहाँ तुम भी आनेवाली हो किसी लड़की की बरामदगी के लिए।

वह सामूहिक बलात्कार की शिकार है। मगर अब तक मिली नहीं। जहाँ होनी चाहिए थी वहाँ नहीं और आसपास के गाँवों में भी नहीं। तीन दिन से समझ लो कि रिश्तेदारियों और जानने पहचाननेवाले घरों की कॉम्बिंग हो रही है। शायद अब यह केस तुम्हारे थाने को इसलिए ट्रांसफर कर दिया गया है कि लड़का उसी एरिया का बताया जाता है, जो कि उसका बॉयफ्रेंड था।

तुम नहीं आईं इला। पता लगा कि बलात्कार की जगह एक गड्ढा बताया गया जो मूँज के झुंड में छिपा है। उस गड्ढे में घास उगी हुई है। घास ज्यों-की-त्यों खड़ी है, बलात्कार होता तो घास आड़ी-तिरछी पड़ी हुई होती। तुम यह सब समझकर वहीं से वहीं चली गईं। मैं मिल न सकी।

उसी दिन जब मैं रिसेप्शन पर थी और तुम्हारा इन्तजार कर रही थी, सामने सड़क पर एक कार और रोडवेज बस आपस में भिड़ गईं। ऐक्सीडेंट, मतलब कि इमरजेंसी! बिना फौजदारी के खून-खच्चर। लोग घायल। ड्राइवरों की गलती थी, मगर पुकारा गया पुलिस को। इला, उसी पुलिस को जिसको जनता सुबह से शाम तक गालियाँ देती है। पुलिसवालों को भ्रष्टाचार, अत्याचार और व्यभिचार का सामूहिक सरगना माना जाता है। मगर बात यह भी है कि फिर भी राजनेता तक पुलिस पर विश्वास क्यों करते हैं? अपने घरों के साथ पुलिस चौकी बनवाते हैं। सेठ साहूकार भी अपने आसपास पुलिस रखकर सुरक्षा के लिए आश्वस्त हो जाते हैं। रेलवे में थाने चलते हैं। क्या पुलिस की बदनाम और बदनुमा छवि के बावजूद यह समझा जाता है कि अनुशासन भंग करनेवालों को सजा देनी होती है और वह सजा पुलिस ही दे सकती है, क्रूर, कठोर और बेरहमी के साथ।

ऐसा सौ फीसदी सच नहीं होता। यह बात कोई हमसे पूछे। पुलिस के साथ कैसा व्यवहार होता है, यह भी दर्ज होना चाहिए कि नहीं?

प्रदेश की रोडवेज बस तो बस ही थी। कार में बैठी औरत विशेष थी। तुम कहोगी इला, मैं औरत के खिलाफ जा रही हूँ, मगर मैं जा रही हूँ क्योंकि मनमानी करने का हक किसी को नहीं। ट्रैफिकवाला मुलाजिम घटनास्थल पर था, उसने देखी थी दुर्घटना। उसने कार को साइड में आने का इशारा दिया।

उस औरत के लिए यह तौहीन की बात रही होगी कि एक कांस्टेबल उसकी कार को साइड करवाए। उस लेडी ने आव देखा न ताव ट्रैफिक कांस्टेबल को पीटने लगी। पीटते हुए बोलती चली जा रही थी–तूने खुद को समझा क्या? दो टके का सिपाही। पता है, मैं कौन हूँ, मैं कौन हूँ, मैं कौन...कहते हुए सिपाही को थप्पड़-घूँसे मारती चली गई, तब भी सन्तोष न मिला तो पाँव की सैंडिल उतार ली और फिर उससे वार...।

यकायक बस की सवारियाँ थाने में घुस आईं। भीड़ से थाना भर गया। एक ही पुकार–बड़े दरोगा जी कहाँ हैं। अरे, औरत ने पुलिस के आदमी को पीट दिया।–औरत किसी को भी पीटे, उसकी वाहवाही ही होगी। इला, यह वाहवाही नहीं, औरतों को गलत दिशा में मोड़ने का इशारा है। या उस खास स्तर की स्त्री को अत्याचार के लिए उकसाने की साजिश है।

एस.एच.ओ. सामने आ गए। औरत ने कीमती साड़ी और रत्नों से बने जेवर पहन रखे थे। वह कुछ न कहती तब भी हमारे सर उसके स्तर को समझ रहे थे, लेकिन वह लगातार बोले जा रही थी–मैं मुख्यमंत्री के पी.ए. की पत्नी। मुझे समझा क्या है तुम लोगों ने? तुम पुलिस के कुत्ते उनके सामने अभी तक दुम हिला रहे होते। सर उसकी सारी बक-बक सुन रहे थे। चुपचाप अपनी कुर्सी की ओर लौट गए। सर से हमें ऐसी उम्मीद नहीं थी। उन्होंने कुछ कहा क्यों नहीं? चले क्यों गए?

इला, उस समय तो नहीं, पर बाद में मुझे एकेडमी प्रमुख की बात याद आई थी–धैर्य खानेवाला आदमी अपने आसपास ऐसा जाल बनाता चला जाता है, जिसमें उसकी असलियत छिप जाती है। जब आदमी ही खुद असल नहीं होता तो वह दूसरों की अहमियत कैसे समझेगा?

मगर उस घटना के समय तो बस हमने यही सोचा था–इस औरत ने हमारे मुलाजिम को पीटा है तो क्यों पीटा? ओहदेवाली, ओहदेवाले की घरवाली, अपनी गलती पर हमें पीटेगी? हमें कुत्ता कहेगी? हमारे सर भी क्या इसके दबाव में आ गए? अपनी पुलिस का महत्त्व भूल गए जिसका अनुशासन सेना के साथ सबसे बड़ा अनुशासन होता है। पुलिसवालों में इस समय तीखा आक्रोश था। मेरी नसों में तो लावा बहने लगा। मैं आगे आ गई। और उस औरत को पीटने लगी। सुमन ने मेरे साथ मिलकर हमला बोल दिया। एस.एच.ओ. सर हमें रोके जा रहे थे। बीच-बचाव कर

रहे थे। मगर हम रुकनेवाले नहीं थे, लग रहा था असली मुजरिम आज हाथ आया है।

औरत चिल्लाने लगी—'अरे देखो, देखो इस लेडी पुलिस को!'

'मैडम जी आप जो भी कोई हों, पर यहाँ की पुलिस नहीं हैं।' सुमन ने उसके दोनों हाथ कसकर पकड़ने के बाद समझाया।

'हमारे प्रदेश की पुलिस अब ऐसी ही होती जाएगी। पुराने रुतबे जमकर पछाड़े जाएँगे।' हमारे कांस्टेबल ने कहा।

'आप पर तो मैम मुकदमा होगा।' मेरे मुँह से निकला।

वह चीखी—'मुकदमा! मुझ पर करेगी तू मुकदमा? अरे, हजार बरस लगेंगे मुकदमा करने में।'

राजनीतिक गुरूर की ऐसी तमाम कहानियाँ हैं।

लोग तमाशा देख रहे थे, जैसे यह पब्लिक शो हो। भारतीय संस्कृति के क्या यही चिह्न हैं? संस्कृति जिसको राजनीति हमेशा बचाए रखने की बात करती है। थाने में ऐसे मनोरंजक दृश्य कि महिला के खिलाफ पुलिस की महिलाएँ। एस.एच.ओ. सर तो जैसे जमीन में गड़ गए। पिटनेवाला मुलाजिम हम लड़कियों को अचम्भे से देख रहा था कि हम उस औरत को छोड़ नहीं रहे। रोजवेज का ड्राइवर एक ओर असहाय-सा खड़ा था, आगे बढ़ आया।

और हमने तभी कहा उस औरत से—कांस्टेबल और ड्राइवर से माफी माँगिए मैम। आप खुद को बड़ी हस्ती समझ रही हैं, लेकिन व्यवहार बड़ा घटिया है आपका।

उसने जनता के सामने दोनों लोगों से माफी माँगी।

क्या ऐसा व्यवहार थाने कोतवालियों की हवा नहीं बदल देगा? अब तक चला आ रहा ईर्ष्या-द्वेष का खेल भी हमको ही खत्म करना होगा। इला, हम न थके हैं, न पराजित हैं। हमारे साथ जिन्दगी का रिश्ता लम्बा भले ही नहीं गुजरा, मगर बड़ा तो है। वह इसलिए ही कि हमारे पास किसी तरह भी जिन्दा बने रहने की इच्छा से ज्यादा मरने का हौसला है।

पुलिस के चेहरे पर लगे दाग—पुलिस डंडे की कमाई खाती है—क्या हमारा बर्ताव देखकर भी लोग कह पाएँगे? राजनीतिक लोग पुलिस के बीच घुस-पैठ बनाकर किस कदर वहाँ अपना बाजार खोल देते हैं, यह पोल भी खुलती चली जा रही है। नहीं तो पब्लिक उस दिन एक स्वर न हो

जाती—कारवालों की गलती है। इस महिला की गलती है। यह सरासर बदतमीजी है। दादागिरी है।

हमें तो लगता है कि अपने सहकर्मी भाइयों के लिए क्या कुछ न कर डालें! क्या इसलिए लगता है इला कि हम सबसे छोटे पद पर हैं? नहीं तो देखने में आता है—जितनी बड़ी पोस्ट, उतना ही बड़ा डर। वे बेचारे छोटे मुलाजिमों का साथ कैसे देंगे, उनकी चुटिया तो मंत्रियों की एड़ियों तले दबती रहती है। इला, हमें बड़े पदवाले लोग ही खुलकर काम नहीं करने देते। हमें भी फिर लगने लगता है—ये चाहे जितना शौर्य दिखा लें, जान पर खेल जाएँ, लेकिन जब इनके लक्ष्य दिखाई देते हैं तो जाहिर हो जाता है कि न कोई वीरोचित गौरव रहा, न नागरिक जैसा सम्मान बचा। अफसरवाली प्रजाति नेता लोगों के प्यार में मारी जाती है। राजनीतिक सिंहासनों की चमक-दमक उनकी छवि धूमिल करती रहती है।

मगर असलियत को एक दिन सोने की चमक की तरह प्रकट होना है। और वह प्रकट होगी ऐसे ही जैसे उस दिन हुई थी। भय और दबावों के काले पहाड़ों के बीच से एक दहकती हुई स्वर्ण रेखा! आमीन!

तुम्हारी—समीना

प्रिय समीना,

तुम्हारा खत मिला। हम ऐसे ही एक-दूसरे को पत्र लिखते रहे, जिनमें हमारी ड्यूटी, पुलिस के नियम विधान की कार्यवाहियाँ, राजनीतिक हस्तक्षेप की दास्तानें और प्रशासन व्यवस्था के साथ गणतंत्र का घालमेल अपने चरित्र में सामने आता जाएगा। जयन्त और प्रिया किताब लिखने के मूड में ही नहीं, उन पर जुनून सवार है, मैं कहा करती हूँ—कलम का भूत चढ़ा है तुम लोगों के ऊपर।

जयन्त का जवाब होता है, पुलिस में आकर भावशून्य नहीं हो जाते हम। रायफल उठानेवाला कलम भी थाम सकता है और यह एकदम अप्रत्याशित नहीं। यह जज़्बा तो हममें और भी ज्यादा होना चाहिए क्योंकि हम सामन्ती संस्कारों से ग्रस्त लोगों तथा दबे-कुचले गुलामी करते मनुष्यों की मुठभेड़ें अपनी आँखों के सामने देखते हैं। अगर मालिकों की हैसियत

से भारतीय प्रजातंत्र चेहरे बदल-बदलकर नागरिकों का दमन करता है तो मामूली हैसियत के लोग भी इस तंत्र को जड़ों तक हिलाने का संकल्प लेकर आगे बढ़ते हैं।

बहरहाल, हम पुस्तक में भागीदार की तरह होंगे। जयन्त बॉयफ्रैंड है, दोस्ती-यारी मोहब्बत का पहला कदम होता है। इसी मोहब्बत पर समाज में सनसनी फैली रहती है। चारों ओर क्राइम रिपोर्टर छाए रहते हैं। सुकून ढूँढ़े नहीं मिलता। बेचैन लोग लाखों-करोड़ों की संख्या में बिखरे पड़े हैं, फिर कौन सी नई बात हर बार उठती है कि हंगामा खड़ा हो जाता है? कोई अपनी जिन्दगी में दूसरे की जिन्दगी से जुड़ाव माने तो इसमें किसी का क्या जाता है? मगर उसे इस तरह की आजादी दी नहीं जाती। आदमी दूसरे की जिन्दगी के फैसलों को अपनी मुट्ठी में कसे रहना चाहता है।

अब बताओ कि मेरी जिन्दगी में तुम न हो, जयन्त न हो, प्रिया न हो तो फिर बाकी क्या रह जाएगा? लगता है, मुनादी कर दूँ कि जिस तरह भोजन हमारे शरीर के लिए जरूरी है, मोहब्बत की खुराक मन को चाहिए। प्यार करनेवालों के किस्से क्यों हमें अच्छे लगते हैं? उन्हें हम पवित्र मंत्रों की तरह सुनते हैं। समीना, यह हमारी बदकिस्मती ही है कि प्रेमिकाओं को ही हम गिरफ्तार करते हैं। हवालात में डालकर ड्यूटी पूरी करना मानते हैं। अक्सर ऐसा करते हुए लगता है कि मैं ही पकड़ी गई हूँ जयन्त से प्रेम करने के अभियोग में।

मगर उसी क्षण हमें अपनी प्रेममयी भावना का खात्मा करना पड़ता है। खुद को समझाना पड़ता है कि मान्यता में न आनेवाली कोमल भावनाएँ भी जुर्म की श्रेणी में आती हैं। मानवीय भावनाओं और स्वाभाविक हमदर्दी का रुझान अपोजिट सेक्स के दो व्यक्तियों में एक-दूसरे की ओर हो तो उनके व्यवहार को अवैध साबित करने के लिए खास ज़हमत नहीं उठानी पड़ती। ऐसी मित्रताएँ कानूनी जुर्म में आती हैं।

जिस बलात्कारवाले केस का तुमने अपने खत में जिक्र किया है, उसके बारे में मैं क्या बताती? समझ लो कि हमारी नाक में दम कर दिया।

मगर वह केस अब सुलझ गया है। सामूहिक बलात्कार, कितनी भयानक तसवीर उभर आती है! एक लड़की कई पुरुष। जबर्दस्ती से किया बारी-बारी बीभत्स सम्भोग। छटपटाती और तड़पती लड़की का धीरे-धीरे

पस्त हो जाना और हाथ-पाँव छोड़ देना। अक्सर तो बेहोश ही जो जाती है लड़की, जिसने आदमी और औरत की सम्भोग-क्रिया को इतने बर्बर रूप में भुगता हो। जो बेहोश नहीं होती, मानसिक रूप से असामान्य हो जाती है। कौन जाने जीवन में कब भूल पाती है इस भीषण कुकृत्य को। लड़की के लिए इससे बड़ी सजा और क्या होगी? आगे कभी थर्ड डिग्री का जिक्र करना पड़ा तो उसमें भी...।

यह बात तो है कि इस विभाग में न आते तो कई राज-रहस्यों की गाँठ न खुलती। असलियतों से समाज कितना नावाकिफ है! वह इसलिए कि हमें ढर्रों पर विश्वास करते रहने की आदत है।

दहेज विरोधी कानून का राज, घरेलू हिंसा का रहस्य, सामूहिक बलात्कारों की असलियतें, यहाँ तक कि औरतों द्वारा अंजाम दिए गए हत्याकांडों के कच्चे चिट्ठे। हमारे इतिहास में कहाँ मिलेंगे? इतिहास बड़ी फुरसत में, सोच-समझकर लिखा गया है। वंश और महान घटनाओं की सूचनाओं के साथ उनका महिमामंडन (ये जयन्त के शब्द हैं)।

हाँ तो मैं उस बलात्कारवाले केस के बारे में बता रही थी। पहले तो कुछ आरोपित लोग छिपते-छिपाते भागे ही फिरते हैं। बलात्कार के मामले में तो और भी ज्यादा क्योंकि जैसे-जैसे तहकीकात की प्रक्रिया पूरी होने में देर लगती है, सबूत नष्ट होते जाते हैं। लड़की पर भी परिवार की ओर से दबाव बढ़ने लगते हैं। कभी-कभी तो लड़की ऐसे बयान देने पर मजबूर होते देखी है कि मामला ही उलट गया। इसलिए ही मैं लड़की के साथ-साथ बनी रही।

यहाँ आकर यह तो पक्के तौर पर समझ में आ गया कि जहाँ भी औरत का नाम कत्ल केस में आया है या बलात्कार का मामला दर्ज हुआ है, वहाँ सीधा-सीधा कुछ नहीं होता। अक्सर बिना आदमी के औरत कत्ल को अंजाम नहीं देती। जब कि इन दिनों खासा शोर मचा हुआ है कि औरतें कत्ल कर रही हैं, अब उनकी जिन्दगी की बेहतरी के लिए हाय-तौबा क्यों?

जिस केस के बारे में तुम्हें उत्सुकता है, उस सामूहिक बलात्कार का मामला लड़की और लड़की की माँ ने दर्ज कराया था। जहाँ जगह बताई गई, उस सीन पर हम पहुँचे। देखने और जाँचने के बाद वहाँ कुछ ऐसा नहीं मिला जो बलात्कार की निशानदेही करे। जहाँ किसी मर्द ने लड़की के साथ जोर-जबर्दस्ती की हो और लड़की ने जद्दोजहद मचाई हो वहाँ एक

गड्ढा था। गड्ढे में घास ज्यों-की-त्यों खड़ी थी, उठापटक होती तो घास उखड़ती।

ऐसा कुछ देखकर ही केस न बनने के बारे में लड़की और लड़की की माँ को बता दिया।

कुछ देर बाद ही हमें माँ-बेटी का जवाब मिला, 'केस दर्ज नहीं किया तो हम तुम्हारे ऊपर केस कर देंगे। हम डी.एस.पी. और एस.पी. के यहाँ पेश होंगे। तुमने पैसे खाकर केस बन्द कर दिया है, रिपोर्ट करेंगे।'

मैं हक्का-बक्का रह गई। नाबालिग, कम उम्र लड़की क्या बोल रही है? जिनकी संवेदना में हम मरे जा रहे हैं, उस गरीब-सी लगनेवाली माँ का इरादा आखिर क्या है?

एक और ठसका—अनुसूचित जाति की ये औरतें! कई धारा तो एस.सी. होने पर ही लग जाएँगी। मरता क्या न करता?

एस.एच.ओ. बोले, 'जो कहोगी वही करेंगे। ठीक है रेप हुआ है, मान लिया। लड़की का मेडिकल कराइए।'

लड़की का मेडिकल हुआ। उसके कपड़े डॉक्टर ने रखकर सील कर दिए। मैंने अपना सूट लाकर उसे पहनने को दिया। लगा कि मैं सिपाही नहीं, इस लड़की की सेवा में लगी नर्स हूँ।

मेडिकल के जरिए पुरुष संसर्ग साबित हुआ। मुझे अपनी तहकीकात पर लज्जित होना पड़ा। लड़की से आदमियों के नाम पूछे, उसने लिखवा दिए। साथ ही लड़की ने कहा, 'इन आदमियों में से एक को मैं जानती हूँ।'

'कहाँ रहता है वह?' मैंने विनम्रता से पूछा।

उसने पता बता दिया।

किसी तरह खोजबीन करके उस आदमी को लाया गया और कहा गया, 'यही था?'

'इसे मैं नहीं जानती।' उसने अजनबी निगाहों से देखा।

अब वह लड़की मेरा सूट पहने हुए, मोबाइल पर किसी से बात करने लगी।

उसी समय एस.एच.ओ. ने उससे फोन छीन लिया। उसी नम्बर पर फिर से फोन मिला दिया, जिस पर वह बात कर रही थी। अबकी बार फोन स्विच ऑफ आने लगा।

हम लोग भी हार नहीं माननेवाले थे। रात भर तहकीकात में लगे रहे। फोन की बातें मिलाकर किसी तरह क्लू जोड़ लिया। सम्पर्क साधने का नतीजा यह हुआ कि जिसका नाम लड़की ले रही थी, फोन पर उसकी नानी बोलने लगी। और फिर राज खुला—नानी के बेटे यानी कि लड़की जिसको मुजरिम बना रही थी, उसके मामा का कत्ल हो चुका था। कत्ल उसने किया था, जिससे लड़की फोन पर बातें कर रही थी। उस आदमी पर नानी ने कत्ल केस लगा दिया था धारा 302 में। वही कातिल चाहता था कि किसी तरह नानी का धेवता, यानी बेटी का बेटा रेप केस में फँसा दिया जाए। धारा 376 लगा दी जाए और वह जेल चला जाए। बाद में समझौता कर लेगा वह कि नानी अपना केस वापस ले और यह लड़की अपना केस वापस ले लेगी।

यह राज कभी न खुलता, मगर वह बात भी सही है कि चोर कोई न कोई सुराग छोड़ जाता है। बड़ी सावधानी बरती थी नानी के बेटे के कातिल ने, खुद ही लड़की से सम्भोग किया था। लेकिन एक बात भूल गया, जिसे फँसाना था उसका पता तो बता दिया था, फोटो नहीं दिखाया था। अतः उसे सामने पाकर भी लड़की नहीं पहचानी।

अब लड़की घिर गई। सवालों का जवाब हकला-हकलाकर देने लगी। सच खम्भे की तरह अडिग था। झूठ लड़खड़ाकर गिरनेवाला था।

बेटी ने कबूल कर लिया, 'उसकी माँ ने पाँच हजार में यह मामला सेट किया था।' समीना, इस बलात्कार पर तुम्हारी क्या राय है? हमारी हमदर्दी किधर होनी चाहिए? दोषी कौन है? कोर्ट अपना फैसला क्या देगा?

लगता है, एक ओर गरीबी है, दूसरी ओर मर्दानगी।

लड़की ज्यादातर मामलों में इस्तेमाल होती है। यहाँ तक कि प्रेम के मामले में भी। अगर वह आकर्षण और मोहब्बत के कारण लड़के का साथ चाहती है तो घर-परिवार, जाति-बिरादरी आड़े आ जाती है। घर से भागनेवाला विकल्प उसको रास आता है। जिसके साथ वह जान की बाजी लगाकर घर-बार त्याग आई थी, उसी के लिए अपने घरवालों के दबाव में आकर बयान देती है—यह लड़का मुझे भगा लाया था। इसने मुझसे बलात्कार किया है। पिता की नाक-मूँछ की इज्जत रह गई और लड़के को दस साल की सजा हुई। परिवार की भूमिका मुजरिम की है और इज्जत का रूप खूँखार सिक्के जैसा।

यहाँ लगता है कि लड़के को क्यों सजा मिलनी चाहिए? हर हाल में लड़का ही क्यों गुनाहगार है?

हर कानून पैसा वसूलने का जरिया बनता जा रहा है। तुमने ही तो बताया था समीना, नौ साल की लड़की का रेप हुआ था, माँ को एक ही रटन लगी थी—मैडम अच्छे पैसे दिलवा दो।

बलात्कार प्रमाणित करनेवाली डॉक्टर ने तुम्हारी बाँह पकड़ ली थी समीना और कहा था—मैं क्या मुफ्त करूँगी रेपकेस का टेस्ट?

कैसा मखौल है यह! अपराध को धन्धा बना लो। हम इस समाज में कहाँ तक सुरक्षा का डंका पीटें, अपनी ईमानदारी और बहादुरी को साबित करें?

सब कुछ उलटा-पुलटा हो जाता है। नहीं तो एक कमसिन-सी लड़की एक-एक लड़के से दो-दो लाख वसूल रही होती? बर्थडे पार्टी में गई और लड़कों के साथ हम-बिस्तर हुई। सबेरे घर जाने से पहले थाने पहुँची। रिपोर्ट लिखवाई—सामूहिक बलात्कार। वाकई कपड़े खून में सने थे, चाल बेढब हो गई। सीधी खड़ी नहीं हो पा रही थी।

रेप केस को रजिस्टर होने के बाद कोर्ट में जाते-जाते वह लड़की एक-एक लड़के से पैसे वसूलती और जज के सामने मना करती जाती कि इसे या उसे वह नहीं पहचान रही या यह भी नहीं था, वह भी नहीं था। माँ ने लाखों रुपए कमाए।

मुझे हँसी आ जाती है—क्या यह भी है महिला सशक्तीकरण? जिस योनि के कारण औरत सदियों से डराई-धमकाई जाती रही है, डर-डरकर उसने गुलामी अख्तियार कर ली, आज उसी योनि-प्रसंग को लेकर वह थाने और कचहरियों में बेझिझक खड़ी है। रकम वसूल रही है। कहीं यह हजारों साल के बेकीमत सेक्स और शोषण का प्रतिशोध तो नहीं? या कि यह है वेश्यावृत्ति का उलटा पहाड़ा?

हमने ताज्जुब में डाल देनेवाली सच्चाइयों को अपनी आँखों देख लिया है। ये हमारे अनुभव नए आनेवाले सिपाहियों को जब बताए जाएँगे, कैसी प्रतिक्रिया होगी उनकी? ऐसी ही जैसी कि हम अपने सीनियर्स को उनके तजरबों के लिए देते हैं? वैसे सोमा दीदी एस.आई. की बातें मैंने नोट कर ली थीं अपनी डायरी में—

'समाज से लेकर राजनीति तक यह बात अक्सर देखने में आती है कि औरत आदमी के स्वर में स्वर ही मिलाती है। वह पुरुष चाहे पति हो,

बेटा हो या प्रेमी हो, वह मर्दाने पक्ष में झुकी रहती है, वकील की तरह भी और लठैत की तरह भी। यह सब नहीं दिखता हमें तो वह ऐसी ही मालिक हो जाना चाहती है, जैसा कि मर्द होता है। वह हर हाल में पुरुष की नकल करती है।'

मैंने अपना एक बहुत छोटा सवाल टाँक दिया था यहाँ—'स्त्री हो या पुरुष पावर हर इनसान को मोहती है।'

मेरी बात जो भी हो, लेकिन एक अखबार में लिखी इबारत ने मुझे फिर से सोचने के लिए मजबूर किया, जिसके ऊपर बोल्ड लेटर्स में लिखा था—Gang rape allegation was false. Woman confessed that she made up the story.

(सामूहिक बलात्कार का इलजाम झूठा था। औरत ने स्वीकार किया कि उसने यह कहानी गढ़ी थी)

आगे था—

The woman reportedly told the magistrate that she has cooked up the story to save her husband from the police. So that the S.H.O. would be transfered after the allegations. The story is—35 year old woman gang raped by live policemen including the S.H.O., S.H.O. had initiated a dive against gamblers and boot beggers in the area. He tightend his grip on criminals. She feared that her husband also be arrested.

'इस औरत को किस आधार पर बचाया जाए? बस इसलिए कि यह एक औरत है!—सोमा दीदी ने सवाल मेरे सामने रख दिया था। मुझे और तुम्हें, हम सबको ऐसे पहलुओं पर विचार तो करना होगा!

अलविदा के समय कहा था—मेरी गुलाब!

रह-रहकर सुनहरी कौंध की तरह मन में भाव चमक जाता है कि पूरे वजूद का रग-रेशा रोशन-रोशन लगता है। इस अनुभूति में इला चौधरी अपने आपको डुबाए रहना चाहती है।

बात क्या है ऐसी? बात तो कोई अनहोनी नहीं, सम्भवतः इला की कल्पनाशीलता है कि एक साधारण-सी खबर को अपनी भावनाओं में इस तरह महसूस किया है कि दिलचस्पी के मनभावन नजारे रच लिये हैं।

अब तक अपनी कोमल कल्पनाओं और जज्बाती हिस्सों को जिस तरह जरूरी और प्रचंड घटनाक्रम से टकराकर लहूलुहान होने को छोड़ देना पड़ा है, इस थोड़े से समय में शायद उस पर मरहम रख पाएँ। रंगशाला के पक्के और विविधवर्णी चबूतरे पर इला, प्रिया, समीना, मनीषा के साथ जयन्त, उदय और रामेश्वर सर की छोटी सी टोली को ऐसा अवसर मिलेगा कि हँसी, मजाक, चुटकुले, कविता और नाटक के लिए कहानियों की बात छिड़ेगी। मोनिका एकेडमी की नई-नई फोटोग्राफर अपना वी.डी.ओ. कैमरा लेकर तसवीरें उतारने में जुट जाएगी। जाहिदा तैराकी की चैम्पियन है, थाने पर रहने के बाद तन-मन पर चढ़ी धूल को स्वीमिंग पूल में डुबो देगी। संजीव और सुदीपा घुड़सवारी किए बिना मानेंगे नहीं। यह असाधारण दोस्ती घुड़सवारी के कारण ही पनपी है और डिस्ट्रिक की ड्यूटी के कारण विरह की आग से गुजर रही है।

हम सब मिलकर बातों से ज्यादा बहस करेंगे। उदय तो जरूर बीच-बीच में उछल पड़ेगा। सुनते हैं, आजकल वह अपने प्रेम प्रसंग को लेकर विचलित है। तब तो थानों पर उठती समस्याओं को दरकिनार करते हुए, अपना प्रसंग प्रस्तुत करेगा और उदाहरण के साथ लड़कियों को 'बेवफाई की मास्टर' ठहराएगा। चलो, उसका पक्ष भी देखते हुए विचार

होना चाहिए। इला ने एकान्त में अकेले ही मुसकराकर उदय का चेहरा अपनी कल्पनाओं में उतार लिया।

यों तो एकेडमी में मीटिंग ऐसे ही हुई थी, जैसे कि संस्थानों में हुआ करती है, बन्द दरवाजों के पीछे। हजारों पुलिसकर्मियों से भरी एकेडमी में तरह-तरह की बैठकें, विभिन्न विषयों पर लेक्चर और तरह-तरह के प्रशिक्षण चलते रहते हैं। इन गम्भीर कार्य-कलापों के बारे में तमाम तरह की अफवाहें फैलती हैं, कारण खोजे जाते हैं, जो ज्यादातर मनगढ़न्त होते हैं। सच्चाइयाँ भी उड़ती हैं, मगर अफवाह और सच्चाइयों का अपना-अपना प्रभाव...कि क्या शेष रह जाए?

तय हुआ कि थानों पर, जिलों में तैनात पुलिसकर्मियों को एकेडमी में एक निश्चित संख्या में बुलाया जाए। ऑर्डर किए जाएँ कि महिला पुलिसकर्मियों को थाना इंचार्ज जल्दी-से-जल्दी रिलीव करें क्योंकि उनके लिए ड्रिल कोर्स जरूरी है।

ड्रिल कोर्स। इस कोर्स के तहत आई लड़कियाँ/महिलाएँ परेड के पुराने अभ्यास को दोहराएँगी। अतिरिक्त परेड कराकर उनके शक्ति-अभ्यास का परीक्षण होगा। क्लासेज भी अटेंड करनी होंगी क्योंकि ट्रेनिंग के निश्चित समय में विद्या पूरी नहीं हो पाती। बिना पूरा हुनर सीखे, कोई पुलिसकर्मी उस्ताद कैसे बन सकता है? आखिर भविष्य में उस्ताद तो इन्हीं महिलाओं को बनना है।

'ड्रिल कोर्स!' इस तरह थाने पर तैनात पुरुष पुलिसकर्मियों से ज्यादातर ने कहा और पूछा, 'भई, कौन सा क्राइम कर दिया तुमने, जो यह पनिशमेंट दिया गया है?' कहनेवालों में तमाम उम्रदराज लोग थे। इनका ऐसा कथन मन में खटास पैदा करने लगा। यह लगभग हर लड़की की जबान पर था कि ड्रिल कोर्स को कितनी नीची नजरों से देखा जाता है।

इला को क्या गहरा-सा मानसिक आघात लगा नहीं था? वह तो अपने जबर्दस्त आत्मसंयम के सहारे उन लोगों के सामने असाधारण धीरज का परिचय देती रही थी। जबकि कहनेवाले उसे बड़े अचरज से ताके जा रहे थे। उसने किसी की ओर नहीं देखा और अपने रास्ते निकल गई। मगर मन बेहद अशान्त था क्योंकि ड्रिल कोर्स को केवल 'पनिशमेंट' ही नहीं कहा था, प्रेमियों को अपनी पुरानी प्रेमिकाओं से मिलने का बहाना भी

बताया था। ऐसे लांछन करीब-करीब हर थाने कोतवाली पर उछाल दिए जाते हैं। शायद बेवजह!

...लेकिन इला क्या करे, उसके कानों में अपने अफसर और सहकर्मियों के मरदाने फतवे प्रचंड शूलों की तरह उठते आते हैं।

समीना का फोन आया—'कह रहे हैं कि हम नहीं करेंगे रिलीव। लिख देंगे एकेडमी को कि यह क्या मजाक लगा रखा है! साथ ही यह भी जोड़ दिया—'गुड़िया, पुराने यार तो बुलाते ही रहते हैं, लड़की के साथ सोने-लेटने की तलब जो लगती है।'

समीना का स्वर रुलाई से भरा हुआ लगा। इला के भीतर एक मासूम लड़की स्तब्ध रह गई। बेफिक्री को गले लगाया था, बीभत्स अपमान गले लग गया। अवसन्न अवस्था में किसी से क्या कहें लड़कियाँ?

इला ने जवाब में समीना से इतना ही कहा, 'ये सब एस.पी. एस. राठौड़ की ब्रिगेड के लोग हैं। अब उसका नाम क्या लूँ, जो उस डी.जी.पी. के साथ खड़ा रहनेवाला एस.पी. था। रुचिका जैसी नाबालिग लड़कियों के कच्चे गोश्त को नोचने-चींथनेवालों से हम और क्या उम्मीद कर सकते हैं? जो हमदर्दी से बात करते हैं हमसे, वे भी इन लांछनों की भर्त्सना नहीं कर रहे। इस पर हम लज्जित होते हैं तो होते रहें।'

फोन पर बात करने के बाद इला व्यथित प्राणी की तरह आँखें पोंछती रही। थाना जो हलचल से भरा रहता है, रिलीविंग के नाम पर मौन खड़ा था।

नेक सलाह थाने के मुंशी ने दी, 'मौज-मस्ती करने जा रही हैं, रुकना बुरा तो लगेगा ही, पर हम कहते हैं कि अकादमीवाले नहीं मानते तो मेडिकल सर्टिफिकेट जमा कर दो। और कई दे रही हैं। नहीं जाना पड़ेगा।'

'सर, वे मेहनत से बचना चाहती हैं।' इला ने धीमे से कह दिया।

'तू क्या कह रही है, तेरी अकादमी में तो बीमारी को भी बहाना मानते हैं और लड़कियों को रगड़ते हैं। कोई कैसे खुद को बचाए?' मुंशी तैश में आ गया और जहाँ इला खड़ी थी, खुद भी वहीं एकदम करीब आ खड़ा हुआ।

इला चुपचाप रही, अपने आपको कुछ भी बोलने से रोकती हुई, जबकि होंठों के बीच से वाक्य उछलना चाहते थे—हम अपने प्रेमियों की शोखियों पर फिदा हैं, उन्हें पाकर निहाल होना चाहते हैं, यही इलजाम है

न? पर यह भी इससे ज्यादा कुछ नहीं कि यही आपका सड़ा-गला संस्कार है। कितनी बदसलूकी कर सकते हैं आप कि निर्लज्जता की सारी हदें पार हो जाएँ।

बसन्ती हवा है। इस माहौल की अपनी ही तसवीर है। इस तसवीर ने मन के मौसम बदल दिए, जिनकी भयावनी रातों में प्रतीक्षा की थी। वीरानों में गुलशन सजाए थे मन की मुरादों के। इनको इतनी-इतनी बार दोहराया है कि याददाश्त के हिस्से हो गए हैं। हँसी को बड़े जतन से बचाकर रखा है कि यहाँ आने पर समीना-प्रिया के साथ वह हँसी में रंगशाला खनकने लगी। पेड़-पौधे और वन पक्षियों में हलचल होने लगी।

वह बैरक! जिसमें कभी आठ लड़कियाँ इकट्ठी रहती थीं। रात में कहानियों, कविताओं और नाटकों की चर्चा। सिनेमाघर में नई से नई फिल्म देखने के बाद अपनी तरुणाई का उत्सव मनाना। आज भी वे बातें मेहनत से पढ़े गए पाठ की तरह याद हैं। पुलिस में आते समय ऐसे कलात्मक वातावरण के बारे में सोचा न था। नहीं पता था कि लिखे हुए शब्दों से सजीव दुनिया बनती है। खूबसूरत माहौल तैयार होता है और दिल-दिमाग की खिड़कियाँ खुलती हैं कि ताजा हवा जिन्दगी के लिए कितनी जरूरी है।

हम बूढ़ी होती दुनिया से लौट आए हैं। हम कत्ल, खून, चोरी, लूट-पाट और बलात्कारोंवाले संसार के बाशिन्दे नहीं, वहाँ की बसावटें तोड़ने के लिए नए से नए औजार/हथियार तैयार करने आए हैं।

ड्रिल कोर्स का मतलब परेड और एक्स्ट्रा परेड के साथ पुलिस के कोर्स का दोहराव नहीं, उस कोर्स को नए से नया करना है। बेशक मेरा यही मानना है, मुंशी, रीडर, ए.एस.आई. और एस.एच.ओ. जैसे लोग सुनें। क्या यह सब हमारे खिलाफ कार्रवाई का रूप है, जो आप समझ रहे थे और समझा रहे थे? और हम बार-बार अपनी वर्दी और बेल्ट को देखते थे।

लो जयन्त भी आ गया! लम्बा कद, इकहरा बदन अपनी खास चाल में तेजी से चलता हुआ जयन्त ही है। चुस्त और बावर्दी।

'आप आए, बहार आई!' प्रिया चुलबुली लड़की है।

'चलिए, अब लड़कों के आने से बहार आने लगी, लड़कियों के बीच,' जयन्त ने करीने से तराशी हुई काली मूँछें के बीच मुसकराते हुए कहा तो लड़कियों ने अपने-अपने कॉलर ऊँचे किए—वाह!

लड़कियों में लड़की समीना फुर्ती से कुर्सी उठा लाई और जयन्त के बैठने के लिए प्रस्तुत कर दी।

'यह क्या? लेडीज फर्स्ट नहीं?'

'फर्स्ट सेकंड कुछ नहीं। पुराना मुहावरा भूल जाओ।' प्रिया ने कहा और हाथ आगे बढ़ा दिया, 'यार, तुम हाथ मिलाना भी भूल गए! यहाँ से हमारे जाने के बाद दकियानूस होते जा रहे हो!'

'शायद। चलो तुम आ गईं। मेरा भी ड्रिल कोर्स हो जाएगा। नए सोच का बार-बार अभ्यास।' जयन्त ने हाथ मिलाया तो छोड़ने का नाम न ले।

'देखो, तुम्हारे चेहरे पर उमंगें कैसे चमकने लगीं जयन्त, आँखों में फ्रैंडशिप के गुलाबी डोरे!' समीना चुटकी लेने में पीछे नहीं।

जयन्त हाजिरजवाब लड़का—'इन्हीं डोरों से बँधे हैं हम। हमारी टोली हर जगह खुशियों भरे लमहे पैदा कर लेती है, तुम्हें देखकर तो यही लगता है। यही पूरा सच भी है, है न इला?'

इला! जैसे किसी स्वप्न से जागी हो। इधर-उधर देखा और बोली—'हमारे ऊपर एकेडमी को जो भरोसा है, उस पर हम फख्र करते हैं।'

प्रिया और समीना हँस पड़ीं और इला अचम्भे से देखती हुई।

'मैडम इला चौधरी, आप किन विचारों में खोई हैं? यहीं हैं या अपने थाने पर? देखो, सामने कुर्सी पर जयन्त बैठा है जिसके कला-कर्म को लेकर हम थाने की असलियतों का सामना करते हैं। उम्मीद भरे नाटकों को देखने के बाद बदलाव लाने का इरादा बनाते जाते हैं!'

समीना का ओजस्वी लगता स्वर। इला गौर से अपनी सखी को देखने लगी। इला ने सारी बातें सुनी हैं, वह नाटकों की बातों पर गौर करती हुई कुछ घटनाओं को याद करने लगी है, उसका दिल भी तो यही कहता है कि इरादे किए हैं तो पूरे दम के साथ नाइनसाफियों को उखाड़ फेंका जाए। एकेडमी में नाटक दिखाने से भी क्या होगा! आधी-अधूरी कोशिश ही न! ये नाटक गाँव-कस्बों के थानों पर मुलाजिम और जनता को

साथ-साथ दिखाए जाएँ। दिखाना जरूरी है क्योंकि अन्याय में जनता भी कहीं-न-कहीं शामिल है। अन्याय की लाठी पुलिस के साथ ही उन लोगों से भी छीन ली जाए, जो पुलिस पर भी भारी पड़ते हैं। मगर इस ओर ध्यान बहुत कम जाता है कि पुलिस पीड़ितों की संरक्षक होती है या पीड़ादायकों की भी? जब तक इस बात को नहीं समझा जाएगा, कार्यप्रणाली में लेकर व्यवहार में नहीं लाया जाएगा, तब तक पुलिस का काम बचकाना ही है। लोग क्या सोचकर पुलिस का विश्वास करें? बस इसलिए कि पुलिस ही भगवान की तरह हमें बचा लेगी? कोई बताए कि भगवान से प्रार्थना करने के बाद मरनेवाला कभी बचा है? डरनेवालों का अन्धविश्वास है भगवान और उसी तरह पुलिस।

इला ने अपने भीतर गोते खाकर उछाल मारी हो जैसे, बोली, 'सच, हमारा अपना दिमाग है जरूर, मगर उसमें दूसरों का सोचा-समझा ठूँसा गया है। अपना निजी विचार होता तो महिला पुलिस की तसवीर ही कुछ और होती, एकदम हरियाणा के बहादुरों की तरह जोश और संघर्ष का माद्दा। मगर जो घुट्टी हमें पिलाई गई है, उसका असर सिर चढ़कर बोलता है। इला को तो अपने गाँव के लोगों की बातों से भी बहुत चिढ़ होती थी। बड़ी-बड़ी बातों के बहाने टुच्ची और सड़ी-गली परम्पराओं को कायम रखते हैं।

'ये कविताएँ तुम्हारे लिए।' जयन्त ने एक मोटा लिफाफा कुर्सी पर बैठी इला की ओर बढ़ाया।

'मेरे लिए!' इला की तन्द्रा टूटी।

'हाँ, देख रहा हूँ कुछ दिनों से तुम ज्यादा परेशान रहने लगी हो।'

'मैं... परेशान!' उसकी भवें चढ़ गईं।'

'नहीं क्या?' जयन्त का शान्त लहजा।

इला को हलकी सी हँसी आ गई। क्या कहे कि वे परेशानियाँ होती हैं या चुनौतियाँ?

'इला, आज हम कुछ चुनौतियों को लेकर नाटक करनेवाले हैं।' जयन्त के चेहरे पर विजय भाव लहरा आया। और इला ने ऐसे देखा, जैसे पूछ रही हो—क्या मेरे ही खतों से निकाल लीं चुनौतियाँ?—मगर उसने एक लम्बी साँस छोड़कर कहा, 'पक्के नाटककार हो तुम।'

'और शुक्रगुजार तुम्हारा इला। अपने थाने से ऐसे-ऐसे विषय भेज देती हो, जिनके विष का शमन करने के लिए यत्न जुटाते हुए पसीने छूट जाएँ।'

समीना ने आँखें नचाकर कहा, 'हुजूरेवाला, नाटक का असली हिस्सा तो हम ही करते हैं। हकीकतें अपने ऊपर से गुजार देते हैं। हम पुलिस के अफसर नहीं, कांस्टेबल।'

'यस। तुम लोगों जैसी हिम्मत किसमें है?' जयन्त ने माथे से हाथ लगाकर लड़कियों को सलाम किया।

'तभी तो सहकर्मियों, अफसरों और जनता में कितना-कितना सम्मान का भाव है महिला कांस्टेबलों के लिए।' कहनेवाली समीना का निचला होंठ तिरछेपन में ऐंठ गया। उसकी नाक गुस्से से फूल गई।

प्रिया स्थिति को सामान्य रखना चाहती है, 'अच्छा, छोड़ो कड़वी बातें, यहाँ अपना समय विषैला क्यों करें! जयन्त, तुम नाटक की स्क्रिप्ट पढ़कर सुना दो। कुछ और भी होगा तो जोड़ देंगे, अभिनय भी कर देंगे।'

नाटक

'हमारी कितनी ही पीढ़ियाँ अपने इतिहास में ऊँची और महान होने का दावा करती हुई रसातल तक जाने की कथा कहती हैं। इन कथाओं में उनके चलाए दमन-चक्रों, पैदा किए गए खजानों और धन-धान्य, जर-जमीन से उपजी तरेरों-हेकड़ियों की होड़-दर-होड़ चलती अबाध गति का सिलसिला है। हवेलियों, शादियों पर किए शाह खर्चों और दहेजों पर बेचे गए सपूतों की शौर्य गाथाएँ हैं और हैं आपसी मुकदमों में नाक-मूँछ की उद्दंडताएँ।' सूत्रधार का सम्भाषण यहाँ समाप्त होता है।

एक आदमी की आवाज फोन के जरिए आती है। फोन पुलिसकर्मी लड़की उठाती है। हलो, कौन बोल रहा है?

—तू के लग रही है यहाँ?—कॉलर कड़क आवाज में पूछता है।

—मैं महिला कांस्टेबल।

—चल, मुंशी से बात करा।

—मुंशी सर, यह किसका फोन है आपके लिए, नाम नहीं बताता।

—क्या करेगी नाम पूछकर?

लड़की आई.डी. से फोन नम्बर निकाल लेती है। उसी नम्बर पर फोन करती है।

—अरे! तू के लग रही है यहाँ? कौण है?'

—यह तो यहाँ आकर ही पता लगेगा।

कुछ देर बाद :

फोन करनेवाला आदमी थाने पर आ जाता है, ठीक इला के सामने। चौड़े वदन और बड़े सिर की दीवार-सी खड़ी हो जाती है कि उसके अलावा कुछ दिखाई नहीं देता। इला को बचपन में कहानी में पढ़ा एक दैत्य याद आता है अचानक। वाकई कहानियों में आए लोग हमारे आसपास ही होते हैं। तभी तो इनकी छायाओं से हम उबर नहीं पाते।

—हमने किया था फोन, देख ले हमें अच्छी तरह। और अब पानी पिला हमें।

—पानी! मेरे पास और भी बहुत काम हैं। विसलेरी मँगा लीजिए।

—इतनी हेकड़ी, तू है कौन?

—मैं यहाँ पुलिसकर्मी।

वह आदमी अब सीधा एस.पी. को फोन मिलाता है और इला के सामने ही कहता है, 'मैं राघवसिंह बोल रहा हूँ सर। यहाँ इला नाम की सिपाही है। यह लौंडिया बदतमीजी कर रही है। एस.एच.ओ. से बोलिए सर।'

—मेरा नाम लिया! मैं बदतमीज...।

—ओ च्छोरी, तुझे अभी घंटे भर में चुकवा दूँगा, समझती क्या है? गुंडे हैं हमारे पास। अपनी औकात में रह।

इला देख रही है, इस आदमी की जबान लड़खड़ा रही है, यह जरूर नशे में है। और इला है अपने जुनून में...झपटकर राघवसिंह की गर्दन पकड़ लेती है। और आव देखा न ताव कमर पर लातें चला दीं। वह गिरने-गिरने को हो जाता है।

बाहर पब्लिक है। भीतर एस.एच.ओ. है। इनके ठीक बीचोबीच इला और राघवसिंह हैं। शीला कांस्टेबल भागती हुई आती है भीतर से और इला के साथ ही राघवसिंह को पीटने लगती है। क्या शीला का मन नहीं हुआ कि वह अपने आपको इस झमेले में न फँसाए? इला ऐसा ही कुछ सोचती हुई शीला को परे धकेलती है।

एस.एच.ओ. बाहर निकल आते हैं।

—अरे, यह क्या हो रहा है? थाने में ऐसी वारदात!

एस.एच.ओ. सर आगे बढ़ते हैं—अरे, छोड़ो इसको छोड़ो।

राघवसिंह कहता है—इसे तो मैं देख लूँगा।

इला कहती है—दे हमारा मोबाइल दे।

शीला कहती है—सर, इस आदमी की तलाशी ली जाए।

कोई कुछ नहीं करता। सब इधर-उधर चले जाते हैं। पब्लिक में लोग खुश भी हो रहे हैं और इला तथा शीला को गलत भी बता रहे हैं।

मुंशी आगे आता है। हाथ जोड़ता है।

मुंशी—तू जा यहाँ से इल्ला चौधरी। तुझे देखकर तो हमें सदमा हो रहा है।

इला—मैंने एप्लीकेशन लिखी है। हम लोग ही यहाँ सुरक्षित नहीं तो महिलाओं को क्या सुरक्षा देंगे?

मुंशी—(एप्लीकेशन हाथ में लेकर) यह क्या-क्या लिख मारा है?

इला—क्यों नहीं पसन्द आ रही यह दरख्वास्त? अभी कोई लड़की बलात्कार की अर्जी लिखाने आती, आप लोग सब घिर आते उसके पास और मशवरा देते—ऐसे बोल, वैसे बोल। वह एप्लीकेशन क्या होती, आपके चटखारों का पुलिन्दा होता। यह सब हमने अपनी आँखों देखा है मुंशी।

कैसा नाटक है यह? आगे की बातों को कैसे ढाला होगा जयन्त ने? अपने एस.पी. साहब की न्यायप्रियता दर्ज होनी चाहिए कि उन्होंने फैक्स किया था कोतवाली में कि इला चौधरी की दरख्वास्त पर गौर करना चाहिए। महिला मुलाजिम को गुंडे धमका लें, इससे ज्यादा पुलिस की बेइज्जती और कहाँ होगी?

इला ने अगर पुलिस अफसरों का ओछापन और घटिया चरित्र देखा है तो उदात्त चरित्र भी जीवन में आए हैं। ये सिर्फ इनसाफ की भाषा जानते हैं। महिला-पुरुष, सवर्ण-दलित, हिन्दू-मुसलमान जैसे बँटवारे इनकी दिमागी किताब में नहीं।

बहरहाल जयन्त ने इस घटना को भी दृश्यों में ढाला कि श्रीमान राघवसिंह इला से भिड़ जाने के तो दोषी हैं ही, चार-पाँच केस उन पर दर्ज हैं। जब वे महाशय कोर्ट जाते हैं तो अपने दरोगा जी उनके पीछे-पीछे

पहुँचते हैं। इला का मन बार-बार कहता है कि वह इन दरोगा जी को लुक-छिपकर राघवसिंह की जमानत के लिए जाने का दोषी सिद्ध करके रहेगी और इन्हें एस.पी. के हत्थे चढ़ा देगी। तब दो फायदे होंगे, एक तो दोषी सामने आएगा, दूसरे इला की छवि एस.पी. की निगाह में और भी साफ-सुथरी हो जाएगी। इसके अलावा महिला के साहस का भरोसा होगा कि वे अपना वेतन मेहनत और ईमानदारी के बदले लेती हैं, दया या भीख में नहीं। यह भी कि नीचता के गड्ढे में उसे कोई पाँव पकड़कर भी खींचे, वह गिर जाएगी, यह सम्भव नहीं।

इला ने अपने सोच-विचारों का मन्थन करने के बाद पास बैठे मित्रों की ओर देखा तो पाया जयन्त जल्दी-जल्दी समीना से नोट्स ले रहा है।

'अब क्या दूसरा नाटक शुरू कर दिया?'

'हाँ। तुम लोग तो चली जाओगी, मेरे हाथ क्या रह जाएगा?' जयन्त ने कलम रोककर इला को समझाया, खतों से उतनी बात नहीं बनती, जब तुम बताती हो, संवादों के साथ चेहरे पर भाव आते-जाते हैं, मुझे इससे बहुत मदद मिलती है। नाटक में सारा खेल ही भावों की अदायगी का होता है।'

'बोलो समीना।'

'हाँ, समझो कि एक पंडितानी मेरे सामने आकर रोने लगती है, मुँह पर पल्ला डालकर।'

—क्यों रो रही हो आंटी?

—बेटी... क्या बताऊँ, कहते नहीं बनता। अरे, मैं अभागिन...मेरी बेटी कलंकिनी कर दी रे...।

—पूरी बात बताओ। एफ.आई.आर. होगी।

—तीन-चार लड़कों ने...रपट करो, बड़ी मेहरबानी...।

समीना एप्लीकेशन लिखकर पुलिस के मुलाजिम को देती है और पंडितानी को उसके साथ भेज देती है।

'केस अस्पताल तक पहुँच जाता है, मगर...।'

'क्या हुआ फिर,' जयन्त ने पूछा उत्सुकता के साथ।

'कुछ नहीं हुआ।' समीना ने ऐसे देखा जैसे सब खो गया हो।

'आगे बोलो, बोलो आगे,' जयन्त बराबर उकसा रहा है।

समीना याद कर रही है—उस दिन मेरे सामने सिविल अस्पताल का डॉक्टर आकर खड़ा हो गया था। उसके साथ पुलिसमैन भी था। पुलिसमैन ने ही कहा था—डॉक्टर साहब जरूरी बात करना चाहते हैं।

—क्या जरूरी बात? डॉक्टर कौन सी जरूरी बात पूछना चाहते हैं? जो पूछना है या जाँचना है, वह तो लड़की से ही ताल्लुक रखता है। अभी तक किसी डॉक्टर ने उसके पास आने की जहमत नहीं उठाई। पुलिस की ओर से भी डॉक्टर को अपनी राय देने की पूरी छूट है।

डॉक्टर सामने आ गया। समीना से विनम्रता के साथ बातें करने लगा। लड़की के माता-पिता के बारे में पूछने लगा। अन्त में बोला—

'बात यह है मैडम कि इस एप्लीकेशन में से प्रेमपाल का नाम निकाल दो। प्लीज, हमारी बात यह है कि उस निर्दोष लड़के को फँसाकर किसी को क्या मिलेगा?'

'क्या मिलेगा? अरे, यह तो लड़की ने बताया है, प्रेमपाल!'

'लड़कियों से जो कहलवाया जाता है, कहती हैं ऐसे मामले में।'

'पर आप क्यों इंटरेस्टिड हैं उसको केस से निकालने में डॉक्टर साहब?'

'आपको लड़कीवालों से कुछ मिल रहा है क्या?'

समीना देखती रह जाती है।

'बोलिए न।'

'डॉक्टर, इस जगह तेरी लड़की होती तो भी तू...।'

'क्या बकती हैं आप?'

'जो तेरी समझ में आ रहा है, वही।'

'नहीं निकालेंगी?'

'गुनहगार को छोड़कर गुनाह करने की गलती नहीं करते हम।'

'आखिरी बात है?'

'आगे पूछना भी मत।'

डॉक्टर पाँव पटकता हुआ चला जाता है। मगर डॉक्टर के ओझल होते ही एक आदमी प्रकट होता है, कुछ इस तरह जैसे वह बाहर खड़ा सारा वार्तालाप सुन रहा हो। आगे बढ़ता आया।

हाथ जोड़कर बोला, 'देखो मैडम जी, प्रेमपाल म्हारा भतीजा सै। वह तो हर हाल में छोड़ना ही पड़ेगा आपको। अपनी दरख्वास्त दोबारा लिख लो।''

समीना हक्का-बक्का सी देखती है।

'ताऊ, आपका भतीजा लड़की के साथ कुकर्म करेगा और आप उसे छुड़ाने आ जाएँगे। कैसे चाचा ताऊ हैं आप? सजा की जगह सौगात देते हैं।'

'अच्छा मैडम जी! ऐसे नहीं तो वैसे सही। देखो, हमारे पास टैम नहीं है।'

वह चला जाता है। उसके जाते ही एक आदमी उपस्थित होता है।

अपने आपको सरपंच बताता है। आते ही अपनी दलील पेश करता है—

'देखो मैडम, हम बात ज्यादा नहीं बढ़ाना चाहते। आप तो जनानी हो सो उस च्छोरी की माँ को समझा दो कि बदनामी तो हर हाल में च्छोरी की ही होनी है। कितना ही कचेहरी-थाना कर लो, चलो केस भी जीत जाओ पर बेइज्जती कैसे छुड़ाओगे?'

'अरे! आप तो सरपंच हैं। पंचायत में फैसले करते होंगे, समझिए कि गाँव में जज की हैसियत है आपकी। लड़का कुकर्म करता है, लड़की के साथ बदसलूकी करता है, मगर बदनामी आप लड़की के सिर ही डालना चाहते हैं, कैसे सरपंच हैं आप? हम नहीं मानते आपको इनसान भी।'

'मैडम जी, चलो हमें कुछ न मानो, पर राजीनामा तो हो सकता है। शान्ति और समझौते से कैसा एतराज?'

'आप भी सरपंच जी! बदसलूकी और बलात्कार को बर्दाश्त करके भी लड़की समझौता कर ले? एफ.आई.आर. का मतलब क्या है?'

सरपंच अपने माथे पर अपनी हथेली मारता है। और कहता है—'देख लो, यह है जनानियों का थाणा। यहाँ तो अँधेरा ही होना है। जिन बातों को जनानियों को छिपाना चाहिए, ये मैडम उछाल रही हैं। इज्जत क्या होती है, पूछे कोई इनसे। इज्जत ही जानतीं तो क्या पुलिस में आतीं? भर्ती कैसे होती हैं, हम क्या जानते नहीं? दिन-रात बदमाशों में रहती हैं कितनी बची है इनकी आबरू?'

लगभग थूकता हुआ सरपंच चला जाता है।

अन्त में क्या हुआ? जयन्त नाटक का अन्त जानना चाहता है।

'सुरेश, महीप, दलवीर हवालात में रहे हैं बलात्कार के जुर्म में। लेकिन प्रेमपाल को उसके ताऊ ने सिविल हॉस्पिटल में भर्ती करा दिया।

लड़की के घर रुक्का भेज दिया कि लड़की ने प्रेमपाल के शरीर पर कुठौर लात मारी। उसका पुरुष-अंग सुन्न हो गया है। मर्द की मर्दानगी के खात्मे का आरोप।

'फिर?' जयन्त जल्दी ही कुछ सुनना चाहता है।

'फिर क्या? आया ऊँट पहाड़ के नीचे। लड़की के साथ जोर-जबर्दस्ती की होगी, तभी तो उसने कुठौर लात मारी। आसानी से धारा 354 लग सकती है। रेप घटित होने ही वाला होगा।

'पंडितानी की बाँछें खिल गईं। अपनी बेटी को समीना के आगे करके बोलती है, 'विम्मो, डरना नहीं। देख, यह दीदी कितनी हिम्मतवर है, डॉक्टर, सरपंच और ताऊ चाचा के अलावा थानेदार का भी रुतबा नहीं माना। विम्मो, कोई छेड़े तो सीधी थाने आना। थानेवाले मदद न करें तो यहाँ धरना दे देना। देखें, कब तक नहीं असर लेते। तू आगे आएगी तो पुलिसवाली दीदी भी तेरे साथ खड़ी हो जाएगी। पर तू रहना पक्की।'

ऐसे ही शुरुआत नहीं होती अपना हक माँगने की? समीना की नजरें जयन्त से जुड़ गईं। इज्जत का वास्ता दे-देकर लोग कैसे धमका लेते हैं लड़की को। और कुछ दिया न दिया, आबरू का झंडा थमा दिया, जिन्दगी भर इसी के डंडे से डरती रहो। अब देखकर हैरान हैं कि सदा-सदा से डरनेवाली औरत में साहस की आत्मा कहाँ छिपी थी? यही गजब ढा रही है, कलियुग ला रही है।

कलियुगी समीना!

खोखली हँसी और उपहासपूर्ण ठहाकों का सामना करती हुई रास्तों से गुजरती है। वर्दी के साथ ऐसी स्थितियों को झेलना आसान तो नहीं। जयन्त भी आखिर पुरुष ही है, औरत होने की सजाओं से कहाँ-कहाँ तक वाकिफ होगा? ड्यूटी के लिए रात के समय व्हीकल आ जाता है मगर लौटने के लिए, अक्सर रिक्शा का ही सहारा होता है। क्या जयन्त को पता है कि लड़की भले पुलिस की वर्दी में हो, शोहदे रिक्शे के पीछे-पीछे हो लेते हैं। हमारा समाज मूलतः तो मर्दों का ही है, वे किसी भी रूप में आपके आसपास आएँ। मोटरसाइकिल सवार हमारे कमांडोज की तरह अश्लील बातें करते हुए पीछे-पीछे दाएँ-बाएँ चलते हैं।

बर्दाश्त की भी हद होती है। सहन करते-करते भयानक अवसाद की छायाएँ घेरने लगती हैं। जहाँ तक आगे बढ़ते जाने का सवाल था, ट्रैफिक

चौराहा आना जरूरी था। यहीं वह मौका आया जब वह रिक्शे से उतरने लगी। रिक्शेवाला दम साधे हुए था। यहीं समीना ने पैंट से बेल्ट खोली थी। मोटरसाइकिल सवार अपने ही आनन्द-लोक में गोते खाते हुए एक पोर्न-कथा में उलझे थे। बस, जैसे किसी ने उसके हाथों को फौलादी बनाकर बेल्ट घुमा-घुमाकर मारने की चाबी भर दी। किसलिए लिया था पुलिस प्रशिक्षण? ऐसे ही लोगों को सही पटरी पर लाने के लिए ही तो। लड़की की इस असम्भव में सम्भव के घटित होने की कथा को जो भी सुने. ..तो समझे कि मर्दानी ताकत से भिड़ने के कितने-कितने तरीके हो सकते हैं। अपनी ताकत पर सन्देह न करो, भले जान चली जाए।

जी भरकर पिटे आशिक मियाँ लोग और खुद भी खूब घायल हुई थी। दस दिन अस्पताल में रहने के बाद अपने कमरे पर लौटी थी। थाने पर उस जैसी बचकर न चलनेवाली लड़की के लिए खतरों भरी कई कहानियाँ सुनाई गई थीं। और उसने अपनी बेल्ट के साबुत बक्कल को गर्व से देख-देखकर अपने घाव सुखाए थे। पहली बार जाना, हिम्मतवर नजरों से टीसते-रिसते घाव सूख जाते हैं।

मगर फिर-फिर हरिया आती हैं खूनी चोटें। किसलिए? अपनी ही पुलिस के लिए। जब-जब ऐसे मौके आए हैं, छेड़खानी करनेवालों को सड़क से चौराहे पर खड़ी पुलिस के पास ले गई है समीना, अक्सर सहकर्मियों ने उन बदमाशों को भाग जाने का मौका दिया है। और वह ठगी-सी देखती रह गई है। तभी से एक बात गाँठ बाँध ली कि अपने मरे बिना नहीं दिखता स्वर्ग।

क्या हम औरतों को गिरफ्तार करने या पीटने ही आए हैं? ऐसा ही है तो हमारा सिपाही होना धोखा है, वर्दी फरेब है। इसी वर्दी को पहनकर जब हाथा-पाई हुई है तो जनता ताली पीटकर हँसती है—देखो-देखो, पुलिसवाली को छेड़ा है, उसे पीटा है, है न तमाशा!

समीना ने मन-ही-मन खुद को धिक्कारा—यह नौकरी छोड़ क्यों नहीं देती? चुप रहकर चली जाओ तो सुनने को मिलता है—पुलिस में है तो क्या, है तो बेचारी लड़की ही। हर हाल में अपने दर्दों के साथ जीना है। थाने की दुनिया को अपनी झोली में लिये घूमना है। ये ही तो हमारी देश-दुनिया में फैले हुए हैं।

'समीना!' अबकी बार इला ने उसके सिर को हाथ से हिलाया।

वह बराबर खामोश बैठी रही। कितनी मीठी बातें सुनने-सुनाने का मन था, कितना कसैलापन उलट-उलटकर आ रहा है। यों तो सर्दी का सूरज तेज हो चला है। ग्यारह बजनेवाले हैं, क्लास का समय भी हो ही गया।

'एकेडमी की धूप सेहतमन्द होती है।' प्रिया कह रही है।

इला चुपचाप मुसकराई। जयन्त का मुग्ध चेहरा सामने आ गया।

'तुम कह रही थीं, डायरी लिखकर लाओगी। उस औरत के बारे में खासतौर से, जो अपनी बेटी को उलटी सीख दे रही थी।' जयन्त इला से प्यार करता है या उसकी डायरी से? या कि उसकी गहरे देखनेवाली नजर से?

अबकी बार इला मुसकराना चाहती थी, मगर होंठों पर कोई अदृश्य हाथ आया और हँसी को जकड़ लिया। जयन्त ने उस औरत की याद दिला दी, जिसको लेकर वह कितने दिनों तक उथल-पुथल से गुजरती रही। अपनी ही उदासी इस समय असहनीय थी। जयन्त भूल क्यों नहीं गया उस औरत को।

मैं तुमको जो कुछ दूँगी, लिखकर दूँगी—तुमने कहा था इला। अब वादा क्या हुआ? जयन्त भी इस बात को कितना ही जज़्ब करके रहे, मगर उसका रहस्य जाने बिना रह नहीं सकता, इला भी समझ रही है। कुछ लोग होते हैं ऐसे, दूसरे के अनुभवों को अपने भीतर रोप लेते हैं और फिर पनपा-बढ़ाकर निकालते हैं इस तरह कि अनुभव के पहले रूप को दूसरा पहचान भी न सके। साधारण को असाधारण बनाना उन्हें ही आता है।

'अभी तो बस यहाँ से चलना है। बैरक में कैरी-बैग रखा है, अपनी डायरी दे दूँगी तुमको। मुझे याद था तुम्हारा तकाजा यही कुछ होगा।' कहकर इला उठ खड़ी हुई।

इला की डायरी और जयन्त की कथा रचना

इला चौधरी महिला कांस्टेबल देर रात तक अपने खयालों में उलझी रही। उसके अपने जीवन का आखिर क्या महत्त्व है? वह अपने गाँव, समाज या देश के लिए क्या कर रही है? इला ने अपने भीतर उतरकर उसी तरह अन्तर्मन खँगाला, जैसे कोई गोताखोर जल के भरपूर भराव में समा जाए

और तली तक थाह ले। इस समय वह जिन स्थितियों में खुद को मिली, वहाँ तरह-तरह के लौह-जाल थे। वहाँ कड़ा नियम था कि पुलिसकर्मी को लोहे की रॉड की तरह किसी ताप से पिघलना, मुड़ना, लचकना नहीं है। फौलाद की तरह सख्त रहना है। यहाँ सख्ती और बेरहमी ही वह गुण है, जिसके जरिए सजा के दर्द को शिखर तक पहुँचाकर निपुणता हासिल की जाती है। अपराधी को इनसान बनाना हँसी-खेल नहीं, इसलिए यहाँ हँसी वर्जित है। खेल फाँदने-फलाँगने और तेज दौड़ने का अभ्यास भर है।

राज्य के विस्तृत क्षेत्र में जगह-जगह पुलिस चौकियाँ और थाने हैं। फिर भी इस धरती पर ऐसी लड़कियाँ-औरतें उपस्थित हैं जो सरकार से पारित कानूनों का उल्लंघन करती हुई समाज में रहती हैं। ये पीढ़ी-दर-पीढ़ी पैदा होती हैं और पुरानी पीढ़ियों के गुणों को धारण किए रहती हैं। इन औरतों को किसी न्यायाधीश या ईश्वर जैसी सत्ता से सरोकार नहीं। इन्होंने अगर पूजा-पाठ किया, व्रत-उपवास किए तो एकदम पाखंडों की तरह ऊपरी मन से निभा दिए क्योंकि सब तामझाम दूसरों के लिए था। अपने लिए जैसे किसी आशीर्वाद की जरूरत नहीं समझतीं। रहनुमा इन्हें नहीं चाहिए इसलिए कि सच्चाई यही है कि बचाव पक्ष के वकीलों की बातें फिजूल होती हैं इनके लिए। इनकी मान्यता भी यही है कि औरतों का विरोध करनेवाले जजों से पाला न पड़े और वे साफ बच जाएँ फिर भी उनको समाज के ठेकेदारों से मुठभेड़ जरूर करनी पड़ेगी। वहाँ से बचना मुश्किल ही नहीं, असम्भव है। कारण कि ये लोग परिवार और खानदान के सिर पड़नेवाली मुसीबत के बारे में ही ज्यादा सोचते हैं।

अपने ही भीतर प्रवेश करती या बाहर आती औरत को जिसने महसूस किया, वह थी इला चौधरी। लेकिन स्त्री के भीतर की इस स्त्री को वह पूरे समाज की औरत से जोड़कर देख सकी या नहीं, कहना मुश्किल है। मगर माना जा सकता है कि इला ने अनजाने ही खुद को स्त्री से जोड़ लिया होगा। यह तो समीना और प्रिया भी कहती हैं कि इला ने सिमॉन द बउआर से लेकर वर्जीनिया वुल्फ, जर्मन ग्रियर, महादेवी वर्मा, इस्मत चुगताई से तस्लीमा नसरीन तक की किताबें पढ़ी हैं। सौजन्य पाश लायब्रेरी, करनाल। उन सबका असर ही है कि वह प्रिया और समीना को

भी अपने विचारों में लपेट लेती है। औरत की पराधीनता और देश की आजादी पर उसने धुआँधार भाषण दिया था हरियाणा दिवस के मौके पर। सरेआम कह दिया था कि हमारे चुने हुए नेता और प्यारे परिवारी जन औरतों पर डिक्टेटरों की तरह राज करना चाहते हैं।

वह औरत सिखणी थी। ऊँचे कद की मजबूत काठी। उम्र पैंतालीस साल। उसका अंडाकार चेहरा और बिना रँगे गुलाबी से होंठों के आसपास सुनहरी रोम राशि। उजली रंगतवाली त्वचा पर कढ़ाई किया हुआ गुलाबी रंग का सूट पहने थी। उसका दुपट्टा या तो किसी मर्द ने छीन लिया या खींचतान में कहीं गुम हो गया। दुपट्टे के बिना वह अचकचाई हुई-सी, जरा भी हरकत में आती, छाती हिल उठती, दो अलग-अलग हिस्सों में। वे उसके उरोज थे, मर्दों को पास आने का आमंत्रण। जब न तब वह अपने आपमें सिमट जाती। आँखों को छोड़कर उसका सारा शरीर किसी गहरी उत्तेजना से भरा हुआ था। कत्थई पुतलियोंवाली आँखें दृढ़ थीं, बिलकुल किसी वांटेड अपराधी के स्केच पर जड़ी दो आँखों की तरह स्थिर।

वह दफा तीन सौ दो की मुजरिम।

हत्यारी के तौर पर इला चौधरी की कस्टडी में बेलापुर गाँव से गिरफ्तार होकर आई। उसे निगरानी में रखना इला की ड्यूटी का अहम हिस्सा था। दिन और रातवाली जिम्मेदारी कि वह न भागने पाए, न खुद को घायल कर ले और न आत्महत्या की कोशिश...।

इला चौधरी महिला कांस्टेबल कातिल औरत के साथ रात के अँधेरे में जमेगी, यह सोचते ही रोम-रोम थर्रा उठा। इस नई रँगरूट को निडरता आदत में शुमार करने का अभ्यास न था। लगता था, बदन एकदम खाली हो गया है, खोखला। पाँव धरती पर नहीं, कहीं हवा में लटके हुए हैं। छाती में धड़कन अटक रही है। माता-पिता-बहन भाई एक-एक करके याद आने लगे। सच्चे हृदय से पुकारा उनको। जिन्दगी का एक हिस्सा ऐसा भी होगा, पुलिस में भर्ती होने तक कब सोचा था? काश, इस नौकरी को पूरेपन में जानने की पहल की होती! पापा ने इतना मना किया था कि छिपकर आना पड़ा उनसे। इला ने जैसे अपना थका और तनावग्रस्त चेहरा शीशे में देख लिया हो, हरदयालसिंह सिपाही ने कहा था—इल्ला, पीली-सी क्यूँ लगरी है, गुड़िया?—सुनते ही दिल उमड़ आया और सोचा मेरे बहन-भाई कितने मजे में होंगे गाँव में। इसलिए कि वे अपने दयालु और बुद्धिमान पिता के पास

हैं। वे पड़ोसियों के पास हैं, जो झगड़ालू तो थे, मगर दिल के अच्छे थे। जब कभी अकेलापन लगता, पड़ोसिन चाची के घर भाग जाते। कोई गलती बन जाती, मैं चाची के पीछे छिप जाती, तब कैसा मंजर होता था लुका-छिपी का।

मगर आज ये खूबसूरत खयाल ही तड़पा रहे हैं। इसलिए कि आज जो दृश्य देखा, उसकी दहशत सीने में हथौड़े बजा रही है।

'क्या? 'तीन सौ दो' ने यह दर्दनाक आह भरी है कि मेरे धीरज के परखचे उड़ गए। या मैं ही इस तरह चौंकी हूँ जैसे उस दारुण आवाज ने मुझ पर हमला बोला हो। उसका चेहरा... विकृत चेहरा...नाक के सूराख सामने फैले हुए, होंठों पर दर्द की ठंडी लहरें और गर्दन से लगी ठोड़ी ऊपर उठी हुई सूअर की थूथन जैसी...यह काल्पनिक तसवीर नहीं, एक गुनाहगार औरत का चेहरा है। चेहरा, जिस पर ऐसी भयानक आह फैली है, जो मैंने पहले कभी नहीं देखी।'

'तीन सौ दो'! हाँ, 'तीन सौ दो' की तलाशी ली इला ने। खुद को आश्वस्त कर लिया, आत्महत्या के लिए कोई साधन नहीं है इसके पास।

टिमटिमाते बल्ब की मामूली रोशनी में वह गहरी साँसें लेने लगी। लगा कि कहीं उसका सिर तो नहीं चकरा रहा? पास जाकर देखा, तभी 'तीन सौ दो' के उदास और दर्द से भीगे चेहरे पर दो आँखें दहक उठीं। क्या यही पाशविक ताकत होती है कि दर्द में से आग की लपटें उभर आएँ? या यह औरत पकड़ी जाकर भी घोर निराशा में गुम नहीं हो जाना चाहती?

'वाहे गुरु!' ऐसे कहा जैसे किसी दृढ़ संकल्प को अंजाम देना हो। कराह भरी साँसों में लबालब भरा अटल विश्वास उसने बचाकर रखा है।

'तीन सौ दो' सिख है। मगर थाने को क्या मतलब कि वह सिख है या ईसाई? हिन्दू है या मुसलमान? यहाँ बस वह मर्डरर है। मर्डरर के बच्चे भी थाने तक आए थे। खूब रो रहे थे। कुछ लोग भौचक इस बात पर थे कि 'तीन सौ दो' चार-पाँच लड़कियों की माँ है, फिर भी...।

'मम्मी, तुम्हें कुछ हो गया तो तुम्हारे बाद उनसे हम लड़ेंगे। हम तुम्हारा इनसाफ हमेशा याद रखेंगे।' सोलह-सत्रह साल की लड़की, जिसने नीले रंग का सूट पहना था, रोते-रोते कह रही थी। लड़की अपनी माँ से लम्बी थी जिसका चेहरा अंडाकार था।

'हाँ बेटा, तुम मेरे जैसी औरत की औलाद हो। हार नहीं मानोगी, हथियार नहीं डालोगी। गर्दन नीची करके नहीं जियोगी। जानती तो हो कि हमें अभी कितना लड़ना है।' 'तीन सौ दो' बेटी के सामने एकदम सामान्य थी।

कैसे-कैसे उस रात का सबेरा हुआ, निश्चित ही आँखों ही आँखों में रात गई। मन में आया था कि जो कुछ इसके लिए रिपोर्ट में लिखा गया है, इतना ही तो नहीं होगा। कितना कुछ छूट जाता है। छूट न जाता तो कत्ल करने के बाद भी लड़ने का आह्वान करती? औरतें हर तरह की बचत में माहिर होती हैं, इला का अनुभव है।

'डबल मर्डर!' यह शब्द हलक में अटक गया इला चौधरी के।

पापाऽऽ...क्या कहते थे तुम? मेरी बेटी पढ़-लिखकर अध्यापिका बनेगी, ससुरालवाले भी राजी रहेंगे। बच्चों को पढ़ाना, जिन्दगी में चहल-पहल भर लेना है। छुट्टियाँ खूब मिलती हैं, सुकून और शान्ति की क्या कमी?

पापा! आज तुम्हारी बेटी के सामने मुजरिम औरतों की कतारें सजी हैं। सुकून शब्द तो कतई याद नहीं आता। इस औरत ने डबल मर्डर किया है, अपनी बेटी के सास-ससुर को मौत के घाट उतारा है। कैसा अजीब है न यह वाकया, कोई औरत उनका ही खून कर दे, जिनकी सेवा और आदर के लिए बेटी को बचपन से ही सीख देती रहती है। बेटी की माँ को रोते-रोते ससुरालवालों से दया-करुणा की भीख माँगते तो देखा है, बेटी के अपराधों के लिए क्षमा-याचना भी करते पाया है, लेकिन यह औरत...इसका अपना अलग ही इतिहास!

इला के सामने जैसे वह साँस खींचकर खड़ी हो गई।

'पहले मुँह-हाथ धो लो। चाय ले आऊँगी।' इला ने बोल दिया।

मुँह-हाथ धोकर वह तरोताजा हो गई, फिर उसने सीधी-सादी जबान में इला से कंघी माँगी। अपने लहरदार बालों को खोल लिया।

नहीं मना कर पातीं महिला सिपाही। 'तीन सौ दो' को कंघी जैसी छोटी चीज के लिए कैसे मना किया जाए? संसार की सबसे ज्यादा दागदार औरत, क्या पता इसे फाँसी ही हो जाए। संसार का सबसे बड़ा पनिशमेंट! मगर है तो औरत ही। अपनी बेटी को भी बहादुरी का पाठ पढ़ा रही थी। क्या बदनुमा धब्बे की तरह यह खुद ही हो गई होगी? क्या पूछा जाए।

कोई भी हत्यारा अपना दोष बताता ही कब है? मगर वह अपनी मर्जी से, बिना किसी दबाव के इस स्थिति तक पहुँचता है क्या? सुना है, कत्ल केसवाले मुजरिम ज्यादातर चुप ही रहते हैं। चुप रहने में ही उनकी बेहतरी मानी जाती है या उनके पास किसी का जीवन खत्म करके जीवन के बारे में कोई बात कहने के लिए नहीं बचती? या कि अपनी जिन्दगी के बचने की आशा नहीं रहती?

मैं भी क्या-क्या सोचती हूँ! कहाँ-कहाँ उलझ जाती हूँ। ऐसे तो अपराधों की दुनिया में गर्दन फँसाकर एक दिन पागल हो जाऊँगी। इला ने सोचा।

अब वह कंघा वापस करने के लिए नजदीक आ गई और मुग्ध भाव से मुसकराई। इला के मन में पहला ही भाव आया—मृत्यु के बरअक्स मुसकराहट! यहाँ दो बातें थीं, या तो इला उसके साहसिक असर में आ गई या वह औरत इला की कंघी इस्तेमाल करके उसके नजदीक सरक आई।

मेरी ड्यूटी क्या है? सिपाही पहरेदार की या किसी मनोवैज्ञानिक डॉक्टर की? क्या फायदा है, दुनिया भर का विश्लेषण करने में? सोचकर इला उससे अलग हटकर खड़ी होना चाहती थी, बहुत अलग हटकर।

'ऐसी ही...मेरी गुलाब!' यह आवाज कहाँ से आई? मोह-ममता की खुशबू से भरी स्वर-ध्वनि हवालात में यकायक लहरा गई। इला के भीतर फिर वही जिज्ञासा उभरी, जिससे वह कोसों दूर रहना चाहती थी। फिर भी सोच लिया—क्या फायदा, मुझे इसकी हमजोली थोड़े ई बनना है। इसे डाँटकर रखना चाहिए।

'गुलाब अपने रंग की कुड़ी थी।'

'क्या कह रही हो? किस गुलाब की बात कर रही हो?' इतना कहे बिना इला का मन नहीं माना और फिर पछताई कि उसका स्वभाव पुलिस के नियमों से मेल नहीं खाता। सपाट पथरीला चेहरा रखने का अभ्यास कैसे कच्चा पड़ जाता है?

'गुलाब, तुम्हारे जैसी थी, मैं तो चौंक ही पड़ी थी तुम्हें देखकर कि यह रही मेरी बेटी गुलाब। यहाँ आकर खड़ी हो गई। मेरे आने की आहट कैसे लगी गुलाब को?'

'खो गई है वह? किसी ने किडनैप किया है उसे? माने तुम्हारी बेटी को?'

औरत ने मना में सिर हिला दिया और नजरें जमीन पर गड़ा दीं। अनायास ही इला के मन में आदर उमड़ आया कि यह औरत गुलाब की माँ है, गुलाब ही उसका दुख-दर्द है। दर्द से हमदर्दी होती है।

'मेरी गुलाब की हत्या हो गई।' उसने ऐसे कहा जैसे कोई मूरत बोली हो, स्थितप्रज्ञ। असम्पृक्त।

'हत्या!' कहने के बाद इला ने सोचा, आगे बस कुछ नहीं पूछना। हत्या की तहकीकात उसे अपनी नौकरी का सबसे भयानक काम लगता है।

मगर हाल यह था कि इला कुछ भी न पूछे तो भी हालात पुरसुकून नहीं हो सकते। अब तो आँसू, औरत के दृढ़ चेहरे को बराबर नम करते हुए। आवाज रुँध गई और गर्दन कबूतर की गर्दन की तरह फूली हुई। कन्धे थरथराहट में हिल रहे हैं। सिसकियों की झड़ी लगी है। दर्द का पतनाला बहता है। आसपास दुख से भरा मौन पसरा है। इला ने स्थिति को इसी हालत में छोड़े रहना चाहा कि हिचकी के साथ उसने ऐसे सिर हिलाया, आँखों के आँसू उछल गए।

क्या यह जान-बूझकर ऐसा माहौल बना रही है? हत्यारे एक से एक बड़ा नाटक करते हैं, यह बात अपनी आँखों देख रही है इला। हमदर्दी की आशा में 'तीन सौ दो' कितना ही सिर पटक ले, मगर यहाँ कोई राहत नहीं।

'मेरी गुलाब को उसके आदमी ने मार डाला दीदी।'

इला ने उसकी ओर देखा तक नहीं, मुजरिमों के साथ बरती उपेक्षा काफी प्रभावकारी अनुशासन बनाती है। अपनी कंघी देकर ही भूल कर दी इला ने कि वह अपना दुख रोने लगी। 'तीन सौ दो' से जितनी दूरी बनाई जाए, उतना ही अच्छा। क्या मैंने पूछा था कि तेरी बेटी कैसे मर गई। आँखों की रंगत खूनी है। दर्द का पता चल रहा है, पर क्या जरूरी है कि दुख की भी कथा खुले?

'क्यों मार डाला गुलाब को?' इला के मुँह से इला बोली, सिपाही नहीं।

'तीन सौ दो' चुप। एकदम गुम। जरूर बदचलन होगी इसकी बेटी। सेटिंग कर रखी होगी किसी मर्द से। ऐसे ही तो केस आते हैं ज्यादातर।

‘उसके आदमी ने केस बनाया था कि गुलाब बदचलन थी। पर यह नहीं बताया कि बदचलन कैसे थी? क्यों थी? बदचलन कैसे हुआ जाता है?’ तीन सौ दो तैश में आ गई। और इला इन सवालों में उलझकर रह गई। पछताई भी अपने बेवकूफी भरे सवाल पर।

‘दीदी, मेरी गुलाब उस जल्लाद से ज्यादा बदचलन थी क्या, जिसने अपनी घरवाली को गाजर-मूली की तरह काट डाला।’

‘तीन सौ दो’ के सवाल का जवाब नहीं है इला के पास, न उसको बोलने से रोकने की ताकत, क्योंकि इस तरह औरत के चरित्र के प्रति औरत ही नए तरीके से पेश आ रही है। हाँ, बदचलनी आखिर क्या है? किसी मर्द से सम्पर्क बनाना, बातचीत करना, मित्रवत् दुख-सुख बाँटना या सेक्सुअल सम्बन्ध कायम करना?

‘मेरी बेटी ने बेकार के इलजामों के बाद भी शान्ति के लिए पति के पाँव पकड़े। बस यहीं गलती हो गई। यहीं मर्द शेर हो जाता है औरत को झुकते देखकर। उसे झुकना नहीं, अड़ना था, वह अड़ी नहीं।

‘बस, गुनाहगार मान ली गई और पति ने आराम से हत्या कर दी।

‘पर मुझसे वह नहीं बच सका दीदी क्योंकि मैंने कसम खा ली, इस जल्लाद को जेल के सींखचों के पीछे पहुँचाकर रहूँगी।’ कहनेवाली ‘तीन सौ दो’ की आँखों में साक्षात् हिंसा उफनने लगी। संवेदनहीनता ऐसी कि नजरों में ऐंठन पड़े। तनी हुई काली पलकें किसी भी दरिन्दे को दहला दें।

‘गुलाब के दो बच्चे हैं। एक लड़का और एक लड़की। हत्या के बारे में लड़के ने ही बयान दिए जो सात साल का है। बच्चे अब मेरे ही पास थे क्योंकि उसकी माँ मर गई और बाप जेल गया।’

‘तुम्हें तो ससुरालवालों का खात्मा करना था, सो बच्चे अपने पास... ।’

‘नहीं, दीदी नहीं। ऐसा नहीं था।’ कहकर न जाने वह क्या अस्पष्ट सा बड़बड़ाने लगी। यादें जैसे धमाकों की सूरत में दिमाग से टकरा रही हों। दर्द की लहरें, तूफानी तरंगों का चित्र बनाती जा रही थीं। अब कलम में इतनी धार कहाँ कि लहरों को शमशीरों में तब्दील कर दे। बस लिखा जा सकता है—उसका समूचा चेहरा ऐंठ गया था। होंठों की भंगिमा भयंकर थी। नाक ने नुकीली कटार का रूप धारण कर लिया। दहकते गालों के नीचे ठोड़ी में जो गड्ढा था, आँसुओं का विकराल भँवर कि आग-पानी से

बनी इस औरत ने दुनिया का ऐसा रूप दिखाया कि भयानक ब्रह्मांड खुल गया हो।

इला के भीतर 'तीन सौ दो' ने भूत चुड़ैल की तरह प्रवेश किया। गाँव में प्रचलित सारी कहानियाँ सजीव हो उठीं। मानव शरीरों की जगह नर-कंकालों के सामूहिक नाच।

'बच्चे मैंने बेटी के सास-ससुर से माँग नहीं लिये थे, उन्होंने खुद दे दिए। कह दिया, कौन परवरिश करेगा इनकी, हमारी उतरती अवस्था।

'मैं भी समझ रही थी कि इन बच्चों के बाप को उमर कैद होगी।'

'और तुमको?' इला ने 'तीन सौ दो' से सवाल किया।

वह चुपचाप घूरती रही धरती को।

'बताओ न, तुमको कौन सी सजा...?'

'हमें! हमारी जिन्दगी अगर किसी दरिन्दे को सजा देने के कसूर में खत्म की जाती है तो इसमें हमारा दोष नहीं, यहाँ कानून की खंदकें हैं। गुलाब ने कितनी गुहार लगाई थी पुलिस में, किसी ने सुनी? औरत तो जनम लेते ही अपने हाथ-पाँवों में कीलें ठुकी पाती है। मेरे बाप ने भी मेरी माँ को मारा था, उसको सजा तक नहीं हुई। कहते हैं कि उसने औरत को सुधारने के लिए मौत की सजा दी थी। लगता है औरतें पीढ़ी-दर-पीढ़ी कुछ हों न हों, बदचलन जरूर होती हैं।

'बेटी के सास-ससुर का खात्मा करना जरूरी हो गया। वे कान के कच्चे और आँखें रहते अंधों का सा व्यवहार कर रहे थे। उन्होंने बच्चों को नजरअन्दाज करके सारी जायदाद अपने बेटी-दामाद के नाम करने की ठान ली। चलो, उनकी बात ठीक मानी जाती कि बेटा जेल में है। पर बच्चों का हक?

'बस इसी सवाल पर अपने बेटी-दामाद की बनाई हुई सेना हमारे ऊपर चढ़ा दी। बच्चे छोटे-छोटे तीर-कमानों की तरह समझ लो। उनके लिए जायदाद का हक था तीखे छुरों की मानिन्द। बस इतनी ताकत थी हमारे पास उठकर खड़े होने की। नाबालिग क्या हकदार नहीं होते? दलील थी कि बच्चे खेती सँभाल नहीं सकते। हमने कहा—जब सँभालने लायक हो जाएँगे, तब उनकी बेटी इन बच्चों का हिस्सा देगी?

'उनका जवाब था कि ये बच्चे हमारे कुछ नहीं। जेल से छूटकर हमारा बेटा दूसरा ब्याह करेगा।'

यह सब कहते-कहते 'तीन सौ दो' बेहद थक चुकी थी। उसके गले में फन्दा-सा लगा था। आँखों में उमड़ता दर्द समूचे बदन में जहर-सा फैल रहा हो जैसे।

'बस यहीं, यहीं से बेटी के सास-ससुर के लिए हमारे संस्कारों में नफरत गुँथ गई। और मौका निकालकर उन दोनों का खून कर दिया। इसके आगे रास्ता ही और क्या था?' कहकर उसने आँखें मूँद लीं। फिर जैसे उसकी चेतना जागी, बोली, 'सिपाही दीदी, बेटी की हत्या ने हमें हरा दिया था। बच्चों के हक ने बाँह पकड़कर उठा लिया कि मेरी जैसी औरतों पर हमेशा ही शिकस्त के कोड़े नहीं फटकारे जा सकते।' उसकी वेदना क्रूर हो उठी। माना कि उसकी जिन्दगी अब इससे ज्यादा कुछ न थी कि वह दफा तीन सौ दो की मुजरिम थी फिर भी वह इला से मुखातिब होती हुई कह रही थी, 'देख लो अब, तुम भी तो कुछ मेरे ही जैसी हो। और कोई पुलिसवाली होती तो मुझे पीट रही होती। साँस लेना भी गुनाह मान रही होती, पर तुम हमारी उस दास्तान से जुड़ने लगीं जो कत्ल की, खून की ही नहीं, औरत की कहानी है। तुम जिस थाने में जाओगी, ऐसे ही किस्से मिलेंगे। मिलते जाएँगे।'

इला क्या कहे? कहे कि यह दास्तान सुनना भी उसके पेशे का गुनाह है, हमदर्दी की पूजा पाप है। जो तुम्हें पीट-पीटकर तड़पा रही होती, वह असल में अपनी ड्यूटी के साथ न्याय करती हुई मानी जाती।

लेकिन यह औरत तो अपनी बातों में बड़ी सफाई से एक-एक बात को याद करके जोड़ती रही है जिनमें कोई उलझाव नहीं था। अपने लिए न उसने रियायत माँगी, न छूट की तमन्ना की। सब दूसरों के लिए था, लड़कियाँ हों या असहाय बच्चे।

'तुमने कैसे खून किया होगा उनका। तुम तो बराबर रो रही हो!' इला ने इतना कहकर किसी उत्तर की आशा नहीं की।

वह रोई हुई आँखें अब शान्त थीं। दिल से जैसे आवाज आई हो—'तब आँखों में आँसू थोड़े ई थे। तब तो ये आग के गोले थे, जो आँखों में दहकते थे। बेटी की हत्या के बाद लगा कि बेटियों के माँ-बाप कभी कुछ नहीं कर पाएँगे। जुल्म करनेवालों का अन्त नहीं आएगा। गाँव में और आसपास गुलाब के दुख को शोक के साथ चू-चू-चू करते हुए लोग तमाशे की तरह देख रहे थे तब, जब उसका अकड़ा-ऐंठा मुर्दा शरीर थाने की ओर

ले जाने से पहले जमीन पर पड़ा था। तब मुझे लगा था कि बेटी के हत्यारे को मुझे ही खत्म करना होगा। गुलाब तमाशा बनने के लिए पैदा नहीं हुई थी। न उसने मुर्दे के रूप में जन्म लिया था।'

इस औरत की चेतना...विस्मित करती थी इला को।

'मैं रोना भूल गई थी। अपने मकसद में कामयाब होनेवाली एक औरत गुलाब के मरते ही मेरे भीतर जाग उठी थी, जिसकी आँखों में आँसुओं की जगह नेजे उग आए।'

यह तो अनन्त संघर्ष की बात ठानकर आई है। इला ने सोचा।

दिन डूबने लगा। अब दूसरे दिन के लिए कोई और...'तीन सौ दो' का हाथ इला के हाथ में था। अब उसे भाग जाने के भय से नहीं, न जाने किस लगाव से थाम रखा था हाथ। वह भी कहाँ छोड़ रही थी। अलविदा के समय कहा था—मेरी गुलाब!

तुम्हें अपनी आँखें खोलकर रखना है, जब तुम्हारे इलाके की रोशनी गुल कर दी गई हो

मिस इला चौधरी! सोई हैं या जागी हैं?

चढ़ते हुए सूरज के साथ माँ ने चारपाई पर आँखें बन्द किए सोई हुई बेटी को जगाया—इल्ला!

इला के सपने में धारा तीन सौ दो की कैदी ने आवाज दी—गुल्लाब्! और सपने का सिलसिला टूट-टूटकर आगे बढ़ने लगा। माँ कह रही थी—बेटी उठ और इला देख रही थी 'तीन सौ दो' अपनी मृत बेटी को हाथ पकड़कर उठा रही है। नहीं उठ रही तो उसके माथे पर हाथ फिरा रही है। लाड़ कर रही है तीन सौ दो। माँ के बहुत झकझोरने पर भी स्वप्न की दुनिया खत्म नहीं होती। न यहाँ दिल घबरा रहा, न हाथ-पाँव ठंडे पड़ रहे। माँ-बेटी की आपसी दुनिया का स्नेह, ममता और प्यार भरा व्यवहार रचना में सबसे ऊपर है। कहाँ है इला की वह दुनिया जिसमें गाँव आने के बावजूद इस किस्म का व्यवहार दिखाई नहीं देता। जिसे सामान्य स्थिति कहा जाता है, उसमें इला का अजीबोगरीब तरह की सिपाही होना ही सिद्ध होगा।

गाँव! इला जैसे अपनी ही आवाज सुन रही हो, हड़बड़ाकर जागी और सबसे पहली नजर अपने ऊपर झुकी हुई लाड़ से सराबोर माँ पर पड़ी—अरे, एकदम 'तीन सौ दो' की हमशक्ल माँ! इला की या गुलाब की माँ? तकदीर का खेल है यह या माँ की तसवीर इस तरह मिलती-जुलती होती है एक-दूसरे से!

इला उठकर बैठ गई। आँखें मलती हुई साफ-साफ देखने की कोशिश करने लगी। अब माँ की सूरत स्पष्ट तौर पर सामने थी, मगर दिमाग में स्वप्नवाली हलचल अपने रूप में पूरी की पूरी।

'मम्मी, तुम किसी का खून कर सकती हो? दो-दो मर्डर कर लोगी न?'

माँ देखती की देखती रह गई। बेटी पर नजरें जमाए और मुँह खोले हुए, जैसे उसकी बात को सपने में बर्रानेवाली घटना समझ रही हो। माँ डर भी गई क्योंकि अब भी इला मम्मी के चेहरे को सवालिया और दृढ़ निगाह से देख रही थी।

'क्या कह रही है तू? यहाँ भी खून-कतल की बातें! होस में आ इल्ला। तू थाने पर नहीं, अपने घर है बेटा। गाँव में है, परिवार में है तू।'

इला ने चारपाई पर बैठे-बैठे घर के दरोदीवार को नजरें घुमा-घुमाकर देखा।

सपने की दुनिया तिरोहित होने लगी। याद नहीं आ रहा कि वह अपनी उस निजी दुनिया में कैसा आचरण कर रही थी। उस दुनिया से इस दुनिया तक बस भटक रही है वह।

'मम्मी! बहुत देर हो गई सोते-सोते? बहुत नींद आई मुझे।' उसने अपनी लम्बी गोरी बाँहें माँ की गर्दन पर लपेट लीं। कितना कुछ भयानक छिपाना चाहती थी माँ से। क्या कुछ कह गई कि माँ की आँखें पलट पड़ीं। क्या किया जाए, थाना दिमाग से अलग नहीं होता। ये बातें नौकरी का हिस्सा हैं, फिर भी क्यों अपनी जकड़ बनाती जाती हैं दिल पर? माँ भी क्या समझेगी इन बातों को? क्या किसी तरह की सहायता कर पाएगी मम्मी? मम्मी क्रिमिनल स्वभाव की नहीं है। नहीं, मम्मी के सामने ऐसी स्थिति आई नहीं है। हो सकता है, ऐसे हालात बनें और माँ औरत की तरह कन्धे डाल दे। हाँ, यह सामान्य स्थिति मानी जाएगी। औरत की स्वाभाविक प्रक्रिया में माना जाता है उसका झुक जाना, विनम्रता और मारकाट से दूर रहने का औरतजात गुण।

मगर इला का अपने ऊपर अंकुश नहीं। उसके औरतजात गुण कब इनसानी गुण-अवगुणों की शक्ल ले लेते हैं कि उसे पता ही नहीं चलता। वह अपनी पूरी विनम्रता खींचकर बाहर लाती है। अपनी ड्यूटी के प्रति पाबन्दी को पकड़-जकड़कर रखना चाहती है, मगर अपनी ही इस जद्दोजहद में जीत नहीं पाती। तभी तो 'तीन सौ दो' उसके सपने में आती है। क्या मम्मी को यह बात बताए? सुनकर सहज रह पाएगी माँ?

तभी मम्मी ने सिर पर हाथ फेरते हुए इला को प्यार भरी आवाज में बताया—हमने कही थी न कि एक दिन अपनी इला बढ़िया सिपाही बनेगी। लोग तो तमाम बातें करते रहे बेटा कि लड़की सिपाही करा दी। अब उसके चाल-चलन का क्या भरोसा? ब्याह-शादी तो होनी नहीं है। तेरे पापा को लोग कसूरवार बना डालते। क्या जवाब देते वे? बस इतना ही कहकर छूटते—हमने तो बहौत रोक्की भाई, पर उसका मन था पुलिस में ही जाने का। साद्दी-ब्याह की तो कतई परवाह नहीं है उसे।

'तेरे चाचा-ताऊ हड़क देते थे पापा को—अरे, धनंजय सिंह, यह बात तो भाई नए चलन की है। बाप की जगह बेटी ने साद्दी-ब्याह का फैसला अपने हाथ में ले लिया है। फिर बता बाप होकर तू क्या करेगा?

'बेटा, रोज-रोज नजरें झुकाकर चलनेवाला चक्कर चलता है जैसे वे चौधरी-समाज के मुजरिम हों। सजा के भागीदार हों।'

बेटी पर बस नहीं चला, माँ-बाप को पकड़ लिया होगा, यह बात तो इला भी जानती थी, तभी तो पापा के नाम चिट्ठियाँ लिखती रही है। पहले-पहल तो इतना भी इल्म नहीं था कि पापा चिट्ठी पढ़ेंगे या फाड़कर फेंक देंगे? जो भी करें, उसे तो अपना पक्ष उजागर रखना ही है, हर हालत में और यह सब होगा अपने विचारों को बताने से। साहस, निडरता और इनसानी हमदर्दी में न्यायप्रियता का जो जुनून था, वही यहाँ तक ले आया। ऐसी मिसालें वह पत्रों में पेश करती और जो कल्पनाशीलता में छवि बनती, इला का माथा पिता के सामने खुद-ब-खुद ऊँचा हो जाता। सेना से सेवामुक्त पिता का हाथ अपने माथे पर जा लगेगा और अनायास ही आवाज उठेगी उनकी—जयहिन्द।

इला अपने घर में नहा-धो रही है।

माँ उसके लिए अपने हाथों की सारी कुशलता उड़ेलते हुए हलुआ-पराँठा बना रही है। मम्मी ने कुछ सोचकर कहा—बेटा, वर्दी पहनकर जाना पापा के सामने। माँ का मुसकराता गोरा मुखड़ा देखकर इला के मन की धुन्ध साफ होती जाती है। क्या बेटी का वर्दी-बूटवाला वेश माँ के बन्धनों की मुक्ति की अगली कड़ी है? क्या किसी का सपना ऐसे ही हकीकत बन जाता है सदा जिन्दा रहने के लिए।

इस घड़ी को इला भूल पाएगी कभी? पापा ने अपनी वर्दीवाली बेटी को सामने पाया। उनके चेहरे पर गर्व झिलमिला रहा था। क्या ये वही पापा हैं, जिन्होंने इला को शादी की वेदी का बहिष्कार करने पर त्यागने का ऐलान किया था।

पापा की सौगात—बेटी के सिर पर लगाने के लिए सैनिक-टोपी!

'पापा!' टोपी पहने हुए, बूट-वर्दीवाली सिपाही इला पिता से लिपट गई। जब से पैदा हुई है, उसकी याद में यह पहला दिन है कि पापा के इतने नजदीक आ गई।

मम्मी हँसती हैं, खील-मखाने बिखरते हैं। आँगन भरा-भरा...।

'अब देख लो, बाप-बेटी ने कौन सा नया जमाना पैदा कर दिया। बाप के घर से ओढ़नी-चुनरी, गहने-जेवर पहनकर जाती हैं बेटियाँ, यहाँ पिताजी इल्ला को टोपी पहना रहे हैं। गाँव के लोग कहेंगे—अजब बात! गजब ढंग!

'अरे बावली, टोपी, जो चेहरे का पर्दा नहीं होती, बहादुरों के सिर का शौर्य होती है, अपनी इला टोपी की हकदार है।' पापा की आँखों में तलैयाँ भर आईं।

'हाँ, शौर्य है पापा,' इला ने मन-ही-मन कहा। मन में शौर्य की भावना न होती तो वह तैयार कैसे होती उस सजा के लिए जो 'तीन सौ दो' की मुजरिम के साथ हमदर्दी का व्यवहार करते हुए मिलेगी, जो अपने अफसर के व्यभिचार को रोकने के कसूर पर मिलेगी।

कैसे कहे पापा से कि मेरी मुजरिम हत्यारी थी मगर बदकार नहीं थी और ए.एस.आई. सर उसको शिकार के रूप में देख रहे थे, जैसे शेरनी को पटक लेने का मौका हाथ आ गया हो।

न जाने कब बाज झपट्टा मारे? सिपाही इला चौधरी की यहाँ हैसियत क्या और औकात क्या? अन्दर से दरवाजा बन्द भी कर ले फिर भी साजिशों की कमी तो नहीं। यौनिक आनन्द का जुनून चढ़ता है मर्दों को। तभी तो सर ने कहा था—तू मत सोना उसके साथ। बाहर चारपाई डालकर सो जा। वह नहीं भागेगी, हम ताला लगा देंगे।—इस बात को पापा के सामने कैसे खोले बेटी? कि पापा सुनो, जो ताला लगा सकता है, वह खोल भी सकता है। यह बात कानों में झनझनाने लगी कि सिर झमझमा आया। चार-पाँच बच्चों की माँ। पैंतालीस से पचास वर्ष के बीच

की उम्र में यह औरत, यौन हिंसा के लिए क्या उपयुक्त पात्र है? बेशक एक पुरुष की नजरों में है, वह मर्द इला का अफसर है और इन दो ताकतों से बना यह पिशाच मौज-मजा के अलावा कुछ सोच नहीं रहा।

पापा से कैसे कहे इला? अपराध करने की सोच रही है वह। हुक्म-उदूली का अपराध करेगी, और किया। बेशक किया। जब मुश्किल आती है, यही उपाय करती है।

हथकड़ी मुजरिम को जकड़ने के काम आती है। हथकड़ी के नाम से अपराधी बिदकते हैं। यह बन्धन और बेइज्जती की निशानी है। इससे दूर रहने की दुआ की जाती है। क्या यह धारणा एक सच्चाई है? नहीं सच्चाई और झूठ समय के साथ नियंत्रित होते हैं। अपमान के साधन जब सुरक्षा की सहूलियत देने लगें तो?

हथकड़ी! हथकड़ी का एक सिरा 'तीन सौ दो' की कलाई पर कस दिया था और दूसरा सिरा अपनी कलाई पर कस लिया इला ने। ऐसा दूसरी बार किया।

'सर, अब हम भीतर सोएँ या बाहर, जैसा आप कहें।'

'जैसा तुमको अच्छा लगे। वैसे यह बेचारी अब कहाँ भागेगी? जहाँ जाएगी, कत्ल कर दी जाएगी।' सर इस समय तक नशे में विनम्र हो आए।

मगर जैसे ही मुजरिम और इला के गठजोड़ पर निगाह पड़ी, उनकी जबान पर गालियाँ खेलने लगीं।

'तू हमसे साजिश करती है, दो टके की सिपाही!' सर की आँखें उबल पड़ीं। मुँह से थूक छूटकर इला के चेहरे पर गिरा।

पापा तुम्हारी बेटी...

अफसर की आँखों का काँटा है। पता है, उसका हश्र ऐसा ही होनेवाला है, जैसा मनीषा का हुआ था। कहीं जाएगी-आएगी, एंट्री होगी, रिकॉर्ड रहेगा। रवानगी और वापसी का रोजनामचा बाकायदा होगा, मगर फिर भी गड़बड़ी हो जाएगी। मनीषा की गैर-हाजिरी लगाई जाती रही क्योंकि उसने आई.पी.एस. अफसर को नजरअन्दाज किया। वह तो अपनी इज्जत-विज्जत ताक पर रखकर बोला था, 'डार्लिंग, कब से कह रहा हूँ, मुझसे दोस्ती कर ले। छोटी-सी इच्छा है, समझ ले। नहीं तो चौराहे पर ड्यूटी देगी सारे दिन। एक दिन सस्पेंड भी हो जाएगी। पावर को पहचान

नहीं रही! वैसे एक बात तो है, तेरी जैसी ब्यूटीफुल लड़की को देखकर जाम लग जाएँगे। लोग रास्ता जो भटक जाएँगे मनीषा!

पापा, अब इला की ड्यूटी ऐसे ही चौराहे पर होगी, तुम शहर न आना।

मगर इला घबरा नहीं रही तो केवल यह सोचकर कि चौराहों पर दिशा-निर्देश के मामले में अच्छे-खासे बदलाव की जरूरत है। पता है, ये चौराहे सुरक्षा और संरक्षण के लिए संकेतों के माध्यम नहीं, पुलिसवालों के लिए छीना-झपटी और उगाही के मैदान हैं। बदचलनी के अड्डे हैं।

साहस के साथ जुड़ी हुई हूक उठती है इला के भीतर—तंग करने की साजिश भी है और समर्पण के लिए मजबूर करने के इरादे भी, यही महिला सुरक्षा है यहाँ।

पापा, तुम भूलकर भी नहीं आना वहाँ।

इला के डी.एस.पी. साहब को देखोगे, रुतबेवाला व्यक्तित्व दिखेगा। उसी रोब में वे आपकी बेटी से कहते हैं—देख, मेरी तरफ देख। तुझे नहीं लगता मैं तेरे लिए कितना परेशान हूँ? तू एक बार आकर मुझसे नहीं मिल सकती? मुझे सब पता है, आजकल तू क्या करती है? ड्राइवर लोग मिलकर बातें कर रहे थे। हमारे ड्राइवर ने देखा भी है कि तू उस दो कौड़ी के सिपाही जयन्त से...कराती फिरती है। कभी किसी होटल में तो कभी पार्क में उसे चूम-चाटकर...।

पापा...आपकी बेटी क्या जवाब देती? क्या उनकी जैसी गन्दी-भद्दी भाषा में बोलकर बताती कि वे सांगवान मैम के साथ क्या करते हैं? बदले में कितनी सहूलियतें? मगर कुछ नहीं कहा था इला ने, सिर्फ उसकी उद्धत नजरें थीं कि सर को हिला गईं। उसकी आँखें राज-रहस्यों से भरी हुई हैं, सर ने एस.आई. सर से कहा था। और यह भी बताया था कि इला नाम की लड़की आधे दिन भी काम नहीं करती है। उन्होंने आगे कहा था—पुलिस के कामों को लेकर हम जितना लड़कों पर भरोसा कर सकते हैं, लड़कियों पर नहीं। यहाँ तक कि ये ट्रैफिक कंट्रोल के भी काम की नहीं।

हाँ, सच में लड़कियाँ किसी काम की नहीं, सिवा एक-दो कामों के, काम हैं—आपकी हुक्मबरदारी और सेक्स के लिए हाजिर होना। शैलेन्द्र अरोरा की कितनी तरफदारी की थी सर ने! वही शैलेन्द्र जो बिना किसी गलती के ट्रकों का चालान करता है। वसूली करके जेबें भरता है और

आकर आपको...हाँ, यही तो है असलियत में ट्रैफिक कंट्रोल जो लड़कियाँ अक्सर नहीं कर पातीं। बेईमानी के पक्ष में खड़े होकर अफसर लोग कहते हैं—पुरुष सिपाही महिला सिपाहियों के मुकाबले बहुत ज्यादा कुशल होते हैं, क्योंकि बलिष्ठ होते हैं। यह अनायास नहीं, घुट्टी में पिलाए गए संस्कारों का असर है।

पापा, तुमने टोपी पहनाई है अपनी इला को। टोपी, जो पगड़ी की तरह शानदार है। इला इसी को पहनकर कसम खाती है कि पुलिसकर्मियों या जनता में से किसी को औरत की 'आब' उतारने का मौका नहीं देगी। क्या इस सिपाही के सीने में स्त्री के पराक्रम पर शाबाशी के भंडार नहीं भरे हुए? और उन महिलाओं के लिए लानत का शोर उठता है जो पुलिस में आकर भी पुलिस के पुरुषों के नीचे बिछी जाती हैं। नहीं तो लता डागर की जगह रेखा की ड्यूटी क्यों लगाई गई? लता दो शराबी लड़कों को पार्क से पकड़ लाई थी अपनी ड्यूटी में और रेखा के ड्यूटी-ऑवर्स खत्म हो रहे थे, मगर एस.एच.ओ. सर ने रेखा की ड्यूटी बढ़ाकर लता को घर आराम करने भेज दिया। वे भी क्या करते, लता की डी.एस.पी. साहब के साथ सेटिंग है। सेटिंग यहाँ नौकरी पर रहने के लिए जरूरी रिवाज बन गया है। क्या हर लड़की को रोजनामचे की तरह यह भी निभाना है?

पापा...दम घुटता है वहाँ।

इला की ड्यूटी जिस चौराहे पर होगी, उसे वहाँ आदमी नहीं, चील-गिद्ध दिखाई देंगे। कैसे नियंत्रित करेगी यातायात को? सरेआम जब वर्दी का अपमान होता है तो ट्रैफिक के संकेतों को भूल जाती है लड़की।

कुछ ऐसे ही अशुभ क्षणों की कल्पना में इला ने एक हफ्ते की छुट्टी ले ली। मेडिकल लीव। जयन्त को भी सारी बातें बता दी थीं और इत्तला दे दी कि अब वह झज्झर की ओर जानेवाली बस पर सवार है।

गाँव! सुकून की साँसें और बचपन से मिलने के मुहूरत!

गाँव के सिवान में घुसते ही इला को लगा था, वह ग्रामदेवता को प्रणाम करे। प्रणाम इसलिए भी कि पुलिस की बिखरी-फैली दुनिया से निकलकर उस जगह आ गई, जहाँ उसने जन्म लिया और आँगन में समाई

हुई निजी दुनिया के वह जर्रे-जर्रे को पहचानती है। यहाँ वह न सिपाही है, न मुजरिम। उसे रोज किसी तयशुदा ढर्रे को तोड़ने की अपराधी नहीं होना होगा।

गाँव में जातियाँ हैं, मगर जाति व्यवस्था को तोड़ने का भ्रम नहीं। पुलिस में सिपाही-दरोगा, डी.एस.पी., एस.पी. अगर रैंक से हैं तो कुम्हार, खटीक, चमार, जाट, ब्राह्मण, बनिया अपनी-अपनी जाति से पुलिस में आरक्षण पर दाँती पीसने का रिवाज आम है। अंजू को चूहड़ी या भंगिन कहकर लोगों का दिल बड़ा ठंडा होता है। अगर वह किसी मर्द की इच्छा पर बगल में नहीं आती तो सुनने को अमृत वाक्य मिलते हैं—इस चूहड़ी को देखो, कितना मिजाज है! सिर पर गन्दगी का टोकरा उठाने लायक है और आ गई पुलिस फोर्स में। वर्दी पहनकर समझ रही है कि न यह लुगाई और न भंगिन।

इन वचनों पर सजा का प्रावधान है, मगर सजाओं के मालिकों को सजा कौन दे? यों तो अर्जी में भी सारी बातें लिखी थीं अंजू ने, मगर अर्जी को दाखिल ही कौन होने दे? यह सब देखकर सारी सावधानी छू-मन्तर हो जाती है। औरत को उसकी जात और नस्ल गालियों के जहर भरे इंजेक्शन देकर बताई जाती है कि हकों के लिए जागी चेतना सुन्न हो जाती है।

ओहो! इला भी एक ही...गाँव आ गई, पुलिस का माहौल दिल में बसा लाई है। कोशिश करे तो ही इस दुख देनेवाली स्थिति से मुक्त हो सकती है।

पिता और परिवार नई स्फूर्ति के लिए काफी नहीं? पापा का साँवला खिचड़ी मूँछोंवाला भरा-पूरा चेहरा, स्नेह से लबरेज, सजीला नहीं लगता क्या? माँ जब-जब पास आती है, हाथ में कटोरा-कटोरी या गिलास में खाने-पीने के लिए कुछ-न-कुछ होता है। इस प्यार को ज्यादा-से-ज्यादा महसूस कर ले वह, नहीं तो एक सप्ताह बीत जाएगा। इला की आँखें डबडबा आईं। इसी घर को छोड़कर भागी थी एक दिन। इन्हीं माता-पिता की परवाह नहीं की थी रत्ती भर भी। अपना ओछापन-घटियापन तड़पाता है आज।

माँ सामने आ गई—'इल्ला बेटा, कैसे अनमनी है? तेरी बड़ी दीदी भी आने का फोन कर रही है। बेटा, यहाँ आने को तरस जाती है तेरी

बहन। तू अपनी मर्जी की मालिक तो है। जो बात एक दिन बुराई की लगती है, वही कुछ दिन बांद भलाई की क्यों हो जाती है इल्ला?'

इला ने माँ को गौर से देखा। चारपाई पर सामने बैठी पचास वर्षीया मम्मी का चेहरा जवान खुशी से छलका हुआ है।

'बेटा, मंडप के छवते-छवते चली गई तू। अपनी तकदीर लिख ली, समझ। ब्याह हो जाता, बाँदी बन जाती। आज तू कहाँ, और तेरी बहन कहाँ?'

अरे, मम्मी को क्या हुआ? इला को आश्चर्य है। बचपन से 'पराए घर जाएगी, पराए घर जाएगी' कहती रही। घर का काम सिखाने की कोशिश करती रही, मगर आज...घर-गृहस्थी का माहौल कमतर क्यों दिख रहा है? इला ही सुखी लड़की मानी जा रही है घर में जबकि अपनी समस्याओं का उसके दिल में एक समुद्र ठाठें मारता है। यहाँ किसी के सामने कुछ नहीं कह सकती इला। कलेजे में हौल उठता है तो फिर जल्दी शान्त नहीं होता। अपने आपसे पूछती है–किसलिए गई थी पुलिस में? कौन सी ताकत मिली वहाँ जाकर?

पापा सामने आ गए। पापा के चेहरे पर मुसकान है, इला ने देखा। उनके हाथ में अखबार है। एकदम नजदीक आ गए पापा। जिन पापा से नजरें मिलाकर बात करने की हिम्मत नहीं थी, वे ही अखबार देकर कह रहे हैं–इला, पढ़ तो। अंग्रेजी के अखबार में क्या समाचार आया है, पढ़, तू अच्छी तरह मतलब भी बता देगी।

अखबार इला के सामने फैला दिया पापा ने। वही पेज आगे कर दिया, जिस पर मोटे अक्षरों में शीर्षक था–

Inspector gets life term for rape

District and sessions judge, Karnal, Vinod Jain today sentenced Inspector Jai Singh to life imprisonment for raping a married woman in a police station at Nissing on June 25 last year.

इला ने इतना पढ़कर पापा-मम्मी को सुना दिया। एक अव्यक्त खुशी के साथ पढ़ती गई पूरी इबारत। अन्याय के अँधेरे में डूबी इला ने जैसे रोशनी की किरण का दर्शन किया हो। निराशाओं के जाल में उलझी यह

महिला कांस्टेबल अपनी इच्छाशक्ति को पैना करती हुई तन्तुओं को काटने लगी। उलझाव खत्म होने लगा।

नहीं सोचा था यह कि ऐसा सम्भव हो पाएगा। जिसके पास ताकत है उसी के पास न्याय-अन्याय का डंडा भी होता है। फिर प्रेम विवाह करनेवाली लड़की तो बिना जुर्म किए ही मुजरिम मान ली जाती है। मगर यह हुआ कुछ इस तरह कि जिसने प्रेम करने का साहस किया उसी ने पुलिस इंस्पेक्टर की करतूत को सरेआम किया, थाने में रिपोर्ट करके। जिनसे अपने पिता सहित परिवार के जुल्मों से बचने के लिए पुलिस सुरक्षा माँगी थी कि घर के लोग जब मिलें तो पुलिस साथ में हो उसके। लड़की गाँव से आई थी अपने माता-पिता से मिलकर अपना निर्णय सुनाने। अपने चुनाव से शादी करने की बात कहने। कोई उसे जबर्दस्ती भगाकर नहीं लाया, जैसा कि समझा जा रहा है। उसकी अपनी इच्छा को अनैतिक और अवैध क्यों बताया जा रहा है? वह बालिग है फिर क्या दिक्कत है?

पुलिस स्टेशन में माता-पिता से पहले इंस्पेक्टर पुलिस से सामना हुआ, जो कि होना ही था। मगर यहाँ तो दृश्य ही बदल गया। पुलिस स्टेशन वेश्या के कोठे की भी मर्यादा नहीं रख पाया। वहाँ कम-से-कम कुछ मोहलत तो दी जाती है, कीमत चुकाने के बावजूद। यहाँ सुरक्षा के नाम पर लड़की को पकड़कर पुलिस इंस्पेक्टर ने बलात्कार किया। लड़की ने सरेआम कहा था कि जिससे शादी की है, उसने तो अभी इस तरह का कोई सम्बन्ध नहीं बनाया, फिर वह और लड़का दोषी कैसे हुए? अगर बनाता भी शारीरिक रिश्ता तो दोनों की रजामन्दी से होता।

पापा को क्या बताए इला कि इस लड़की का डी.एन.ए. टेस्ट पुलिस अकादमी की लैब में हुआ था और 'रेप' साबित हुआ मेडिकल परीक्षण में। इतना सब कुछ हो जाने के बाद भी केस उलझा देते हैं असरदार लोग। उन्नीस गवाहों को उनकी सच्चाई और ईमानदारी पर टिकाए रखना आसान नहीं। तरह-तरह के लालच दिए जाते हैं।

मगर आज इनसाफ पर विश्वास का दिन! इला को अपने दिल में कुछ उमड़ता महसूस हुआ—खुशी, इत्मीनान, आत्मविश्वास या बेशुमार उम्मीदें? पापा और अपने बीच उसने अपनी मुसकराहट को बिखरते देखा। इनसाफ के सितारों को इर्द-गिर्द चमकते पाया।

इसके बाद वह पूरे दिन घर में मौजूद रही। छोटे भाई और बहन के साथ मिलकर खाना-पीना और बातें करना सुहावना लग रहा था। घेर (पशुशाला) में गई तो गाय और भैंस के माथों को छूकर प्यार किया। मवेशियों की आँखों में पहचान है या अपनापन? कोई नहीं भूला उसे! बछड़े को देखो, अपने आम के पत्तों जैसे कानों को हिलाता है, कजरारी आँखों में पास बुलाने का इसरार है। इला को कितनी-कितनी बातें समझ में आ रही हैं अपने पशुओं की आँखों की भाषा में। भैंस ने आवाज निकालकर गाय से क्या कहा? यही कि बिटिया आई है, दूध देने में कोताही न करना।

ओहो! गाय तो इस बार कुछ ज्यादा ही बनी-ठनी है। रंगीन रेशमी रोएँदार फूलों की माला गले में पहने हुए है। सींग भी लाल और हरे रोगन से पुते हैं। बरबस ही दफा 'तीन सौ दो' की मुजरिम याद आने लगी इला को। अपनी गाय और भैंस की बहुत चिन्ता कर रही थी और अक्सर पाले हुए कुत्ते की यादों में खो जाती।

इला ने झटक दिया 'तीन सौ दो' के खयाल को। क्या जहाँ सिपाही जाता है, वहीं थाना बन जाता है? यह घर, मगर पुलिस की सभ्यता बार-बार अपनी चपेट में ले लेती है। अपना गाँव है, मगर क्यों लगता है किसी अदृश्य पुलिसिया चारदीवारी से घिरा हुआ?

इला यहाँ से चली गई या थाना लाकर फैला दिया अपने गाँव में? क्या मिला आखिर उसे? उम्मीदों भरे प्यारे पापा से वह क्या कहे? ऊँची कुर्सियों पर बैठे उन दरिन्दों के बीच रहने की उसकी जिन्दगी की अनिवार्यता तो नहीं। क्या बता सकती है पिता को कि इला ने ए.एस.आई., सिपाही, रीडर, एस.एच.ओ. से लेकर डी.एस.पी. तक की आँखों से औरत को देखने के बाद इतनी लार टपकते देखी है, जितना कि बलात्कारों में वीर्य बहता होगा। इतनी गालियाँ सुनी हैं, इतने छल-प्रपंच देखे हैं, जितने पब्लिक में होना सम्भव नहीं।

पापा...आपकी इला क्या वही हौसला बरकरार रख पाई है, जिसे लेकर पुलिस में भर्ती होने गई थी? कितनी टुच्ची बातें करते हैं लोग—लड़कियाँ सूट पहनेंगी, पैंट-शर्ट नहीं। अनुशासन भंग करेंगी तो इन्हें सस्पेंड किया जाएगा।

'क्या कहा जाए इन नादानों से कि सूट-साड़ी ही पहनने होते तो और बहुतेरी जॉब थीं। ससुराल भी क्या बुरी होती जहाँ पति कमाकर लाता और

हम खाते। बदले में पिटते-कुटते हुए अपनी सद्गृहस्थी निभाते। यह बात ट्रेनिंग के दौरान तो गौर करने लायक समझी गई। हम अपनी इच्छा के अनुसार चलने की अनुमति पा गए, मगर ये थाने, थाने तो कहते हैं—लड़कियों की तरह रहो, ब्वॉयकट बाल अच्छे नहीं लगते। तुम महिला मुजरिमों के लिए आई हो, महिलाओं की तरह रहो।

'हम महिला थे और महिलाओं के लिए आए थे, पर हम पुरुषों के ढाले हुए महिला रूपों में नहीं रहे। उनकी ऐसी आज्ञाओं को हमने नहीं माना तो उनको लगा हमने हुक्म-उदूली की है। अपनी औकात को नहीं समझा है। इस सीनाजोरी पर वे शान्त कैसे रहते? पापा, शायद यहीं से उनकी रंजिश का बीज पड़ गया।'

पापा और इला यों तो संवादों के बीच कहीं नहीं थे, लेकिन बाप-बेटी के चेहरे और दैहिक भाषा का अपना स्वर था। आँखों में सोच-विचारों की आवाजाही थी। अपने-अपने चिन्तन में लीन कितनी-कितनी दूर तक निकल जाते।

कहने को तो इतना ही कहा इला ने—'सोचती हूँ, इस्तीफा दे दूँ पापा।'

पिता को बेटी की आवाज अप्रत्याशित नहीं लगी क्योंकि उसके चेहरे पर परेशानी तो तब से मँडरा रही थी, जब से वह घर आई है। कदम आगे बढ़ाकर पीछे हटना फौजी पापा के लिए शिकस्त की घोषणा है। सिपाही शिकस्त के लिए नहीं जाया करते। इला के पुलिस में जाने पर एतराज उठानेवाले पिता तब लड़की के बाप थे तो आज एक सिपाही के संरक्षक हैं।

'बेटा, लगता है, वहाँ परेशानी है। तुम्हारा मन उचाट है। पेशे से नफरत हो रही है, इसलिए छोड़ देने की ठानी है। सारी बातें अपनी जगह सही हैं बेटा। अगर कुछ सही नहीं है तो वह है तुम्हारा नौकरी छोड़ने का फैसला।'

इला ने पापा को कुछ इस नजर से देखा जैसे कह रही हो—न आपको पुलिस में जानेवाला फैसला सही लगा था, न पुलिस छोड़नेवाला फैसला।

'सुन बेटा, 'इला भाग गई' गाँव में जब यह अफवाह उड़ी, मैं दुखी हुआ था। मगर अब जब 'इला पुलिस की सिपाही वहाँ से भाग खड़ी हुई'

खबर फैलेगी, मैं बहुत शर्मिन्दा हो जाऊँगा। फौज में 'भगोड़ा' होना लज्जा की ही बात नहीं, डूब मरनेवाली बात और कड़ी-से-कड़ी सजा का मामला होता है।

'फिर यह तो मानकर चलना चाहिए कि जो लोग पुलिस में हैं, वे अपने इन्हीं परिवारों से गए हैं, यहाँ के सारे संस्कार साथ लेकर। वर्दी पहनने के बाद शरीर की छवि बदल जाती है, विचार तो समझ का दायरा बड़ा करने से ही नए से नया रूप लेंगे। वैसे नए-नए विचारोंवाले भी जगह-जगह होते हैं। इस गाँव में इतनी लड़कियों में तुम क्यों अलग निकलीं इला?'

इला ने पापा के ऐसे विचार कभी सुने नहीं। उसकी नजर में पापा सिर्फ बाप बनकर रहे, जो अपनी बेटियों से इज्जत बनाए रखने की आशा रखते हैं और आबरू डुबो न दे बेटी, इस पर आशंकित रहते हैं। आज उसका दिल उम्मीदों की आमद से भरने लगा। बात चली तो इला को एस. पी. मित्तल याद आने लगे—

पापा, ठीक कह रहे हैं, अच्छे लोग भी होते हैं पुलिस में। लड़कियों ने तो यह पक्की तरह सोच लिया था कि यहाँ हर आदमी नोचने-खसोटने को बैठा है। यह विचार ऐसे ही पुख्ता नहीं हुआ था, जब-जब मुलाजिम साथ हो लेता उसकी नजर मैली हो जाती। और बात पटाने पर आ जाती—मिठाई लाता हूँ, ठंडा पिओगी? केस खत्म करने के बाद सिनेमा चलेंगे गुड़िया।

ऐसे प्रस्ताव सुन-सुनकर कान पक गए। अंजू बता रही थी कि उसने तो कह ही दिया—'सर, इस नौकरी से तो हम अपने घर भले थे। भूखे पड़े रहते या खुलेआम कॉलगर्ल हो जाते। तब सन्तोष तो होता अपनी ईमानदारी पर। यहाँ तो जो हमें जानता तक नहीं, सिर्फ नाम सुनकर चरित्र की धज्जियाँ उड़ाने लगता है और तरह-तरह से अपने जाल में फँसाने के चक्कर में रहता है। क्या हम सिर्फ बदनामी की ही हकदार हैं?'

मुलाजिम ने अंजू की ओर तीखी निगाहों से देखा। होंठों पर घृणा फैलाकर कहा—ऐसी ही नाकवाली है तो चली क्यों नहीं जाती यहाँ से? ट्रकवाले तुम जैसियों को गाली दिए बिना नहीं निकलते, पर तुम्हें शर्म नहीं आती!

अंजू ने आव देखा न ताव मुलाजिम के मुँह पर पूरी ताकत के साथ थप्पड़ जड़ दिया—'तेरे जैसे कुत्ते तो ट्रकवाले भी नहीं होंगे। सुन ले कि हम यहाँ हैं और रहेंगे। इसलिए भी रहेंगे कि तेरा बाप बैठा है एस.पी. की कुर्सी पर। तुम जैसों का इलाज करना जानता है। जानता है कि तुम्हारी हैवानियत कहाँ-कहाँ पंजे मारती है। लड़कियों को क्या-क्या लालच देकर इस्तेमाल करती है? रश्मि को फँसा लिया था और ऑनलाइन टेस्ट में शशि को नीचे धकेलकर रश्मि को फर्स्ट करा दिया था, वह प्रमोशन लेगी और अपनी देह तुम जैसों को दान करेगी।

'पर ऐसे ही नहीं निकल पाए तुम, शशि एस.पी. के यहाँ पेश हो गई थी और तुम्हें पीठ पर लात मारकर बाहर करा दिया था। याद है दोबारा बना था रिजल्ट। क्यों नहीं चला तेरे जैसों का दाँव? उसी बाप के कारण और शशि की हिम्मत के कारण। सर मित्तल जैसे दो-चार भी होंगे, राक्षसों की सेना का संहार करेंगे।'

इला याद करते हुए विभोर-सी हो गई, याद-दर-याद—

—अच्छी यादें अच्छे सपने लाती हैं। एस.एच.ओ. आर.पी. सिंह!

—नई पहल के लिए नए सफर पर निकलना जरूरी है।

—मुंशी खान चन्द।

—तुम्हें अपनी आँखें खोलकर रखना है, जब तुम्हारे इलाके की सारी बत्तियाँ बुझाई जा चुकी हों।—नाटक वाले राजकुमार सर।

—अब तक लोगों को बहुत कुछ बताया जा चुका है। तुम वह सब बताओ, जिसे तुमने अपने अनुभवों से पाया है, नई और अनूठी बातें।

—डी.जी.पी. सर।

—उस आग को बुझने न दो, जो तुमको कितने ही वर्षों से आगे चलाती रही है और चलते-चलते यहाँ तक चली आई है। वर्षा, हवा, ठंड जरूर तुमसे टकराई होंगी, मगर आग की लाली बुझी नहीं, कि बुझने नहीं दी तुमने, तुमने और तुमने!

—लालबहादुर सर

पापा!

पापा तो उठकर चले गए। इला ने अनूठी दुनिया में प्रवेश किया कि वहीं ऐसी रम गई, पापा के जाने की आहट तक नहीं मिली। मगर वे एक अद्‍भुत आहट अपनी बेटी के पास छोड़ गए—'ताकतवरी की खोज में निकले मजबूत और बहादुर लोगों को इस समय के नौजवानों ने देख लिया है।' हाँ, इला के आसपास भी वे लोग हैं, वे भी निराश नहीं होने देंगे पापा, पीछे लौटने नहीं देंगे।

अपना हौसला खुद बाँधो, लगता है, इला की छाती में हौसलों भरे बादल गड़गड़ा रहे हैं। ये बरसेंगे तो इला, अंजू, समीना, प्रिया जैसी लड़कियों की सूखी काठ जैसी दुनिया भीग उठेगी। नई फसल के लिए नमी जरूरी होती है।

ऐसा कैसे सम्भव हुआ? इला के भीतर जमी दुख की चट्‍टानों से पापा के साथ एस.पी. मित्तल, डी.जी.पी. सर और गुरुजनों की वाणी टकराई है कि चट्‍टान खंड-खंड हो गई। खुशियों के झरने निकले हैं, दुख की चट्‍टानों के बीच से।

पापा के बोल रस भरे, कानों में गूँजते हैं—'इला की मम्मी, इस लड़की के दिल में दहकती आग को जब उसका पिता नहीं बुझा पाया तो किसमें दम है कि उसे राख कर दे। हम किस्मतवाले हैं। बात यही रही कि इला गाँव क्यों भाग आई है? दिल में गाँव के लिए प्यार है न। अपने खेत, तालाब और बगीची उसके नजदीक हैं। ताकत मिलती होगी यहाँ से। ताकत न मिलती तो यहाँ उसका आना-जाना कैसे होता?

'देखो, इला की मम्मी, इला ने अपनी डायरी में क्या लिख रखा है।'

मम्मी चौंक पड़ीं, बोलीं, 'तुमने देखी डायरी? इसे तो वह किसी को नहीं दिखाती। क्यों देखी?'

पापा को हँसी आ गई—'पगली, लड़की से ज्यादा उसकी डायरी है क्या? वह इतनी सच्ची है कि दबी-छिपी बातें आसपास नहीं। मुझे तो उसमें जो ऊपर ही लिखा मिला मेरा ही अपना लिखा हुआ था। यही जो हमारा ब्रिगेडियर जवानों से कहा करता था—'कोई बात नहीं, दुश्मन हमारी धरती पर चढ़ आए, सारी धरती पर कब्जा कर लिया, लेकिन इस धरती का प्यार तो हमारे दिल में है। एक न एक दिन हम ही जीतेंगे।—इन लाइनों को चुननेवाली इला गजब की पारखी है।'

पापा को अखबार पढ़ने की तलब लगती है, तमाकू, हुक्का, बीड़ी-सिगरेट पीने की तलब की तरह। वे खासतौर पर अखबारवाले से कहकर जल्दी-से-जल्दी अखबार मँगाते हैं। अखबार आया है, उनके सामने चारपाई पर फैला हुआ।

पापा अखबार नहीं पढ़ पा रहे! उनका चेहरा छपी हुई इबारत पर झुका है।

पापा ने मम्मी को आवाज दी। इला को मम्मी का आधा ढँका चेहरा दिखा। पापा से बातें कर रही हैं मम्मी। वे इधर-उधर देखती हैं, बातें करती हैं। कोई बच्चा भी वहाँ से निकलता है मम्मी-पापा की बातें बन्द हो जाती हैं। क्या बातें हैं ऐसी? रात को बहुत गरमी थी, भैंसों के लिए खली लानी है, अरहर बाजार में बेचनी है, चौके के लिए ज्यादा मसालों की जरूरत पड़ेगी।—मम्मी तो ऐसी ही बातें किया करती हैं पापा से, लेकिन ये बातें छिपाकर करने की तो नहीं।

क्या मम्मी-पापा इला के बारे में बात कर रहे हैं? अखबार में उसके थाने को लेकर कोई खबर छपी है या शादी के लिए कोई इश्तहार आया है? हो सकता है, अपने ही किसी रिश्तेदार के साथ दुर्घटना की खबर... इला के मन में एक के बाद एक खबरों का सिलसिला चलता जा रहा है। वैसे आजकल हरियाणा सनसनीखेज खबरों का गढ़ बना हुआ है। सुन्दर-मनोरम पर्यटन स्थलोंवाला राज्य कत्लगाह के नाम से भी मशहूर हुआ है। इला के जेहन में कितनी-कितनी कातिल खबरों की भरमार है।

अरे! पापा ने सिर हिलाया दाएँ-बाएँ। उनकी करीने से कटी मूँछें बेतरतीब दिख रही हैं, जैसे उनके शरीर में भयानक दर्द उठा हो। असहनीय तकलीफ से बेज़ार हैं पापा। इला नाइटी पहनकर दिन में ही सोना चाहती थी, अब यकायक चौकन्नी हुई। उसने जल्दी से नाइटी उतारकर टी शर्ट और पैंट पहन ली।

वह बाहर निकल आई कमरे से और देखा कि पापा सिर हिलाकर ही मम्मी को समझा रहे हों, जैसे—अब कोई फायदा नहीं।

उसने धरती पर पटरा डालकर बैठी मम्मी को कन्धों से पकड़ लिया। घबराते हुए पूछा, 'क्या हुआ पापा को? बताओ मम्मी, क्या हुआ?'

पिता की ओर देखकर लग रहा है कि ऐसा हुआ है, जो नहीं होना चाहिए था।

माँ-बाप दोनों चुप हैं। मगर कितनी देर? पापा तो कहते हैं कि कहने से तकलीफ हलकी हो जाती है और सुख गाढ़ा।

पापा ने ही मम्मी को इशारा दिया सिर हिलाकर कि इला को भी बता दें वे।

मम्मी पापा की सहमति से उठीं और बेटी को कोठे में ले गईं। पापा के सामने उन्हें बेटी से 'इस तरह की बातें' बाँटने में संकोच लगेगा। रिश्ता ही ऐसा है कि माँ अपने पति की भी अन्तरंग है और बेटी की भी, मगर अलग-अलग।

जो था इस प्रकार था—'बेटा, तुझसे क्या छिपाना? सारे इलाके में ड्योढ़ी भी पिट गई है। यह गाँव अपनी बिरादरी के जुल्मों से घिर गया है। बाहर निकलने के लिए कोई रास्ता बनेगा, लगता नहीं। वो उदयभान की च्छोरी है न, वो भाग गई।'

'स्वीटी!' इला के मुँह से यकायक निकला—'क्यों भाग गई?'

'अरे, एक ही बात है भागने के लिए। बस, घरवालों की मरजी के खिलाफ ब्याह करना चाहै थी।'

'जात नहीं मिलती थी?' इला को अन्तर्जातीय विवाह पर मारकाट हो जाने और थाना-पुलिस होने का खास अनुभव हो गया है।

'जात मिलै थी, पर गोत भी मिलै था, मुश्किल तो यो ही है।'

'गोत! गोत क्या होता है?'

'गोत होता है बेटा, तू नहीं जानती तो अब जान ले। तेरे ताऊ, चाचा, दादी, बाबा और पापा सब जानते हैं। तब ही तो वे सब शादी ब्याह तै करने का हक रखते हैं।'

'मम्मी, मुझे गोत बता दो, हर लड़की को गोत बता देना चाहिए कि वह अपनी शादी तै करने का हक पा सके।'

'इतना आसान नहीं है लड़की के लिए शादी तै करने का हक पाना। दादी, नानी को मिलाकर पाँच गोतों का खयाल रखना पड़ता है, बेटा।'

'ओफ्फो, पुरखे भी कितने सयाने थे, जाति-गोत सब उलझाकर रख गए!'

'उलझा नहीं गए बेटा, आगे की सावधानी के लिए है सब कुछ। कहते हैं, गोत बचानेवाली बात तो डॉक्टर लोग भी मानते हैं। एक गोत में ब्याह करने से बच्चों के शरीर में, मन में खामियाँ आ जाती हैं।'

लगता है, मम्मी ने काफी ज्ञान प्राप्त कर लिया है। इला ने सवाल किया–'तो उदयभान चाचा इस बात पर नाराज हैं कि स्वीटी ने वैज्ञानिक रूप से सही बात क्यों नहीं मानी। अपने बच्चों के बारे में क्यों नहीं सोचा?'

'नहीं, इस बात की तो याद भी नहीं होगी उदयभान को, यो जो सबको दीख रहा है, माजरा वही है कि लड़की खानदान की नाक काटकर भाग गई।'

इला को असली तथ्य मालूम हो गया। किसी नवयुवक से प्रेम करते समय जाति देखो, गोत्र पूछो, पाँच पीढ़ियों की तह में जाओ। इतनी पड़ताल में प्रेम कहाँ जिन्दा रहेगा? प्रेम तो विश्वास का रूप है, छानबीन का समय नहीं देता।

'अब क्या होगा मम्मी?'

मम्मी कुछ देर निचले होंठ को चबाती हुई सोचती रहीं। निश्चित ही सारे मामले को छान-छानकर इला के सामने रखना चाहती हैं।

'तेरे पापा तो कह रहे थे, अखबार और टी.वी. तो जैसे हर घर के दरवाजे के मुँह पर लगे हैं। बात हुई नहीं कि दुनिया-जहान में खबर बनाकर, तसवीर छापकर उड़ा दी। कैसे और कहाँ तक ढके आदमी अपनी इज्जत? बात छिपाए नहीं छिपी तो उदयभान और चन्द्रभान कैसे कहते कि लड़की रिश्तेदारी में गई है। बीमार है, दवा कराने भेजी है। ये सब तो पुराने जमाने के बहाने हैं। आज का आदमी भी आबरू बचाने के लिए अब नए ढंग खोज लाया है। तभी न उदयभान ने जगह-जगह मुनादी करा दी–जो कोई लड़की और लड़की भगानेवाले लड़के को जिन्दा या मुर्दा पकड़ लाएगा, उसे एक लाख रुपया इनाम दिया जाएगा। बेटा, जो कत्ल-हत्या पहले छिपाकर की जाती थी, अब मुनादी करके होने लगी है। कारण कि जो बाप नकटी बेटी की हत्या कर दे, वही इज्जतदार है क्योंकि वह खानदान के नाम पर कत्ल करता है। और परवाह नहीं करता कि अब उसका क्या होगा?'

मम्मी ने परिवारों की विधायिका समझा दी इला को।

इला की आँखों के आगे तारे टूटने लगे। अपना घर! अपना गाँव! प्यारा घोंसला!

यही अंजाम पा रही हैं नवयुवाओं की छोटी-छोटी बगावतें। और पिता तथा पितामहों के एलानों से निकलतीं चमचमाती शमशीरें लपक पड़ी हैं।

इला अब क्या करे? कहाँ ले जाएगी इस तथाकथित खानदानी इनसाफ को? दीवारों के बीच उड़ते-घुमड़ते मम्मी के शब्दों ने घोषणा कर दी उसके सामने—स्वीटी और विजेन्द्र की घसीटी जाती गर्दनें...इला की अपनी गर्दन में भयानक खिंचाव पड़ने लगा। हम और हमारे पूर्वजों के बीच कैसा आत्मीय घमासान चलता आ रहा है, जिसमें हमारा मारा जाना तय होता है और बिरादरी के लोगों का पैशाचिक उल्लास अपना परचम लहराता है। सारा जमाना चुप रहता है या निस्सहाय देखते रहने का अभ्यस्त हो गया है। इला ने सोचा और आगे जो छवि बनी वह उसकी खुद की और जयन्त की नियति थी।

वह मृत्युगन्ध के आसपास है। सामने है खानदानी सवालों की लम्बी सूची। यही सूची उसे और उसके मित्र को सलीब तक ले जाएगी। वे भाग जाएँगे, छिप जाएँगे तो ये ही माता-पिता आएँगे मिलने के लिए, स्वीकार करने के लिए, प्रेमियों को साथ रहने देने के लिए शपथ लेंगे, कौल भरेंगे। और फिर...।

मम्मी कह रही है, क्या हुआ था झज्झर जिले में मनोज और आशा का? पंचायत के फैसले पर दोनों को मौत के घाट उतारा गया। तुझे नहीं पता? ऐसा नहीं हो सकता, बस अपने गाँव का पता न था, ऐसा कह।

—देसराज और निर्मला ने तो पंचायत को भी ठेंगा दिखा दिया था। पता है, कैसे मारे गए? पत्थर मार-मारकर मौत के घाट उतारा गया।

—जहाँ तूने ट्रेनिंग की है, उसी करनाल जिले की बात है इल्ला, अपनी मर्जी से शादी करनेवाले एक ही गोत के जस्सा और सुनीता को टुकड़ों-टुकड़ों में काट दिया गया था।

—और मनोज के संग बबली, कितना समझाया, फिर धमकाया, पर इश्क का जुनून, कौन किसकी सुनता है। उन्होंने किसी की परवाह नहीं की। ब्याह कर लिया। माँ-बाप ने प्यार से बुलाया उन्हें। भरोसा भी दिया कि जो हुआ सो हुआ, अब सब मान जाएँगे। लो, बस से गाँव तक भी

नहीं आ पाए, बीच में ही उतार लिये और वहीं मौत की नींद सुला दिया। इतने ही नहीं, कितने-कितने लड़के-लड़कियाँ हैं बेटा, उनकी किस्मत में यही लिखा है।'

इला का रोम-रोम थर्रा रहा है। उसकी देह ठंडी पड़ने लगी है। मम्मी क्यों सामने रख रही हैं मिसालें? ऐसा नहीं कि उसे कुछ पता नहीं, सब कुछ पता है। बस पता नहीं है तो अपना कि उसका क्या होगा? कौन सा 'खानदानी खाप छल' सलीब पर लटका देगा उसे और उसके दोस्त को। दोस्ती के लिए सजाएँ मिलती हैं हमारे समाज में, यह मिथक नहीं, जमीनी सच है। और इस खूनी सच को कोई चुनौती नहीं दे पा रहा, यही संस्कृति है।

अखबार में आज वेदपाल और सोनिया की कहानी है। ऑनर किलिंग पर पूरा पेज भरा हुआ है। जिन्द जिले के सिंहवाल गाँव में अपनी प्रेम विवाह वाली पत्नी को लेने जाने के लिए वेदपाल ने कोर्ट की मदद ली थी। वेदपाल पर पंचायत ने जुर्म जारी किया था कि उसने गोत्र के खिलाफ जाकर शादी की है। कोर्ट के आदेश और पुलिस की सुरक्षा के बीच पंचायत के ठेकेदारों ने वेदपाल को मौत के घाट उतार दिया।

इला सोच में डूब गई। पापा क्या उसके पुलिस में भर्ती होने पर खुश हैं या गाँव से बाहर रहने पर? 'आँख ओझल सो पहाड़ ओझल' यही कहावत कह रही थीं पापा के सामने मम्मी। स्वीटी और विजेन्द्र का भी मौत से सामना होना है। मम्मी आसमान की ओर हाथ उठाकर दुआ माँग रही थीं कि वे दोनों किसी अपने के भरोसे में न आएँ। भाईचारा मरवा देगा उन्हें।

इला माँ से क्या कहे, उसे सारा कुछ पता है। पिछले साल ऐसी 3739 याचिकाएँ हाईकोर्ट में आईं। इस साल अभी एक ही महीना बीता है, सुरक्षा की गुहार लगाती 28 याचिकाएँ दायर हो गईं। कितनी अन्धभक्ति करती रही है इला अपने गाँव की। यह राज तो यहाँ आने पर खुला कि अपना गाँव उन्हीं जिलों के बीच है, जहाँ जाटों की तूती बोलती है। यह बात पापा ने ही खोली कि वोट बैंक तगड़ा है, इसलिए जाटों के सामने राज्य के नेता घुटने ही नहीं टेकते, उनको लुभाते भी हैं। पुलिस हार गई क्योंकि जाटों में से खूनी पंचायतों के खिलाफ गवाह जुटाना भी मुमकिन नहीं। खापों का अपना पक्ष है कि हिन्दू मैरिज एक्ट में संशोधन

होना चाहिए, एक गाँव व एक गोत्र में शादी करना अवैध माना जाए। शादी प्यार का मामला नहीं, परिवारों को समृद्ध करने की विधि है। लड़के-लड़की भावावेश में अवैध कर्म करते हैं।

इला नवयुवती, उसकी आवाज क्या कहती है? वक्त के साथ पंचायतों को अपनी सोच बदलनी चाहिए।

इला की दोस्त, उसकी हमखयाल स्वीटी हमजोली और सहपाठी थी। दोनों ने अपनी भावनाएँ हर स्तर पर बाँटी थीं। वह आज तक इस राज को नहीं खोल पाई कि विजेन्द्र का दोस्त अरुण ही वह लड़का था, जिसने इला से कहा था—क्या अब भी बाल-विवाहों का जमाना है? तू शादी के लिए तैयार कैसे हो गई? शादी करेगी ऐं? तेरे माँ-बाप कितने अन्यायी हैं कि अपनी बच्ची की कच्ची उम्र का खयाल भी नहीं कर पा रहे?

क्या इला की चेतना को झकझोरने का काम अरुण और विजेन्द्र ने किया था। हाँ, वे ही सहयोगी थे। अरुण ने कहा था—'ऐसी जिन्दगी बनाना कि इस गाँव के लोग चकित रह जाएँ।'

आज अरुण भी स्वीटी और विजेन्द्र के हत्‌भाग्य पर रो रहा होगा?

माँ ने बताया—'गाँव में पुलिस आई थी।'

'पुलिस! आई थी पुलिस?' इला ने आशा भरे लहजे में फिर से पूछा। कहीं-न-कहीं राहत की उम्मीद भी जागी आँखों में।

'पुलिस कब तक रहती गाँव में, ऐं बेटा?' माँ ने निराशाजनक शब्दों में कहा तो इला को भीतर-ही-भीतर धक्का लगा।

'हाँ, इस हमारे प्यारे गाँव को क्या हो गया मम्मी? अपने लोग जानी दुश्मन हो जाएँ तो पुलिस भी कहाँ तक प्राण बचाए यहाँ के लड़के-लड़कियों के।'

'बेटा, चोरों की तरह भागे हैं स्वीटी-विजेन्द्र अपनी ही जनमभूमि से। इनामी गुनाहगारों का सिर है सबके आगे, देखो, कौन इनाम पाता है?'

'उदयभान चाचा तो कितना फख्र करते थे स्वीटी पर। बी.टेक. की डिग्री हासिल की थी, कितना बड़ा जश्न किया था चाचा ने। अपनी बेटी को नए जमाने की लड़की बताकर...।' आगे इला कुछ न बोल पाई।

मम्मी भी लाचार-सी, क्या बोलें! बोलीं तो यही बोलीं—'बेटा, पढ़ाई-लिखाई, लियाकत, अदब अपने ठौर है और घर की मरजाद अपनी जगह, नहीं तो नजदीकी ही हत्यारे हो जाते? ऐसा एका हुआ कि

धिय-पूतों को खाने लगा। गाँव की बात शहरवाली बातें नहीं कि कोई किसी को जाने-पहचाने ही नहीं। तू क्या जानती नहीं कि यहाँ बात सात पर्दों में भी छिपती नहीं। सबसे सबका वास्ता पड़ता है न, सब सबको जानते हैं। एक-दूसरे का नाता लगता है आपस में, भले जाति-बिरादरी भी अलग हो। गाँव के अपने चलन, अपने रिवाज टूटे-बिखरे नहीं, मजबूती से बँधे हैं। सोई बस जब-जब कोई बेचाल चलता है, एतराज उठता है गाँव में। जब किसी तरह मामला काबू में नहीं आता, पंचायत पर बात आ जाती है।'

इला चुप थी, सुनने के अलावा चारा भी क्या है!

माँ ने ही उसकी चुप्पी को बर्दाश्त नहीं किया—'इल्ला बेटा, तू क्या समझ रही है? माँ-बाप अपने बच्चों का हक छीनने पर तुल गए हैं?'

'हाँ। हाँ मम्मी। ऐसे माँ-बापों को तो बच्चे पैदा करने का अधिकार नहीं होना चाहिए।' इला का भरा हुआ दिल उमड़ पड़ा।

'हाँ बेटा, औलाद पैदा करने की खता में ही तो माँ-बाप गाँव-बदर हो रहे हैं। पंचायत के जूते खा रहे हैं!'

माँ के दिल में कितना दर्द है! मजबूरी का कितना भारी जज्बा है! इला इस दुख के लिए क्या कर सकती है? स्वीटी की तरह भाग जाने के सिवा और कौन सा रास्ता है? पापा ने क्या कहा था—'पंचायत चाहे सरकारी स्तर पर हो या जातीय स्तर पर, वह पंचायत ही होती है, जिसका फैसला सर्वसम्मति से मान्य होता है।'

'पापा!' कहकर रह गई थी इला। कहना चाहती थी कि यह पंचायत अवैध है, नाजायज। इसमें चुनाव नहीं होते, अगर होते तो इस हत्यारी पंचायत का वजूद न होता। ये कबीले हैं पापा, जिनके आप लोग गुलाम हैं, नागरिक नहीं।

कुछ नहीं कहा था इला ने। मम्मी ने ही कुछ-कुछ समझ लिया था, बोली, 'तू अपना मन क्यों खराब करै सै? तूने तो अपने बाप की हेठी ना करी। तेरी तो गाँव में अब बड़ी तारीफ सै।'

इला ने दर्द भरी नजर से माँ को देखा। 'तारीफ' शब्द ने उसके भीतर ऐंठन पैदा कर दी। अच्छी लड़की का चेहरा गर्दन कसने लगा। क्या इस चेहरे का वजन साध पाएगी? कैसे बता दे कि वह स्वीटी से अलग नहीं। वह भी जयन्त से अपना कितना कुछ जोड़ बैठी है। मम्मी सुन पाएँगी इस

सच को? पिता के तन-मन को लकवा मार जाएगा यकायक। ऐसी नई पौध को विष-बेल कहा जाता है। इला के सिर पर सजी उनकी टोपी लज्जित होगी।

'अपनी माँ के पेट से जन्मी दुश्मन स्वीटी...' माँ ने कहा और गहरी साँस ली। इला ने 'दुश्मन' शब्द को अपने ऊपर ले लिया।

'हाँ, दुश्मन लड़की! क्योंकि गाँव में स्वीटी के लिए भयानक जानलेवा मुनादी को सुनकर अनचाहे ही मेरे जीवन का केन्द्र जयन्त बनता जा रहा है। पता है, मेरे अपने भी जयन्त के कारण पराए ही नहीं, दुश्मन हो जाएँगे। स्वीटी का वह जीवन खत्म हुआ न, जिसमें उसके आसपास पिता, चाचा, भैया, मामा आदि थे। सम्बन्धों का निजी और प्यारा-सा पक्का जाल अपनेपन में खुद-ब-खुद टूट गया। इतने बड़े सम्बन्ध-समूह से एक छोटा-सा हक न दिया गया—अपने चुनाव का हक।

उफ्! जानलेवा घुटन है। साँसों से हवा छीन ली पंचायत ने। न्याय, फैसला और पंचों के प्रति बगावत...अभी तो छुट्टियाँ बाकी हैं। इला ने घबराकर अपने कैरी बैग की ओर देखा जो एक कोने में आराम से रखा था। वह अनजाने ही उठी और अनचाहे ही कैरी बैग की ओर बढ़ने लगी।

क्या-क्या मिला हुआ है समय के तूफान में? अन्धड़ के थपेड़ों जैसे हालात, उड़ता, भटकता, बिंधता, टीसता इनसानी मन, बीहड़ में प्रतिकूल धारा-सी उमड़ती भावनात्मक प्रतिज्ञाएँ—सच, बारूद भर गया है मेरे भीतर, अगर यहीं दिल बम की तरह फट गया तो सब कुछ नष्ट हो जाएगा। माँ और पिता के लगाव की धज्जियाँ उड़ेंगी। मेरे भीतर का इनसाफ अगर गुनाह है तो अपराध तय होनेवाली जगह थाना होगी।

कन्धे पर टँगा बैग और साथ-साथ रास्ते में चलती आती माँ। इला मम्मी के चेहरे को बार-बार देखती है क्योंकि हर बात में उसे माँ को सामने रखने की आदत है। अक्सर यही खोजा कि मम्मी आखिर किस भावनात्मक दबाव में जीती है? जहाँ से उनकी बेटी भाग रही है, वहीं माँ को मुकम्मल तौर पर रहना है। क्या मम्मी इला से ज्यादा बहादुर नहीं? यहीं रहते हुए

डरना, जीते हुए मरते रहना और हर असंगति-विसंगति से जूझना...इस धरती की बहादुर सिपाही इला की माँ, स्वीटी की माँ, सोनिया की माँ...ऐसी ही अनगिनत औरतें हरियाणा की खूनी हलचलों की चश्मदीद गवाह कुछ करें या न कर पाएँ, औरत का मौखिक इतिहास इनकी जबान पर खुदा है।

गाँव का सिवान अभी पार नहीं किया था कि अखबारों की प्रतियाँ लिये साइकिलवाला पुराना फौजी रामकृपाल सामने आ गया।

'राम-राम रामकृपाल चाचा।' इला ने अभिवादन किया।

'जयहिन्द इला बीबी।' रामकृपाल ने माथे पर उलटी हथेली रखकर सैल्यूट किया।

'क्या चल दी?'

'हाँ चाचा।'

'अरे, तुझे तो अभी हफ्ते भर रहना था।'

इला बुझे मन से मुसकराई चुपचाप और नजरें फेरकर खेतों की ओर देखने लगी।

'इला बीबी मैं तो तेरे ही पास आ रहा था।' चाचा ने उमंग में आकर कहा।

'मेरे पास!' इला का स्वर उदासी में डूबा हुआ है।

'हाँ, अखबार में खबर ही ऐसी है कि गाँव में...आगे मत पूछ बीबी, मत पूछ!' रामकृपाल के चेहरे पर आश्चर्य और आँखों में फैलती हुई दहशत के खिलाफ कोई इबारत-सी।

'मुझे अखबार दे दो चाचा। बस में पढ़ती जाऊँगी।'

'नहीं इला बीबी, नहीं।' रामकृपाल ने इत्मीनान से सिर हिलाया और कहा, 'कोई खबर संग मिलकर पढ़ी जाए तो अपना असर कई गुना बढ़ा देती है। यह खबर अकेले में पढ़ने लायक नहीं। देख तो अपनी स्वीटी ने क्या...।'

'स्वीटी।' इला के मुँह से यकायक निकला।

'हाँ, स्वीटी।'

'कहाँ है वह? पता मिला है उसका?'

रामकृपाल चाचा ने खिचड़ी खूँटों जैसे बालोंवाला सिर हिलाया और होंठों को मुसकराहट में फैलाया, इत्मीनान का साँस लिया—'अरे, बागी

लड़की भला अपना पता ठिकाना देगी? अपनी धुन की पक्की स्वीटी अपनी बात कहना जानती है बीबी।'

'अपनी बात? कैसी अपनी बात?'

रामकृपाल चाचा ने पीपल के छतनार वृक्ष की ओर इशारा किया—'चल, दो घड़ी वहाँ बैठे ले। तेरी माँ भी सुन लेगी स्वीटी की बात। तेरी एक बस छुट जाएगी तो दूसरी मिल जाएगी, पर अपनी बैठक तो हो ही जाएगी। तुझसे मिल नहीं पाया था, इच्छा बहुत थी कि देखूँ अपनी इला पुलिस की कैसी सिपाही बनी है। देख, आज कैसा संजोग जुटा।'

पीपलवाले चबूतरे पर बैठकर इला ने पढ़ा अखबार। मम्मी ने सुना और गाँव की आबोहवा में स्वीटी का वक्तव्य गन्ध की तरह फैलने लगा।

'आइए प्रवीण अग्रवाल साहब, आपका खाप पंचायतों में स्वागत है। घबराइए मत, गर्व कीजिए कि आप भी हरियाणा की मिट्टी की शानदार पैदावार हैं। सपूतों में सपूत नेता के हमजोली हैं, किसान-मसीहा के समर्थन में अपनी धरती पर खड़े हुए हैं। धरती से जुड़े लोग ऐसे ही होते हैं, हमारी युवा पीढ़ी को नया ज्ञान हुआ है। ज्ञात हुआ है कि बबली और मनोज के हत्यारों को जिस महिला जज ने फाँसी की सजा सुनाई है, उसका आप घोर विरोध करते हैं। खाप सरदारों को आश्वस्त कर दिया है कि आप उनके प्रस्तावों को सरकार में ले जाकर वैध बनाएँगे और फिर नए जमाने की शिक्षित युवा पीढ़ी के लिए विवाह के नाम पर उनके अपने चुनाव, अपनी इच्छा का निषेध अनिवार्य कराएँगे। संस्कृति की रक्षा ऐसे ही तो होती है साहब। रखवाले आप जैसे न हों तो उन्हें नेता कौन कहेगा? नेता जो समाज को चलाए। आपने कितनी तरकीबें, चतुराइयाँ और दाँव-पेच लगाकर सत्ता को साधा है, काबिले-तारीफ है। अब कैसे कहें कि मैं शिल्पी उर्फ स्वीटी, मेरा साथी विजेन्द्र दोनों भगोड़े हैं। प्रेम करने के अपराध में पकड़े जाने के बाद बबली और मनोज जैसा मृत्युदंड मिलेगा। जिन्दगी बचाने का उपाय केवल भगोड़ा बनना रह गया था क्योंकि आप जैसे देश के कर्णधारों के सामने हम अपने नागरिक अधिकारों का जिक्र तक नहीं कर पाएँगे। हम जैसे कितने ही युवक-युवतियाँ हैं, जिनको वोट देने का अधिकार तो संविधान ने दे दिया, अपने चुनाव का सामाजिक न्याय अब तक नहीं मिला, जब हमारी उम्र क्रमशः तेईस और पच्चीस वर्ष है। हम किस हैसियत से वोट देंगे? लोकतंत्र पर गौर तो करिए।'

इतना पढ़कर इला रुक गई। मम्मी की ओर देखा। रामकृपाल चाचा बोले, 'आधे से बात नहीं बनेगी, आगे पढ़ बीबी।'

'अग्रवाल साहब, हमारे इलाके से सांसद के तौर पर आप ख्याति-पुरुष हैं। पढ़े-लिखे ज्ञानवान माने जाते हैं। आप यह बात तो जानते होंगे कि औरतों की जाति क्या होती है? कोई जाति नहीं है हमारी। हम पिता की जाति से निकलकर पति की जाति में बिला जाते हैं। वह पति अपहरण करके ले जाए या खरीद-फरोख्त के आधार पर पत्नी बनाए अपनी जाति पहना-ओढ़ा देगा हमें। वेश्याओं की जाति इसलिए ही नहीं पूछी जाती कि उनका कोई पति नहीं होता, पिता लापता होता है। फिर हमें क्यों जाति की सूली पर चढ़ाया जा रहा है? इसलिए कि हमें सलीब पर लटकाकर जो नुमाइश होगी, उसका आप उद्घाटन करेंगे और आपका जय-जयकार होगा। आपका वोट बैंक निरन्तर बढ़ता जाएगा क्योंकि अकेले कुरुक्षेत्र में कुल जनसंख्या का सत्रह प्रतिशत जाटों (खापों) का गणना अंक है। और शुमार कराइए कि खापों ने कितने कत्ल कराए, कितनी लाशें बिछाईं, कितने शानदार रूप में पेड़ों पर झूलते शव... हरियाणा के पर्यटन स्थल अपनी इसी श्री सुषमा के लिए देश-विदेश में मशहूर हो गए हैं, अपनी पीठ थपथपाइए।'

माँ को विश्वास नहीं हो रहा कि स्वीटी अपनी उपस्थिति इस तरह दर्ज करेगी। अब तो वह निश्चित ही पकड़ी जाएगी। मम्मी के चेहरे पर स्याह घटाओं की तरह दहशत उमड़ती आ रही है।

इला जाने के लिए उठना चाहती है, लेकिन उसकी जड़ अवस्था...सामने ही सड़क पर बस आकर रुक गई।

इला की नम आँख में सलाम झिलमिलाया

जयन्त के हाथों जो किताब लिखी जाएगी, उसमें अभी कितना कुछ जुड़ना बाकी है। इला जिस ओर हरियाली के रूप में बिछी हुई नरम घास समझकर कदम बढ़ाती है, भयानक भ्रम की शिकार होती है। घास के मैदानों के नीचे सचमुच ही खतरनाक जन्तुओं से भरी खाइयाँ हैं। यह असाधारण नहीं, इला जैसी लाखो-लाख जिन्दगियों को लाश के रूप में बदलकर सड़ाने के बड़े-बड़े गोदाम हैं ये खाइयाँ। नहीं तो लड़की के जन्म लेने से पहले ही परम्परा और इतिहास मुँह फाड़कर खड़े क्यों हो जाते हैं? इला का समाज, जाट-समाज। पापा के पिता और पितामहों ने इस समाज की खातिर अपना जीवन लगाया, जिसका इतिहास जाटों की जबान पर मिसाल की तरह जिन्दा है। उसी के अनुसार आज अखबार और पत्रिकाएँ उस विवरण को छाप रहे हैं। इस मौलिक संविधान को क्या दर्ज किया जाए?

भारी जद्दोजहद! इस अकेली जाति के नियम और फरमानों को लिख भी दिया तो क्या नया हो जाएगा? आधुनिक सोच के बरअक्स कबीलाई जिदों का जखीरा ही सामने होगा। मगर इस रूढ़ रुझान के विरुद्ध ही जन्म ले सकता है चेतना का विधान। लिखना होगा कि आखिर खापों का अस्तित्व कैसे उभरा और किस तरह अपने नियमों को लागू करता जाता है कि भारतीय लोकतंत्र हारता जा रहा है।

कहते हैं कि प्राचीनकाल में पश्चिमी उत्तर प्रदेश, हरियाणा और राजस्थान में सामाजिक स्तर पर प्रशासनिक इकाई के रूप में खाप का अस्तित्व बन गया था। जनसंघ, जनपद, पाल और रिपब्लिक जैसी एक ही संस्था थी जो सामाजिक और राजनीतिक रूप में एक संगठन ही थी। यहाँ जाटों के एक ही गोत्र से चौरासी गाँवों के संगठित रूप को खाप नाम दिया

गया। आज तो यह लिखित दावा किया जा रहा है कि यह पारम्परिक इतिहास ऋग्वेद-काल का है।

इस क्षेत्र में शक्तिशाली और बड़ी खाप हैं—बलियान, गठवाला, देश, बत्तीसा, रमला चौहान और धनखड़ खाप आदि। राजनीतिक पक्ष देखना है तो मिलेगा कि बलियान खाप के मुखिया नामी राजनेता श्री महेन्द्र सिंह टिकैत हैं। खाप प्रमुख का चुनाव नहीं होता। यह तो पीढ़ी-दर-पीढ़ी वंश के आधार पर चला आता है। अर्थात् एक ही परिवार के लोग पीढ़ी-दर-पीढ़ी खाप प्रमुख होते चले जाते हैं। विभिन्न खापों के समूह को मिलाकर 'सर्वखाप पंचायतें' बनती हैं।

इला के दिल में टीस उठती है, ऐसी गहरी टीस कि उसने अखबार पढ़ना तक छोड़ दिया। आज वह टीस बेतरह उभरी है। उसे क्या पता था कि महेन्द्र सिंह टिकैत ऐसा बयान दे सकते हैं! भारतीय लोकतंत्र की दुहाई देनेवाले नेता ऐलान कर सकते हैं—पंचायत में एक ही गोत्र में शादी करनेवालों को सजा-ए-मौत देने का फरमान जारी है।—नेता के इस फरमान को सुनाकर झज्झर के रवीन्द्र और पानीपत की शिल्पा की शादी को अवैध ठहराया गया पंचायत में। दबाव में घबराकर रवीन्द्र ने आत्महत्या कर ली।

क्यों हो रहा है ऐसा? पहले भी यह खूनी कानून लागू हुआ है कभी?

सूचना, खबर, जानकारी—ये सारगर्भित शब्द अपने वजूद में महत्त्वपूर्ण हैं। जयन्त लिखेगा, प्रिया समझेगी कि इन शब्दों को अपना समय इन दिनों ही मिला है। वरन् सारे जुल्म, हर तरह की हैवानियत दीवारों के पर्दों में दफन होती रही है। प्रेम शाश्वत भावना है। नवयुवाओं का आकर्षण कुदरती है। साथ जीवन बिताने का जज्बा इनसानियत का हिस्सा है। इनके चलते मुक्ति का अर्थ खुलता है। इला ने समझा है कि सबसे बड़ी मुक्ति है अपनी स्वाभाविक वृत्ति के रूप में सहजता से प्रेम भावना का आदान-प्रदान। चाहे जितनी पीढ़ियाँ आती-जाती रहें, आदमी में प्रेम का गुण बराबर चला आता है। तभी तो तमाम जिन्दगियों के बावजूद मनुष्य की एक ही जिन्दगी नजर आती है।

रूढ़ियाँ, जिन्हें मूल्य-मान्यताएँ कहा जाता है, नई आधुनिक सोच के बीच संघर्ष की तेजी जगह ले रही है, खासतौर पर अपनी जिन्दगियों के बारे में फैसला लेनेवाले मुद्दों पर। चाहे प्रेम प्रसंग हो या विवाह की बात

हो, यहाँ अब तक जो वर्जित रहा है, उसी की मुक्ति के लिए युद्ध है। खापों का क्षेत्र खूनी दलदल का रूप है तो न्यायपालिका के दायरे का विस्तार होना चाहिए। शुक्रिया अदा करती है इला उस मीडिया का जो घर-घर जाकर खापों के अत्याचारों की खबर देता है। सूचना क्रान्ति को कोसनेवाले बुजुर्ग युवा पीढ़ी की आवाज सुनें कि उनकी आवाजें आप तक पहुँचाने का काम मीडिया ने युद्धस्तर पर किया है। न किया होता तो पुस्तक लिखने की बात इला सोच भी नहीं सकती थी। स्वीटी का लिखित वक्तव्य कैसे आता?

कितना कुछ जान गई है इला, बहुत सारी बातें! हरियाणा की औरतों का ज्ञान-कोष। पराधीनता का लोकतंत्र। ऐसे ही माहौल में पैदा होकर बड़ी हुई है। औरतों की जिन्दगी का भेद पता ही तो चल गया था नहीं तो अपनी दीदी के साथ अपने भी मंडप की बात सुनकर घर से भाग जाती? भागने के मूल में क्या था? माँ जानती हैं, वह थी लड़की की लालसा। लालसा अच्छा खाने की नहीं, रेशमी कपड़ों की नहीं, गहने-जेवर की नहीं, मौज-मस्ती की नहीं, साधन-सुविधा की नहीं, प्रियतम-पति की नहीं, संरक्षण और सुरक्षा की नहीं, बस वह थी अपने बूते सम्मानपूर्वक जीने की लालसा। बस इतना कि अपने जीवन के प्रति खुद ही जिम्मेदार होकर जिन्दगी का सफर तय करे।

'जयन्त!' इला के हृदय से आवाज निकली।

तुम जो भी कहो जयन्त, हमारे हालातों में लड़कियाँ आसानी से जी नहीं सकतीं।

जयन्त, कहाँ से आ गया जयन्त? इला जैसे सब कुछ भूली हुई है। यह भी याद नहीं रहा कि वह तो बस स्टैंड पर ही मिल गया था। इला को लेने आया था अपनी मोटरसाइकिल लेकर। खासतौर पर मिलने आया था क्योंकि इन दिनों बबली और मनोज हत्याकांड तूल पकड़ रहा था। और उसे इस प्रसंग की गहराई से जानकारी की दरकार महसूस हो रही थी। बेशक इला खापों का छोटा-सा इतिहास जयन्त की पुस्तक की खातिर ले आई थी।

जयन्त और इला अपने कमरे में बैठे हैं, जो इला ने किराए पर लिया हुआ है और जिसकी एकमात्र खिड़की खेतों की ओर खुलती है। खुरदरे फर्श पर चटाई बिछी है और दीवान से सटा सिंगल पलंग बिछा हुआ है। यही पलंग उसका दीवान है। घर से बाँधी गई पूरियाँ और आलू की सब्जी लंच और डिनर के लिए काफी हैं।

मगर भूख किसको है? इला को तो बिलकुल नहीं। कोई जीने के लिए गुलामी और मरने के लिए मिन्नतें करता रहे, उसे भूख कैसे लग सकती है?

जयन्त ने इला के कन्धे पर हाथ धर दिया—'क्यों घबराती हो? तुमको कोई नहीं मार पाएगा। तुम खुद को हालात से सामना करने के योग्य बना रही हो। खुद को तरकीबों के साथ मोड़ना सीख रही हो। यह क्या ताकत का रूप नहीं है?'

इला ने सिर झुका लिया। क्या कहे अब, जिन्दगी को बचाने की योजना इतनी सीधी-सरल नहीं। बबली ने कब सोचा होगा कि वह पूरी सुरक्षा के होते हुए किसी पुलिसकर्मी की गद्दारी के कारण ही मारी जाएगी। अपने ही परिवार द्वारा विषपान कराया जाएगा। इला का स्वर रुआँसा हो आया—'जयन्त, हमने हजारों वर्षों से खापों की पहनाई जंजीरों का बोझ ढोया है। सदियों से अपनी बोझ से झुकी जिन्दगी को चलाते हुए समय के रेतीले टीलों, गहरी नदियों और खतरनाक खाइयों को पार करते आए हैं। आखिर कब रिहा होंगे हरियाणा के खाप कारागार से? अपने हिस्से का अन्न, जल, हवा-बतास अक्सर ही हमसे छीन लिया जाता है!'

'इला, अँधेरा क्या हमेशा रहता है? देखो, खापों के खिलाफ जंग शुरू हो चुकी है और वे इस जंग में सिपाहियों, योद्धाओं और बहादुरों की तरह कहीं भी नमूदार नहीं हुए। उन्होंने सदा कायरों, डरपोकों और गद्दारों की तरह वार किए हैं। आखिर क्यों हुआ है ऐसा? बबली और मनोज जिस गाड़ी में आ रहे थे, वीराने में क्यों उस गाड़ी के सामने लगा दी गाड़ी? उन दोनों को खींच लिया और मारकर चुपके से क्यों बहा दिया नदी में? अगर वे न्याय कर रहे थे, पंचायत के पंच परमेश्वरों के भेजे आए बबली के तीनों भाई, चाचा और रिश्तेदार, तो नवविवाहितों को अपने गाँव ले जाते। मारकर वहीं अन्तिम संस्कार करते। वे तो रात के अँधेरे में धँस जाते हैं

और लाशों को पानी में फूलने को डाल देते हैं कि चेहरे भी पहचाने न जाएँ। मगर ये हत्याएँ अपने पाँवों चलकर जनता तक पहुँच रही हैं, न्यायपालिका का दरवाजा खटखटा रही हैं...।'

'जयन्त, तुम खाना खा लो।' इला अब इस प्रसंग के ताप से जल उठी है और लगातार पानी पिये जा रही है। जैसे पानी ही कुशलता से उसके तन-मन को पौष्टिकता प्रदान कर रहा हो।

'पता है जयन्त, मेरी बचपन की सखी स्वीटी और उसका दोस्त विजेन्द्र गाँव से चले गए। उनको जिन्दा या मुर्दा पकड़ लाने पर इनाम बोला गया है—एक लाख रुपया!' इला का धैर्य टूटने लगा है।

गाँव से पापा के पास जितनी भी अखबारों में छपी नवविवाहितों की खूनी खबरें थीं, एक-एक को कैंची से काट लाई और अपने कैरी-बैग की जेबों से निकालकर सीधे-सपाट कागजों के रूप में जयन्त के सामने बिछा दीं। फिर ऐसे देखने लगी जैसे कह रही हो—यह है हमारी जिन्दगी, इसे पढ़ ले तो कोई भी लड़की पागल हो जाए। जयन्त, लड़कियों की मुजरिमनुमा कतारें, इनमें से कितनी पकड़कर मार डाली जाएँगी और उन लड़कों के बँधे हाथ-पाँव जो इन आजादी की दीवानी लड़कियों से प्रेम करने लगे, गले में रस्सा डालकर पेड़ों पर झुलाए जाते हैं, मरने की हद तक। कैसा समाँ है अपने राज्य हरियाणा में...।

'जयन्त, लगता है, तुम्हें न्योता दूँ, चलो, लाशों की नुमाइश देखने, पश्चिमी उत्तर प्रदेश से हरियाणा तक जानेवाली चिकनी सड़कों के किनारे-किनारे...देखो रोज-न-रोज अखबारों में रंगीन इश्तहार आते हैं, टी. वी. पर वारदात, क्राइम रिपोर्टर जैसे स्तम्भ रीयल स्टोरी दिखाते हैं।

'यह सब यों ही नहीं, हमारा इलाका हत्याओं और लाशों का नुमाइश ग्राउंड बन गया है, एकदम सच्चा-सच्चा। कहाँ-कहाँ से जनता आती है, पत्रकार और टी.वी. वाली गाड़ियाँ उस वीराने में जमा होती हैं। नेता-अभिनेता सभी तो! जयन्त इतना बड़ा समायोजन देखने नहीं चलोगे? जहाँ जनता है, वहीं बाजार हैं। फल, मिठाई, चाट, तरह-तरह के स्नैक्स, देशी-विदेशी खाने, ठंडा गरम पेय और नशे के लिए ठर्रे से लेकर बीयर व्हिस्की-रम न पहुँचें तो दर्शक समूह आखिर कितनी देर टिकेगा? हरियाणा पर्यटन में प्रगति-उन्नति के अचूक सन्धान करता है, देख लो कैसा नायाब प्रदर्शन हाथ आया है!

'यों तो तुम देखोगे फसलें दमक रही हैं, सूरज चमक रहा है, पेड़ों पर हरे पत्ते अपनी शाखों पर हिलडुल रहे हैं, मगर उन शाखों की कीमत बड़ी है, जिन पर लाशें झूल रही हैं क्योंकि यहाँ लोगों को लोमहर्षक आनन्द का जरिया प्रदान किया गया है। आखिर हसीन-जवान लड़की की देह का उल्लासपूर्ण विस्मय भरा रोमांचक रहस्य नायाब नहीं है तो और क्या है? नहीं तो इतनी कारें आतीं? वातानुकूलित वाहनों में बैठे नवयुवकों की चीख भरी किलकारियाँ गूँजतीं?

'शोक ध्वनियों के बीच उठती मादक हँसी! अब हमारा हरियाणा आश्चर्यजनक रूप से प्रसिद्धि पा चुका है।

'जयन्त, हम किन औरतों को गिरफ्तार करने जाते हैं? जो क्रिमिनल होती हैं उन्हें या जो अपराधिनी मान ली जाती हैं उन्हें? मुश्किल बहुत पड़ती है। यह तय करना आसान नहीं कि औरत वाकई क्रिमिनल है या मान ली गई है।' इला जैसे दिमागी कागज पर लिखा शिलालेख पढ़ रही हो।

समीना का फोन आया इला के मोबाइल पर।

'यार, जयन्त कह रहा था, जब से तू गाँव से लौटी है, नॉर्मल तरीके से बात नहीं कर रही। कब-कब की पुराने अखबारों की कतरनें ले आई है, उन्हीं में उलझी रहती है। जयन्त कह रहा था कि ऐसा ही रहा तो इला नॉर्मल नहीं रहेगी, शी इज इन शॉक्ड स्टेज। स्वीटी के लिए बहुत चिन्तित है।'

इला कान पर फोन लगाए सब कुछ सुन रही है। किसी बात का तोड़ या काट नहीं है उसके पास। अपनी चेतना से जूझना भी नहीं है उसके बस का। अपनी इस कमजोरी को छिपाना चाहती है, लेकिन कमजोरियाँ अक्सर इतनी ताकत के साथ बाहर आ जाती हैं कि वह रोक नहीं पाती।

समीना बराबर बोल रही है—'तू सुन तो रही है न इला, मैं क्या कह रही हूँ? होश में आ। अपनी ड्यूटी में ध्यान लगा।'

'ड्यूटी!' इला को ताज्जुब होता है, जब लोग उसे उसकी ड्यूटी समझाते हैं। बूट-वर्दी पहनकर थाने पर जाना, अफसरों को सैल्यूट बजाना,

गेट पर चौकीदार की तरह खड़ी होना या किसी महिला मुजरिम की तलाशी लेना या कि औरत को किसी गाँव-कस्बे या शहर से गिरफ्तार करके थाने तक लाना। सचमुच ही यह ड्यूटी है उसकी? इसी को ड्यूटी कहते हैं? अपना रुतबा गाँठकर रहनेवाले लोगों ने उस सारी धरती पर कब्जा कर लिया जो लड़कियों के हक में थी। उन्हें बेदखल करके चाहे जिधर हाँक दिया और अपनी सेवा तथा सेक्स के लिए औरतों को काम में लाए। इसी परम्परा के रीति-रिवाजों पर आज भी ढोल-नगाड़े बजाए जाते हैं। दूल्हों की सवारियाँ निकलती हैं और कुछ दिन बाद हत्या और आत्महत्या से गुजरती औरतों की चिताएँ सजती हैं। लाशें जल-समाधि लेती हैं। इला जैसी लड़कियाँ, समीना और प्रिया जैसी सिपाही मौन हैं। ड्यूटी कर रही हैं, महिला पुलिस कहलाती हैं। इला को हँसी आ गई, खोखली-सी हँसी उसके एकान्त से आ टकराई। इस हँसी की मुद्रा में एक लाश का मुँह खुला है, जिसको विष देकर मारा गया। इस हँसी में लाल रंग से पुता कुचला हुआ चेहरा मुसकराने की कोशिश करता है, जिसके लहू में कमसिन प्रेयसी के मुखड़े की रंगत है। प्यार की चिलक मारती है, इला पूरी इच्छाशक्ति लगाकर उस चिलक को बरकरार रखना चाहती है। मगर प्यार थरथराता है प्रेयसी की आँखों में क्योंकि इसी भावना को निरन्तर भयानक यातना मिल रही है।

इला सोचती है—हम गुलाम, जिनकी इच्छाओं के दमन को इस हद तक कोई नहीं जान पाता सिवा हमारे। जिस प्यार की प्यास मारे डालती है, वही तो बलपूर्वक हमसे छीन लिया जाता है। कैसी भूल की बबली और मनोज ने, कितनी बड़ी गलती कर बैठे स्वीटी और विजेन्द्र, उसी गलती के रास्ते जा रही हूँ मैं...समझ गई हूँ कि जातीय पंचायत और सामाजिक रिवाजों के कोड़ों की ताकत, अगर वे हमको छूकर भी निकल जाएँ तो चमड़ी उधड़ती चली आए। बोटी-बोटी कटकर धरती पर छितरा जाए।

समीना को कैसे समझाऊँ मैं कि 'ड्यूटी' शब्द मेरे लिए खोखला हो गया। जब नाइनसाफी का जलजला चारों ओर से बढ़ता आए और रास्ते बाँध ले, तब कौन सी ड्यूटी करें हम? लगता है कि मान लें इनसाफ का अन्त आ गया। हाँ, कोई भी व्यवस्था खत्म होने के लिए ही तो शुरू होती है, न्याय व्यवस्था के साथ भी यही हुआ है।

'बबली पुलिस से क्या उम्मीद करती होगी? यही कि हम उसके आसपास होते। विष पिलानेवालों के हाथ हथकड़ी में जकड़ लेते, मगर ऐसा कुछ न कर पाए क्योंकि हम अपनी ड्यूटी में मशगूल थे। वेतन चढ़ा रहे थे। प्रमोशन की बात सोच रहे थे, ऐसी ही योजनाओं में तो हम खोए रहते हैं। बबली की, सोनिया की, पूजा और कविता की पुकार नहीं सुन पाए थाने और ड्यूटी के कोलाहल में। वे नवयुवक, जिनको प्यार था, हम ही पकड़ लाए और अपनी दिलेरी दिखाते हुए उनको सौंप दिया, जो मृत्युदंड दे रहे थे।

'उन प्रेमियों के प्रेत अब चैन से सोने नहीं देते। हमदर्दी भरी चेतना को अपनी यातनाओं के चीत्कार से खोंटते रहते हैं।

'जयन्त अब मत कहना 'टेक थिंग्स एट ईजी'। समीना अब फोन पर शान्ति और चैन की दुआ न करना हमारे लिए। हत्याओं को बर्दाश्त करने की सलाह हम कैसे मानें? हम क्या उस कातिल जमात में शामिल नहीं हो गए हैं, अब तक गूँगे-बहरों की भूमिका में रहकर?'

मेरे सवालों का जवाब कौन देगा? चारों दिशाएँ बेजबान हैं। धरती से लेकर आसमान तक छान आओ, कोई बताएगा कि हमारी ड्यूटी क्या है? यही समझ में नहीं आता समीना! यह कोई कानूनी चीज है या कोई व्यापार? जिन्दगी ऐशोआराम से जीनेवाली बिजनेस? समीना अब बोलो, मैं सुऩना चाहती हूँ।

'हम बिजनेस नहीं करते इला, तुम क्या जानती नहीं? हम तो कानूनी ड्यूटी ही देते हैं, पूरी ईमानदारी के साथ।' समीना ने अपना पक्ष साफ तौर पर रख दिया।

'हाँ, ईमानदारी से कई बेईमानी भरे खेल खेले जाते हैं, जिनका फैसला आरामपसन्द और ऐयाशों के पक्ष में पड़ता है।' इला तल्ख है।

'यार, तुझे क्या हो गया है?' समीना का स्वर बुझने लगा उस तरफ।

'समीना, पता नहीं क्यों मुझे वह रात याद आ रही है, जब हम अपनी ड्यूटी करने करनाल से पंजाब जा रहे थे। उसी दिन बबली और मनोज को कैथल कोर्ट ने पुलिस सुरक्षा देने का ऑर्डर किया था। उन दोनों को दो पुलिसकर्मी अपनी सुरक्षा के अन्तर्गत बस से किसी सुरक्षित जगह छोड़ने जा रहे थे। लेकिन बबली के भाइयों ने बस के आगे अपना वाहन लगवा

दिया और बस रुकवाकर बबली और मनोज को बस में से खींच लिया...मैं कितनी बार दोहराऊँ इस बात को?

'समीना, मैं तुम्हारे साथ ही थी न? एक गुनाहगार औरत को गिरफ्तार करने के लिए, क्योंकि वह मिल नहीं रही थी। उसने नाक में दम कर दिया था। आज मुझे लगता है कि वह औरत मेरी सखी स्वीटी, मनोज की प्रेमिका बबली की अन्तरात्मा रही होगी। क्योंकि ज्यादातर औरतों के केसों में गुँथे रिश्तेदारों की तरह उसका रिश्तेदार भी मुखबिर था। तजरबे की बात है न समीना? ईर्ष्या-डाह, धन का लालच सम्पत्ति का मामला सम्बन्धियों के दिलों से दिलों तक फैला रहता है। वैसे भी लड़कियों और जवान औरतों को पकड़वाने का मजा मर्दों के लिए चटखारेदार होता है।'

समीना सब कुछ सुन रही थी, मगर बीच में बोली, 'इला, इतनी लम्बी बात फोन पर! बैलेंस खत्म हो जाएगा बीच में ही। जो कहना है, जल्दी कह। वैसे मुझे सारा कुछ याद आ रहा है उस दिन वाला सीन।'

'तू भी समीना! कितनी ही जरूरी बात हो, बैलेंस को बीच में ले आती है। चिन्ता मत कर मेरा फोन प्रीपेड नहीं, पोस्टपेडिड करा लिया गया है अब। मेरे पास बैलेंस डलवाने का धीरज नहीं बचा क्योंकि नहीं चाहती कि स्वीटी की लड़ाई उसकी मौत में खत्म हो।'

फोन पर अब वार्तालाप बन्द था। सचमुच समीना का बैलेंस दगा दे गया या इला ने ही संवाद आगे बढ़ाना नहीं चाहा? क्या होता उन बातों को अपनी बक-बक में ढालकर जो दोनों की याददाश्त में गड़ी हुई हैं।

इला सोचना नहीं चाहती उस रात की बात। मगर बुरी आदत तो यही है कि जो नहीं सोचना चाहती, वही सोचती जाती है। ड्यूटी...कैसी ड्यूटी!

किताब में लिखना होगा उस रात का वाकया।

—रात के ग्यारह बजे हम पुलिसगाड़ी से रवाना हुए। साथ में केस इंचार्ज, हेडकांस्टेबल और दो सिपाही थे। यह टुकड़ी पंजाब जा रही थी। जिस औरत को गिरफ्तार करके लाना था उसका रिश्तेदार मुखबिर के रूप में साथ था।

हम बीस किलोमीटर ही आगे निकले होंगे कि सड़क पर शराब की दुकानें आ गईं। अपने दरोगा जी ने गाड़ी रुकवाई और हम दो लड़कियों के साथ गाड़ी में ड्राइवर को छोड़कर सबके सब उतर गए। कुछ देर बाद वे पीकर आए तो बोतल साथ लाए, काँच के गिलास भी थे। गाड़ी चलती रही, वे पीते रहे।

समीना ने फुसफुसाकर कहा मुझसे—ऐसे कब तक पहुँचेंगे पंजाब? ये सब नशे में आ गए हैं। मुजरिम औरत का रिश्तेदार तो आँखें तक नहीं खोल पा रहा।

'सर, कागज कहाँ है? सर, सर!' कहकर समीना बेचैन हो उठी।

'ए च्छोरी के बोलै सै?' सर की भारी आवाज थी।

'पता है, टाइम कितना हो गया सर। रात के दो बजे हैं।'

'के करें फिर? यो रिस्तेदार पिलावै सै। इसकी खातिर ना पीवेंगे तो उस हरामजादी को कैसे पकड़ेंगे?'

कुछ देर बाद हमारी लॉरी एक होटल के सामने थी। गाड़ी रोकी गई और सर अपनी ब्रिगेड के साथ उतर गए। पुकारने लगे—'ओ इल्ला, ओ समीनी, चलो खाना खा लो। और विजय बहादुर तू अच्छे-अच्छे गाने लगवा कि मजा आ जाए। वर्दीवाली छोरियाँ आई हैं, निछावर करो इन पर कुछ न कुछ।'

'सर, हम नहीं उतरेंगे,' मैंने साफ-साफ कहा।

'एल्लो, खाणा नहीं खाओगी? कहोगी भूखी राख्या। चलो दारू न सही खाणा तो खाणा पड़ेगा।' इस वाक्य को दसियों बार बोला था सर ने। और हमें उनकी आवाज सुनकर ही उबकाई आ रही थी। मन मारकर उतरना पड़ा था न?

सर महक रहे थे, बहक भी रहे थे, अब चहक उठे—'उतर आई दुलहन। इनके पाँवों में मेहंदी लगी है...' कहने के बाद अश्लील से अश्लील गानों का टेप लगवा दिया। हम कहाँ जाकर मरें? दिल कड़ा करके बेंच पर बैठे रहे थे न समीना? कितनी उथल-पुथल थी हम दोनों के भीतर।

टोली के लोग झूमते हुए पुलिसगाड़ी में चढ़ आए। कैसी भयानक विचित्र रात थी। डरते-डरते कहा था मैंने—'सर, पंजाब में जाकर थाने पर रिपोर्ट करनी थी हमें। पंजाब पुलिस को साथ लेना था।'

सर ने निगाह फैलाकर देखा मुझे और बोले, 'ले देख ले सुन्दरसिंह, यो च्छोरी कानून पढ़ावै मनें। रात में कौण सा कानून चलता है, यो भी जाणैं, हम भी जाणें।'

मुजरिम का रिश्तेदार तो नशे में धुत था। हेडकांस्टेबल की आँखें निकल आईं। सिपाही के होंठ लटक गए। दूसरा सिपाही बार-बार गाड़ी रुकवाता और उलटियाँ करता। कौन पूछे कि मुजरिम का ठिकाना कहाँ है? हम तो इनको पागलों की तरह बड़बड़ाते देखकर चुप थे। पंजाब पुलिस के पास एफ.आई.आर. कौन करे? किसी तरह ड्राइवर की मदद से सर की जेब में से कागज निकाले। हेडकांस्टेबल की गोद में पड़ी फाइल हथिया ली। खोजते, ढूँढ़ते वाल्मीकि कॉलोनी पहुँचे। कुछ लड़के समूह बाँधकर गाड़ी के पास आ गए।

मलिन बस्ती के लड़के होशोहवास में! हमें आशा जगी कि हमारे साथ कोई है। ताज्जुब कि इनको पुलिस का तनिक भी भय नहीं। मगर किसका भय लगे? उनका, जो हरियाणा से पंजाब आते हुए सारी स्मृतियों को दारू में गर्क करते हुए आए हैं?

हम शर्म से गड़े जा रहे थे लड़कों के सामने क्योंकि अपनी मदहोश टोली को किसी तरह भी होश में नहीं ला पा रहे थे। महिला पुलिस की यहाँ क्या भूमिका रह गई है? अपने साथियों को बाँहों में भरकर जैसे-तैसे घसीटते हुए नीचे उतारा जाए या उलटी के दलदल में पड़ा रहने दिया जाए? उन बहादुर लड़कों ने मदद की। बेल्ट वर्दीवालों को नीचे उतारा, मगर ये खड़े न रह सके। वहीं जमीन पर लेट गए।

समीना...ये संवेदी पुलिस की आत्माएँ और समाज का सशक्त भविष्य, जिसकी वासनाएँ सिर चढ़कर बोल रही हैं।

हमारी हालत पर लड़के तरस खा रहे थे। हमें लग रहा था, हम उनके मुजरिम हैं। हमारी गर्दनें झुकी हुई थीं। पुलिस पार्टी की दारूबाजी के कारण यहाँ के थाने का कोई मुलाजिम साथ नहीं हो सका।

'हमारे बयान ले लो,' नौजवानों ने बारी-बारी खुद को पेश किया, लेकिन बयान ले कौन? उन नौजवानों को शुक्रिया की नजर से देखने के सिवा हमारे पास था क्या? उन्होंने ही हमारे पुलिसवालों को अपनी पीठों पर लाद-लादकर किसी तरह लॉरी में डाला।

कहाँ के वारंट? किसकी गिरफ्तारी? भगोड़ों की तरह ही वापस लौटने में खैरियत लगी। यह वाकया क्या भुलाने लायक है? इस ड्यूटी की बलिहारी!

आधे रास्ते आ गए हम लोग। पुलिस पार्टी के सदस्यों को होश आने लगा। या और भी होश खोने लगे क्योंकि अब तो अनाप-शनाप बक रहे थे। ए.एस.आई. और हेडकांस्टेबल के संवाद भुलाए नहीं भूलते—

—भई, क्या कह रही थी वा लेडी? एस.एच.ओ. को बयान दे चुकी है! पूच्छ्या नहीं, एस.एच.ओ. क्या तेरा खसम लगता है? तेरे संग सोत्ता है?

—और ये पुलिसवाली, पहले दर्जे की रंडियाँ हैं। इन्हें यहाँ मुलाजिम तक नहीं मिला? उस हरामजादी मुजरिम से पूछ्या तक नहीं कि खसम के घर से क्यूँ भागी? इतने दिनों उसके नीचे...अब के हो गया?

सारा शरीर जल उठा था मेरा, समीना। उस भाषा को सुनकर लग रहा था, गाड़ी में से कूद पड़ें। क्या वह अपना ही गुस्सा नहीं था? इतना तीखा, इतना वजनी, एकदम थर्राता हुआ...इस चलती हुई पुलिस लॉरी को पलट देना चाहिए। और इसके नीचे डालकर इन नीचों को रौंद देना बनता है हमारा फर्ज। हमारी ड्यूटी...।

क्या हुआ फिर? सर के गाल पर झन्नाटेदार थप्पड़ मारा था मैंने। और याद है, तुमने सर की गर्दन पकड़ ली थी।

हम रंडियाँ हैं? तो तुम कौन हो? अब इसका फैसला डी.एस.पी. सर के सामने होगा। हम वहाँ पेश होंगे।

—ओ च्छोरी, के बकै सै? पहले मेरे आग्गे तो पेस होज्जा। कहने के बाद सर के साथ हेडकांस्टेबल ने भी अपनी बाँहें फैला दीं, हमें आगोश में लेने के लिए। दोनों गन्दी जबान में आवाजें निकाल रहे थे। ड्राइवर बहुत शर्मिन्दा था, भूले से भी पीछे मुड़कर उसने नहीं देखा।

हवस का ओर न छोर और यहाँ कोई जगह न जमीन। चलती हुई लॉरी में हम दो लड़कियाँ कोई देवी परी नहीं और न जादूगरनी कि अपने चमत्कार से अन्तर्धान हो जाएँ। जबकि अपने सर और साथी लगभग पकड़ा-धकड़ी का मन बना चुके।

इनके हाथ-पाँव तोड़ दिए जाएँ? मगर चलती लॉरी में कितना कुछ हो पाएगा, यह भी पता नहीं था। रात अभी उतरी नहीं, सुबह होने में देर है।

समीना, तुमने इशारा किया था कि सीटों के नीचे जगह है। मरने-मारने का मौका तो बाद में आएगा ही, अभी खुद को बचा लिया जाए। हम सीटों के नीचे छिप गए थे न?

यही थी हमारी 'ड्यूटी'। महिला पुलिसकर्मी अपने अफसर और सहकर्मियों की करतूतों पर शर्मिन्दा होने की ड्यूटी तो देती ही रहती हैं, साथ ही अपनी इज्जत बचाना भी हमारा कर्तव्य हो जाता है इन मनचलों के बीच।

सच ही हमें ऐसी ड्यूटी जारी रखनी चाहिए, आदत में शुमार कर लेनी चाहिए क्योंकि इसी सिलसिले के तहत हमें अपनी जिन्दगी बितानी है। और हमारी यह गाथा साधारण और सामान्य मानी जा सकती है—नशे में मर्दानी ब्रिगेड बहक गई होगी। होश में कोई ऐसा करता है?

मगर हमें तो बताना ही पड़ेगा कि हमको यह रवैया जुर्म लगता है, ऐसे ही जैसे कायर मर्द अपने धड़ों पर ले जाकर ताकतवर युवकों का कत्ल कर देते हैं। दारू के बहाने की तरह ही हैं जाति-गोत्र एक या एक न होने की दलीलें। मकसद तो हर हाल में हवस ही है, चाहे वह सेक्स की हो या बुजदिली के मारों के ताकत के प्रदर्शन की। अपना प्रदेश कायर मर्दों का राज्य है।

इला ने वह अखबार सहेजकर रख लिया है, जिसमें ड्यूटी पर तैनात महिला सैनिकों की अपनी दास्तान दर्ज है।

अपनी कहानी से मिलती-जुलती कहानी...

इला की आँखें अखबार के पन्ने पर जमी रह गईं कि फट पड़ीं?

—इराक और अफगानिस्तान में तैनात अमरीकी महिला-सैनिकों को बमों के मुकाबले कहीं ज्यादा खतरा अपने साथी सैनिकों से है। छेड़छाड़, यौन उत्पीड़न और बलात्कार वहाँ भी बराबर चलता है।

—ईरान में ड्यूटी करती हुई चालीस महिला-सैनिकों के साक्षात्कार और कई पूर्व सैन्य अधिकारियों से बातचीत के आधार पर लिखी गई पुस्तक 'द लोनली सोल्जर : द प्रायवेट वार ऑफ विमैन सर्विना इन इराक' में युद्ध-क्षेत्र का भयानक वर्णन है।

—यों तो सभी सैनिकों से एक-दूसरे के साथ मिलकर रहने और रक्षा करने की उम्मीद की जाती है, लेकिन इन महिला-सैनिकों को साथी सैनिक ही अपनी हवस का शिकार बना डालते हैं।

—सैनिक मार्टी रिवीरो, अमरीकी वायु सेना की सार्जेंट और अफगानिस्तान में युद्ध संवाददाता के रूप में सेना की दसवीं माउंटेन डिवीजन के साथ तैनात थीं, जिसमें सभी सैनिक पुरुष थे। एक दिन जाँच चौकी पर ही अमरीकी सैनिक ने वर्दी में ही उनके साथ बलात्कार किया। शिफ्ट खत्म होने पर जब इन्होंने अधिकारियों से शिकायत की तो उन्होंने मार्टी पर ही ड्यूटी में लापरवाही बरतने और हथियारों को यों ही छोड़ जाने के आरोप की सम्भावना जताई।

रिवीरो ने नौकरी छोड़ दी। गहरे दुख के साथ डूबती आवाज में कहा—मैं अफसर बनती, यह सपना पूरा न हुआ क्योंकि मैं स्त्री थी।

इला! कहाँ है इला? मार्टी रिवीरो की आत्मा में उतर गई? या दुखद आश्चर्य के मारे अपनी फैली हुई आँखें समेट लीं? औरत की कहानी यही है, एक सूत्र से बुनी हुई जिसमें देश, काल, आबोहवा या बदले हुए माहौल और बदले हुए निजामों का फर्क नजर नहीं आता। क्यों नहीं मान लेती कि यह लड़ाई धरती पर लड़ी जानेवाली सारी जंग-जिहादों से लम्बी है और ज्यादा फैली हुई भी। वह चाहे जितनी जद्दोजहद कर ले, मर्दाना समाज को रत्ती भर दिलचस्पी नहीं। क्या कभी ऐसा समय आएगा कि पुलिस या सेना में तैनात औरतें दिखा दें कि वे किसी रूप में वेश्या की तरह इस्तेमाल होने के लिए नहीं।

समीना ठीक कहती है—हारता कौन है? जो खुद को हारा हुआ मान ले। लड़ता कौन है, जो योद्धा होता है। जो प्रतिज्ञा हमने खुद से की है, वही हमें आजाद करेगी। हम दूसरों से ईमानदारी की गुहार करके कमजोरी नहीं दिखाना चाहेंगे। यही हमारे हौसले के लिए जरूरी है।

'सॉरी मार्टी रिवीरो, वेरी सॉरी! माना कि मंजिल दूर है, मगर अभी देर नहीं हुई है। चलिए, आगे देखते हैं।' इला की नम आँख में सलाम झिलमिलाया।

तुम मुझे मिले, शुक्रिया तुम्हारा!

आज अनायास ही इला की निगाह दीवार के ऊपरी भाग में जड़े रोशनदान पर ठहर गई। नींद से आँख खुली एक प्रकाश रेखा के सामने। झरोखे भर धूप ने कमरा सुनहरा कर दिया। रोशनी के रास्ते उड़ते हुए कण धरती को अपने साथ जोड़कर आकाश तक चले गए। वह जगमगाहट में लीन है, यह अहसास कम उत्साहवर्द्धक तो नहीं। शायद पंजाब जानेवाली रात का अन्त इसी मुकाम पर हुआ हो। दुःस्वप्न भी अँधेरा तिरोहित होने पर टूटते ही हैं।

सुबह-सुबह उठकर चाय पीने का मन है। कुछ सोचने के लिए ताजा शुरुआत...

अपनी अस्तव्यस्तता के कारण ठीक-ठाक इन्तजाम भी नहीं कर सकी। दुकान पर फोन करके ही चाय मँगानी पड़ेगी।

खट-खट! दस्तक!

कौन आया होगा? इतने सबेरे वह किसका स्वागत कर सकती है? झरोखे से झरता प्रकाश अब उसके चेहरे को छूने लगा, आँखें चौंधिया गईं।

कमरे का द्वार खोला।

जयन्त!

कन्धे पर सफरी बैग लटकाए हुए जींस और हलके हरे रंग का लम्बा कुर्ता पहने जयन्त। उलझे हुए लम्बे-लम्बे बाल सफर की गवाही दे रहे हैं। चेहरा कितना ज्यादा साँवला लग रहा है।

वह देखती रह गई। ज्यों देखती ही रहना चाहती हो।

'इला!' उसने आवाज दी।

'हाँ। अरे हाँ।' उसे होश आया।

'क्या हो यार तुम भी। फोन पर आने की रटन लगाए रहती हो, आया तो अन्दर घुसने नहीं दे रहीं।'

'आओ, आओ न।'

'वैसे यहाँ यों भी क्या बुरा है, तुमको अपना द्वार रोके खड़े देखना।' जयन्त मुसकरा रहा है, उसके होंठों पर बारीक मूँछें हँस रही हैं। इला का सर्वांग उल्लसित विकसित फूल की तरह खिल उठा—तन या मन?

इला ने उसका हाथ थाम लिया, बोली, 'छूकर देखो, सिपाही सही-सलामत है या नहीं? लहूलुहान हुई या कौन सी हड्डी चटकी या कि कितने घाव लगे?'

'छूने की इतनी इजाजत है?' जयन्त की आँखों में मोहक चमक खेलने लगी।

'ईमानदारी से छुओ तो इजाजत है।'

जयन्त ने इला के सिर पर हाथ धर दिया, बाल सहलाए, प्यार से गला भर आया—'मेरी इला, मुझे डर लग रहा था, कितनी दुश्मनी मोल ले सकती हो तुम? सारा हिसाब-किताब तुरत-फुरत कर डालोगी अपने अफसरों और सहकर्मियों से? मैं सोचता तो घबरा उठता। टैरर की अपनी जकड़न अलग ही होती है। सुना है, डी.एस.पी. के यहाँ पेश हो गईं।'

'बहुत कुछ सुन-समझकर आए हो। चलो, बैठो तो सही। पता है, रात में ही चल दिए हो, इतने सुबह आता है कोई?'

इला ने अपने बिस्तर पर जयन्त के कन्धे पकड़कर बिठा दिया। खुद भी बैठ गई।

'समीना ने आँखों देखा हाल सुनाया होगा। उसकी जबान पर दिल में लगे जख्मों की निशानियाँ उभर आई होंगी। हरियाणा से पंजाब जाती पुलिस वैन ने रौंद दिया होगा आवाज को? जयन्त, उस रात वे सोच रहे थे, हम अच्छे सिपाही नहीं हैं। हाँ, नहीं हैं, हो भी नहीं सकते। सर कहते थे न कुछ पॉजिटिव सोचने और करने के लिए फीयरलेस माइंड होना चाहिए। हम निर्भय कब होते हैं? बगैर दहशत काम को अंजाम कब दे पाते हैं? जयन्त, हम अपनी ही रक्षा सुरक्षा करते हुए आशंकाओं में होम हुए जाते हैं। उनकी नजर में पुलिसवाली स्त्री, सिपाही नहीं होती, औरत की तरह गुलाम होती है। और उनकी यह पक्की सोच पुलिसवालियों को जिन्दा रहने और अपमान से बचने की खातिर कहाँ से कहाँ तक खदेड़ देती है।'

जयन्त सुन रहा है और दिल में उतार रहा है, अहसास की झलकियाँ आँखों में देखी जा सकती हैं। अफसोस और शर्मसारी का आलम यह है कि जैसे जयन्त को अपने पुरुष होने पर लानत आ रही हो।

'अरे!' इला ने अपने माथे पर हथेली मारी।—'मैं भी कैसी हूँ। तुम इतनी दूर से आए हो, अभी तक चाय भी सामने नहीं रखी।'

जयन्त यकायक अपने सोच-विचार के दायरे से निकला, हँसने की कोशिश में हँसाने का उपक्रम किया—'मैं झूठ तो नहीं कहता कि सोच-विचार औरतों का दुश्मन होता है क्योंकि इस दौरान वह अपना 'धर्म' भूल जाती है। तुम भूल गईं न प्यार-व्यार!'

इला ने अपनी बाँहें पसार दीं—'आओ, हम सलामत हैं तो प्यार भी जिन्दा है। मोहब्बत बचेगी तो हम भी बचेंगे। यह खत्म हो गई तो जीने का मकसद भी क्या? अभी तो हमने विश भी नहीं किया, जैसे कि किया करते हैं।'

एक-दूसरे से लिपटकर स्पर्श का निकटतम अनुभव, असाधारण रोमांच के साथ इला ने जयन्त के प्यार की खुशबू अपनी साँसों में उतार ली। प्यार के मारे उसकी आँखें भर आईं और अनायास ही जयन्त के सीने पर छोटी-सी सिसकी ने दस्तक दी। जयन्त ने चुम्बनों की झड़ी लगा दी। इला का चेहरा अपने हाथों में ले लिया। अब कहने के लिए स्वर नहीं, सिर्फ होंठ थे। होंठों ने होंठों से न जाने क्या-क्या कहा? क्या-क्या सुना?

'अरे! हमारे बिछोह को इतना समय हो गया कि...' जयन्त बार-बार इला को प्यार कर रहा था।

'रोओ नहीं, तुम इस रूप में मेरी पहचान में नहीं आतीं। देखो, रोशनदान से नीला आकाश झाँक रहा है। हमें देख रहा है।'

इला नकसुरे कंठ से बोली—'कब से मन था, तुम यहाँ आओ। छोटे से दड़बानुमे कमरे की जुर्रत देखो झरोखे की हाथ बढ़ाकर आसमान से बातें करता है। चाँद-सितारों की दुनिया में पहुँच जाता है।'

'यह झरोखा ही हमें-तुम्हें समझाता है कि चलने के लिए राजमार्ग न मिलें तो न सही, गारे-मिट्टी में फिट की गई यह दूरबीन तो हमसे कोई नहीं छीन लेगा।' जयन्त के भरे-भरे और गीले होंठों पर मुलायम सी नरमी है।

'तुम्हारा क्या हुआ जयन्त? अफसरों का कोप शान्त हुआ या नहीं? अभी भी तुम्हें नौटंकीबाज कहा जाता है या संवेदी ब्रिगेड का भड़ुआ?'

जयन्त हँस पड़ा। फिर बोला, 'क्या किया जाए, मेरी घुड़सवारी, निशानेबाजी या रैम्पलिंग के मेडल किसी को दिखाई नहीं देते। सुनाई देते हैं हारमोनियम, ढोलक और मँजीरे। वर्दीवालों में छिपी संवेदना को उभारना गुनाह हो गया।'

चाय आ गई। ब्रेड और मक्खन भी एक प्लेट में सजाया गया, इला ने दुकानवाले लड़के को खास हिदायत दी थी। उसके भीतर कोई गुनगुना रहा था—जब तुम आओगे साजना, अंगना फूल खिलेंगे।

जयन्त जिस तरह से मुसकरा रहा था, उस बारीक मुसकराहट का मतलब इला जानती है—'पकड़ी कलाई कभी छोड़ूँगा नहीं, सोणी तू याद रखना।'

इला ने बात पलट दी, इतना सारा प्यार इतनी देर तक कोई कैसे बर्दाश्त करे? जयन्त की इस अर्थपूर्ण मुसकान का पता उसे जयन्त के गालों में भँवर पड़ने से लगता है तो किसी सीमा पार जाने का संकेत लगता है।

'आजकल सर क्या करा रहे हैं तुमसे?'

'ड्यूटी। ड्यूटी के बाद नाटक की तैयारी। मगर इन दिनों ध्यान से कुछ भी नहीं कर पा रहा था। यहाँ तक कि जल्दी ही कमरे से बाहर नहीं निकलता था। बकौल समीना, पुलिस पार्टी का घिनौना रवैया, क्या हम भी इसी में शामिल नहीं? पुरुष बिरादरी खुलकर इन हरकतों का विरोध क्यों नहीं करती?'

'क्यों करे विरोध? उन पर तो कोई दर्द या अपमान गुजरता नहीं। दो-चार हमारे साथ तमाशा करते हैं, बाकी मजा लेते हैं। मुफ्त का तमाशा।' इला की आँखों में लहराता दर्द जयन्त को छू गया, तभी तो वह बोला, 'साहस और कायरता क्या एक साथ रहते हैं? जुड़वाँ होते हैं? नहीं तो तुम ऐसी निरीह...।'

'कैसी निरीह? घर से तो हम हिम्मत की पोटली बगल में दबाकर चले थे। मगर यह नहीं मालूम था कि जिम्मेदार पुलिस अफसरों की जबान पर हमारे लिए धमकियों और गालियों का लेप चढ़ा हुआ है।

निरीह होते तो अपनों की नाराजगी से डर जाते। दब जाते। मगर ऐसा नहीं हुआ।

'फिर क्यों ऐसा हो गया जयन्त कि शरीर पर वर्दी-बेल्ट और हाथ में रायफल आ गई, हमारे चलने-फिरने, भागने-दौड़ने के लिए खुले मैदान मिले, फिर भी हम दहशत में आ गए? क्या ये दारूखोर, रिश्वतखोर और अन्यायी, निकम्मे हमारे माता-पिता के मुकाबले बेहतर हैं, जो हम इनसे डरने लगे? हमारी समझ में तो इतना ही आता है कि यहाँ आकर जो हमने अपने पैरों खड़े होने का हुनर साधा है, आर्थिक आत्मनिर्भरता कमाई है, उस पर शिकंजा कसने का इनको जायज हक मिला हुआ है। ये हमें लाइन हाजिर करेंगे, सस्पेंड कर देंगे, जवाब तलब होगा और सी.आर. खराब करके रहेंगे। अपने स्टार लगे कन्धों पर बड़ा गुमान है इनको। बेल्ट और कैप का रुतबा हमसे बहुत ऊँचा है इनका। ये हमें हर हालत में खाली देखना चाहते हैं। खाली औरत घुटने टेक देती है, इस पर इनको यकीन है।'

जयन्त क्या कहे? उसके सामने अनायास ही दूसरा पन्ना खुल गया। जिन जुल्मी शासकों की बात इला कर रही है, वे क्या सिर्फ औरत को ही कसते हैं? ऐसे तमाम सिपाही-दरोगा मिल जाएँगे जो अफसरों के बूटों तले अपनी हथेलियाँ दबी पाते हैं। उनकी हाँ में हाँ मिलाओ, उनकी इच्छानुसार केस बनाओ, उनके द्वारा निर्धारित समय पर फाइल पेश करो। यदि यह फाइल किसी निशाने पर आती है तो अपनी गर्दन आगे कर दो। साथ ही उनकी हर चाकरी, हर तरह की चापलूसी में कमी नहीं आने पाए, वरन् वे ही पनिशमेंट्स, जिनकी ओर इला ने इशारा किया है। जयन्त ने सारी बातों का खुलासा कर दिया।

'जयन्त, मैं मानती हूँ, जो तुम कह रहे हो सच है, मगर पुरुष लोग बड़ी जल्दी अपना शामिलखाता कर लेते हैं अफसरों के साथ। यहाँ पैसा और देह के लेन-देन की बात है। मनी एंड सेक्स का आदान-प्रदान है। मनी जितनी आसानी से दिया जा सकता है, मसलन—न भी हो तो उधार लेकर अर्पण किया जा सकता है, देह-दान करना आसान बात नहीं, वह अपनी होती है, आत्मा से जुड़ी आवाजें अपमान के खिलाफ अपने ही मन में उठती हैं कि यह सब किसके लिए है? किस जिन्दगी को खत्म होने से बचा रहा है यह रवैया? आत्मविश्वास खोखला हो चला।

'जयन्त, यहाँ तुम्हारा संवेदी पाठ हमें क्या समझा पाएगा?' इला का तमतमाया हुआ चेहरा जैसे कि चमड़ी के नीचे अंगारे दहकते हों।

इला को चेत आया—यह सुबह क्या इतनी बुरी है? दोनों चुप हैं, आपस में गुम—वह उठी और जयन्त के कन्धे पर हाथ रख दिया।

'इला, यहाँ तुम्हारे पास कोई रेडियो-वेडियो...कुछ गीत-संगीत।'

'क्या हम इतने गुस्से में आ गए हैं जयन्त?' कहकर हलके से हँस दी इला।

'गुस्सा, गुस्सा तो तौबा! तुम्हारी इस हँसी में से ही दसियों जहर बुझे तीर निकलकर सनसना रहे हैं। समीना ने ठीक कहा था, इला बहुत गुस्से में है। इस्तीफा दे देगी या थाने को आग लगा देगी। आया था तो थाने की बिल्डिंग के पास आते ही दिल धड़कने लगा। साक्षात् आग की लपटें और धुआँ सामने आ गए, मैं समझ गया कि तुम्हारी रिहाइश आ ही गई।' कहकर जयन्त इला की प्रतिक्रिया सुनने के मूड में नहीं था।

'कहना चाहते हो कि इला को धीरज धरने की जरूरत है, यही न? मिसाल देना चाहते हो—उपद्रवी लोग बसें जला देते हैं, ऑफिस और कारखाने फूँक देते हैं, लोगों को परेशानियों में डाल देते हैं, ऐसा करके किसका भला करते हैं?

'हाँ, नहीं करते किसी का भला, देश की सम्पत्ति का नाश करते हैं। हमें चुपचाप पड़े रहना चाहिए। कीड़े-मकोड़े की तरह जिन्दा रहना क्या बुरा है, आखिर वे जिन्दा तो रहते ही हैं।

'मगर जयन्त! हम मनुष्य हैं, जिनकी पीठ में रीढ़ है, कन्धों में दम है और मन में आत्मसम्मान। तुम्हें यहाँ मैं सुषमा की कहानी सुनाती हूँ जो परिवारियों के खिलाफ एफ.आई.आर. दर्ज कराने आई थी गर्दन सीधी करके, आँखों में विश्वास भर के। मगर क्या हुआ? एफ.आई.आर. से पहले सम्पन्न हो गया सामूहिक बलात्कार। बलात्कार औरत की हेकड़ी निकाल देता है, यह मान्यता हजारों वर्ष पुरानी है, ऋषि-मुनियों और देवताओं में भी यही बात प्रचलित रही है कि—औरत तू खानदान को घसीटकर थाने तक ले जाना चाहती है तो तेरी इज्जत सरेआम लुटना निश्चित है।

'सुषमा, एक नहीं, अनेक सुषमाएँ...पछाड़ी गई औरतों के नाम याद नहीं, याद हैं कि वे औरतें थीं। भूलने की कोशिश की, लेकिन अपनी नस्ल के रग-रेशे हमसे ही गुँथे हैं। वे दर्द से जब-जब तड़पती हैं, हमारी चेतना ऐंठने लगती है। एक दिन मैं जरूर अपनी ऐंठन भरी चेतना, चिनगारियों-सी दहकती आत्मा के अंश को औरतों के बीच स्वर्ग की आग की तरह बाँट दूँगी। भले इस कहानी का रूप चोरी का बने, मगर औरतों के हक के लिए हो।'

जयन्त ने सिर थाम लिया।

'चलो, खाना खा लो अब।' इला ने बाँह पकड़कर उसे उठाना चाहा।

जयन्त ने सिर इला की ओर घुमाया और भोले भाव से पूछा, 'मैडम, सारा गोला-बारूद खत्म हो गया न?'

'मारो गोली गोला-बारूद को। होटलवाला खाना ले आया है। फ्री होम-डिलीवरी सर्विस ने बहस-मुबाहिसा करने का समय दे दिया, नहीं तो मैं रोटी सब्जी बना रही होती या ब्रेड-ऑमलेट तैयार करती।'

'क्यों कुछ बनातीं तुम? किसके लिए? तुम्हारे गुस्से से मेरा पेट भर गया। सच अब तो नींद आने लगी है। एक सपने की उम्मीद कर रहा हूँ, जिसमें ऐसा थाना हो कि इला खुशी-खुशी काम कर सके।'

इला मुसकराई—'वेरी गुड। यू आर माय डियरेस्ट फ्रैंड! दुआ करो मेरे लिए।'

होटलवाला लड़का खाना ले आया।

इला ने अपनी क्रॉकरी निकाली—सफेद रंग की दो प्लेटें और दो चम्मच। दो काँच की पारदर्शी प्यालियाँ।

और जयन्त ने तभी निकाला एक लिफाफा। खाकी रंग का लिफाफा।

'खाना पहले या यह प्रेम-पत्र पहले? कौन सी खुराक चाहिए इला मैम!' जयन्त ने गम्भीर होकर मजाक किया।

'पहले खाना। प्रेम-पत्र पढ़ने के लिए ज्यादा इनर्जी चाहिए।' कहकर इला हँस पड़ी और पॉलीथिन के थैले से मटर-पनीर निकालकर जयन्त की प्लेट में परस दिया। सलाद के टुकड़े भी सजा दिए। रोटी बड़ी थी, खींचतान के बाद टूटी, आधी-आधी बाँट ली।

'किसका लेटर है, बताओ। लड़के का प्रेम-पत्र तो तुम लाने से रहे।'

'मेरी संवेदना पर शक मत किया करो। आगे सबूत भी दे दूँगा।'

'जहेनसीब, दरियादिल महबूब मिला।'

पत्र सुनीता का निकला।

पिछले बैच में आई सुनीता कुश्ती की चैम्पियन है। स्पोर्ट्स कोटे में ही उसका चयन हुआ है।

जयन्त कहने लगा, 'बड़ी जिन्दादिल लड़की है। नाटक के लिए एकदम सही है।'

'बड़े कसीदे काढ़ रहे हो जयन्त!'

'इसमें कसीदे की क्या बात है? मुझे तो पछतावा है कि हम अभी तक प्रतिभावानों की ओर से क्यों पीठ फेरे रहे? नाटक की टोली की अनूठी सदस्य बन सकती है वह। समझो कि जज्बा भी तुम्हारे ही जैसा है, एकदम अपनी लगन की लड़की।'

इला हँस पड़ी—'मैं इसे अपनी तारीफ समझूँ या उसकी? कहीं मेरी स्थानापन्न तो नहीं ढूँढ़ ली। स्थानापन्न शब्द भी तुम्हारा ही है।'

'इला, मैं तो उन सिपाहियों को ढूँढ़ता ही रहूँगा जो सामूहिक शक्ति बनाने में मिसाल कायम करें।'

इला चिट्ठी पढ़ते हुए हँस रही है, खूब हँस रही है।

इला दीदी, जै हिन्द!

कितना कहा था आपसे कि पोस्टिंग यहीं ले लो एकेडमी में, पर आपके ऊपर तो थाणे की हवा चढ़ी थी। फील्ड की धूल का अरमान जागा था आपको। चलो, अच्छा किया। हाँ, एकेडमी की हवा इतनी अच्छी भी नहीं कि आदमी यहीं का होकर रह जाए। हमारे माफिक नहीं पड़तीं यहाँ की बातें। आप जैसे तो घोट-पीसकर पी गए किताब-कॉपियों को क्योंकि आपने पहले भी यही किया है।

हम क्या करें? हमसे कहा जा रहा है कि पढ़ो, पढ़ो, पढ़ो। भई यो बात क्यों नहीं याद इन्हें कि हम स्पोर्ट्स कोटे से आए हैं। लगता है दीदी हम यहाँ के साहब के पास पेश हो जाएँ। अब डी.एस.पी. मैम हमें चुप रहने को कहती हैं, बताओ चुप तो हम माँ-बाप के सामने भी नहीं रहे। हमारा तो माथा घूम जाता है कि अन्याय होता रहे और हम चुप रहें। यस सर, यस मैम का जाप करते-करते होंठ चिपक गए, तालू सूख गया।

बताओ, कौन करे इतनी पढ़ाई? इम्तहान आ रहे हैं कोई शेर-चीता तो नहीं आ रहा। अरे, कॉपी पर साफ-साफ लिख देंगे—हम प्लस टू करते-करते भी पढ़ते नहीं थे, खेलते थे और यहाँ हम पढ़कर नहीं, खेलकर आए हैं। हमारे सामने रट्टू पढ़ाकू लोगोंवाले सिलैबस को रखने का क्या फायदा? यहाँ बी.ए., एम.ए. तक के रिक्रूट्स हैं, तो हमसे बराबरी कराओगे? कराओ बराबरी, लाओ उन्हें अखाड़े में, देखें कौन सा कमाल करते हैं वे?

मगर कौन सुनता है हमारी। कहा जाता है कि इम्तहान में पास नहीं हुईं तो गई नौकरी। उधर खेलवाले कोच अपनी आँखें अलग से दिखाते हैं कि स्पोर्ट्स में अचीवमेंट नहीं आई तो समझो कि नौकरी खत्म।

नौकरी ने हमारे प्राण ले लिये। अब कोई हमें यह बता दे कि खेल का कोटा क्यों बनाया है, जब आपको पढ़ाकू पुलिस ही बनानी थी तो? फिर यह तो साफ बात है कि हमारा पढ़ने में ही मन लगता तो खेलते क्यों? फिर बात यों भी है कि कुश्ती लड़ना पढ़ाई-वढ़ाई से बहुत मुश्किल काम है। अपने हाथ-पाँव तुड़वाकर और दूसरे के तोड़कर नतीजे तक पहुँचते हैं। नतीजा किसकी ओर गिरे, सो भी पता नहीं रहता।

अब, इस समय हम पहलवानी के दौरान अंग-अंग की टूटन-फूटन से घायल हुए पड़े हैं। कराहने की आवाज का असर भी यहाँ कुछ नहीं। फरमान आता है इम्तहान का, पढ़ो और पढ़ो का। कैसे कहें कि कागज पर कलम घिसकर ही मन भर जाता तो अपनी देह की रगड़ाई क्यों कराते?

दीदी, हमसे नहीं रहा गया, वार्डन को सुना दिया—खुराक-खुराक कहकर ज्यादा ताना न मारा करो। हम यहाँ जो भी खाते हैं, दिमाग बढ़ाने के लिए नहीं खाते, देह बनाने की कोशिश में खाते-पीते हैं। बताओ, अगर

हम पहलवान खिलाड़ी, कलम-घिस्सुओं के गुलाम हो जाएँ तो लानत है हमारी मल्लई पर। गुलामी से नहीं चलती खेलभावना।

छुड़ा दो नौकरी, हम छोड़ देंगे। नौकरी से ही हमारा पेट नहीं भरा अब तक। हमारे खेल ही हमें खिला-पिला रहे थे। हम यहाँ तक जो आए हैं, खेलते हुए आए हैं। घणा महत्त्वपूर्ण मुद्दा है इला दीदी, पर गौर किया जाए तब न?

अन्त में एक निवेदन है, आप अपने नोट्स जयन्त सर के हाथ भिजवा देना। देखें हम कितना रट-घोट पाते हैं तोते की तरह। हो सकता है, एक पन्ना तक न पलट पाएँ। चंडीगढ़ में टूर्नामेंट है और यहाँ इम्तहान पाँवों में रस्सी बाँध रहे हैं। गुस्सा ऐसा आता है कि एक झटके में तोड़ दें यह रस्सी-फस्सी।

प्यार सहित आपकी—सुनीता

हँसने के सिवा यही हो सकता है कि अपने नोट्स सुनीता को भेंट कर दे इला। शुभकामनाओं के साथ लिख दे—जीवन में कामयाबी के लिए काबिलियत की भी जरूरत होती है।

जयन्त को इला के साथ जितना रहना था, रह लिया। अब जाने का समय था। प्यार के दृश्य पिघलने लग़े। सुध-बुध खोने के लमहे जाग पड़े। क्या जयन्त की उपस्थिति इतनी रोमांचक होती है कि उसकी रग-रग पारदर्शी हो जाती है? इस कमरे में एक दिन का जो किस्सा चला, उसे क्या नाम दिया जाए?

'मैंने उन क्षणों को जिया, जिस वक्त पर मेरा वश न था।' इला ने मन ही मन याद किया। क्या यह मेरे आत्मबल की हार थी? या चाहत का वह शिखर जिस पर सधे रहना तपस्या है?

'बहरहाल मैं जिसके प्यार में डूबी हूँ, वह इनसानियत में नायाब है। उसके टेस्ट का क्या कहना! अभी तो ऐसा ही लगता है। क्या वह भी मुझे

बेइन्तहा प्यार करता है? नहीं, ऐसा नहीं सोचना है मुझे। जो हम किसी को देते हैं, उतना ही लेने की भावना दोस्ती को, प्यार को यहाँ तक कि हमदर्दी को खत्म कर देती है। मैं अपने ऊपर ही भरोसा करके किसी भी अपवाद से बची रहूँगी।'

जयन्त पास आ गया। इला को अपनी बाँहों में भरकर विदा का चुम्बन देने लगा। चुम्बन था या कोई तोहफा, बोला, 'मैंने ऐसा कोई नाटक नहीं लिखा जिसमें स्त्री-पुरुष का वह प्यार हो कि उनकी स्वाभाविक गहराइयों और संस्कारजन्य विचारों की परतें खुलें। पुलिस महकमे में थाना, कोतवाली, सिपाही और पुलिस अफसरों की कहानी आखिर है तो मनुष्य की ही कहानी!'

इला नम आँखों हँस पड़ी। कहने लगी, 'प्यारे जयन्त—यही अदा तो कातिल है, जिसने हमको मारा है।—विदा वेला में कोई भी प्रेमी भावुकता के चरम पर होता है मगर तुम हो कि मानव ग्रन्थियों की थाह में मनोवैज्ञानिक गोते लगा रहे हो। तुम लेखक हो, तुम चिन्तक हो, इला पागल है जो तुम्हें निखालिस प्रेमी समझ रही है। हजारों गम हैं जमाने में मोहब्बत के सिवा। हैं न?'

जयन्त झेंप गया। प्यार की बरसात में सूखा बादल कहाँ से आ गया। या इला नाम की सिपाही में साधारण लड़की की तरह जीने की तमन्ना जागी है? यह कोई अजूबा नहीं। लगता है, लड़कियाँ प्यार को जिन्दगी का सम्बल मानकर चलती हैं। यह केवल जादू ही नहीं कि टूट जाएगा। अगर टूटेगा तो मुझ जैसे व्यक्ति के कारण। पता नहीं क्यों जयन्त को इस समय 'गाइड' नाम की फिल्म याद आने लगी। नहीं, मैं इला की भावनाओं के लिए निर्मल आकाश बनाऊँगा। वह मनचाही उड़ान भरे।

'निर्मल आकाश—मनचाही उड़ान' आपस में यही वादा था, यही थी विश और यही विदा का सन्देश।

चलते समय इला ने एक सफेद रंग का बन्द लिफाफा जयन्त को थमा दिया और बोली, 'तुम्हारे नाटक का मसविदा।'

हकीकत में इला और जयन्त की भावनाएँ एक-दूसरे में गुँथी हुईं और अभिरुचि एक धरातल पर फलित होने की कोशिश में थीं, जो लोगों को असामान्य या असाधारण व्यक्तियों का जुनून लगती। इला ने अपने इस रिश्ते पर पर्दा डालने की कोशिश नहीं की। घर जाने पर भी उसने माता-पिता के सामने सम्बन्ध को खोलने की बात सोची थी, मगर वह वहाँ खाप के कहर में फँस गई।

जयन्त को उसने अपनी यह दुविधा भी बता दी थी और कह दिया था कि कोई-न-कोई उनके अफसाने को खापों में भी उजागर कर देगा।

'हम शादी करेंगे तभी तो उज्र होगा।' जयन्त बेफिक्री से बोला।

इला चुप ही रही।

बस की यात्रा—सफर छोटा न था। बिछोह का तनाव लगातार थकाता चला जा रहा था। जयन्त ने इस अलगाव भरे तूफान से खुद को खींचकर किताब में ध्यान रमा लेना चाहा कि सनसनाती कनपटियों पर शान्ति का लेप चढ़े।

किताब खोलते ही खुले वे पन्ने, जहाँ इला का दिया लिफाफा रखा था। जयन्त जैसे हर चीज से बेखबर हो गया। भावनाओं के सैलाब ने उसे दूसरा ही किनारा दिखा दिया। यही तो चाहिए था, रचनात्मक लोक—जन्नत जैसी जगह!

लिफाफा खोलना जैसे खजाने का ताला खोलना।

मजमून पढ़ना आँखों में नई दुनिया बसा लेना। होंठों पर सच्ची और पवित्र हँसी खिल आई। उसने कागजों को चूम लिया।

'इला, तुम्हारी भेंट...बहुत शुक्रिया! बहुत प्यार! शब्द नहीं सूझ रहे, नहीं तो अभी फोन करता कि मेरी तड़प को तुमने कैसे सहारा दिया है।'

जयन्त पढ़ने लगा—

अरे, सुरेन्दर कौर की अपनी कथा! निष्कपट ढंग से सुनाई गई दास्तान। निश्चित ही कोई लेखक इस सिपाही की कहानी बिना मिलावट के न लिखता और वह किसी नाटक के लिए बेहद दुरूह होती।

इला लिखती है—

सुरेन्दर कौर अपनी शादी के बाद मुझे पहली बार रातौड़ के मेले में मिली थी। संयोग ही था कि हम दोनों की ड्यूटी सुरक्षाकर्मियों की तरह एक साथ लगी, वरन् दो साल से हमको एक-दूसरे का पता न था।

पुलिस ड्रेस में वह सच्चे सिपाही की तरह मेरे सामने आ गई। एक-दूसरे की आँखें मिलीं, पुरानी पहचान ने पर खोले। हम एक-दूसरे के कन्धे से जा लगे। यादों की बरात सज गई। आपसी प्यार के ढोल-तासे दिल में बजने लगे। बाँहें फैलाईं, सीने मिलाए, दिल धड़के। यही थे हमारे मिलन के नगाड़े।

सुनीता का खत अभी पढ़ा था। सुरेन्दर कौर याद आई। रात ही रात उसकी कथा कागज पर उतार दी। वह भी तो खिलाड़ी थी। खेलकर अचीवमेंट हासिल किए थे। खूब पढ़कर इम्तहान पास किए थे। सफलताओं के इन खास तथ्यों की रोशनी में उसका हर कदम नयापन लिये हुए होता।

लम्बा कद, इकहरा बदन, सुरेन्दर कौर के रंग में जैसे दूध और गुलाब जल मिला था। उस्ताद कहा करते--हरियाणा की लड़कियों को कुदरत बड़ी खासियत से गढ़ती है।

बेशक सुरेन्दर कौर हरियाणा की लड़कियों की तरह अपने बचपन में सुनी चन्द बहादुर कहानियों और वीरगाथाओं से भरी हुई थी। उसका अटूट विश्वास था कि इस भूमि के वीर नायक देश के श्रेष्ठतम मनुष्य हैं।

मगर रातौड़ के मेले में सुरेन्दर कौर की गुलाबी रंगत मुरझा जाती है। उसका चेहरा बुझा-बुझा है। हम चाय की दुकान पर एक बेंच पर बैठ गए। एक-दूसरे का हाल पूछने लगे।

'शादी हो गई, अब तो तुझे गुलाब से कमल हो जाना चाहिए था सुरेन्द्र!'

वह गुलाब की तरह ही कोशिश करके थोड़ी-सी खिली। स्वीकृति में सिर हिलाया। अपनी पुलिस-टोपी को हाथ की उँगलियों पर घुमाती रही।

'कैसी रही प्यार भरी शादी?'

'लव मैरिज बोल न।' सुरेन्दर ने इला का हाथ दबाया।

'हाँ-हाँ, लव मैरिज, जिसमें तेरा अपना फैसला मिला हुआ है। लड़की के चले आ रहे नफरत भरे इतिहास पर तूने उँगली रख दी। रोक दिया सिलसिला, जिसमें गाय की तरह कन्यादान कर दिया जाता है। तू अपने प्यार के बल पर ही तो जीत गई। नहीं तो अपनी तीन बहनों में तू सबसे बड़ी थी। शादी को समाज की स्वीकृति के तहत न करना बहनों पर जुल्म ढाना हो गया क्योंकि उनकी शादी के वक्त लोगों की उँगलियाँ उठेंगी।

'ऊपर से तू खत्री जात की लड़की और लड़का शेड्यूल कास्ट! प्यार जातियों की खाइयों में गिरकर खत्म हो जाता है, नहीं तो प्यार करनेवाले जिन्दा नहीं छोड़े जाते। याद है, हम सब तेरी पैरवी में लगे हुए थे, लेकिन हम सखी-सहेली ही तो थे। शादी में अहम भूमिका चाचा-ताऊ, पिता, पितामहों और भाई-बन्धुओं की होती है।

'मानना पड़ेगा कि तू धैर्यवान लड़की थी। तूने ट्रेनिंग तपस्या की तरह की। और प्यार से प्यारा अमृतसिंह अमृत की तरह सहेजकर रखा।'

सुनकर सुरेन्दर हँसी। फीकी हँसी को इला देखती रह गई।

'अरे यार सुरेन्दर, तू अपनी हँसी भी भूल गई? लगता था, कहीं चूड़ियाँ खनक रही हैं, देखते तो लगता सुरेन्दर हँस रही है।'

सुरेन्दर धीरे से बोली, 'वे दिन और थे इला। अमृतसिंह के साथ बस से अम्बाले तक जाना लगता कि पूरे आसमान की सैर पर निकली हूँ। चंडीगढ़ से सुनहरी कढ़ाईवाला सूट लेकर क्या पहना, सितारे ओढ़ लिये। जयन्त कितना चिढ़ाता था—मुबारकाँ मेरी जान! अमृतसिंह ने कायनात से ओढ़नी मँगवाई है। अब एकेडमी में परी उतरनेवाली है।

'शादी कहाँ होनी थी इला! तुझे क्या मालूम नहीं? मुझे लगता था अभी-अभी अमृतसिंह का साथ छूट गया। मैं रोऊँ या घरवालों से लड़ूँ या कि मिन्नतें करके अपने प्यार को पालूँ?

'देखा नहीं था, इसी चक्कर में साल गुजरने लगा। मेरे स्पोर्ट्स पिछड़ने लगे। पढ़ाई कमतर पड़ने लगी। तब अमृत ने ही कहा था—सुरेन्दर अपने कैरियर का खयाल कर। शादी ऐसी जरूरी नहीं है। प्यार कोई शादी से ही पक्का होता है? शादी नहीं होगी तो क्या हमारा प्यार भी न रहेगा?

'इला, मैं प्यार की ताकत पर अपना कैरियर लेकर आगे बढ़ती जा रही थी। और इतने में ही सुना कि मेरे घरवाले अमृतसिंह से मेरी शादी करने के लिए तैयार हो गए हैं। नहीं, यह चकमा है, धोखा है, छल है, मैंने यही माना। माना कि घर बुलाकर मुझे चुपचाप दूध के बहाने जहर पिला दिया जाएगा। और यह कोई अनीति नहीं होगी। अपने यहाँ क्या गाँव क्या शहर, ऐसा ही रिवाज चल गया है।

'मैं घर भी नहीं गई। पापा बुलाने आएं, मैंने स्पोर्ट्स का बहाना कर दिया। मम्मी का फोन लगातार आता, मैं अनसुना कर देती। उन मम्मी को अनसुना करती, जिनसे अपनी हर मुसीबत कहती-बाँटती रही। दुख बहुत

होता, लेकिन क्या करती, प्यार सिर चढ़कर बोल रहा था। आँखों और कानों पर पर्दे पड़ गए।

'आखिर एक सन्त जी का सन्देश आया, वे हमारे कुलगुरु थे। अमृतसिंह भी उनका शिष्य था। ये गुरु कैसे विचार रखते हैं, मैं जानती थी। जातियों का विधान तोड़ना-जोड़ना गुरुओं के भी बस का नहीं।

'रैदास और कबीर की मिसाल देकर अमृतसिंह मुझे भरोसा दिलाने लगा। मगर पिता और ताया जी पर भरोसा कैसे करती, खानदानी जमात तो मुझ जैसी लड़कियों का कत्ल करने पर निकल पड़ी है।

'बस, यह शादी सन्त जी की देखरेख में होना तय हुआ। मुझे अमृतसिंह लेने आया। शामियाने में परिवार के लोग भी थे, देखकर ताज्जुब हुआ। माँ ने मुझे गले लगा लिया। चाची-ताई ने दुलहन की तरह तैयार किया। इला यह धर्म का करिश्मा था या सन्तवाणी का? ऐसे सन्त हो जाएँ और समाज को समझा सकें तो कम-से-कम हमारा इलाका लड़कियों का कत्लगाह बनने से बच जाए।

'फिर क्या था, दावतें हुईं। भँगड़ा हुआ। टप्पे गाए गए। शुभ मुहूरत को सलाम किया हम दोनों ने। वाहे गुरु को मत्था टेका।

'जिन्दगी शुभ मुहूरतों का नाम नहीं है, इला। अशुभ भी इन्तजार में खड़े रहते हैं शुभ के दरवाजे।

'अब शादी नहीं थी, सामने नौकरी थी। पुलिस की ड्यूटी थी। पासआउट के दिन जो शपथ ली थी, वह विवाह के वचनों से कम न थी और न भूलने की मोहलत देती थी। प्रतिज्ञाएँ कैसी भी हों, दिल की जमीन पर उनकी इबारत खुदी होती है, जिन्हें निभाओ न निभाओ, मिटा नहीं सकते।

'इला!'

'हाँ, बोल।'

'अब वही प्यार से प्यारा अमृतसिंह तलाक माँगता है। शादी के इतिहास का प्यार भरा सुनहरा चैप्टर स्याह पड़ने लगा।'

'अरे!' झटके के साथ सुरेन्दर के करीब खिसकी इला कि बेंच चरमरा गई।

'अरे की क्या बात है! नहीं चाहिए उसे मेरा साथ।'

'क्यों नहीं चाहिए?'

'न चाहने की बीस वजहें बताई जा सकती हैं, लेकिन इतना जरूर है कि जो अपने प्यार की खातिर जमीन-आसमान एक कर सकता है, वह नफरत का भी उतना ही बड़ा फरिश्ता होता है।'

'तू खरी नहीं उतर रही उसकी बीवी के रूप में?'

सुरेन्दर हँसने लगी।

'यार इला, हम एक फ्यूजन हैं। मिलावट। पुलिस के सिपाही और किसी मर्द की पत्नी। क्या किया जाए कि जो बीवी के रूप में देखना चाहता है उसे हम सिपाही दिखते हैं और जो हमें सिपाही के रूप में देखना चाहते हैं, उन्हें हम निखालिस औरत दिखते हैं।

'ऐसा ही हुआ है मेरे साथ।'

इला मुँह खोले सुरेन्दर कौर को देख रही थी।

'मैंने क्या जुर्म किया है, बताती हूँ। ड्यूटी कर रही थी। एक औरत को गिरफ्तार करना था, तलाशी लेनी थी। औरत अपने गाँव की सरपंच थी। सरपंच का बेटा डकैती डालता था। माँ अपने बेटे के साथ मिली हुई थी। यह बात पक्की इसलिए मानी जा रही थी, क्योंकि पंचायतों में जो औरतें चुनकर आई हैं, अक्सर ही उनकी आड़ में परिवार के लोग जनता पर जुल्म ढाते हैं। गुनाह करते हैं।

'लूट का माल औरत को पता है, ऐसा कहा जा रहा था। वह बता नहीं रही थी। माल कहाँ छिपा है, यह सच्चाई जानने के लिए मैं और सावित्री मलिक नाम की सिपाही उसे लेकर दस दिन तक घूमते रहे। कभी डेरों पर, कभी ढाँणियों पर, कभी खेतों पर। उस औरत की बहू हमारे साथ-साथ थी।

'दस दिन में पस्त होकर हम उसे लेकर थाने पर लौट आए। आगे क्या होगा, औरत जानती थी। मारपीट और बड़ी-बड़ी धमकियों से काम लिया गया मगर कोई नतीजा नहीं निकला। औरत सीधी-सादी जबान बोल रही थी और हरगिज यह न लगता था कि उसे अकूत धन जोड़ने की लालसा है। मगर लगे यह भी कि क्या वाकई इसे माल का पता नहीं है या बन रही है मासूम? वह इसलिए ज्यादा गुनाहगार थी क्योंकि सरपंच थी। औरत और सरपंच! ऊपर से ढीठ! गुस्सा आनेवाली बात ही है।

'अड़तालीस वर्ष की वह औरत हट्टी-कट्टी हरियाणा की जाटनी थी। उसका चेहरा दर्प से तना रहा। आँखें चमकदार बनी रहीं। मगर आँखों में

नजर की एक रेखा कौंधती जो स्पष्ट करती कि पुलिस उसके साथ ठीक नहीं कर रही। मारपीट, थप्पड़ घूँसे, जो उसने चुपचाप झेले। उसकी सहनशक्ति का परिचय था यह। उसे आदमी पीटें या औरतें, फर्क नहीं पड़ता था।

'इस औरत में ईमानदारी छोड़कर सब कुछ है।' दरोगा ने कहा।

'मुझे तो इस सरपंच औरत को पीटने में बड़ा मजा आ रहा है।' यह हमारी हेडकांस्टेबिल थी।

'हाँ, अपने बेटे की पक्षदारी में तो यह किसी का भी गला दबा दे। या अपनी ही गर्दन कटा दे।' ये एस.एच.ओ. सर थे।

अन्त में जो कहा—मारपीट भी असर नहीं करनेवाली। इस औरत को राजनीति का चस्का लग गया है। लूटपाट न कराएगी तो आगे चुनाव कैसे लड़ेगी? बेटे को डकैत इसने ही बनाया होगा। एम.एल.ए. इसी तरह बनेगी। औरतें सप्लाई करनी होंगी, पैसा तो चाहिए ही चाहिए। 'औरत' यह जीव राजनीति में इसी तरह चल रहा है। औरतों को प्रधान बना लो, सरपंच चुन लो, वे कुत्तों की तरह ही पाली जाती हैं कि हर कदम पर मर्दों से वफादारी निभाएँ। यह व्यभिचार और अन्याय की बात नहीं, औरत को ताकतवर बनाने के नाम पर हो रहा है।

औरत अपनी छाती पर दोनों बाँहें कसे हुए थी जैसे बाँहें रक्षा कवच हों। उसने अपना दुपट्टा सिर से बाँध लिया था, पगड़ी की तरह। अब वह तैयार थी। बोली, 'हुजूर, मुझे कुछ भी पता नहीं है।'

सब-इंस्पेक्टर ने मुझे इशारे से बुलाया और डंडा थमा दिया—

'इसे तबीयत से पीट। इतना कि राज उगल दे, जैसे कोई उलटी करता है।'

मैं ठिठकी रह गई।

हेडकांस्टेबल आगे आ गई। औरत की छाती पर वार किया। बालों को रस्सी की तरह खींचा कि उखड़ आए।

'सर, मारने से यह सच बता देगी, आपको लगता है?'

'सुरेन्दर कौर, तू नौकरी करने आई है या बहस करने?'

'कितने दिन से यह हमारे साथ है, हमें नहीं लगता कि...'

'जनानियों की पुलिस में भर्ती ही फिजूल है।'

'सर, जरूरी नहीं कि जिसको हमने गिरफ्तार किया है, वही मुजरिम हो।'

'चुप रह लड़की।'

उस औरत के कन्धों पर तड़ातड़ डंडा बजने लगा। हड्डियाँ कड़कने लगीं और थाने में दर्द के सोते खुल गए। भयानक हाहाकार उठा औरत के कंठ से। जब वह कराही तो लगा कि कानों में तीखी लहर उतरती चली जा रही है। मैं बहुत हिम्मत से खड़ी थी, मगर ठंडी दहशत दम नहीं लेने दे रही थी। क्या यह मेरा कायरपन है? या मेरी बहादुरी का गिरता पड़ाव? मैं हर बार डंडे के प्रहार को देखने से बचना चाह रही हूँ और डंडा दम नहीं लेता।

औरत पूरा दम लगाकर अवसन्न चेतना में चिंघाड़ी—'मुझे जान से मार डालो, पर एक ही बार में। मेरे सिर पर हथौड़ा मारो, मारो, मारो...।'

अब औरत का चेहरा रंगत खो चुका था।

यह वही औरत है, जिसके साथ सुरेन्दर दस दिन रही थी। चोरी के माल की दरियाफ्त में खेतों, मूँज के झुंडों और करील की झाड़ियों से गुजरते हुए यह सरपंच औरत दोनों महिला सिपाहियों को खरोंच लगने से बचाती रही थी। खाने और सोने की चिन्ता में अच्छे-से-अच्छा इन्तजाम करती थी। लगता था, वह इन लड़कियों की माँ है।—सुरेन्दर कौर की आँख नम हो आई।

'थर्ड डिग्री!' किसने हुक्म दिया?

यकायक लगा सुरेन्दर की धमनियाँ सूखने लगी हैं। छाती से गले तक ऐंठन फैल गई। पैसा या माल छिपाने के लिए कोई इतना नहीं झेल सकता। शरीर रहेगा तो यह औरत रहेगी, मगर इस बात पर यहाँ कोई ध्यान नहीं दे रहा। किसी ने इसकी हालत पर गौर करने की जरूरत नहीं समझी। अजीब बात लग रही थी कि इस औरत की, जिसने गाँव की जनता का दिल जीतकर विजय हासिल की, विश्वास पुलिस को नहीं हो रहा। इसने आरक्षण के जरिए नहीं, जनरल इलेक्शन में दबंगों को हराया था। इस सारे कांड की कहानी चुनावी रण को भूल जाने के लिए काफी है।

सुरेन्दर कैसे कहे, किसको बताए कि औरत प्रधान हो या सरपंच, उसको फँसाना और नंगा करना मर्दों का पुराना नुस्खा है। यह सोचते ही सुरेन्दर औरत की ओर लपकी और उसकी फटी शलवार से झाँकती देह को तौलिये से ढँक दिया।

कहना चाहा कि थर्ड डिग्री औरतों पर लागू नहीं होती। ट्रेनिंग में बार-बार इस बात पर जोर दिया था। मगर अब तक औरत का मुँह पानी में डुबोया जा चुका था। साँस रुकती है तो वह ऊपर को सिर उछालने की कोशिश करती। तेज झटका खाया हुआ सिर जल्दी-से-जल्दी पानी में दबा दिया जाता। तड़पना शेष बचता, जो अपने आप में मरना नहीं, निरन्तर मरते जाना था। यह भी कि इस औरत की जिन्दगी में गजब की बेशर्म क्षमता थी कि हर बार साबुत निकल आती। सब-इंस्पेक्टर मैम ने बताया था—देख लो, ऐसे दी जाती है सजा कि मुजरिम मरे नहीं, मरने के लिए तुम्हारी मिन्नत करे।—सुरेन्दर कौर को लगा, मैम के चेहरे पर जुर्म के खुले मैदान में 'सजा-सजा' खेलने का मजा तारी है।

थर्ड डिग्री का दूसरा चरण!

यह पक्की बात है कि अगर यह औरत सरपंच न होती तो पुलिस को इससे इतनी नफरत भी न होती। इस औरत ने मर्दों का हक छीनकर खुद को खुशनसीब माना है। इसके हाथ में सत्ता आ गई है, यह पुलिस को भी पछाड़ने की सोच रही है, तभी तो नहीं कबूलती अपना गुनाह।

सुरेन्दर कौर को लगा, ये सब बातें इस औरत के ध्यान में हैं। जता रही है कि जैसा व्यवहार औरतों के साथ होता रहा है, उसके दिन लद गए।

औरत के दोनों हाथ पीछे बाँध दिए।

जैसे ही उसकी टाँगें जाँघों तक चौड़ाई गईं, एक मर्मान्तक चीख उठी कि सुरेन्दर कौर की आँखों तले अँधेरा छा गया। चिंघाड़ लगातार फैलती जा रही थी। सुरेन्दर को चक्कर आ गया। हिम्मत पस्त हो गई। इस बूचड़खाने में कोई कितनी देर ठहरे? बर्बर सजा का यह आलम कि जैसे जिन्दगी के आठ युग गुजर गए।

महिला सिपाही ही लिटाएगी उसे जाँघें चौड़ा कर। रोलरनुमा मोटा डंडा रखा जाएगा फिर जाँघों पर। सिपाही चढ़ाए जाएँगे उस डंडे पर।

सुरेन्दर कौर द्वारा डाला तौलिया कहाँ गया? फटी शलवार की दरारों से लहूलुहान चमड़ी...।

वह कुछ नहीं बता रही फिर भी एक क्रूर उम्मीद बाकी है। सुरेन्दर कौर ने बारी-बारी सबके चेहरे देखे। सजीव दहशत भरा नजारा उसे ही क्यों अपनी ओर खींच रहा है? दहशत और दर्द ने शिकंजा कस लिया।

उस दृश्य से निकली एक अकाल मृत्यु...।

सुरेन्दर कौर को तीन माह का गर्भ था। थाने में औरत की चीरी हुई जाँघों पर चढ़े सिपाही... जिबह होती मुजरिम की आँखें धीरे-धीरे मुर्दे की आँखों की तरह फैलने लगीं।

दर्द और मरोड़ के दबाव से सुरेन्दर कौर का निचला हिस्सा दहकने लगा। तिमासे बच्चे ने ऐसा जोर लगाया कि शलवार खून से भीगने लगी। अब वह खड़ी रहे या बैठ जाए? बैठ जाए या लेट जाए? अपने वश में कुछ न था बस धरती का सहारा था। जमीन पर गिरकर छटपटाने लगी। गर्भ धीरे-धीरे छीज रहा था। ले दे मचती, उससे पहले ही वह मांस के लोथड़े के रूप में इस दुनिया में आ गया।

लगा कि यह जुल्म और गर्भपात की दुनिया है। अजन्मे सच की दुनिया, जिस पर झूठ की सजा लाद दी गई है। फिर भी शर्म सुरेन्दर कौर को ही लगी, जबकि कितनी ही बेशर्म आँखों के लिए वह तमाशा हो गई।

बिस्तर में पड़ी रही वह। अपने आपको धिक्कारती हुई कि कायरता की पुतली निकली। जोड़ा-सँजोया साहस रेत की तरह मुट्ठी से झर गया।

अमृतसिंह मिलने आया था उस समय। सान्त्वना देता रहा। खुराक का ध्यान रखा उसने।

बहुत प्यार और परवाह करते हुए समझाया, 'यह नौकरी कुड़ियों के बस की नहीं। इसमें अपनी जिन्दगी मत गँवाओ।'

सुरेन्दर कौर ने अचरज से देखा पति को।

'नौकरी छोड़। इस्तीफा लिख। मैं यही सोचकर आया हूँ।'

वह नासमझ सी देखती रही। अपनी दलील में क्या कहे!

देर तक चुप्पी छाई रही। चुप्पी भरे माहौल में हवा ऐसी भारी थी कि साँस लेना दूभर।

'पहले पहल की बात थी, अमृत। सदमा बर्दाश्त नहीं हुआ शायद। हो सकता है, फीटस में कोई कमी...।'

'पहले पीछे की क्या बात है? यहाँ ऐसा तो होता ही रहेगा। और पूरे नौ महीने की छुट्टी भी ले ले तो भी काम चलनेवाला नहीं। बच्चे का पालन-पोषण भी कुछ होता है। और फिर निरवंश रहना कौन चाहता है?'

सुरेन्दर कौर अवसन्न-सी बैठी थी। अमृतसिंह को जो कहना था कह दिया। अब अपने-अपने मातम अलग थे। इस विषय में अमृत से बात

करना, उसके फैसले पर विचार करना ही हुआ। लेकिन सुरेन्दर का दिमाग तो इस समय उस सरपंच औरत की यातना से भरा हुआ था और दिल अपनी मुश्किल से लबरेज...आँखें बन्द करके हथियार चलाने की ड्यूटी को कैसे निभाया जाए? क्या सचमुच यह ड्यूटी उससे नहीं चलने वाली? पुलिस की नौकरी छोड़नी ही पड़ेगी?

पता नहीं क्या निर्णय लेती सुरेन्दर, लेकिन तभी यहाँ से जाने के बाद अमृतसिंह का फोन आ गया।

'मैं किसी फैसले को लेने में देर नहीं लगाता। शादी का फैसला भी ऐसे ही लिया। अब बात यह है कि पन्द्रह दिन इन्तजार करूँगा कि तू इस्तीफा देकर आती है या नहीं। नौकरी नहीं छोड़ती तो फिर मुझे छोड़। डार्लिंग, इसमें बुरा मानने की कोई बात नहीं। अपनी-अपनी प्राइयोरिटी है।'

'अमृत!' उसके कंठ से पुकार निकली। कितनी मुश्किल से अपने प्यार को पाया था मैंने। इसी नौकरी के दरमियान तो मिले थे तुम मुझे। वे नजारे कितने खूबसूरत और उत्साह से भरे हुए थे।

सुरेन्दर कौर ने पहली बार अमृत को कब देखा था—जब तीन मंजिल ऊँची दीवार पर वह रैम्पलिंग कर रही थी और अमृत नीचे खड़ा शाबाशी में बाँहें उठाए हुए था। फील्ड, क्यारियों और पेड़ों के आसपास निकटता मिली थी। बच्चे पैदा करने की बात तब कहाँ थी?

सुरेन्दर ने मोबाइल पर एस.एम.एस. के जरिए कहा—तुम्हीं तो कहते थे, जिन चीजों से पहले धक्का लगता है, सदमा होता है, उनकी फिर आदत पड़ जाती है। आदत नहीं पड़ती तो यह निश्चित हो जाता है कि उस व्यवहार में बदलाव लाना जरूरी है। अमृत, अब थर्ड डिग्री का चलन ज्यादा नहीं टिकने वाला। मगर यह क्या कि तुम ही अपनी बात से मुकरने लगे!

तीन औरतें विलीन हो गईं एक स्त्री में जिससे सारा जमाना खफ़ा था

पापा ने फोन पर नहीं बताया कि गाँव में कैसी आँधी उठी है। बस, उन्होंने यह पूछा कि 'इला दिवाली पर आ रही है न?'

इला इन दिनों खुद नहीं सोच पाती कि गाँव जाया जाए, खबरों की दुनिया सामने जो खुली पड़ी है। जहाँ खबरों का संसार खुलता है, वहीं उसके लगाव भरे सपनों का दायरा खत्म हो जाता है। पापा की आवाज चिन्ता भरी आवाज होती है क्योंकि स्वीटी और विजेन्द्र का मामला तूल पकड़ रहा है। बुजुर्ग गुस्से से तमतमाए हुए हैं और बेटियों के पिताओं के हाथ-पाँव ठंडे पड़ जाते हैं।

'लड़कियों की ताजा फसल नाश की निशानी है, इसलिए ही तो रिवाज बन गया है बेटियों का संहार।' इला ने जयन्त को मैसेज भेजा था और आगे लिखा था—'प्यार से बुनी शानदार आसनी पर खड़े होकर पुकारते हो जैसे खुदा की शान में अजान दे रहे हो। इसी अहसास के लिए हमारे यहाँ छुरी, कुल्हाड़ी और रायफल तैयार किए गए हैं।'

'हाँ, पता है, सबको खबर हो गई है, सम्मान के लिए मारना-काटना जायज है। पगड़ीवाले लोगों को प्यार रास नहीं आता।' जयन्त ने लिखा।

'मैं गाँव को प्यार करती हूँ। मगर कब तक अपने लगाव को साधे रहूँगी?' इला ने मोबाइल के स्क्रीन पर लिखा।

'कभी-कभी तो मैं हैरत में पड़ जाता हूँ कि तुम कितनी जिद के साथ खुद को प्यार कर सकती हो। हम जैसे तुम्हारी हठ को अपने लिए प्यार मानकर मन भले बहलाते रहें। सोचता हूँ, भविष्य के प्रेमी तुम्हारे बारे में कैसी राय बनाएँगे? यही न कि हम सभी अपने प्यार की भावना को प्यार करते हैं।'

इला अपने फोन का स्क्रीन देखकर मुसकरा पड़ी। मुसकराहट में होंठ अनायास ही टेढ़े हो आए। अपने प्यार की भावना को प्यार करते हुए कितने धोखे खाए हैं, अपनी ही जमीन पर, फिर भी इत्मीनान करना नहीं छोड़ा, शायद यही प्रेम हो।

ललिता और बबलू की प्रेमकथा अपनी उठान में नायाब थी कि इला जैसों की उम्मीदें परवान चढ़ने लगीं। अपना प्यार ललिता के प्यार में मिलाकर मोहब्बत का समन्दर बना दिया।

गाँव में कानाफूसी थी, मगर खतरे न उठे थे। पंचायत भी हुई थी, मगर गुपचुप। जो खबर खुली, फैसला सामने आया, शानदार था।

'दोनों का विवाह कर दिया जाए,' सामाजिक परम्परा के निर्वाह का आधार यहाँ प्रेम ही था। प्रेमी युगल को सजा नहीं मिली, करिश्मा था। उस रात कई युवतियों को खुशी के मारे नींद नहीं आई, रतजगा था। हीर-राँझा, लैला-मजनूँ और शीरीं-फरहाद का इतिहास बदलनेवाला था। इला ने जयन्त के ध्यान में डूबकर अपने गाँव की मोहब्बत में कविता लिखी—

मेरे गाँव को ऐसे न देखो
जैसे देखते हो आदिम युग के कबीलों को
महसूस तो करो कि यहाँ की फिज़ा में
सभ्यता बहती है हवा के साथ-साथ।

ललिता और बबलू के विवाह का निमंत्रण था। रिश्तेदार आ गए। रस्मों का फेरा हुआ, शुभ मुहूरत था। चाक पुज चुका था, घूरा पूजन की बारी थी।

गाँव आधुनिक हो चला। युवक-युवतियों की पोशाकें बदल गईं। जींस-टी शर्ट वाले युवा मोबाइल फोन, कम्प्यूटर और इंटरनेट के अभ्यस्त हो गए। ट्रैक्टर, कारों के नए से नए मॉडल और तरह-तरह की मशीनरी ने ग्लोबल गाँव बना दिया। ऐसे तमाम बदलाव आए कि पुरानी आदतें पीछे छूटने लगीं। यही वजह कि अब घूरे गाँव से सटकर नहीं डाले जाते। उनको दूर खेतों में जगह मिली है। सुविधाएँ सम्पन्नता की निशानी से ज्यादा समझदारी की प्रतीक मानी जाती हैं।

'घूरा पूजन' खेत में हुआ। चाचा, भाई, जीजा, फूफा—जो अब तक ऐसी पूजा में नहीं जाया करते थे—अब जाते हैं। ऐसे ही जैसे बारात में औरतें बाकायदा शामिल होती हैं।

वर-वधू साथ-साथ 'घूरा पूजन' को नहीं जाते, मगर ले जाए गए, नए जमाने का चलन माना।

पूजन हुआ। ललिता और बबलू की गर्दनें धड़ों से अलग की गईं। खून के फव्वारों ने पूजा के स्थान को सींच दिया।

ललिता और बबलू के धड़ों को भी काटा गया। उनके छोटे-छोटे टुकड़े किए गए। मंगल गीतों ने सन्नाटा साध लिया। सिरों को भारी पत्थरों से कुचला गया। सूरतें बेपहचान हो गईं। सब कुछ झाड़ियों को समर्पित कर दिया।

वर-वधू नहीं लौटे। कन्या पक्ष चिन्तित हुआ।

आदमी जश्न के पेग पी-पीकर सो गए।

सबेरे की पौ फटी न थी कि पशुओं को चारा-पानी डालनेवाली औरतों ने देखा, गिद्धों के झुंड खेतों में उतर रहे हैं और झाड़ियों के पास इकट्ठे हो रहे हैं। यह मृत्यु-गन्ध का संकेत है। इधर की दिशा में ही तो कल चाँदनी रात में पूरी-पुआ भरी डलिया लेकर ललिता के फूफा आए थे। कलावा और हल्दी-चावल के मंगल शगुन हुए।

गिद्ध मांस नोच-नोचकर भोजन कर रहे हैं।

इस दृश्य को देखकर विवाह योग्य युवा पीले पड़ गए। इस नायाब वैवाहिक कार्यक्रम ने गाँव की धरती हिला दी। इला के दिल में झटका लगा कि गर्दन में? पुलिस ट्रेनिंग के दौरान उन लोगों के खूँखार चेहरे सपनों में आते। सबेरे ही संकल्प लेती—एक दिन ऐसे लोग पुलिस की गिरफ्त में होंगे। लड़कियाँ ऐसे सबूत आसानी से जुटा सकती हैं क्योंकि उनमें धरती खोदकर सुरंग बनाने की क्षमता होती है। पिता के घर से पति के घर और पति के घर से पिता के घर तक जासूसी सुरंग, क्योंकि कत्ल कहीं भी हो सकता है। ललिता के बाप ने ही तो पुलिस को बरगलाया। भाई-बन्दी का आतंक ऐसा कि पापा तक निरुत्तर हो गए।

'गलती यही हुई कि लड़की को पढ़ाया।' गाँव में यह जुमला राष्ट्रगीत की तरह दोहराया गया—

जीवित लड़कियाँ क्या करें?

क्या सविता जैसा दुस्साहस करें?

माँ ने बताया था यह किस्सा या नसीहत दी थी सविता की मिसाल देकर क्योंकि ललिता का हश्र देखकर इला के पापा टूट गए थे। लड़की

सामने हो तो पिता कितनी-कितनी अशुभ आशंकाओं से गुजरे? हर पिता के लिए बेटी का रूप ललिता हो गया।

माँ ने कहा था—तेरी ननिहाल में सविता तुझसे दस दिन बड़ी थी उम्र में। पढ़ाई-लिखाई में ज्यादा न थी। पाँचवीं तक ही स्कूल जाने दी। सविता के दादा ने जमाना देखा था। ताऊ ने लड़कियों की बदचलनी के किस्से गाँठ में बाँध रखे थे। नाक कटा देनेवाली बेटी, बेटी नहीं होती, दुश्मन होती है। दुश्मन के हाथ नाक-मूँछ तक पहुँचने ही मत दो।

सविता की शादी होनी थी।

उसको घुटन हो रही थी तभी तो माँ से कहा था, 'अम्मा, तुमने जनम दिया है, पर हमें साँस लेने या न लेने की हकदारी ताऊ और दादा के कहने से मिलती है। यह कैसी जिन्दगी है?'

'अरे! बेटी की जात होकर बाप-दादाओं से सवाल करेगी तू? कहाँ रहेगी फिर? चुप होकर जीना है तो समझ कि जिन्दगी है।'

सविता घर से भाग गई।

किसके साथ भागी? डोम के लड़के के साथ। उसने ही मदद की उसे चंडीगढ़ ले जाने में। वहाँ कोई टीचर थी, जिससे सविता मिलना चाहती थी।

कौन माने कि वह बदचलनी के लिए नहीं भागी है? कौन माने कि वह शादी से बचना चाहती है? मान भी ले तो यही माना जाएगा कि किसी यार के लिए भागी है। कोई यह नहीं समझेगा कि लड़की की नजर में घरवाले जेलर का रूप हैं। खूँखार जज की तरह फैसला सुना रहे हैं। दादा-बाप और ताऊ-चाचा का डर और परिवार की लज्जा सविता को बाँध नहीं पाए।

सविता बीच में ही पकड़ी गई। राधापुर थाने के रास्ते उसे धर लिया गया। डोम का लड़का साथ था। इससे बड़ा जुर्म किसी लड़की का क्या हो सकता है? और आसपास रसूखवाले लोग मिल जाएँ तो दुर्योग की भयानकता का पारावार नहीं।

गाँव-से-गाँव का रसूख। ताल ठोककर लड़की को सजा सुनाने का वाजिब मौका—लड़की को गलियों में नंगा घुमाया जाए।

माया त्यागी की इतिहास कथा पढ़ी है इला ने। नंगी औरत की सार्वजनिक नुमाइश की अजीब सच्चाई। निचले से निचले पायदान पर पड़े

आदमी के ऊपर नहीं गुजारी जाती ऐसी बेशर्मी और औरतें हैं कि ऐसी स्मृतियों के साथ जीती हैं। फूलनदेवी की वकत किसके बराबर थी? बस, औरत के ही बराबर जिसे कभी भी नंगा करके लोगों के सामने गलियों में घुमाया जा सकता है।

माँ कहती थी—जिन्दगी के मोह का पाप नहीं छूटता फिर भी। भले ही लोग औरत को पकड़कर उसकी नंगी देह पर तालियाँ बजाकर किलकारी मारें। यह हमारी ही जात (नस्ल) है कि अपना मुँह सिले रहती है।

माँ ने ही बताया, सविता के पिता की जातिवालों ने ही उसको नंगा करके घुमाने का फरमान सुनाया। इला को द्रौपदी का स्मरण हुआ। औरत की नंगी-कथा कितने युग पार करती हुई कितने युगों तक जाएगी? इला समझना चाहती है कि कहीं यह स्त्री द्वारा पुरुषों के बहिष्कार का नतीजा तो नहीं। औरत के डर के बरअक्स मर्दों का पराक्रम।

बताया गया कि जिस समय नंगी बेपर्द सविता का जलूस निकाला जा रहा था उस समय चाची-ताइयों की उम्र की औरतें खेतों में फावड़े चला रही थीं। चारा काट रही थीं। फसल निरा रही थीं। लौटीं तो बस खामोशी भरी तकलीफ आँखों में थी। जबान पर ताले जड़े रहने की आदत ने लाचार कर दिया या नंगी औरत की दहशत ने सारी हिम्मत सोख ली।

बूढ़ी औरत की आवाज भरे बादल की तरह गड़गड़ाई—अरे राच्छसो, ईसुर सत्यानास करे तुम्हारा। नंगी च्छोरी...तुम्हारी आँखें नंगी नी हो गईं। दुस्सासन तो एक था, पर तुम सबके सब दुस्सासन...डूब मरो, हमारा सराप है तुम्हें।'

कानून को अपने हाथ में लेनेवाली औरतें क्या करें, जब मर्दों का जत्था इस कदर बिगड़े साँड़ों का दल बन जाए? बेटी के रूप में वेश्या बनाई गई लड़की क्या करे जब उसकी खुली देह को नोचा-खसोटा जाए। फूलनदेवी! तुमने पैगाम दे दिया कि हौसला ऐसा होता है। सेक्सुअल तमाशे का हश्र हत्या में गुजरता है। अब इला थाने के कानून को कैसे मानेगी, कैसे निभाएगी? सही-गलत का फैसला ऐसे ही गड्डमड्ड हो जाता है।

माँ, अब न सुनाना कोई किस्सा। औरत की कहानी डराने लगती है। परियों की कहानी सुनानेवाली माँ को क्या हो गया कि स्वर्ग और

सितारों की दुनिया की मनोरम कथाओं को छोड़कर खूनी दास्तानें कहने लगी! बेटी को कितनी दहशत दिखाना चाहती है माँ कि खानदान की इज्जत के पक्ष में कठोर ही नहीं क्रूर हो गई है मम्मी।

'इल्ला, न सुनाने से क्या खौफजदा किस्से खतम हो जाएँगे?'

तुम्हारी बात भी ठीक है माँ और मैं भी क्या करूँ कि शुतुरमुर्ग की तरह रेत में चोंच गाड़कर जिन्दगी से पनाह माँगने लगी। कैसा कायर वक्त है इला का।

रक्षाबन्धन का त्योहार आ गया था, यह तब की बात है।

'इला दीदी अबकी बार जरूर छुट्टी लेकर आना,' गुपलू ने फोन पर कहा। गुपलू अकेला भाई है इला का। तीन बहनों में सबसे छोटा। भाई के लिए इला की आँखों में शानदार सपने रहते हैं। उसे आई.ए.एस. बनना चाहिए या आई.पी.एस.। जो भी बने मेहनती और ईमानदार इनसान रहे। ये दोनों बातें रहीं तो वह संवेदनशील भी होगा।

घर से दूर, घर की याद अपना असर बढ़ाती जाती है। हालाँकि जो मिला इला के हसीन ख्वाब का रूप था। डरे-सहमे रहने की मजबूरी के खिलाफ दबंग पुलिस जवान का ओहदा परिचय से जुड़ा। महीने के अन्त में जो पैसा मिलता लड़की के लिए खजाने की दौलत का रूप नहीं तो और क्या है?

क्या इसी सबके चलते वह शुरू से अब तक घरवालों की नफरत और बनाई गई दूरी पर विजय पाती रही?

नहीं, अपने भीतर किसी कोने में लगातार भावनात्मक सूनापन बढ़ने लगा। जयन्त की दुहाई देती थी समीना मगर जयन्त तो जयन्त की जगह है, भाई की जगह तो नहीं। माँ-बाप के स्थान पर भी नहीं।

'क्या मैं उस नौजवान पेड़ की तरह हूँ जिससे जुड़ी शाखाएँ सम्बन्धों की ओर झुकती जाती हैं?' इला ने खुद से सवाल किया तो जवाब में फिर गुपलू का स्वर कौंधा—'राखी बाँधने आना इला दीदी।'

इला के इस रूप को अपनाने की आवाज जरूर भाई के स्वर में आई है, जो माता-पिता की आवाज का मिला-जुला स्वर था।

वह उमंगों से भर गई। लगा, उसका बचपन पुकार रहा हो। घर आने को कहा है। उसने फोन पर अपने आने की इत्तला दी। महसूस किया कि अब वह अपने पिता के लिए भागी हुई लड़की के रूप में कलंक नहीं, बहादुरी से भरी गर्व करने लायक सिपाही है।

अपने अच्छे-से-अच्छे कपड़े सँभाले उसने। कई भेंट घरवालों के लिए सहेजीं। अगली सुबह जाने के लिए छुट्टी ली।

मगर नहीं जा सकी इला।

फोन भी नहीं किया न आने का। क्या कहती? ड्यूटी है? ड्यूटी तो रोज ही है। खुद ही पछताई कि उसने भाई से वादा क्यों किया? जानती तो है कि इस ड्यूटी का मतलब क्या है?

कम्मो नाम की महिला का खून हो गया। पंचनामा होना है। रक्षाबन्धन पर लड़कियाँ परमीशन लेकर निकल गई हों, ऐसा नहीं है। सब-इंस्पेक्टर भी रुकी हुई हैं। इस इलाके में कत्ल-खून का सिलसिला थमता नहीं। ऑनर किलिंग हो या किसी और तरह की किलिंग, बस खून की नदियों से इस कुरुक्षेत्र को सींचा जाना जरूरी हो गया है।

इला ने केस पेश किया—

कम्मो को रक्षाबन्धन पर उसके मामा ने अपने यहाँ बुलाया था। बताया कि कम्मो की माँ, यानी मामा की बहन, भी वहीं आ रही है।

कम्मो अपनी ससुराल से सीधी मामा के गाँव आई। कम्मो का बड़ा भाई विमल भी वहीं आ गया था।

यों तो कम्मो अपने पिता की सम्पत्ति में से हिस्सा लेने की बात चलाने के बाद मायकेवालों के दिलों से दूर हो गई थी। मगर त्योहार-लोकाचार तो अपने यहाँ संस्कृति का रूप हैं। परम्परा का सुन्दर रूप इनसे ही दिखता है। राखी-टीका करके मन में आए मैल भी धुल जाते हैं, यह मान्यता है। रूठे-बिछुड़े इसी बहाने मिल जाते हैं, लोगों का विचार है।

कम्मो को मना लिया गया। भाई-बहन नजदीक आए। वह राखी के साथ नारियल, रोली, चावल और मिठाई का शुभ शगुन लाई थी।

थाल सजा तो दीपक जलते ही जगमगा उठा।

भाई भी बहन को भेंट देने के लिए तैयार होकर आया। दामी रेशमी चमकीला सूट और एक अँगूठी सोने की।

कम्मो की माँ को सौ फीसदी विश्वास हो गया कि उसके बच्चों में अब कोई मनमुटाव नहीं। कम्मो को इतने प्यार, दुलार और मान के बाद आखिर क्या चाहिए? लड़कियाँ हर हाल में अपने मायके की खुशहाली देखकर खुश रहती हैं। भाई-बहन का रिश्ता एक खून एक ही पानी। डंडा मारे फटते हैं क्या खून-पानी?

पहले सामने बैठे भाई का सजे हुए थाल में से रोली-चावल उठाकर तिलक किया।

भाई ने एक हाथ अपने सिर पर रुमाल की तरह रख लिया, दूसरा हाथ जेब पर था। बहन मिठाई खिला रही थी।

कम्मो नारियल भेंट करने लगी कि भाई विमल ने जेब से कुछ खींच लिया। पलक झपकते ही गोलियाँ चला दीं। पिस्तौल के ताबड़तोड़ फायर बहन की देह पर गुजर रहे थे। खूनी मानसून जमकर बरसा। जहाँ चौक पूरा गया था, वहाँ खून के परनाले बहने लगे।

विमल ने कम्मो के खून से ही तिलक खींचा अपने माथे पर। होंठ भिंचे हुए थे, लेकिन चेहरा विजय का रूप था।

कम्मो के लिए आया सूट धरा रह गया, शूटिंग काम आई।

कम्मो की माँ पछाड़ें खा रही थी। शोक का भयानक हाहाकार तमाम गलियों को दहलानेवाला स्वर था।

'आग लगे कोरट-कचैरी ने। ऐसा फरमान लिकाड़ा कि मेरी कम्मो की मति फिर गई। भइया से जायदात बटाने का सत्त साध बैठी। अरे, कितनी-कितनी समझाई, पर जिद्द ठान बैठी।'

इला क्या, कोई भी समझ लेता कि कम्मो की माँ का इशारा किधर है? सुप्रीम कोर्ट ने पिता की जायदाद में बेटे के साथ बेटी का हक भी बहाल किया है।

हक और औकात में फर्क है क्योंकि इनको तय करनेवाले लोग जुदा-जुदा दायरों के हैं। इसीलिए नए नियमों को देखकर नए तरह के हत्यारे सामने आ रहे हैं। वे चीखकर, मार-पीटकर, समझा-बुझाकर और स्त्री न माने तो कत्ल को अंजाम देकर उसके हक को धराशायी कर देते हैं। और ताल ठोककर कहते हैं—यह विधान हमारे संविधान का रूप है।

इला घर नहीं गई, मगर जब जाएगी तो क्या कहेगी माँ से? जिन किस्सों को सुनने से बच रही थी, अब उन्हीं से गुजर रही हूँ। उसके पाँव

खूनी दलदल में धँसे हैं। लगता है, अपनी ही ओलनाल से जुड़ी औरतों की मर्मान्तक कथाएँ, किस्से और दास्तानें जिन्दगी से जोंक की तरह चिपट गई हैं। वह क्या कहे, क्या न कहे, कठोरतम शान्ति तारी है चारों ओर।

'इला चौधरी, यही है जिन्दगी की असलियत। कहाँ-कहाँ से सुरक्षा दोगी महिला समाज को।' सब-इंस्पेक्टर कामिनी जैसवाल ने कहा था।

उन्हीं दिनों की बात है जब इला ऐसे किस्सों और केसों से गुजर रही थी, जिन्होंने उसमें अवसाद भर दिया। उत्साहपूर्वक आगे बढ़ना और कार्यक्षेत्र में कुशलता का प्रवाह रुका हुआ सा था। कई दिनों तक वह अपने आपमें खोई रहती। गतिविधियों में जहाँ आगे बढ़ना होता, खुद को पीछे लौटती पाती।

कोढ़ में खाज!

मनीषा के बारे में खबर तभी आई।

जयन्त और समीना को वह बारी-बारी फोन करती कि कोई ऐसी बात बने कि वह आगे बढ़ने के लिए प्रेरित हो। स्थितियाँ ऐसी सामने आईं कि गति पर जकड़बन्दी कस गई।

समीना ने बताया, 'तुझे मनीषा के बारे में कुछ पता है?'

'क्या हुआ उसे?'

'उसके खिलाफ कार्रवाही हो रही है।'

इला की आँखों में मनीषा की सूरत छा गई। गोरी गदबदी लड़की। खुद्दार और साहसी।

'क्या किया उसने ऐसा?'

'कहते हैं कि लड़कियों को भड़काया है—कॉलेज की लड़कियों को। यार इला, बात लम्बी है, फोन पर पूरी होने की नहीं। मैं पलवल जा रही हूँ केस के सिलसिले में। समय मिला तो आऊँगी। नहीं तो तुझे वहीं बुला लूँगी। तेरे थाने का तो वही क्षेत्र है।'

इला को जाना नहीं पड़ा। सतीश सिंह सिपाही खुद उसके पास आ गया। किसी महिला पुलिसकर्मी पर अनुशासन को लेकर कार्रवाही हो और मरदाने तबके में हलचल न मचे, ऐसा हो नहीं सकता। सन्देहास्पद न बने रहने का एक ही उपाय है कि औरत अपने खोल में रहे।

सतीश सिंह सिपाही हथेली पर खैनी रगड़ता हुआ मुसकरा रहा था। इला अपनी कुर्सी पर बैठी हुई उसको बैठने का इशारा नहीं करना चाहती

क्योंकि बातों में चाट-मसाला मिलाकर कहने की आदत है सतीश को। क्या करेगी सुनकर? गपबाजी सुहाती ही नहीं।

लम्बी काठी का साँवला आदमी, मगर तोंद ने शरीर को दो भागों में बाँट दिया है। काली छोटी-छोटी कतरी हुई मूँछों के बीच हँसता है, उसकी मोटी नाक फैल जाती है। ठोड़ी में सिकुड़न आ जाती है।

'इला मैडम! भई कमाल है आपकी ब्रिगेड का!'

'कमाल! आप लोग तो हमें 'मुर्गी के चूजे' कहकर बुलाते हो।'

'नहीं जी, सोरी। शेरनियों की गुर्राहट सुन लो अब तो।'

'के होया?' इला ने हरियाणवी में पूछा।

'के नहीं होया? अपनी सखी मनीषा से पूछना था।'

'सतीश सिंह, तुम्हारी तरह कौन बता पाएगा? खुद मनीषा भी नहीं।'

सिपाही के लिए काफी था इला का गम्भीरता से कहा वाक्य। अपनी प्रशंसा सुनना सबसे बड़ी कमजोरी है आदमी की।

सतीश सिंह को कुर्सी दी इला ने। आदर से बिठाया। उसने भी तन्मय होकर सारा किस्सा सुनाया कि जो समय वह इस कहानी को अर्पित कर रहा है, वही बहुमूल्य है, इसे इला के सिवा कौन समझ सकता है? वह जान जाएगी कि मनीषा पर तीखे बाणों की बौछार हो रही है, उससे इला को बचना है।

—देखिए जी, ज्यादा बहादुरी दिखाती है मनीषा! वैसे मनीषा ही क्या, यह आदत महिला पुलिसकर्मियों में होती ही है। घरों के भीतर से निकली हैं न, बाहर के मैदान में उछलकूद तो मचानी ही है।'

'मुझे शॉर्ट में सारी बात बता दें तो अच्छा हो।'

'अजी मामला यों था कि कॉलेज की लड़कियों ने प्रिंसिपल के यहाँ अर्जी लगाई थी कि सामने की बिल्डिंग में लड़कों का जो हॉस्टल है, उसे हटाया जाए। लड़के अपने हॉस्टल की दीवार फलाँगकर जनाने हॉस्टल में आ घुसते हैं। लड़कियों से छेड़छाड़ करते हैं।'

'ठीक तो कहा था लड़कियों ने।' इला ने अपना मत दिया।

'ऐसा ही डर था तो जी वे लड़कों के साथ पढ़ने क्यों चली आईं?'

'पढ़ने आई हैं, छेड़े जाने के लिए नहीं आईं? प्रिंसिपल ने क्या कहा?'

'प्रिंसिपल क्या कहता? हम कह रहे हैं कि अपने कृष्ण भगवान गोपियों से छेड़छाड़ करते थे, गोपियों ने उज्र किया ऐसा? हँस-हँसकर ही

ताने दिए न? दिलजोई हुई न? गोकुल बरसाने में उनका आना-जाना बन्द तो नहीं हुआ।'

'हे भगवन्! तो हमारे भगवान ही गुंडों को शह दे रहे हैं। वैसे कृष्ण और गोपियों को किसने देखा है कि उनका नाम लेकर मनमानी करने का बहाना ढूँढ़ लिया?'

'न-न, पाप की भागीदार मत बनो इला मैडम।' सतीश सिंह ने दया और भक्ति भाव से सिर हिलाया हौले-हौले।

इला चुप थी, कुछ सोचती हुई।

'लड़कियों ने क्या किया, पता है? प्रिंसिपल पर लापरवाही का इलजाम लगा दिया। गेट पर धरना दे दिया। आपकी मनीषा की राय थी यह क्योंकि वह पी.सी.आर. (पुलिस कंट्रोल रूम) में तैनात थी।

'रास्ता जाम कर दो लड़कियो—ऐसा कहना किसके हित में है? मनमानी के लिए आप जनता को परेशान करेंगी? ऊपर से कहेंगी कि पुलिस पर भरोसा मत करना, पुलिस तुम्हारी मदद नहीं करेगी।'

इला ने शान्त भाव से पूछा, 'ऐसा क्यों कहा मनीषा ने? क्यों उसका विश्वास उठ गया पुलिस के ऊपर से?'

'भाड़ में गया उसका विश्वास। मीडिया मौजूद था। मनीषा की एक-एक बात, एक-एक तसवीर अखबारवालों और टी.वी. वालों के पास है। रिकॉर्ड समझती हैं न इला चौधरी? मनीषा के खिलाफ सबूत बाकायदा हैं। और फिर अपने अफसरों ने खूब समझाया था कि जिन लड़कियों के फेवर में तुम बोल रही हो, कल वे ही इन लड़कों के साथ आवारागर्दी करती मिलेंगी। कोई किसी को यों ही नहीं छेड़ता। लिफ्ट मिलती है वहाँ से।'

'बकवास करते हैं आप।' मनीषा ने तड़ाक से जवाब मारा था। और बोली, 'घूमना-फिरना एक बात है और जबर्दस्ती किसी को पकड़ना-धकड़ना एकदम अलग बात। दोस्ती और बलात्कार में फर्क होता है न?'

इला ने सतीश सिंह को अपनी मंशा भी बता दी—'मीडिया में बात आनी ही चाहिए। तसवीरें मनीषा की हैं तो लड़कियों की भी होंगी, जिन्हें उस समय घसीटा जा रहा था। उनके कपड़े फट गए थे। उनके माता-पिता को बुला लिया था, यह बताने के लिए कि उनकी लड़कियाँ आवारा और बदचलन हैं। मीडिया हकीकतों को जनता तक पहुँचाए तो बुरा क्या है?

मीडिया यह भी तो दिखाता है कि पार्कों में बॉयफ्रेंड के साथ घूमती लड़कियों पर महिला पुलिस घूँसे और डंडे बरसाती है। अब समझ में आ गया कि वे बेरहम क्यों हो जाती हैं? क्योंकि लड़कियों को न पीटने पर महिला सिपाही को किसी-न-किसी तरह जवाबदेह होना पड़ता है। लड़कियों का साथ देने पर इंक्वायरी हो रही है या नहीं?'

सतीश सिंह ने कन्धे उचकाकर इला की बात को हवा में उड़ा दिया। और कहा, फिर भी मनीषा लड़कियों से कह रही थी कि वे उसको फोन पर इत्तला दे दें। वह पी.सी.आर. लेकर तुरन्त आएगी। उसने अपनी ड्यूटी पी.सी.आर. के लिए ऐसे ही खास मकसद से लगवाई है। लड़के किसी शहंशाह की औलाद हों, वह चालान करेगी। गिरफ्तार कराएगी। वह तो जैसे कोतवाल हो गई! क्या-क्या गुल खिला रही है!'

इला को हँसी आ गई, बोली, 'गुल खिलाएगी तभी तो गुलशन खिलेंगे।'

सतीश सिंह को इतनी कहानी सुनाकर खास सुख नहीं मिला, वह विचलित ही हो गया। और उठकर चला गया।

इला को कितना कुछ याद आया इस सन्दर्भ में। पुलिस के ऊपर से अपनी भरोसेमन्दी खोनेवाली मनीषा वह हादसा भूली तो नहीं ही है। उसके छोटे भाई की बाइक को ट्रक ने टक्कर मारी थी। एक्सीडेंट जहाँ हुआ मनीषा जल्दी-से-जल्दी पहुँची थी, फिर भी बहुत खून निकल चुका था।

पुलिस में बयान लिखवाने थे, मगर दरोगा जी पहुँचे ही नहीं। एक आदमी उनके पास भेजा गया तो बोले कि वहाँ बयान कैसे लिखे जाएँगे? कुर्सी न मेज। धरती पर बैठूँगा? जो आदमी गया था, मनीषा के चाचा थे, उनके मुँह से निकल गया—बयान आप लेंगे, कुर्सी मेज नहीं।

'तू धौंस दिखा रहा है?' दरोगा जी नाराज हो गए।

मनीषा का सिर शर्म से झुक गया था कि मरते हुए भाई की खास बहन पुलिस में सिपाही है और वह शिनाख्त तक नहीं करा पा रही। मर जाएगा भाई, पंचनामा तक नहीं होगा। कहती थी, पाँवों के नीचे धरती काँपने लगी।

क्या करती इस नाउम्मीदी पर? क्या कर सकती थी इस नाइनसाफी पर?

दरोगा की बात याद आई—'तेरा बाप एम.पी. है या मंत्री है जो मुझे तलब कर रही है? अपनी राह होगा काम। चल यहाँ से।'

मनीषा के कलेजे से चीख फूटी—रोड जाम कर दो।

पुलिस ट्रेनिंग में पढ़ाई जानेवाली नैतिकता ताक पर धर दी क्योंकि उसके दिल में जो विद्रोह उठा था, कड़कती बिजली जैसा था।

फिर क्या था, लोग जुड़ते गए। नाते-रिश्तेदारों को खबर लगी, वे भी आ गए। लाश जहाँ जमीन पर रखी थी, वहाँ से आधा किलोमीटर लम्बा काफिला लोगों का था जो लेटे हुए थे, बैठे थे और खड़े हुए थे।

'लाठी चार्ज!' हुक्म हुआ।

हाँ, यही तो नियम है, पुलिस और जनता के आपसी रिश्ते का सच यही है। और मनीषा से एस.एच.ओ. का सम्बन्ध खुलकर आया कि उसने एस.पी. साहब को फोन लगा दिया—'लेडी कांस्टेबल के इशारे पर रोड को जाम किया गया है।'—और मनीषा से कह दिया—अब तुझे देखता हूँ कि तू कैसी सिपाही है, कैसी औरत है।

चाचा ने मनीषा की बाँह पकड़ ली थी, रोते हुए कहा था, 'गुड़िया, मरनेवाला तो चला गया। तू यहाँ बैठकर क्या करेगी? अपनी नौकरी को खत्तरे में मत डाल।'

वह नहीं [illegible]ठी क्योंकि उस दृश्य में अफसरों और सहकर्मियों के चेहरों से मुखौटे उखड़ने लगे थे। एस.एच.ओ. साहब पत्रकारों से मुखातिब थे—'देखिए आप लोग! मरनेवाला लड़का शराब पिए हुए था। टक्कर तो होनी ही थी। अब जरा गौर करिए इस कांस्टेबल लड़की पर, सामने भाई की लाश पड़ी है और यह लाश पर राजनीति कर रही है। लाइम लाइट में आने का जुनून चढ़ता है तो लड़कियाँ कुछ भी करने के लिए तैयार हो जाती हैं। जमीर बेचो या जिस्म, बात एक ही है।'

जनता में से दो-तीन लोग चिल्लाए—'दरोगा जी, ट्रकवाला कहाँ है? उसको गिरफ्तार किया या नहीं?'

ट्रकवाला कैसे दिखाई देता? पच्चीस हजार में मामला तय हुआ था। मनीषा ने इला को लिखा था—'लड़की कुछ भी बने, पुलिस की सिपाही न बने।'

'लड़की कुछ भी बने...' यह वाक्य बुझते शोलों की तरह आज भी आसपास फैला है!

याद आता है वह मंजर जब मनीषा ने उसके साथ ही पुलिस एकेडमी में प्रवेश पाया था। वहाँ लड़कियों की कहानियाँ लगभग एक सी थीं, जिनमें बन्दिशें, अपमान और व्यवहार की क्षुद्रताएँ बजबजातीं।

सरिता विश्नोई मैम संयोगवश ट्रेनिंग सेंटर में थीं। रंगशाला में पन्द्रह अगस्त के लिए आजादी का उत्सव मनाया जाना था। कार्यक्रम की सूची में इला, मनीषा, प्रिया और जयन्त का नाम शामिल था।

विश्नोई मैम के सामने मनीषा पड़ गई।

'अरे तुम!' एक पल ठिठककर मैम अचम्भे से बोलीं।

'जय हिन्द मैम।'

'तुम यहाँ कब से...?'

'नया बैच है हमारा।'

मनीषा अब मुसकराई और विनम्रतापूर्वक बोली, 'मैंने आपसे कहा था न मैम कि एक दिन मैं पुलिस विभाग में आकर रहूँगी।'

'वाह! तुमने कर दिखाया।' मैम का हाथ मनीषा के कन्धे को थपथपाने लगा और वे खिसियानी-सी मुसकराहट के साथ चली गईं।

फिर पलटकर पूछने लगी—'अच्छा बताओ, तुम्हारी माँ कैसी है?'

'ठीक है मैम। बहुत-कुछ सँभलने लगा है।'

अपनी कहानी मनीषा ने इला को बताई, विश्नोई मैम से जोड़कर।

हम तीन बहनें हैं। लगातार पैदा हुईं। घरवालों का मन मर गया। एक बेटे की आस जोर पकड़ने लगी। ऐसा भी मंजर आया कि माँ खुद को ही बेटा न पैदा करने के लिए दोषी मानने लगीं। वे पापा के सामने तक न पड़तीं। वे मानतीं बेटी पैदा करने से बड़ा जुर्म तो बेटी की हत्या करना भी नहीं है। हत्या करना तो माँ को जलालत से उबार लेता है। लेकिन माँ अपने उबरने का साधन न कर पाईं। मुझे यानी मनीषा को बेटी के रूप में जन्म देकर जैसे उन्होंने मौन साध लिया। जता दिया कि उन्हें अब मरने का भी डर नहीं। मौत आएगी तो उस मौत से बेहतर होगी जो अपनी बेटियों की मृत्यु के बहाने आती है। अब वे बेचैन नहीं, शान्त रहतीं। लगता था, जैसे उन्होंने कोई बड़ा काम कर लिया है, ऐसा ही बड़ा कि जब-जब निपूती कहकर दादी उन्हें गाली दें, वे अपनी किसी बेटी को अपने करीब लाकर चूम लें। पापा ने उनको इस तरह देखा तो वे नफरत से भर गए। वे बोलीं, 'तुम मातम मनाओ, मैं खुश हूँ। गाँव में मुझे लोग

बेटी मारनेवाली माँ के रूप में नहीं जानते।' सच में वे तीन बार घर-परिवार से लड़ीं और जीतीं। घर में जो दहशत पैदा होती रही, उससे पीठ फेरकर भागी नहीं। उनको देखकर मोहल्ले, पड़ोस और गाँव के कुछ कोनों में यह हुआ कि औरतें चुपचाप अपने गर्भ में बेटियों को पालने लगीं, बेटा पैदा होने का भ्रम फैलाकर। सोच लिया, जब बेटी पैदा होगी, घर में कोहराम मचेगा, धमकियाँ दी जाएँगी, तब वे कमर कसकर लड़ेंगी। जिन्दगी के हिमायती लोग अक्सर जीतते हैं। माँ तो बस अपनी बनाई धरती पर रह रही थीं।

पापा अपने उत्तराधिकारी के लिए तड़प उठे। मगर माँ कॉपर-टी लगवा चुकी थीं—गर्भ निरोधक। इस विधि का मिजाज ही ऐसा था कि पापा को माँ की मिन्नत करनी पड़ी। बेटी हुई तो अपने व्यवहार के लिए शपथ ली कि एतराज न होगा। कैसा अद्‌भुत हथियार आ गया औरतों के हाथ!

अबकी बार बेटा ही हुआ। परिवार का एकमात्र सहारा। वैसे पापा दूसरी शादी का भी मन बना चुके थे, लेकिन सरकारी मुलाजिम थे और माँ अपनी झिझक तोड़ चुकी थीं।

लड़कियों की पढ़ाई? बेटियों के जन्म से कोसों दूर भागनेवाले लोग उन्हें जिन्दा रहने दें, यही बहुत है। पढ़ाने की बात करके इन्हें क्यों चिढ़ाया जाए?

माँ ने दो बड़ी बहनों को नानी के पास भेज दिया और कह दिया—डटकर काम करा लेना, मगर पढ़ाई होती रहे। मेरी बारी आई तो मैं भाई के साथ स्कूल भेजी गई। मकसद यही था कि भाई छोटा है, मैं उसकी देखभाल करूँ। मैं अपना और भाई का बस्ता टाँगकर चार किलोमीटर चलकर स्कूल जाती। गरमी या बरसात में भाई के सिर पर छाता तानकर साथ-साथ चलती।

बहनों का ब्याह आ गया।

दहेज देने के कारण कर्ज लिया गया। माना जाता है कि पापा इसी टेंशन में शराब पीने लगे। मगर हरियाणे में कौन सा मर्द-बच्चा शराब नहीं पीता? सरकार तक ने शराबबन्दी कर ली, तब सरकार चली गई शराब नहीं गई। यहाँ का नागरिक ऐसा है कि व्यसन पर रोक लगाना उसे फिजूल की बात लगती है।

मनीषा को इस बीच हँसी आ गई, बोली, 'हम हरियाणा पुलिस के जवान इन्हीं नागरिकों की रक्षा-सुरक्षा के लिए हैं।'

शराब को खुराक चाहिए, नहीं तो यह आदमी को खोखला कर देती है। खुराक की तरह ही ऐसे गुलामों की जरूरत होती है जो उससे उठी सनक को ज्यादा-से-ज्यादा आनन्द में बदल दें।

सनक और आनन्द...पापा दारू पीकर माँ को जी भरकर पीटते। माँ उनका मुकाबला करने लगतीं तो वे बच्चों को पीटने लगते। तब हम समझे कि शराबी की ताकत क्या होती है, कि माँ किस तरह उनसे पार पाती हैं।

मैं पढ़ते-पढ़ते भिवानी कॉलेज तक पहुँच गई। वहाँ मेरे लिए एक-एक दिन भारी पड़ता क्योंकि पापा का शैतान चेहरा भाई की डरी-सहमी छवि और घर में चक्रवात की तरह उठती दहशत के नजारे बनते।

बस मैं चल देती। घर पहुँचकर माँ के पीछे खड़ी हो जाती, भाई को अपने कन्धे से टिका लेती। बदले में पापा मेरे मुँह पर थप्पड़ मारते। कमर पर लातें मारते। एक दिन पिटाई ज्यादा ही परवान चढ़ गई। भाई चीखा, बाहर भागा और चाचा को बुला लाया। चाचा को देखकर पापा बेतरह चिढ़ गए।

चाचा चले गए, अब मैं क्या करूँ? पिटती रहूँ या पिटने से इनकार?

मुँहवाली भाषा अक्सर नशेड़ी लोग समझना नहीं चाहते। मैंने मोटा डंडा उठा लिया। लगा कि अपनी लड़ाई खुद नहीं लड़ूँगी तो धूल में रगड़ दी जाऊँगी। मुझे तबाह करने का हक बाप को भी नहीं।

डंडा चला दिया पिता पर।

बाप को पीटने लगी। 'लड़की शैतान की खाला' ऐसा कहनेवाले बहुत थे मगर बाप पीटता था रोज, इस पर बोलनेवाला कोई नहीं।

घर से जब भी शोर उठता, माना जाता कि हम माँ-बेटी गैर-जरूरी तौर पर खूँखार हो उठी हैं। सलाह मिलती, जब घर के मर्द को गुस्सा आए, तुम बोरों के पीछे या अँधेरे कोनों में छिप जाओ। कहा यह भी जाता कि लड़की को पढ़ाने का नतीजा है यह। चुनौती यह थी—तेरा बाप भी मर्द जात है, ऐसा सबक देगा कि जिन्दगी भर याद रहे।

पापा ने सबक दिया, घर ही छोड़ दिया। ताऊ जी के यहाँ चले गए।

यह सबक था या हमारे लिए सुकून, हम माँ के साथ चैन से रहते, खुद को शान्त पाते। मगर पापा और उनके शुभचिन्तकों के लिए यह हमारी बगावत का नया रूप था। पिटने-कुटनेवाली और हुक्म की बाँदियों में आत्मविश्वास कैसे आ गया? बाप पस्त होकर भाग गया और ये मस्त हो गईं!

एक दिन पिता आए, मजबूत डंडा साथ लाए। डंडा तड़ातड़ मेरी पीठ पर पड़ने लगा। सिर पर पड़ा तो सारी धरती घूम गई। घूमती हुई चक्राकार भँवरावलियाँ ऐसी थीं कि सब कुछ ओझल होता जाए। यह भी याद नहीं रहा कि मेरा सिर दीवार पर दे मारा है। नहीं महसूस हुआ कि सिर फट गया खून बहता चला जा रहा है। आँखें ही बन्द हो गईं।

उधर माँ को पीटा, उसके कपड़े फट गए। चाचा का नाम लेकर भद्दी गन्दी गालियाँ दीं। घर को पापा रंडीखाना कह रहे थे। मुझे और चाचा को भी नहीं बख्शा। तमाशगीरों की कमी नहीं थी।

बाहर निकलना जुर्म लगने लगा। कोई सामान लेने दुकान तक भी कैसे जाया जाए। हमारे घर की ओर उँगली उठाकर खूब जुगाली की जा रही थी। बड़ी बहनों को खबर भेजी। उनके ससुरालवालों ने आने की इजाजत नहीं दी। ऐसे बेइज्जत घर में किसका पाँव पड़े? मैं परिवार और उसके जुल्मों के बारे में बहुत-कुछ जान गई। पिता हों या परिवार उनको हमारा विरोध करने की लत है। क्यों है, इसका कोई जवाब नहीं।

अब तो पिता के लिए मौका पाना और माँ पर दाँव लगाना, खूनी रंजिश चलने लगी। माँ-बाप के बीच पड़ी इस दरार में मैं खड़ी होकर माँ का जितना विश्वास करती, पिता को उतना ही दोषी पाती।

'घरेलू हिंसा घातक जुर्म है,' मेरे कानों में आवाज आई।

'अपनी बात कहो, चुप न रहो।' यह स्वर पुरजोर उठा।

हम वहाँ तक बढ़ गए कि पुलिस आ गई। महिला पुलिस ने पापा की नाक में दम कर दिया। उनकी मर्दानगी काफूर होने लगी। यहीं से मेरे भीतर उम्मीदों ने करवट ली।

'देर है, अन्धेर नहीं,' माँ ने कहा था और 'नारी शोषण' पर लिखी किताब उठा ली। हमारे केस की तारीख मुकम्मल हुई।

एक-दो तारीखों के बाद सब कुछ अचानक बदल गया। सारा दोष मेरे सिर आ गया। समझ में नहीं आ रहा था कि यह कैसे हुआ, किसके प्रभाव में हुआ?

दो चार दिन ही बीते कि पापा और उनकी दारू मंडली आसपास दिखने लगी। ताऊजी के घर से माँ का नाम निकला—बदकार। चाचा की हमदर्दी ने 'यार' का तोहफा पाया। जो माँ कब से रोना छोड़ चुकी थी, चाचा के साथ अपने सम्बन्ध का भद्दा वास्ता सुनकर रो पड़ी।

'साजिशों से बड़ा हथियार कोई नहीं,' चाचा लाचार की तरह कह रहे थे कि मैं चीख पड़ी—'चाचा, यह सब पैसे का करिश्मा है। रिश्वत का जादू चल रहा है।'

मैं और चाचा इस वक्त पुलिस के सामने थे।

'ए च्छोरी, तू के बोली?' पुलिस की मैडम आगे बढ़ी और झन्नाटेदार थप्पड़ मेरे मुँह पर मारा।

थप्पड़। चेहरा झन्ना गया या कलेजा? धीरज टूटने लगा।

'ए मैडम! मेरे बाप के पास तेरा फोन नम्बर कहाँ से आया और क्यों बताया गया?'

'तू हमसे जवाब माँगेगी?'

'जवाब क्या दोगी, रिश्वत लेने की चाट पड़ी है।'

'ओ तेरी! साली, हमें लग रहा है तू ही सारा कांड करा रही है। अपने ताऊ और बाप को झूठा समझै सै? तेरी माँ सती सावित्तरी सै? हमें कानून बतावै तू?'

'कहूँगी, सौ बार कहूँगी कि माँ पिटती-पिटती मर जाए तब तुम्हें सती-सावित्री लगेगी। लगेगी न?'

'ए...ज्यादा न बोल। तेरी मा कम कोनी। इस केस ने चुपचाप उरयै सुलझ्या ले नहीं तो तेरे ऊपर केस ठोक दूँगी। बता तू उरयै इतना बोलै सै तो अगले घर की तो पूच्छो मत।'

मैंने हाथ जोड़ लिये। सिर झुका दिया—'मैडम जी, 'महिला कष्ट निवारण' का झंडा क्यों फहराती आई हो, आप तो साक्षात् महिला-यातना का अवतार हो। कन्धे पर चमकीले स्टार जड़ रखे हैं और दिमाग में गोबर भरा है। तू इस नौकरी के लायक नहीं है मैडम जी। यह भी नजर नहीं आया कि हम मुसीबत में अकेले रह गए हैं तो क्या यह हमारा कसूर है?'

'ऐ च्छोरी, चुप ना होरी तू!' कहकर उस मैडम ने मेरी बाँह बुरी तरह मरोड़ दी।

'बहुत हो गया,' कहकर मैंने मैडम को धक्का मारा।

'धक्का दिया तूने?'

'ए मैडम आगे हाथ मत उठाना, तेरी ऑफिस में ही रिपोर्ट कर दूँगी। और सुन ले कि मैं अब इस केस को सारी शिकायतों के साथ एस.पी. के यहाँ ले जाऊँगी।'

'तू! तू के लगी है पुलिस में?'

'अभी नहीं लगी, मगर लगूँगी। मुलाजिम लगूँगी और मैडम तुझसे जरूर मिलूँगी, यह मेरा वादा है। तब फैसला होगा कि क्राइम क्या होता है? सजा कैसे मिलती है? कानून किस तरह काम करता है? और उस दिन मैं अकेली नहीं हूँगी, वर्दी मेरे साथ होगी। मैं अपनी माँ और अपने जैसी औरतों के लिए पुलिस में आऊँगी।'

मनीषा ने इला को बताया—यही हैं वह मैडम, जिनसे मेरी मुठभेड़ हुई थी। क्या पता था विश्नोई मैडम से मुलाकात इस तरह आमने-सामने होगी!

वह एक सुखी वक्त था जब मैं तुम्हारे प्यार में थी
अब अकेलेपन के साथ हूँ, जहाँ प्रबल शक्ति का बोध है

'बगावत' यह शब्द इला के दिल पर लिखा है।

वह मानती है—कभी तूफान, कभी अकाल और कभी कहर, इन जानलेवा संकटों में हमारा जितना भी कुछ खत्म हुआ हो, सब कुछ नष्ट नहीं होता। सब कुछ तो आदमी की मौत के बाद भी खत्म नहीं होता क्योंकि स्मृतियाँ बची रहती हैं। जिन्दा यादें ज्यादा असरदार होकर सामने आती हैं। यहाँ तक कि जिनको हम बेकीमत मानते हैं और वे चुपचाप भूख, बीमारी तथा महामारी से काल-कवलित हो जाते हैं, वे नहीं, लेकिन उनकी मृत्यु-स्थितियाँ युगों-युगों तक जिन्दा रहती हैं।

पापा इला को युद्धकालीन किस्से सुना चुके हैं। उन कहानियों के नायक राजा, सामन्त, साहूकार या अफसर नहीं थे। वे थे किसान और उनके पशु। गड़रिया और उनकी भेड़ें। राहगीर जिनकी प्रेमिकाएँ अनन्त इन्तजार में थीं। वे युद्ध की विभीषिकाओं का सामना करनेवाले योद्धा थे।

इला को जब न तब एकेडमी के चीफ याद आ जाते हैं, वह मन ही मन उनसे संवाद कायम करती है—सर, हम आपकी सजीव नाट्यकृति के पात्र हैं, मगर अब कोई अभिनय नहीं कर रहे कि दर्शकों का दिल जीतने के लिए क्रिया-कलापों को अन्तःप्रवाह में मोहक और तेजोमय बना दें। हम अब इनसानों के बीच जीवित हाड़-मांस के पुतले हैं। तभी तो अपनी प्रस्तुति को अक्सर बाधित पाते हैं। अपने मकसद में प्राण फूँकते समय अधबीच ही भयंकर झटके लगते हैं।

हम किस तरह खड़े रहते हैं सर? मेरे भाव-जगत पर तब रानी लक्ष्मीबाई के साथ काना और मुन्दरा का अधिकार हो जाता है। झलकारीबाई की कथा आगे बढ़ाती है मुझे।

जयन्त का फोन आया था, कह रहा था—'1857 की क्रान्तिवाला लाइट एंड साउंड प्रोग्राम हमें करना है। हर साल नए प्रशिक्षणार्थी करते हैं, अबकी बार वे अब तक नहीं आए। सर ने बुलाया है पुराने लोगों को। अभिनय की एक-दो रिहर्सल में काम हो जाएगा।' इला ने मन-ही-मन क्रान्ति को सलाम किया।

जयन्त बराबर कह रहा था—'मिलने का संयोग निकल आया इला, चली आओ।'

इला मुसकरा पड़ी, बोली, 'चली आऊँ? प्यार करने या क्रान्ति करने?'

'दोनों में एक ही बात है। प्यार से ही क्रान्ति जन्म लेती है।'

'ठीक कह रहे हो, प्यार के सिपाहियों को नफरत से हलाक किया जाता है। पर प्रेमियों को मोहब्बत की शिकस्त मंजूर नहीं। जान की बाजी माफिक पड़ती है।'

'जयन्त, यार शबनम का क्या हाल है? सुना था कि...।'

'प्यार की बात आई और शबनम की याद न आए तुम्हें। उसने भी नफरत करनेवालों को हैवान साबित कर दिया। शबनम—आग से सामना करनेवाली लड़की। राजवीर से प्यार किया, बदनाम और गुनाहगार हो गई। वह कहती है—राजवीर शादीशुदा है, मुझे क्या मालूम था? फिर यह भी बात है कि शादीशुदा शख्स से शादी नहीं हो सकती, पर प्यार तो हो सकता है।'

इसी बात पर राजवीर की बीवी ने उसे सरेआम जूतों से पीटा था। वह चुपचाप पिटती रही क्योंकि लोग भी राजवीर की पत्नी का पक्ष ले रहे थे। बाद में उसकी माँ गाँव से आ गई। शबनम के साथ ही उसके क्वार्टर में रहने लगी। वह माँ को खुश करने में लगी रहती जैसे खुद अपने किए पर शर्मिन्दा हो और जवान माँ की सेवा करके शबनम थोड़ी सी राहत माँग रही हो। सारा वेतन माँ रखती, बाद में पैसा अपने भाई को पहुँचा देती। माँ और मामा ने उसकी जिन्दगी पर कब्जा कर लिया। वे गालियाँ देकर, धमकी देकर, मौलवी के फतवे का वास्ता देकर उसे धमकाने में कामयाब हो गए। डी.एस.पी. मैडम ने भी कह दिया—क्या समझती है तू? राजवीर खुद से मोहब्बत करने का हक तुझे देगा? औरत की तरह इस्तेमाल भले कर ले। प्यार का अधिकार तो सिर्फ उसकी पत्नी का है।

पत्नी बने बिना औरत का प्यार गुनाह है। ऐसे ही जैसे धर्मपत्नी बने बिना माँ बनना कुफ्र।

चारों तरफ से घिर गई शबनम। जिन्दगी से ऐसी आजिज आ गई कि कीटनाशक दवा पी गई। बेहोशी में झाग छोड़ रही थी मुँह से, बुदबुदाई सिर्फ इतना ही कि मुझे शादी नहीं, बस लगाव की दरकार थी।

इला ने इतना नहीं सोचा था। एथलीट्स की सिरमौर लड़की इतनी लाचार कर दी जाएगी कि अपनी जिन्दगी लेकर चलना दूभर हो जाएगा।

'अब कैसी है?'

'बच गई है बस। अस्पताल से ले आए हैं। दो डॉक्टर उसकी मनोवैज्ञानिक जाँच कर रहे हैं। खर्च एकेडमी उठा रही है।'

जाँबाज लड़कियाँ क्यों गिरती चली जा रही हैं? अभी शैला का नहर में डूबनेवाला समाचार आया था। एकेडमी के सात हजार जवान भी उसे नहीं बचा सके। कहते हैं, मंगेतर और प्रेमी के बीच शैला दो पाटों में पिस गई। नहर में कूदी या मंगेतर ने ही धक्का दे दिया, सवाल अधर में लटका हुआ है। शादी ऐसी राक्षसी है, जो अपने नुकीले पंजे लड़की की जवानी में गाड़ देती है। शादी के नाम पर कितनी सजाएँ मुकर्रर हैं! जिसने 'शादी की देवी' को गले नहीं लगाया, समझो कि गला रेत दिया गया। क्या हम सिर्फ शादी के लिए ही पैदा हुए हैं? विवाह संस्था द्वारा समाज में हमारी जगह तय होती है, न कि हमारे कामों से। पुरुषों के साथ ऐसा क्यों नहीं होता? इला आजिज आ गई है आसपास की घटनाओं से। उसके दिमाग से दूल्हा-दुलहन सुहाग-शृंगार और मिलन के सुनहरे सपने काफूर हो गए।

अपना कायाकल्प करना क्या आसान है?

बहरहाल क्रान्ति के बारे में सोचा जाए तो मन बदल जाए। थाने पर रहकर मन बदल सकता है क्या? यहाँ तो एकेडमी का भी माहौल नहीं कि प्यार में शहीद होनेवाली वीरांगनाओं को सलामी देते हुए परेड कर ली जाए। वर्दी पहनकर हरियाली में मार्च पास की जाए। घुड़सवारी और रैम्पलिंग करके ताकत का अहसास जगाया जाए। गाँवों से आई टूटी सताई औरतें, अधजली दुलहनें, चिरी-फटी कायावाली बलात्कृत लड़कियाँ आसपास हैं, इन्हें किस नेपथ्य में धकेल दिया जाए?

रानी लक्ष्मीबाई को अपने भीतर उतार लेने के लिए दिल के सन्ताप दूर रखने होंगे। रानी का गुस्सा, अपमान से उपजा राजसी आक्रोश धारण

करना होगा क्योंकि जयन्त कहता है, इला को रानी लक्ष्मीबाई का पार्ट अदा करना है। जयन्त से क्या कहे? यही कि मोहब्बत में साहस होता है, लेकिन जुल्म की सूरत क्या है, यह नजरअन्दाज करनेवाली बात नहीं। तड़प में आग होती है, परन्तु जहर में मृत्यु समाहित रहती है। गंगाधर राव झाँसी के राजा स्वर्गीय हो चुके हैं, उन्हें कैसे बताया जाए कि रानी झाँसी के रूप में इला की ब्रिगेड तबाह औरतों की टुकड़ी है। जीत का भरोसा कैसे हो?

जयन्त ने उसकी कितनी बातें सुनीं, कितनी समझी होंगी, क्या पता? वह तो 'इतनी कठोरता, इतनी कठोरता' कहता रह गया। सुना तो दिया था जयन्त को कि कठोरता बर्दाश्त करने की कूवत जिनमें नहीं होती, उनको दोस्त नहीं होना चाहिए।

बहरहाल इला ने खुद में नाटक करने का एक उत्तेजित भाव खोज ही लिया और समय देखा—रवानगी कल दस बजे है और अभी शाम के चार बजे हैं। मतलब कि सोलह घंटे हैं उसके पास अपने आपको छानने के लिए। वह बिस्तर पर लेट गई। पुराना वक्त याद आ गया।

अठारह सौ सत्तावन—झाँसी की रानी, तात्या टोपे और पीर अली के साथ लॉर्ड क्लाइव, जिनका युद्ध से वास्ता था। इला उठी और अपनी किताबों के बीच उस पुस्तिका को खोजने लगी, जिसमें क्रान्ति का विवरण दर्ज है।

'अठारह सौ सत्तावन : भारत का स्वतंत्रता संग्राम' इस पुस्तक के मुखपृष्ठ पर सुनहरे अक्षरों में लिखा हुआ है। जयन्त ने कहा था—नाटक एक नशा है, उसका सुरूर नाट्यकर्मियों पर जब तक नहीं चढ़ता, वे पात्रों के मानसिक और शारीरिक धरातल पर नहीं उतर सकते।

इला ने किताब खोली। पृष्ठ-दर-पृष्ठ मन में उतारती गई।

उसने चित्र अपने मानसपटल पर बनाया—

तीन ओर दर्शक बैठे हैं। चौथी ओर किले की पृष्ठभूमि है। मैदान और उसके चारों ओर ट्रैक खाली है। इला का हृदय नेपथ्य का रूप है। वहाँ संगीत शुरू होता है। गीत-कड़ियाँ अपनी उठान में गूँजती हैं—

सुनो भाइयो, सुनो भाइयो
कथा सुनो सत्तावन की
कान खोलकर सुनो कथा है
क्रान्ति के पहले सावन की

समीना!

हाँ, समीना उसके सामने उपस्थित है।

'ए इला मैडम, आप क्या सोच रही हैं?'

'तुम? कौन हो मेरे पास आती हुई? मैं तो तुम्हारे और अपने समय से बाहर निकल चुकी हूँ।'

'तुम कौन सा गीत गा रही हो?'

'अपना हृदय-गीत।'

समीना! कितनी नादान है, ऐसे देख रही है जैसे झाँसी की रानी किसी पहेली में भटक गई है। हाँ, मेरा ध्यान तो किले में प्रवेश कर गया। चेतना अपने दुर्ग की रक्षा में जुटी है। घुड़सवार के वेश में इला चली आ रही है या मनु है यह?

'ऐलान हो रहा है—रानी, अब अत्याचार, हकों की लूटपाट और इनसानों को मवेशियों में तब्दील करनेवाली नीतियों को देख नहीं सकेगी। उसके जीते जी मानवता की तबाही...तौबा!

समीना का स्वर कौंधा—रानी, हमारे सामने सामाजिक, सांस्कृतिक और राजनीतिक शासकों के बर्बर शौर्य हैं। हमारी हर हरकत पर पाबन्दी है। हमारी हर खुशी की खिलाफत है। हम खारिज पेंशन या दत्तक पुत्र की ताजपोशी के लिए नहीं लड़ रहे, जंग वाजिब हकों के लिए है, चाहे वे मुख्तसर ही हों।

इला गा रही है—

अंग्रेजों की धूप कड़ी थी
धरती पर थी आफत
सत्तावन की गरमी पाकर
खिल उट्ठी थी बगावत
दूभर जीना, मरना मुश्किल
ख्वाबों पर थी मुसीबत
मुल्ला जी का हाल बुरा था
पगड़ी ढीली बामन की
कथा सुनो सत्तावन की

'समीना, संवाद बोलो।'

'कोई भी कौम इतनी अच्छी कभी नहीं हो सकती कि किसी कौम पर शासन करे।'

इला ताली बजाने लगी। उसने गौर से देखा, साथियों से उसके सम्बन्ध इतने ही मधुर रहें तभी टीम बन सकेगी। एक सेना। आजादी किसी एक को मिलती है तो आजादी नहीं कहलाती क्योंकि आजादी सारी कौम के लिए आती है।

'थाने के मैदानों में लेडी सोल्जर अभी पटखनी खा रही हैं'–इला ने यह क्या बोला नाटक के संवादों के बीच? उसने जीभ काट ली।

'अबकी बार लोग देखेंगे मेरे लाल चोले का रंग इतना तीखा होगा कि दुश्मनों की आँखों को चीर देगा।' इला के चेहरे पर नुकीली रेखाएँ चमचमा उठीं।

समीना एकटक देखती है।

'समीना, फिरंगी आ रहे हैं। सबसे आगे चलनेवाले अंग्रेज के हाथों में लाल और नीले रंग का जैक है।'

समीना ने अपना सिर झटक दिया।

'नहीं समीना, नहीं। यह तो तिरंगा फहराता अपना दरोगा ही आ रहा है। पीछे-पीछे वे ही चार सिपाही हैं जो धारा तीन सौ दो में बन्द औरत के इर्द-गिर्द रात भर मँडराते रहे। औरत नंगी करने की फिराक में मुझसे उलझते हुए दारू के नशे में थे, सो गिर पड़े।'

'इला, होश में आओ। यह नाटक का दृश्य नहीं है। देखो, दृश्य में भारत का नक्शा बनाया गया है। फिरंगी सैनिक नक्शे के चक्कर काटते हुए चले आ रहे हैं। यहाँ कोई औरत नहीं, लक्ष्मीबाई की सखी मुन्दरा है। सामने बहादुरशाह जफर की पालकी आ रही है।'

'ओह! तो झाँसी पर हमला होनेवाला है। पर मुझे ऐसा क्यों दिख रहा है कि हमारे घरों से खींचकर लाए गए निर्दोष लोग सूली की ओर ले जाए जा रहे हैं। गाँव-कस्बों के बाहर कितनी सूलियाँ खड़ी हैं। तमाशा देखनेवालों की भी कमी नहीं और इन तमाशों से जुड़ी कहानियाँ तो लाजबाब हैं।

'ये कौन हैं समीना, जो सूली की ओर...वे ही न, जिनसे परिवार और जाति-गोत्र के अहंकार की रक्षा नहीं हो सकी। वे अपने भोलेपन में पंच और पंचायत के पेच नहीं समझ पाए। ऐसे ही, जैसे मासूम बच्चा खतरों से नहीं डरता।'

समीना इला की भटकन पर हैरान नहीं, परेशान है।

'यार, लक्ष्मीबाई है तू!'

'हाँ, मगर इस लक्ष्मीबाई का अन्त नहीं होगा क्योंकि इसके वजूद से औरत जुड़ी हुई है। इस औरत को अपने लिए घर-गाँव चाहिए न!'

'ठीक है, लेकिन तुझे तो सन् 1857 का वक्त जीना है। आज का नहीं।'

'समीना, क्या कह रही है? सत्तावन का वक्त! नहीं, फिर मैं क्रान्ति नहीं कर सकती। एकेडमी में खबर कर दे।'

'इला! ऐसा कर, अब तू सो जा। आधी रात बीत गई है। मुझे लग रहा है फोन पर कोई मैसेज है, थाने से ही होगा। देखती हूँ।''

इला अपने बिस्तर पर चुपचाप बैठी रही। याद नहीं है कि वर्दी उतारनी है। वह बार-बार कत्थई रंग की चिकने कवरवाली पुस्तिका को चूम लेती है, जिस पर क्रान्ति लिखा है।

रात है, मगर इला की आँखों में ऐसी हिलोर छाई हुई है जैसे सुबह की रोशनी की पहली लहर हो। लहर आसमान के कोहरे को पार करके दहलीज तक चली आई और अपना दायरा बढ़ाने लगी।

किताब का चुम्बन!

'अरे इतना प्यार! प्यार में ही तो हम किसी को चूम लेते हैं मेरी जान इला।' समीना ने इला का चेहरा अपने हाथों में ले लिया।

रानी लक्ष्मीबाई! साक्षात् भारतमाता। लाल पाट की साड़ी पहने हुए हाथ में तिरंगा था। पिछली क्रान्ति की तसवीरों में अखबार के बीच इला प्रमुख थी।

भारतमाता के बेटे, हजारों सैनिक। फौज की टुकड़ियों की परेड। घोड़े और टैंक। भारतमाता के चेहरे पर मोहब्बत का नूर था। क्या इसी नूर के डर से उसे बार-बार बन्दिनी बनाया गया?

समीना ने अब इला का हाथ थाम लिया।

'तेरे लिए घर से कबाब लाई थी। अम्मी ने खासतौर पर भेजे हैं। सबेरे नाश्ते में खिलाऊँगी। आखिर तुझे बहुत-बहुत काम करना है। ताकत और बढ़े, यही चाहती हूँ। ठंडी रात है, कबाबों का कुछ न बिगड़ेगा।'

'पर मेरा धर्म बिगड़ जाएगा।' कहकर मुसकरा पड़ी इला।

'तेरा धर्म? कितना बचा है, बता न? अगर जयन्त के बारे में सोचती है तो कब का नष्ट हो गया मजहब। तू लाख बार उसे जयन्त कहकर पुकार वह है तो असल में शकील सिद्दीकी ही।'

'दुरुस्त। मैं स्कूल और एकेडमी में इला चौधरी हूँ, यह बात मेरे भीतर साफ नहीं है। समझ ले कि हम धर्मभ्रष्ट लोग हैं। अब यहाँ कबाब या लौकी से धर्म तय होनेवाला है क्या?'

समीना ने दुलार भरा हाथ फिराया सखी के सिर पर—'मोहतरमा, अब मैं आपके लिए सुकून भरी नींद की दुआ करती हूँ। अच्छे सपनों की आमद हो। कल हमारी इला एकेडमी जाए और मैं थाने जाकर रोजनामचा भरूँ। जानती तो है कि मुझे जरा सी देर हुई तो थाने का मुंशी मुर्गे की तरह चिल्लाने लगेगा। मुझे इतना गुस्सा आएगा कि अभी इसे काटकर पका दूँ।'

लक्ष्मीबाई...झाँसी की रानी...भारतमाता!

इला के जितने नाम होंगे, उतने ही रूप। बस बात इतनी है कि इन नामों और रूपों में चेतना एक होगी, आत्मा एक। जहाँ आजादी के दीवाने खून और कौम की एकता में कतारबद्ध होकर खड़े हो जाएँ, वहीं सेना की टुकड़ी बन जाती है। फौज उसी टोली का नाम होता है।

इला की कल्पना में शानदार मंजर है—जिसमें तरह-तरह से सिपाहियों के साथ हाथी-घोड़ों की हलचलें हैं। रणक्षेत्र में सब उपस्थित, सब तैयार। अंग्रेज क्या जानें कि ये कहाँ-कहाँ से आए हैं? ये मुजरिम धरती की सन्तानें केवल अपराधी माने गए हैं। बन्धक और गुलाम बनाए गए क्योंकि हुकूमत के लिए गद्दार थे।

भारतमाता हँसी। एक हुक्काम के लिए जो गद्दारी होती है, मातृभूमि के लिए वही सपूतों की प्रेम भावना का रूप है। ये सैनिक अंग्रेज मालिकों की बेवकूफी भरी गर्व-ग्रन्थि से मुक्ति चाहते हैं।

'हुकूमत' यह शब्द परेशान करनेवाला है क्योंकि इसके तहत जो कायदे बनते हैं वे आदमी को बन्दी या कैदी के रूप में तब्दील कर देते हैं। 'स्वतंत्रता' यह शब्द आम नागरिकों के लिए अपना है क्योंकि चैतन्य भावना से जुड़ा हुआ है। यही भावना घोड़े दौड़ाकर चढ़ाई करनेवालों को, हथगोला फोड़नेवालों को और तोप का चेहरा दिखाकर आतंक पैदा करनेवालों को बार-बार चुनौती देती है। इला के जीवन की सहज गति ने इसी सोच की मार्फत प्रवाह पकड़ा।

'तू कुछ बुदबुदा रही है इला?'

'समीना, मैं इस समय क्रान्ति के मैदान में हूँ। और देख, वहाँ अंग्रेजों की टुकड़ी में मुझे जयन्त दिखाई दिया जो पीछे लौटने का इशारा करता है। कहता है, घर जा, शादी करनी है, बच्चे होंगे, उन्हें पालना है, तू खेत रही तो क्या होगा? उसने मेरा घोड़ा बिदका दिया।' इला ने अफसोस के साथ बताया।

'क्या पागलपन है। तू नाटक कर रही है या नाटक जी रही है?'

इला नासमझ की तरह समीना को देखती रही। फिर उठी और क्रान्तिवाली किताब में से एक पर्चा निकाला। समीना के हाथ में थमा दिया। बोली, 'यह पर्चा इस किताब के उस पन्ने के साथ रखा था जहाँ अजीमुल्ला खाँ का गीत छपा है। गीत–

आज शहीदों ने तुमको अहले वतन ललकारा।
तोड़ो गुलामी की जंजीरें, बरसाओ अंगारा।

'अच्छा, मुझे पढ़ने दे। पढ़ने दे जयन्त का लिखा सन्देश–

'तुम थानों पर कब तक भटकती रहोगी? आखिर हम साथ रहना चाहते हैं तो साथ रहेंगे भी। मनचाही शादी करेंगे। मोहब्बत का घर बसाएँगे। थाने पर गृहस्थी बसती है क्या? हर दिन उखड़ेगी, हर रात उजड़ेगी। क्वार्टर कितनों को मिलते हैं? होते भी कहाँ हैं? तुम खुद ही कहती हो कि कभी कम्प्यूटर रूम में सोना पड़ता है और कभी हवालात के बाहर खुले में। बरसात में बरामदा मिल जाता है ऐसा कितने दिन चलेगा? जो योजना बनाकर चलते हैं, भविष्य की मुसीबतों से बच जाते हैं। तुम नहीं चाहतीं कि हम दोनों बच्चों के माता-पिता बनें। अपने प्यार की निशानियों को परवान चढ़ाएँ?

–तुम्हारा जयन्त

समीना को क्या लगा खत पढ़कर? एकदम सुरेन्दर कौर का प्रेमी पति अमृतसिंह याद आया। अपना शौहर नजरों में कौंध गया।

'इला, मर्द बच्चा कितना प्रैक्टिकल होता है! उसे जज्बात छूते तो हैं, पर गले नहीं लगाता। जज्बाती औरत को बेवकूफ समझता है और जिन्दगी भर उसे बेवकूफ बनाए रखता है प्यार का वास्ता दे देकर!'

'देख लिया प्यार? हिटलरी फरमान मोहब्बत में लपेटकर भेजा है। यही जयन्त है, जिसने मुझे एना फ्रेंक की आत्मकथा—एक किशोरी की डायरी—भेंट की थी। क्या इसने उसी किताब से घुटन-भरी सजा का रूप लेकर मुझे यहूदी लड़की की जगह रखा है?' इला का परिताप चेहरे पर आ गया।

'समीना, जिसे हम मर्द का प्यार मानकर चलते हैं, वह उसका एकाधिकार होता है। जकड़ने का जरिया, वरन् प्यार तो एक-दूसरे को ज्यादा से ज्यादा छूट देने की भावना है। एक-दूसरे की खुशियों भरी आजादी का जज्बा है। हम क्यों क्रान्ति के लिए आगे बढ़ रहे हैं? अपनी धरती से प्रेम है न, इसको स्वतंत्र करना चाहते हैं अपनी मोहब्बत के कारण।'

'यार छोड़, मान ले कि कपड़े बदल लेने से आदमी नहीं बदलता। मुझे तो तभी लगा था, जब यह तुझे प्लेग्राउंड से बुलाकर दो घंटे तक बातें करता रहता था। आखिर तेरी प्रैक्टिस ही सफर करती थी। तू किसी लड़के से बात करती थी, चौकन्ना हो जाता था। यह हमें पता है, तुझे नहीं क्योंकि तेरी आँखों पर प्यार का रंगीन चश्मा चढ़ा था।'

'समीना, जो भी हुआ हो, बुरे से बुरा इसलिए लग रहा है कि यह चोट भी अभी पड़नी थी?'

'अरे अच्छा हुआ जो उसने अपने पत्ते खोल दिए। वरन् वह प्यार के मारे 'क्रान्ति' के बाद तुझे यहाँ लौटने ही न देता। अब फैसला तेरे हाथ है, यही क्या कम है?' समीना सान्त्वना दे रही है, लेकिन सान्त्वना में काफी हद तक शिकायत मिली हुई है।

इला खुद पर काबू रख रही है, मगर दिल की आग पर अख्तियार नहीं। आँखों से खौलते पानी के रूप में बरसने लगी। बुदबुदाई—जयन्त, फिर माँ-बाप की सलाह ही क्या बुरी थी, जिससे बिदककर यहाँ तक आ गई।

समीना भुक्तभोगी है। उसने जिन्दगी के कई रूप देखे हैं। फिलहाल इला को पस्त-हिम्मत देखना नहीं चाहती। उत्साह और साहस खोकर क्रान्ति में हिस्सा लेगी तो अभिनय कुन्द पड़ जाएगा। निराशा आदमी के पाँवों को बाँध देती है, हाथों को गतिहीन बना देती है। वजूद अवसाद में घिर आएगा...।

'यार इला, तू क्रान्ति में जा रही है। अंग्रेजों से जंग लड़नी है। मगर सोच कि अब अंग्रेज कहाँ है? समझ ले कि जयन्त, आसिफ और अमृतसिंह के रूप में हमारे अंग्रेज सामने खड़े हैं, शुभचिन्तक, जीवनसाथी और बागी का चोला पहनकर। कितना बड़ा धोखा है, भलमनसाहत भरा फरेब, मोहब्बत से लबरेज साजिश...ऐसा तो अंग्रेजों ने भी नहीं किया था। उनकी हुकूमत थी या अपने बल-विस्तार की तमन्ना, सब कुछ सामने थी। इसलिए ही तो कहती हूँ इला कि उन अंग्रेजों से हम लड़ें और जीतें, मगर अपने इन अंग्रेजों का क्या करें जो प्यार के नाम पर फरेब करते नजर आते हैं और चुपचाप हमारे हाथों-पाँवों में हथकड़ियाँ-बेड़ियाँ पहना देते हैं।

'तू क्रान्ति में पार्ट अदा करके आ इला और आजादी के बाद अपनी क्रान्ति पर गौर करने की सोच।'

इला एकटक समीना को देखती रही। खुद को उससे बेहतर मानती थी और भाग्यशाली भी क्योंकि जयन्त नाम का युवक जान छिड़कता था। आज वह समीना के आसपास तक नहीं। क्या समीना जैसा फैसला अपनी जिन्दगी में उतार सकती है? उस प्यार के लिए तड़पेगी नहीं, जो वर्षों से दिल में जान से प्यारे पखेरू की तरह पाला है। उस भरोसे के लिए तरसेगी नहीं, जो जयन्त की बाँहों में समा जाने पर अपने भीतर पैदा होता था?

'जयन्त, मैं किसलिए आऊँ तुम्हारे पास? इसलिए कि तुम अपनी लौह-कसावटें और बढ़ाते जाओ। मित्र लड़कों से बातें करूँ तो दस बार उनसे भइया कहूँ? सच, आज तुम्हारे नाटकों में इस नाटक पर मेरे भीतर इला चीख रही है, वही इला, जो तुम्हारे एक-एक खत को चूम-चूमकर सहेजती थी।'

'नो कमेंट्स!' समीना ने इला के सिर पर हाथ धर दिया—'याद है, गांधीजी अंग्रेजों के भेजे खतों और फरमानोंवाले कागजों में से आलपिन निकालकर उन्हें रद्दी की टोकरी में फेंक देते थे।'

इला ने भरी आँखों मुसकराकर कहा, 'गांधीजी को अंग्रेजों से प्यार नहीं था।'

'यार, तभी आजादी लेने में इतना वक्त लगा क्योंकि प्यार नहीं था तो आग नहीं थी। असहयोग था, जिसने धीमे-धीमे उठान भरी।'

'हठी प्रेमी प्रेम में अक्सर भटक जाते हैं—यह जुमला मैंने कहीं पढ़ा था, आज घटता हुआ देख रही हूँ। ठीक है, जो दबा-छिपा था, सामने आया। समीना, दिल तो अपना है, यह जुड़े-टूटे, मगर बिखरे नहीं, यही सोचती हूँ।'

'ठीक है, अभी तो आठ सौ पुलिस जवानों में शामिल चार सौ सैनिक लड़कियों के बारे में सोच। पचास घुड़सवार और तीस कमांडोज़, हथियार और गोला बारूद। इन सबके योग से बना आजादी का क्रान्ति-नाटक दिखाएगा कि वर्दी में भी दिल होता है।

'औरत तभी तक कोमल और कमजोर रहती है, जब तक पुरुष अपनी छाया के साथ उसके आसपास होता है। उसको अकेली मत छोड़ो। अकेली औरत रिबेल हो जाती है और इतनी ताकतवर बनकर मैदान में उतरती है कि उसको जीतना अच्छे-अच्छों के बस का नहीं।' यह जीवनदर्शन दादी-नानियों का रहा है, जिसे उन्होंने अपने बेटों को घुट्टी की तरह पिलाया है।

क्रान्ति का प्रदर्शन करके इला लौटी, निपट अकेली।

यहाँ तक कि उसके पास जयन्त के प्यार भरे पत्र का एक कागज तक न था। नई स्थिति में उसने खुद को महज एक लड़की समझा। अपनी नस्ल में औरत! समीना को अन्देशा था, वह नर्वस होगी। खाली-खाली दिल, घबरानेवाली हालत में लौटकर आएगी इला एकेडमी से। नई दुनिया के अँधेरे से टकराएगी तो न जाने कितनी घायल हो जाए।

न जाने जयन्त से क्या समझौता हुआ होगा? न मालूम आमने-सामने पड़कर भावनाओं का कौन सा रुख रहा होगा? इतनी जल्दी तो सब कुछ नहीं बदल जाएगा। अपनी आशंकाओं को समीना ने इला के सामने दबे स्वर में रखा।

'तू क्या समझ रही है, समीना कि जयन्त के लिए अब भी मेरे दिल में मोहब्बत बाकी है? बाकी है, मैं कह रही हूँ क्योंकि जयन्त जिन्दगी से चला जाए तब भी प्यार नहीं जाएगा क्योंकि प्यार मेरी अपनी भावना है। रिश्ते की गरमी ही तो ठंडी हो जाएगी बिछोह के कारण, मगर जिन्दगी में काँटे तो नहीं भर जाएँगे। लगता है, हम दोनों एक-दूसरे के लिए बने ही

नहीं। एक सिपाही और दूसरा गृहस्थी की मनोकामना से भरा हुआ। शायद मैं ही 'नॉर्मल' नहीं क्योंकि संस्कारों से कोसों दूर हूँ, जो लड़की के लिए बताए गए हैं।'

'जयन्त मिला था?' समीना ने पूछा।

'उसी के साथ रही सारी टीम।'

'कोई बात हुई इस बाबत?'

'क्या बात रह गई थी बाकी, उस खत के बाद? हम एक-दूसरे के सामने ऐसे ही आए, जैसे पुलिस के सहकर्मी आसपास होते हैं। हाँ, कुछ असहज-सा जरूर था। हमने मुसकराने का व्यर्थ प्रयास किया।'

इला जितनी सीधी-सरल बातों का वितान तान रही है क्या सचमुच उसके भीतर सब शान्त है? समीना को यकीन नहीं होता कि वह जयन्त के प्रभाव से बेअसर है। उसका अपना अनुभव है कि आसिफ अब तक सपनों में आता है। उसके बिना इस नई जिन्दगी के अपने ही अनुभव हैं। हाँ, इतना जरूर है कि इला उसके मुकाबले अपनी आजादी के लिए कोई भी कुरबानी दे सकती है।

इला ने मोटर बाइक खरीद ली।

उसी इला ने जो घंटों रिक्शे के लिए रास्ते पर खड़ी रहती थी और रिक्शेवाले से एक-एक सिक्का कम करने के लिए जद्दोजहद करती थी। जब न तब ऐसे व्यक्ति की तलाश में रहती, जो उसे थाने तक अपनी बाइक पर बिठाकर ले जाए। उसे एक-एक पैसा जोड़ना पड़ता, जो कमरे का किराया और अपने रोजमर्रा के खर्च के अलावा किसी आकस्मिक खर्चे में सहूलियत कर दे। संघर्ष के दिन इसलिए भी थे कि घर से कटकर अपने आप ही अपनी जिम्मेदारी उठानी थी। उसने खुद महसूस किया, इन दिनों जयन्त का उसके जीवन में अर्थ था ऐसा भावात्मक सम्बल, जिससे अभाव महसूस नहीं होते।

मगर अब?

अपना चोला बदलना होगा। एक-एक पैसा करके आत्मसम्मान का खजाना नहीं बनाया जा सकता क्योंकि आत्मविश्वास जुटता नहीं।

'मोटर बाइक फाइनेंस कराई जाए। आज के समय में लड़की की तरह रहकर सीधी-सज्जन तो मानी जाऊँगी, आगे जाने के रास्ते नहीं बनेंगे तो गति भी दुर्गति में बदल जाएगी।'

'हम नाटक की वीरांगना भर हैं या जिन्दगी में भी कुछ करेंगे?' कहनेवाली इला ने समीना को अपने पीछेवाली सीट पर बिठाकर थाने जाने का सपना देखा था।

आज वे हवाओं से बातें कर रही हैं।

वे थाने पर आ पहुँचीं।

थाने के लोग एक-दूसरे को कोहनी मारकर, कन्धा थपकाकर जैसे जगा रहे हैं—देखो, देखो इन सिपाही लड़कियों को!

मुंशी था जो आगे बढ़ आया। जहाँ मोटर बाइक रुकी, वहाँ तक आ गया।—'अरे च्छोरी, मोटर साइकिल की सवारी! इल्ला, क्रान्ति का नाटक करके इनाम ले आई! रुतबा पैदा करने का इरादा। 'बट हू आर यू टू आस्क मी सच क्वेश्चन?'

'बात-बात पर अंग्रेजी झाड़ै सै। अब यो हाथ की सवारी!'

'नौकरी जो करनी है मुंशी जी।'

'चल, चल अपना काम कर।'

'काम ही करने तो आए हैं, खैनी फाँककर गप्प मारने नहीं।'

'अरे! बहौत बोलै सै!'

काम! डयूटी!

'फटफटिया ले और गोपालपुर चौकी चली जा। मर्डर हो गया है। औरत गिरफ्तार करनी है।' मुंशी ने इत्तलानुमा ऑर्डर दिया।

इला आगे बढ़ आई जबकि समीना कम्प्यूटर रूम में चली गई। वहीं रोजनामचेवाला रजिस्टर रखा रहता है।

'मर्डर! औरत को गिरफ्तार करके क्या मैं बाइक पर बिठा लाऊँगी?' इला ने मुंशी से उलटा सवाल किया।

'बिठा ला। एकेडमी में तो बड़ी बहादुरी दिखाकर आई सै। असल शो तो थाने पर होना है।'

इला जानती है कि उसके सामने बार-बार ऐसी बातें क्यों कही जाती हैं? पुलिस में लड़की को कौन सा पुलिसकर्मी देखना चाहता है? इसलिए कोई न कोई कड़वी बात परोसनी ही है। पैंट-शर्टवाली वर्दी से परेशानी,

छोटे कटे बालों से दुश्मनी और अब यह बाइक, समझो कि आँखों का काँटा हो गई।

इला एकेडमी से लौटी है, आवेग से भरी हुई है, सोचती है कि वह अनगढ़ हीरा है, खुद ही खुद को तराशेगी और अब दिखा देगी कि न उसे मर्द की चाहत, न प्यार की भूख, बस चाहती है कि जुल्म और जुर्म की दुनिया में बदलाव भरी दस्तक दे। उसका कैरियर अपने आपमें मिसाल हो। इसके लिए उसे हर हाल में तनावमुक्त और हमदर्दी से लबरेज रहना है। खुद को सतर्क किया—इला, अब खुलकर काम करो, तुम अकेले ही इस दुनिया में निकली हो।

आज पहली बार यह बड़ा केस आया है। गजब की चुनौती है, खासकर हत्या को लेकर मुजरिम के व्यवहार की। औरत ने अपने बेटे का कत्ल किया है, उसे देखकर इला की क्या प्रतिक्रिया होगी?

सामने जीप खड़ी थी। एक वेन में कुछ सिपाही बैठे थे। साथ में हथियार से लैस दरोगा।

'यार, कैसी औरत है कि अपने बेटे को...' रामकृपाल हेड कांस्टेबल ने कहा।

'मदर इंडिया है।' दरोगा जी जरा मुसकराए।

इस किस्से का सरदार मेरा बेटा है उसने मुझे इसमें शरीक कर ही लिया

पूरी घेराबन्दी के साथ उसको लाया गया। वह उस गाड़ी से उतारी गई, जो दहशतजदा हॉर्न बजाती हुई सालारपुर कस्बे के थाने पर आई थी। जाहिर है, इस गाड़ी की आवाजाही पर लोग स्तब्ध रह जाते हैं, बाद में राहत की साँस लेते हुए समझ गए होते हैं—पुलिस सक्रिय है।

इला चौधरी ठंडे मौसम की वर्दी से लैस, सिर पर ऊनी टोपी सँभालती हुई आगे बढ़ी और मुजरिम औरत का हाथ पकड़ लिया। यहीं से शुरू होती है इला की भूमिका, जिसमें सतर्कता और तलाशी ड्यूटी का खास मकसद है।

औरत और हत्या को अंजाम देनेवाली, अपने आपमें विशेष है। लोग इधर-उधर से अपनी निगाहें उस पर फिक्स कर देते हैं और आहिस्ता-आहिस्ता पास चले आ रहे हैं। जिस गाड़ी में वह लाई गई, उसके पीछे दो मारुति वैन आईं। ग्रामीण चेहरे और शहरी पोशाकवाले दसियों लोग उतरकर थाने के बरामदे में खड़े हैं। सर्दी में आए हैं, मगर ठंड का पूरा इन्तजाम नहीं। वे मौसम और आसपास खड़े मनुष्यों से एकदम बेखबर हैं। सिपाहियों की हिदायतों पर भी कान नहीं देते। शायद संकट ने शर्म को दूर कर दिया है।

औरत को जैसे ही कुर्सी पर बिठाया गया, सिपाही लोग भी गुड़ की मक्खियों की तरह ऊपर भिनभिनाने लगे।

औरत का बदन कसावटवाला है। उसकी उम्र बयालीस साल है। लाल छींट के शलवार-कुर्ता पहने हुए है। साथ ही पीला दुपट्टा ओढ़ा हुआ है। माथे पर लाल बिन्दी मजबूती से चिपकी है। आँखों में मोटा काजल। उसके पाँवों में महावर लगा है और हथेलियों पर हलकी लाल मेहँदी के बूटे हैं। कलाइयों में लाल-हरी चूड़ियाँ और पाँवों में मीनाकारी के बिछुओं के

साथ चाँदी की पतली पाजेबें। वह गोल चेहरेवाली गेहुँआ रंग की औरत है।

औरत जैसी औरत, मगर बदला हुआ किरदार।

लोगों का आपसी संवाद शोर और चकल्लस जैसा हो गया। कौन हैं ये? नाते-रिश्तेदार, परिवारवाले, वकील और नेतानुमा दो-एक आदमी। जैसा कि अक्सर होता है, मुजरिम को बचाने या फँसाने पर अपनी-अपनी राय देते हैं लोग। किसकी कहाँ तक पहुँच है, खुलासे हो रहे हैं। कौन कितना कर सकता है, दावे अलग-अलग हैं।

'मर्डर केस' सुनकर लोगों के कान खड़े हो गए। जो चोरी-चकारी, मारकाट और लूटपाट के मामलों में पैरवी या जमानत के लिए आए थे, एकाग्र भाव से हत्यारी औरत की ओर हैं।

इला ने देखा है, मर्द कत्ल करके आता है, ऐसी नुमाइशी ललक नहीं होती, औरत का कत्ल को अंजाम देना अपने आपमें विशेष नफरत और आकर्षण का मामला हो जाता है। कैसी हलचल हो उठी कि लाठी चार्ज किया जाए, लोग नियंत्रण में नहीं आएँगे।

'किसका कत्ल किया इस औरत ने?'

'अपने बेटे का...अपने बेटे...'

'सौतेला बेटा था शायद।'

'और क्या अपना? अपने को मार पाती?'

'अजी, अपने बेटे के लिए तो उसके बदले खुद फाँसी चढ़ जाती।'

भीड़ और बढ़ चली।

औरत ने कत्ल किया या करिश्मा कर दिया? नवरात्रि के समय दुर्गा-मन्दिर में भक्तों की भीड़ जैसी है। हाँ, यहाँ भक्ति के छन्द नहीं, गन्दी-भद्दी गालियों की गूँज है औरत के लिए। बलात्कार के दावे किए जा रहे हैं मौखिक रूप से।

इला की निगाह एकदम उठी, औरत ने अपना झुका हुआ सिर झटके से ऊँचा किया। वह होंठों पर पूरी कड़ुआहट के साथ बुदबुदाई—'हिजड़े, यहाँ चले आए, वहाँ कुछ नहीं बना।'

बयान दर्ज हुए—

नाम शारदा है। पति का नाम रघुवंश और गाँव का नाम फतेहपुर।

मृतक का नाम, सुनील है जिसके पिता का नाम कुलवीर सिंह लिखा गया।

सुनील शारदा का बेटा था।

केस हिस्ट्री कहती है, शारदा ने अपने बेटे का कत्ल किया है। इला जानती है कि गुनाह को छिपाने या उजागर करने के जितने गवाह होंगे, वे सच्चे हों, जरूरी नहीं। सबूत कितने आ सकते हैं, वक्त बताएगा।

शारदा के साथ-साथ रहना है इला को। उस कमरे (कोठरी) में रहना है, जिसे हवालात कहना आजकल पुलिस के चलन में नहीं है। इला अपनी मुजरिम से हमदर्दी से पेश आती है, यह आदत अच्छी है या बुरी मगर पुलिस महकमे के अनुरूप नहीं।

'क्या सचमुच इस औरत ने कत्ल किया है? अगर किया है तो क्यों किया है?' इन बातों से पुलिस को कोई मतलब नहीं और यहाँ तो बेटे की हत्या है, माँ के किस लाभ से ताल्लुक हो सकता है?

महिला सिपाहियों के तजरबे की बात है कि अक्सर बात कुछ होती है, बयान कुछ और। 'बयान' दूसरों की आवाज, मुजरिम औरत के गले से होकर निकलती है, क्योंकि ऑफ द रिकॉर्ड बातें ऐसे ही बाहर आ जाती हैं जैसे दो औरतें एकान्त में मिलें और अपने दुख-सुख कहें। शारदा इला की नजरों से जोड़कर आँखें उठाती हैं। इला नहीं सुनेगी आपबीती। वह क्या करेगी किसी का दुखड़ा सुनकर? जब कुछ कर ही नहीं सकती, फिजूल में औरत की कहानी का अचार नहीं डालना।

क्यों सोच रही है ऐसा? यह औरत सच्चाई क्यों बयान करेगी उसके सामने? अपना केस बिगाड़ेगी? कुछ घंटों के लिए मिली कांस्टेबल लड़की पर कितना भरोसा किया जा सकता है? दोनों पक्षों के लिए ठीक रहेगा, आपस में चुप रहें। कोर्ट तक जाने का समय मौन रहकर गुजारें। इला को वह गलती नहीं करनी है जो पिछली बार 'तीन सौ दो' की मुजरिम से सहानुभूति महसूस करके उसकी ओर झुकती चली गई थी। क्या हाल कर लिया था अपना। मानकर चलना है औरतों की बातों, उनकी मुद्राओं यहाँ तक कि उनकी मजबूर परछाइयों के आसपास हमदर्द निगाहों पर पाबन्दी

है। थानों को बनाए रहनेवाले कठोर निजाम के लिए वह कमजोर सिद्ध नहीं होगी।

'दीदी,' किसी धुनी गई औरत की जैसी दर्दभरी आवाज आई।

इला ने कान नहीं दिए। मुजरिम क्या उमंगों में भरकर मधुर गीत गाएगी?

'दीदी,'

इला ने मान लिया, अगर तुम्हारा दिल नरम है तो यह तय है कि अपनी कमजोरी दिखाकर मारे जाओगे।

अनचाहे ही वह शारदा की ओर देखने लगी। काजल पुँछी कत्थई आँखें दुख से लबरेज लगीं। वह पूछने लगी, 'क्या परेशानी है तुमको?'

'पानी,' वह कराहकर बोली।

इला ने मुँह बनाया और उठ खड़ी हुई। घड़े में रखा बासी पानी काँच के धुँधले गिलास में भरकर आगे कर दिया। शारदा ने पानी पीने से पहले अपने होंठों को थूक से तर किया, हकलाती हुई सी बोली, 'प्यास-भूख कहाँ है।'

'तो? तुमने मुझे नौकर समझ रखा है? तुम मेहमान हो यहाँ?'

उसने अपना सिर 'ना' में हिलाया।

'चक्कर आने लगा था, सो...'

'बहाने मत बनाओ। बहानों की सजा यहाँ अलग से होती है, समझी?'

'दीदी, कोई गोली...दवा।'

'दवा, गोली? दवा के नाम पर जहर खाना है? आत्महत्या करनी है? कस्बे के दुकानदार से तय करके आई हो कि जहरीली गोली...।'

'हम खुदकुशी कर पाते तो आज यह नौबत...।'

'हत्या कर दी, आत्महत्या तो आसान थी।'

'खुदकुशी अपनी वजह से कर लेते आसान थी, पर कंचन...?'

'कौन? कंचन कौन?'

'मेरी बेटी, कंचन।' कहकर वह अपने हाथों की लकीरों को टटोलने लगी। साथ ही इला को गीली नजरों से देख रही थी।

पिटाई कर दूँ इसकी तो शायद यह मेरे ज्यादा नजदीक नहीं आएगी। एक ही थप्पड़ करारा-सा गाल पर रसीद कर दूँ, यह अपनी औकात में

रहेगी। इला ने सोचा और आगे बढ़ी। मगर शारदा तो इस समय शान्त नदी से ज्यादा कुछ नहीं थी। वह इस औरत के साथ बदमिजाज नहीं हो पाई। इसको सताकर बेवजह अपना दिमाग खराब करना है। इसे खासा डरा-धमकाकर यहाँ रखा गया है।

इला चौधरी, ये दलीलें तुम्हें किस ओर ले जा रही हैं... उसके दिल में सवालिया आवाज उठी। यह हमदर्दी भी सवाल पैदा करेगी।

रात हो आई। शारदा धरती पर लेट गई। खाना नहीं खाया, पानी के चन्द घूँट उसके पेट को भर गए।

बहरहाल लेटे हुए भी उसने अपना सिर दोनों हाथों से पकड़ रखा था। वह निश्चित तौर पर चक्करों की चपेट में है। उसकी आँखों की कोरों से आँसू ढुलक रहे हैं, जबकि आँखें बन्द हैं। इला लगातार संवेदना की गिरफ्त में आती जा रही थी। यह कारा कोठरी ऐसी दुनिया है, जहाँ उसके पंख खुल जाते हैं और उड़ान भरने के लिए जगह नहीं। क्यों कोशिश करती है इला इसी कोठरी में धूप और चाँदनी उतारने की? पता है कि यहाँ भावनाएँ उखड़ जाती हैं, दिल टूटता है। अफसर और सहकर्मियों की आवाजाही भूलने नहीं देती कि वह कहाँ है?

नए सिरे से सोचा—जरूर यह औरत पिघलकर दिखा रही है। माना कि इला से उसे कुछ हासिल नहीं होना, मगर थाने के तो लोटा-बालटी से भी खौफ लगता है। पुलिस के बीच पनपी चींटी, मक्खी भी दहशतजदा होती हैं। इनके आगे कठोर से कठोर अपराधी दयनीय हो जाता है।

इस औरत को ढील देने की जरूरत नहीं। अपने बेटे को मारकर आई है, अब किसी से क्या उम्मीद करती है? किसके लिए जीना चाहती है? इसको तो सीधे-सीधे फाँसी होगी।

'सो जा अब,' बहुत रूखे स्वर में इला ने तू-तड़ाक बोला।

अचानक शारदा उठकर बैठ गई। और इला ने मुँह फेर लिया।

'अरी कंचन...।' एक थरथराती चीख में स्वर बिखर गया।

'ए...! क्या है? नाटक क्यों कर रही है? कितनी बार कहूँ, चुपचाप सो जा।'

मगर वह रोने लगी।

'क्या कर रही है? मुझे सोने देगी या नहीं?' कहने के साथ इला के मन में आया, जरूर यह अपनी रुलाई के सामने बेबस है।

इला की उम्र से लगभग दोगुनी बड़ी, और बच्चे की तरह सिसकने लगी! कोई जादू है इसकी सिसकियों में या यहाँ सिपाही और मुजरिम एक होने लगे हैं? कैसे कहे कि ऐसी कहानी उसके सामने अक्सर ही आ जाती है, जिससे जद्दोजहद करना उसकी मजबूरी हो जाती है। 'हम कठोर कानूनों के वारिस, थाने की बेरहमियों के मुरीद बनें' यही उम्मीद की जाती है। इला ने सोचा और सोचा यह भी कि यह जो औरत कत्ल करके आई है, इसे इनसान की कितनी कद्र है? बेरहमी की साक्षात् तसवीर, यह शारदा, इसके लिए हमदर्दी का एक कतरा भी सिपाही का जुर्म है, पाप है।

अपनी तरफ से पाप नहीं करेगी इला।

जो कुछ कहना चाहती है यह कातिल औरत, कहती रहे। रोकने पर आत्महत्या ही कर बैठी तो इसके द्वारा की गई हत्या को सब भूल जाएँगे और इला नाम की कांस्टेबल के नाम संगीन जुर्म आएगा।

सुशीला दीदी, जिनकी सर्विस बीस साल की है, क्या कहती थीं? यही—देख इला, ऐसी सिपाही तो बनना मत कि मुजरिम की समस्या को दरकिनार करके उसकी बालियाँ और चेन देखती रह जाए। पुलिसवाली औरतें कम लुटेरी नहीं होतीं, समझ रही है न? सुशीला दीदी को लोग कॉमरेड कहते हैं। मगर इला को उनकी बातें वाजिब लगती हैं।

इला ने आवाज दी, 'शारदा! मैं जानती हूँ तू क्यों इतना तड़पती है, बेटे के लिए कितनी तकलीफ होगी दिल में।'

शारदा रो चुकी थी। वह बैठी हुई ऐसी लग रही थी, जैसे निराशा के ढेर पर बैठी हो। सब कहीं से भरोसा उखड़ गया हो। अब क्या बोलना है, क्या नहीं बोलना, इसका विचार करना बेमानी हो।

'दीदी, अब तकलीफ और चैन में अन्तर नहीं रहा। बोलने और गुम रहने में भी फर्क नहीं है। क्या छिपे, क्या उजागर हो, क्या बनना-बिगड़ना है इससे? अब तो समझो अपनी बात कहने की आखिरी घड़ी है।'

इला ने अपना चेहरा शारदा की ओर पूरी तरह घुमा दिया।

'पहरे पर कोई आदमी होता, उससे भी कहती 'कुछ न कुछ?'

'कह डालते, पेट में भरा विष उगल देते तो सुकून से मरते। हमारे लिए तो हर सामनेवाला आदमी, जो हमारी व्यथा सुने, समझ लो कि जज है।'

इला ने उसको धीरज बँधाया, बोली, 'अच्छा, तुम कह लो जो कहना है। हमारे हाथ में चाहे कुछ न हो अपने मुजरिम की बात सुनना और

समझना तो है ही। मुझे पता है, तुम्हें नींद नहीं आनेवाली, फिर मैं भी कैसे सोऊँगी?'

'दीदी...जुग-जुग जिओ।'

शारदा की अपनी कहानी, इला के शब्दों में,

'मैं विधवा औरत हूँ। पति आया था थाने, देखा होगा। विधवा के बाद मैं सुहागिन हूँ। आप तो जानती होंगी कि जर, जोरू और जमीन मालिक के बिना लावारिस मानी जाती हैं। मालिक होता है घर का मर्द। औरत विधवा होती है तो उसका मालिक बेटा हो जाता है। इन दिनों इलाके के बाजारों में जमीन की कीमतें आसमान छू रही हैं। बस औरतें भी जमीन के चक्कर में फाँस ली जाती हैं। चाहे औरत जमीनवाले के घर बैठे या जमीन का दखल रखकर किसी मर्द के संग बँधे। हर हालत में जमीन मर्द की है, यह बात हर औरत जानती है।' शारदा बोलते-बोलते चुप हो गई। या सोचते-सोचते थक गई? आईने में खुद को उतारना इस समय उसके लिए आसान नहीं।

यकायक आईना झन्न से टूटा।

'जोरू हो कि माँ हो, या आशसनाई करती हुई जनानी, हर हालत में वह मर्द के पीछे खड़ी मिलेगी।' शारदा की चर्बी चढ़ी आँखों में तकलीफ गहरी होने लगी। दर्द ने नजरों पर रास्ता बना लिया। अब न कोई दूसरा भाव न भाषा।

दर्द के साथ आवाज फटती हुई निकली—'वह उन्नीस साल का था।'

'कौन?'

'मरनेवाला।'

'तुम्हारा बेटा?'

शारदा के होंठों पर 'हाँ' की जगह वितृष्णा पुत गई।

'दीदी, उसकी लाश आ गई थाने?'

'क्या करना है लाश का तुम्हें?'

'जल्दी क्रिया-कर्म हो जाता तो ठीक रहता।' कहकर वह बुझ-सी गई।

‘अरे, तुम्हें उसके परलोक की चिन्ता होने लगी!’

‘नहीं, कुछ नहीं।’

‘मारा क्यों था फिर?’

‘हमने नहीं मारा। कोई मार सकता है किसी को? सब अपने आप... ।’

‘अपने आप मर गया?’ इला ने सवाल किया और गौर से शारदा को देखा, उसकी आँखें उलझाव भरे जाल में अटकी हों जैसे। ऊबड़-खाबड़ रास्ता पार कर रही है और झटके खा रही है।

‘तुम्हारे बारे में एफ.आई.आर. में क्या लिखा गया है, मालूम है?’

‘नहीं।’

‘अपने बेटे की उम्र के किसी लड़के से तुम्हारे नाजायज ताल्लुकात... ।’ कहकर इला पछताई क्योंकि उस औरत का चेहरा भावशून्य-सा था। न शर्म, न खौफ, न सफाई देने की कोशिश...आँखों में चुप्पी की लहर जो हवालात की दीवारों से टकरा रही थी।

‘उसे शक था कि संजय से मेरा लगाव है। हम बातें करते थे न। उसके आने पर दहशत होती थी। मेरा चेहरा सफेद होने लगता था। शुबहा पक्का होता चला गया। वह पूछता कुछ नहीं था, पर मैं बातों-बातों में ऐसे जवाब देने लगती जैसे मैं सब कुछ बेटे के हित में कर रही हूँ और यही मुझे फँसानेवाला मामला बन जाता। मेरे लिए नाजायज सम्बन्ध का कोई मतलब न था। मैं तो हालात का सामना कर रही थी।

‘दीदी, किसी को मतलब न था कि मेरा पति मरा है, छोटे-छोटे बच्चे हैं। परिवार के लिए मैं बोझ थी। बताओ, इस जुल्म के लिए कोई थाना-पुलिस है? परिवार से अलग का कोई मर्द मदद के लिए आए तो मैं बदचलन, रिश्ता जिस्म से जुड़ा हुआ।

‘असल बात तो यह थी कि खेती थी पति के नाम की, जिसमें देवर भी हिस्सेदार था। मायकेवाले भी ससुराल के मामले में बोलने का अख्तियार नहीं रखते। मैं खेती देखती, बच्चे पालती, मगर पति के हिस्से की हकदार बनी जा रही थी, यह बर्दाश्त नहीं हो पा रहा था। ऊपर से एक घटना ऐसी हुई, जिसने मुझे हिला दिया।

‘बेटी बीमार हो गई। इलाज कराने जाएँ तो किसको साथ लें, गाँव के किसी आदमी को साथ ले जाना महापाप था। हालत चोरों जैसी हो गई।

कुछ भी करो, छिपाकर करो। जिन्दगी थी कि जुर्म हो गई। बीमार बच्ची का इलाज असमंजस की भेंट चढ़ गया। जब तक खुद ही चलने का फैसला लिया, मौत बेटी के सिर पर मँडराने लगी। अस्पताल तक न पहुँच पाई कि वह गोद में ही दम तोड़ गई।

'गोद में मरी हुई बच्ची और जंगल आसपास। शायद भगवान की कृपा से जी उठे। आसमान की तरफ देखती हुई रात भर जंगल में बैठी रही। लोग कहते हैं, शारदा में चार मर्दों के बराबर ताकत है। दीदी, जब एक मर्द का साथ छूट जाए, जनानी में बल तो खुद-ब-खुद आ जाता है। कमजोर बनकर किसके सहारे घर में बैठी रहे? पर मरी बेटी को देखकर ताकत आँसुओं में बहने लगी—क्या ऐसे ही सब चले जाएँगे मुझे छोड़कर?

'सबेरे का सूरज न निकला था। पौ तक नहीं फटी थी। आसमान गँदले रंग का-सा था, मैं थोड़े से उजाले की आस में निगाहें ऊपर किए थी।

'ला, मुझे दे इसे।' आकाशवाणी हुई।

'कौन है यह? कोई देवदूत!'

'देवर था, मुझे ढूँढ़ता हुआ आया। बाँह पकड़कर उठाने लगा। उठाने में अधिकार था। बच्ची का मृत शरीर उसको थमाया कि धीरज का बाँध टूट गया। इस देवर का दिल मोम का बना है, यही पता था। यह आदमी अब तक पूरी हमदर्दी से पेश आया है। माँ-बाप से डरकर रहनेवाला नहीं है।'

इला के सामने शारदा ने अपनी गिरह खोली तो उन औरतों की जात उजागर हो गई जो अकेलेपन के सूने सन्नाटों से डर जाया करती हैं या डरा दी जाती हैं। अपनी झुकी हुई नजर के नीचे से वे अपनी परछाईं के अलावा कुछ नहीं देख सकतीं। अगर किसी की आवाज सुन पाती हैं तो वे पिता, पति, भाई और बेटा होते हैं, देवर-जेठ की जगह मिलते हैं। शारदा के भीतर भी अकेलेपन की ताकत और संस्कारों की विरासत की गुत्थमगुत्था है।

देवर की सगाई हो गई थी, उसने नामंजूर कर दी।

'मैं तुझे अकेली नहीं छोड़ना चाहता। तू राजी हो तो हम एक साथ जिन्दगी बिताएँ। सुख-दुख के सच्चे साथी बनें।'

अन्धे के लिए दो आँखों के रूप में देवर, जैसे सारी खुदाई झिलमिला गई। पति की मौत से सूना सर्द कमरा देखा, गरमाहट से भर गया। उसमें

मेरा बेटा चाँद बनकर मुसकराया। मैंने सुनील को पिता दे दिया। यह बात देवर ने गाँववालों को कुछ इस तरह समझाई जैसे वह अपनी जाति के सम्मान के लिए सब कुछ कर रहा है। खानदान की बात खानदान में ही रहे, कोशिश यही है।

'अपमान और सजा' का अब कोई मौका न आएगा, मैं देवर के गुणों की कद्रदान थी। फिर पिछले दिनों ही गाँव के पास गाँवों में लगातार तीन विधवाओं की हत्या हुई थी। हत्या मेरी भी होती, यह बात तब पता चली जब देवर से मेरा सम्बन्ध घरवालों को ही रास नहीं आया। आवाजें उठने लगीं—यह लुगाई अपना खसम खा गई, अब देवर पर घात धरी है। डायन, बेटी को लील गई, अब बेटे की बारी है।

'मेरी औरत से किसी को कुछ कहने की जरूरत नहीं?' देवर ने पंचायत बुलाकर सबके बीच कहा। उस दिन यह बात और पक्की हो गई कि औरत 'किसी की औरत' होकर ही सम्मान से जी सकती है। भीतर जो खाली खोखल बन गया था, उसमें देवर की पत्नी का रूप भर लिया। घरवालों के लिए कड़ुवी बात निकालने से क्या फायदा?

'देवर से एक बच्ची हुई—कंचन। मैं निहाल हो गई, बेटी स्वर्ग से लौट आई।

'अब मेरे सामने सुनील था और कंचन थी। दोनों का पालन किया तन-मन-धन से। पढ़ाने-लिखाने की जुगत की। देवर ने सुनील पर ज्यादा से ज्यादा ध्यान दिया कि वह चाचा को अपना पिता माने। मानता भी था क्योंकि बच्चों को जब तक बताया नहीं जाए, वे माँ-बाप के पिछले ब्योरों में नहीं जाते।

'पर कब तक? घर के लोग तो इसी ताक में थे कि कब फूट पड़े। सुनील जैसे-जैसे बड़ा होता गया, हमसे दूरी बनाता गया। उसने एक दिन यह कहकर मुझे चौंका दिया—'अम्मा, तुमने मेरे मरे हुए बाप के संग दगा की है।'

'तुझसे किसने कहा बेटा?'

'ताई और ताऊ ने। दादी और बाबा ने।'

'शारदा ने देवर को फाँस लिया। देवर की जमीन पर आँख है। यह डायन उसे खाकर छोड़ेगी। अपने बच्चे को सौतेला कर डाला।' ये दो-चार जुमले नहीं थे, रोज-रोज के जहरीले इंजेक्शन थे सुनील की रगों में उतारने के लिए।

लड़का बिफरने लगा। उसने स्कूल जाना छोड़ दिया। मैं कुछ कहती तो वह घर से निकल जाता। खोजती हुई जाती तो खेतों में ताश खेलता मिलता।

विनाशलीला ने फिर हाथ दिखाए। चौदह साल की उम्र में उसने जुआ खेलना पेशेवर की तरह सीख लिया। मोबाइल फोन ले लिया चाचा से। एक-दो साल बाद आइपॉड जैसी चीजों की फरमाइश करने लगा। जेब-खर्च हजारों में चाहिए। आमदनी क्या थी, सिर्फ खेतों की फसल थी। मुझे देवर के सामने सुनील की करतूतों पर शर्म आती मगर देवर दूसरे पिता का खिताब नहीं पाना चाहता था। सुनील के कारण हमने और बच्चा पैदा न करने का संकल्प लिया।

यह भी सोचा, पता नहीं बड़ा होता हुआ लड़का मुझे कैसे देखता है। क्या सच में मेरा किया-धरा उसके लिए नाइनसाफी है? सम्मान पाने की ललक ही गुनाह हो गई। सुनील की नजरों में जो था, बड़ा धुँधला था। मुश्किल से नजरों में आनेवाला। मैं सुनील को देखकर सहम जाती। उसे खुश रखना चाहती, मगर जो उपाय करते, उसके बिगड़ने के जरिए बनते।

'अब वह अठारह साल का था। अपने दोस्तों को घर लाता, कोई बात नहीं। कंचन ग्यारह साल की थी। भाई-बहन की रक्षा करना जानता ही है।

सुनील का चेहरा शरीफ लड़के का चेहरा था। मैं याद करती और दुख में डूब जाती कि मेरा बच्चा किस तरह से बदला! कुछ ऐसी ही बातें मैं एक दिन उसके दोस्त संजय से कह रही थी। सुनील मुझे एकटक देख रहा था। तीखी नजर जैसे कि साँप घूरता है। देखते-ही-देखते मेरा बदन थर्रा उठा, अपने लिए नहीं उसके आक्रोश के लिए। मेरी बात को गलत समझने के लिए...मैं उसकी माँ थी, इसलिए ही गलत थी। उसकी मर्दानगी उसे ललकारने लगी मेरे खिलाफ।

पढ़ाई छोड़कर उसने मुझे जबर्दस्त झटका दिया। अपने जंगली चेहरे के साथ उसने हमारे चारों ओर दशहत फैला दी। ऊल-जलूल कपड़े और अक्खड़ बोली के साथ वह घर का सरदार बना। मुझे लगता, मेरा दिमाग काम नहीं करता, उसका हर पुर्जा खराब हो गया है। देवर कहता—सुनील सख्त है सो तुम्हारे सिरदर्द का कारण है।

लेकिन वह कौन सी तरकीब है जो मुझे पागल होने से बचा ले? क्या मैं इसलिए ही संजय की ओर नहीं बढ़ी थी? वह मेरे पास खामोश होकर बैठा रहता। मैं बराबर उलझन में थी और बेताब थी कि कोई मेरे बेटे का रास्ता बदल दे। मैं लगातार सुनील की हौलनाक करतूतों पर नजर रखे बिना भी नहीं मानती थी। दिल में तूफान उठता था लेकिन देवर का मुँह देखकर चुप हो जाती। उसने मुझसे शादी की है, उसकी इज्जत का मान रखना है। शादी बचाने की खातिर गाँव भर की औरतें क्या, शहरों की औरतें चुप रहती हैं, बस यही विचार लड़के के वहशीपन की याददाश्त को उड़ा देता।

सुनील मानता था, कहानी का कहीं अन्त नहीं होगा और मेरे वजूद का नामोनिशान उड़न-छू हो जाएगा। माँ की मजबूरी हो या बीवी की वफा, मर्द अपने अगले व्यवहार के लिए इनका फायदा उठाकर सामने आ जाता है।

कई महीनों तक मुझे दरवाजे पर आनेवाले भिखारी सुखी लगते रहे। मैं उनकी जमात में शामिल होने की सोचती रही, मान-मर्यादा का बोझ मुझसे ढोया नहीं जा रहा था। मन्दिर में जो औरत बेटे के लिए दुआ करती, मुझे पागलों की सरताज लगती।

और एक दिन : पागल होने का वह दिन।

मेरी कहानी रुक गई।

मेरी बेटी की दास्तान शुरू हो गई।

कंचन की कथा शुरू हुई, महीन आवाज से, लम्बी आवाज ने 'मम्मी' कहकर पुकारा। इधर-उधर देखा, अपना ही वहम चलहकदमी करता मिला। मैं सनक गई हूँ। सनकती न तो वहम के पीछे-पीछे चलती जाती?

दरवाजा बन्द था। दरवाजा बन्द क्यों है? क्यों है बन्द?

आशंका उठती गई, मेरा पागलपन बढ़ता गया। यह लड़का क्या अब घर में लड़कियाँ भी लाने लगा? दरवाजे के भीतर से दबी-दबी आवाजें उठ रही थीं। अगले पल से मैं डरने लगी। ऐसे जैसे मुझे मौत आनेवाली हो।

भगवन् अब और कुछ ऐसा न दिखाना कि मैं बेटे की दुश्मन बन जाऊँ? दुश्मन बनकर कौन सी माँ चैन से जी सकती है?

मैंने दरवाजा पीटना शुरू किया। किवाड़ों को धक्का देने लगी।

दरवाजा आसानी से खुल गया।

और मेरी आँखें फटती चली गईं। मेरा बेटा पागल होता हुआ क्या-क्या बक रहा था कि यहाँ वे लफ्ज मैं अपनी जुबाँ पर नहीं ला सकती। वह ऐसे आनन्द में डूबा था, जिसके लिए वासना के मारे मर्द कुछ भी कर गुजरते हैं।

उसके नीचे नंग-धड़ंग लेटी हुई मेरी कंचन मछली की तरह तड़प रही थी। मैं अपनी छितराई हुई गलतफहमी में कब तक डटी रहती? जो सामने था, उसने खौफ की वह शक्ल अख्तियार कर ली कि मैं होश खोकर चीखी।

और वह हिला तक नहीं।

आवाज और आँखें फटते-फटते किरच-किरचों में बिखर गईं पर जैसे उसे मेरी आवाज से कोई वास्ता न हो। वासना का भूत अपनी ताकत में उतरने का नाम न लेता था। मेरे पास अब कुछ न बचा था, न अनुनय, न विनय, न सदा, न प्रार्थना और न सलाह, न मशवरा, न कोई सीख, न शिक्षा।

कमरे में मछली की तरह बिंधी मेरी बेटी की छोटी और दबी हुई चीख के साथ मेरे बेटे सुनील की आनन्द-भरी सिसकारियाँ फैली हुई हैं...लगा कि गन्दी आवाजों से अपनी बेटी के साथ घिर गई हूँ।

मैं पूरा जोर लगाकर लपकी और पीछे से सुनील की गर्दन पकड़ ली। दोनों हाथों में उसकी गर्दन को सँड़सी की तरह भींचने लगी। भींचती गई, लेकिन इससे पहले कंचन को उसके नीचे से निकालना था, मेरा दिमाग मुझे यहीं रोकने लगा, हथियार डालने के लिए उकसाने लगा।

सुनील उठ गया, उसकी तरफ देखना एक जुर्म एक पाप...इस बन्द जगह में मेरी दहशत खुल गई और लड़के पर वार-पर-वार करने लगी, घूसा, लात और थप्पड़।

इला ने देखा, शारदा थर-थर काँप रही है, उसके होंठ नीले पड़ने लगे हैं, यादें इतनी गहरी होकर किसी को सोखती जाती हैं? उसने जो आगे कहा, टूटे-बिखरे वाक्य थे, इला को कड़ी-कड़ी जोड़ने पड़े।

'पहले दिन पहला भाला सुनील की पीठ में घोंपा गया और दूसरी बार पहले सूराख को गहरा करने के लिए भाले की नोक को छाती के पार निकालने की कोशिश की है माँ ने। मांस के साथ अँतड़ियाँ खींचनेवाली इच्छा से लबरेज शारदा ऐसा कुछ नहीं कर पाई, जैसा कि वह चाहती थी।

अपने भीतर से उठती संहारक पुकार के सामने बहरी हो गई वह।

दो माह गुजरने को आए। उम्मीद करती रही, सुनील रास्ते पर आ जाएगा।

'बेटा, यह तेरी बहन है।'

वह सुनता और चुपचाप घर से निकल जाता। रह जाती मैं तड़पती और घबराती हुई। अपने बदन में आग लगा लूँ? मेरे ही खून-पानी से इसका जन्म हुआ है। कीटनाशक दवा खाकर सो जाऊँ? जहर पीने की कहानी सदियों से चली आ रही है औरतों के बीच। मैं फाँसी खाकर मर जाऊँगी, यह सब सुनील से कहा, मगर उसने चुप रहनेवाला हथियार साध लिया।

देवर को बताया जाए? घर में मारकाट होकर रहेगी।

'बेटा, कंचन तेरी बहन...'

वह फट पड़ा—'इस हरामजादी को मेरी बहन कहती है? अपने यार को मेरा बाप बनाना चाहती है तू रंडी।'

'अच्छा!'

लगता था, मैं अपनी बेटी को कहाँ छिपा दूँ। इस शैतान से कैसे आजाद हो मेरी बच्ची जो अपने ग्यारह वर्ष के कच्चे शरीर को लहूलुहान होने के लिए मजबूर है। मेरे कारण सजा पाती है।

इन्तहा होनी थी, हुई। लड़की एक दिन इतनी घायल कर दी कि उसको घर में राहत नहीं दी जा सकती थी। अस्पताल ले जाकर टाँके ही लगवाने थे। मगर क्या कहती मैं? यही कि यह कुकर्म इसके भाई ने...लोग क्या कहेंगे? बस यहीं माँ की ममता जुर्म हो गई, पाप हो गई क्योंकि दहशतों के बीच आ गई यह शारदा।

अपने ही खून के धब्बे घर में जगह-जगह निशानदेही कर रहे थे। बेटे की गन्दी जिद बलात्कारों का रूप थी। जिन्दा रहने की भयानक तकलीफें हमारे सामने आती गईं। देवता, भगवान और पुरखा-पितर सब मुँह चुराने लगे। द्रौपदी की कथा मनगढ़न्त है, मान लिया। बच्ची उन

तमाम बच्चियों में बदल गई, जिनके बारे में अखबारों में खबरें आती हैं। तमाम कृष्ण भगवान हार गए अपने गलीज दोस्तों से। नहीं तो मेरी कंचन अपनी आँखें सिर्फ आह भरने के लिए मेरी ओर खोलती और मैं मर जाने के लिए तरसती?

देवर से दबी जबान में सारा वाकया बताया, वह बेअसर-सा चुपचाप कुछ सोचता रहा, फिर उठकर चला गया।

मैं अपने कमरे में ढेर थी, तभी संजय आया।

'आंटी!'

मैंने अपना शरीर घसीटकर उठाया और बैठ गई।

'जो करना है, जल्दी करो। पुलिस में रिपोर्ट कर दो। वह किसी की नहीं सुनता, पुलिस ही निपटेगी अब। कंचन को देखती हो? आँखों की जगह लगता है खौफ भरे दो गड्ढे। पत्थर की मूरत-सी कोने में बैठी रहती है अपने दुपट्टे में सर से पाँव तक लिपटी हुई।

ऐसी ही एक घड़ी में बेटे के कर्मों की फेहरिस्त तैयार की थी। बदकिस्मत माँ ने बेटे को पुलिस के सामने पेश करने के लिए चुना था। घाव ताजे थे, अस्पताल लेकर गई थी कंचन को। क्या बताए कि ऐसी भयंकर ऐंठन देह में हुई कि मांस और हड्डियाँ सारा पुख्तापन खो बैठे।

एक बार फिर कुछ सोचा। एक बार फिर सुनील से लड़ी। एक बार फिर अपने करीबी लोगों के पास गई, मगर अबकी बार बिना कुछ कहे-सुने लौट आई क्योंकि नाते-रिश्तेदार बिना बाप के बेटे के लिए बहुत बड़े हमदर्द निकले। सुनील ने वहाँ हर बात अपनी माँ के खिलाफ पक्ष में डालकर पेश की है।

चाचा सुनील के असली बाप से ज्यादा अच्छा बाप बनकर दिखा रहा है। उसे लड़की की तबाही से ज्यादा इस बात की चिन्ता है कि सुनील अपने बाप के हिस्सेवाली जमीन अलग से न माँगे।

फिर भी एफ.आई.आर. दर्ज हुई। थाने पर अफरातफरी भी मची क्योंकि बलात्कार करनेवाला लड़की का अपना ही भाई है।

मगर सबूत? सबूत भी देंगे। गवाह तो संजय है।

इसके बाद घर में कोई कोहराम नहीं मचा। डॉक्टर की रिपोर्ट आ गई। अब सुनील सलाखों के पीछे होगा। कंचन को मुक्ति मिलेगी, जो न अपनी ननिहाल में मिल सकती थी, न किसी रिश्तेदारी में।

तभी मर्दाना कोड़ा पड़ा पीठ पर। हमारी गुहार-पुकार से सुनील के आतंक को ईंधन मिल गया। जब सब कुछ सामने आया, मेरा दिल पुलिस के उस व्यवहार ने नश्तर की तरह चीर डाला। मैं अपनी बच्ची को छाती से लगाकर धरती पर ढह जाऊँ, इसके सिवा कुछ न कर सकी।

सुनील ने ताऊ से लेकर घूस भर दी और लिखा दिया—'मेरी बहन के साथ बलात्कार संजय ने किया है और यह सब कराया है मेरी माँ शारदा ने। संजय का दिल शारदा से भर गया, अब उसे लड़की चाहिए।'

लगा था कि थाने की दीवारें अपने सिर से फोड़ डालूँ। थाना नहीं गिरेगा तो कम से कम मेरे सोचने की ताकत तो फट जाएगी।

शारदा आग की तरह जल रही थी चुपचाप। राख होती जा रही थी बेआवाज। जीने की उम्मीद भी जहर लगने लगी। अब झूठ-सच का भेद हो, क्या लाभ? ये लोग मुझे खत्म करने से पहले क्या मेरी ताकत को आजमाना चाहते हैं? भाई-बहन के रिश्ते को चीथ-फाड़कर मेरे पैर उखाड़ रहे हैं? यह शर्मनाक राज मेरे साथ भस्म हो जाएगा? मेरे बेटे ने मेरी बदनसीबी अपने हाथों से लिख दी?

संजय गिरफ्तार हो गया। मेरी जिन्दगी अब रंग बदलने लगी। आनेवाला वक्त एक भयानक सपना...पुलिस मुझे एक पाप करने से बचा सकती थी। मेरे हाथों ऐसा हो जाएगा, मैं भी नहीं जानती थी। मैं तो भेड़ की तरह मिमियाती ही रही कि यह तेरी बहन है। यह सबसे बड़ा पाप है। पर सुनील की आँखें पत्थर की तरह सख्त और बेशर्म बनी रहीं।

अब मेरा दिल क्या कहता? सुनील के सिर को धड़ से उड़ा दिया जाए। मेरे साथ कुछ भी हो सकता है, मेरी बच्ची का क्या होगा? खतरे की आशंका से दिमाग की नसें फटने को हैं। अब और देर नहीं। फिर भी न जाने मैं किस बात का इन्तजार कर रही थी?

मैंने छुरी अपने हाथ में ले ली। रात को उसे बगल में रखकर सोई, पर बार-बार यही लगता रहा कि मैं कत्ल के लिए उतनी खूँखार नहीं, जितनी कि बर्बर होने की जरूरत होती है। रोती रही। आँखें सूज गईं। होंठ फूल गए। वह मेरा बेटा है, कभी नेक और सच्चा बच्चा था। स्कूल जाता था, क्रिकेट खेलकर खुश होता था। अब उसके ऊपर नफरत का लबादा...जहर की सुई ने असर दिखाया है। न जाने इस तरह कितने बच्चे तबाह हो जाते होंगे।

'सुनील, अपने बाप का बदला ले इससे।' यह एक वाक्य...बार-बार लगनेवाला इंजेक्शन...

इला को लगा, शारदा की स्मृतियाँ यहाँ हाँफने-काँपने लगी हैं। कोई तसवीर नहीं बन पा रही।

यकायक एक झटका-सा लगा शारदा को। बिजली का सा झटका कि उसकी आँखें पलटने को हो आईं।

दीदी! अब क्या सोचना? सोचना वक्त गँवाने के सिवा क्या है? ज्ञान क्या था, मेरा मोह। आँसू कैसे थे, कमजोरी की निशानी। न जाने कितने चित्र बने और बिगड़े—एक बलात्कारी, एक बेटा। हमलावर, बहन के रिश्ते को तार-तार करनेवाला। खून का सम्बन्ध दूध की ममता। ग्यारह वर्ष की बेटी का कच्चा शरीर, खूँखार सेक्स के झटकों से फटता हुआ...।

एक तसवीर, बेटी की तसवीर...मैं इसे 'परिवार की इज्जत' पर कुरबान नहीं करूँगी। मैं मार दूँगी या मर जाऊँगी। मैंने जिन्दगी में कुछ ऐसे ही फैसले किए हैं, जिन्होंने मेरे जुनून को और बढ़ा दिया। यह बेशकीमती इच्छा का समय है।

मेरे हाथ में छुरी काँपने लगी।

जो हो रहा है, इसे ऐसे ही होना है क्योंकि बन्द कमरे से बराबर कंचन की दबी-दबी आवाज आ रही है और सुनील की सिसकारियों का बोलबाला है। मैं ज्यादा देर टिकी तो माथे में उठी ऐंठन बढ़ती जाएगी और मेरा प्राणान्त हो जाएगा।

छुरी हाथ में साध ली। हृदय में शोला लपक पड़ा। बेटी की हमदर्दी आग की लपटें उठाने लगी।

छुरी तीखी और गहरे वार के लिए तैयार कि सुनील अपनी हिफाजत में उठ भी न पाए। माँ को कहाँ मालूम था कि वह ऐसी हिंसक ताकत की वाहिनी है।

दबे पाँवों कमरे में पहुँची और पीठ पर भरपूर वार किया। करती ही गई। खून उछला। माँ नहा गई। अपना खून ही लौट रहा था। लौट रहा था खून...जैसे मेरा यही मकसद हो।'

शारदा इतना कहते-कहते अपना माथा पीटने लगी। इला दहशत में आ गई मुजरिम पागल भी तो हो जाते हैं, उनको पिछली कहानी दोहराने

में इतना कष्ट होता है। शारदा सचमुच जानलेवा तकलीफ से गुजर रही थी, फिर भी...।

'दीदी, मैं उसे तड़पता छोड़ देती और देखती रह जाती, इससे बुरा क्या होता? मैं तो नंगे हृदय उसको खत्म कर देने के लिए खुद से लड़ती जाती और अपने आपको ही आगे बढ़ने के लिए पुकारती जाती। मैं अकेली, हमलावर फौज की तरह घर के मैदान में...।

सुनील ने कब आखिरी साँस ली, यह मेरी ठहरी हुई साँसों ने महसूस किया। मरनेवाला अपने उस संस्कार से रिहा हो रहा था, जिसके लिए हर औरत के दिल में नफरत होती है। रिवाजों की यह तसवीर मेरे हाथों ही उलटनी थी! अपने बेटे को इसके लिए चुना मैंने...बलि चढ़ाकर शुरुआत की। मैंने आँखें बन्द कर लीं क्योंकि सुनील ने अपने जिन्दापन में आखिरी करवट बड़ी लम्बी साँसों के साथ ली और मेरे हाथ से छुरी गिर गई। मेरी कमर झुक गई। इसी कमरे में नवजात सुनील की सौरी में मैंने बेटे की माँ होने की खुशियाँ मनाते हुए दस दिन बिताए थे।

दिल में दर्द उठा। बाँहें फैलाकर बेटे की ओर बढ़ी।

'बेटा, भगवान को हम जैसों की भक्ति मंजूर नहीं। हमें तो उसने अपने और परायों की साजिशें झेलने के लिए भेजा है। सो आज परमात्मा, देवता, इतर-पितर और जिन्दा सगे-सम्बन्धी, ये सब दुश्मनों के नाम हैं। हमारे रूप में इन्हीं तमाशबीनों के लिए यह तमाशा खड़ा हुआ है। हमारा इतिहास पूरा हुआ।'

'कितनी पढ़ी हो?' इला ने सम्बद्ध-सा सवाल पूछा।

'बेटे के कत्ल लायक, बी.ए. शायद इसलिए ही किया था।'

इला ने सोचा—क्या यह हलफनामा हो सकता है? नहीं। अगर इला के हाथ में कागज-कलम होता तो उसकी मुलाकात इस खूनी माता से न होती। हमदर्दी ने ही इला का वास्ता इस औरत से कराया है क्योंकि उसके साथ यहाँ कोई एस.आई. रैंक का मुलाजिम नहीं। इला सोचती रही—

शारदा और सुनील दो मोहरों के नाम हैं, जिनको पिटना ही था मगर वे जैसे भी थे, निडर थे क्योंकि मोहरे थे।

इला के दिल से छोटी सी आवाज अनायास ही आई—मदर इंडिया।

हाँ, मदर इंडिया, एकेडमी में ट्रेनिंग के दौरान देखी एक महान फिल्म। कहानी जुदा सही, मकसद एक ही है।

समीना सुनेगी तो कहेगी–यू फुलिश!

मगर इला चौधरी महिला कांस्टेबल इस समय दो विरोधी स्थितियों की जकड़ में हैं–हत्या की मुजरिम शारदा के प्रति अपनी ड्यूटी और बलात्कारी के संहार की प्रतिबद्धता के लिए अपना झुकाव।

वर्दी से बचाकर आन्तरिक भावना का प्रदर्शन निषिद्ध है। तुम्हें अपने प्रति कठोर ही नहीं, मन की गहराइयों को ढाँपकर झूठा भी होना है क्योंकि कानून यही कहता है। अपने होंठ सी लो, आवाज दबी रहेगी इला चौधरी!

इला एक स्वप्न जी रही थी अनन्तकाल तक जानेवाला स्वप्न!

सुनहरी किरणों से दिपदिपाती सुबह थाने पर उतरी। इमारत का लाल रंग केसरिया लगने लगा। इसके पीछे वह रात छिप गई, जिसके रहते पुलिस तमाम मुखबिर और गवाहों को लेकर बहुत से काम पूरे करती है।

तय है कि शारदा कोर्ट जाएगी बन्दी की तरह, इस हालत में अपने लिए गवाह नहीं जुटा पाएगी। यहाँ तो वे भी मुजरिम हैं, जिन्होंने इस औरत से किसी भी रूप में मेल-जोल रखा है। कत्ल ही उसका अतीत है और कत्ल ही भविष्य।

आत्मा का सच उसके सामने रात के दरमियान खुला था। वह दो औरतों का आपसी वार्तालाप था, ऐसे ही जैसे दो घसियारिनें, किसान और गड़रिया-औरतें, पनिहारिनें और मजूरिनें मिलकर आपसी दुख-सुख बाँट लेती हैं, पर वे बयान तो नहीं हो सकते।

कातिल औरत का सच आरी से चीरे हुए हृदय से खून की धार-सा बहता चला आया था कि बर्दाश्त तौबा बोल गई। शारदा खुद को हत्यारी मान रही थी। क्या इला कुशल पुलिसकर्मी की तरह इस सच को पुलिस के सामने पेश कर दे? उसका ग्राफ ऊपर चढ़ जाएगा। ऐसे पुलिसकर्मियों, खुफिया एजेंटों को सम्मानित किया जाता है। इला अपनी वर्दी के साथ नाइनसाफी करने पर तुली है कि अपने ही अपमान के लिए कृतसंकल्प है?

उसे पता है पूरी की पूरी सच्चाई और यही कारण है कि वह शारदा को पूरी तरह क़ातिल नहीं मान पा रही। कार्य-कारण की भी कोई भूमिका होती है। आला-ए-कत्ल, खून से भीगे कपड़े, चारपाई, बिस्तर, रस्सा नहीं हो सकते पूरे के पूरे सबूत। न्याय का चक्र गहरे तक नहीं धँसता। बस

ऐसे ही कि थाने भावनाओं और परिस्थितियों के अचार के लिए मर्तबान नहीं रखते। केवल हथियार और रक्त की निशानियों पर चलते हैं। गवाह और अन्धा कानून।

इला अपनी सफलता पर गौरव कर सकती है कि अपनी हमदर्दी के दम पर शारदा के अनछुए प्रसंगों का खजाना लूट लिया। यह खजाना मगर शेखचिल्ली के मायावी बैंक से ज्यादा क्या है?

सच तो यह है कि इला वह महिला सिपाही है जिसे शारदा से क्रूर सचों को निकलवाने के लिए संवेदना की जगह क्रूर प्रताड़ना देने के लिए चुना है। जिस तरह का सच और सबूत पुलिस को चाहिए, वही मानी रखता है। यह समय हत्या की मुजरिम को फूलों के गुच्छे देने का नहीं, उसे तड़पा-तड़पाकर मरने की स्थिति में पहुँचा देने का है। यही सिपाही का शौर्य है। यह सफलता प्रमाणित करेगी कि हिंसक और वहशी औरत को मनुष्य कैसे बनाया जाता है। अपने हाथ में ताकत का डंडा उठा इला।

वह तड़प उठी। औरत तो समाज के पायदान पर पहले से ही है और कितने नीचे गिराना होगा? शारदा को अब किस रूप में प्रस्तुत किया जाए कि पुलिस को रास आए? पुरुष तो जहाँ खड़ा हो जाए, औरत के लिए थाना बना देता है। अपनी मर्दानगी में उसको चाहे जब यातना देता है। घर क्या हवालात नहीं होते?

मैं इस औरत को तमाशा नहीं बनने दूँगी। मैं नुमाइशगीरों को उसके पास तक नहीं आने दूँगी क्योंकि मुझे पता है 'अपने बेटे की हत्यारी औरत' शीर्षक से शारदा की कहानी पढ़कर लोग यहाँ चले आएँगे। टी.वी. और अखबारों के जरिए कई दिनों तक सनसनी, वारदात और क्राइम रिपोर्टर जैसे कार्यक्रम चलेंगे। मैं इस खबर का आगामी आनन्द उठाने के लिए शारदा को अकेली नहीं छोड़ूँगी।

ऐसा क्या है मेरे पास?

कुछ नहीं, केवल हमदर्दी भरा एक दिल और हौसले से लबरेज चेतना। यह सब इसलिए है कि शारदा ने मुझे विश्वास जैसी मूल्यवान चीज सौंपी है। उसने अपने दिल को मेरे दिल में उड़ेल दिया है। ईमानदारी बढ़ने लगी है। शारदा की दृढ़ता देखकर लोग परेशान हैं तभी तो सी.आई.ए. ने हुक्म दिया है कि वह इसी तरह पत्थर बनी रही तो फिर 'थर्ड डिग्री' इस्तेमाल में लानी पड़ेगी।

थर्ड डिग्री! इला का चेहरा सफेद पड़ गया।

भयानक सजा देकर क्या पूछा जाएगा? यही कि कत्ल किया था या नहीं? क्या यह भी पूछा जाएगा कि क्यों किया था कत्ल? अगर यह भी पूछ लिया जाए और उसकी मजबूरी समझ ली जाए तो बात कुछ और होगी। क्या इला को सच्ची माना जाएगा? अगर मान लिया जाए तो वह कहेगी--बातें बताते हुए उसका तन-मन ऐंठ जाता था। लगता था, जैसे वह नंगा छुरा लेकर अपने खून से अभी-अभी लड़ी है। मालूम हो जाएगा कि बलात्कार का दृश्य औरत में कितनी हिंसा उतार देता है। वरन् घरों में होते बलात्कारों को लोग नजरअन्दाज कर ही देते हैं। औरतें अपने शारीरिक चिथड़ों के साथ जिन्दा रहती ही हैं।

'मैं चुप नहीं रह सकी। मैं चुप रहती भी कैसे?' शारदा ने कहा था। उसकी आह ऐसी थी कि किसी का भी दिल उमड़ आए। हो सकता है, इला के साथ ही दर्द का रिश्ता बन गया हो। नहीं, यह यकीनी तौर पर माना जा सकता है कि यह औरत पूरे ग्राम्यांचल में घूमे तो इसके दर्द में तमाम औरतों का शामिलखाता हो जाएगा। वे अधकटी मछलियों सी तड़पती मिलेंगी।

कल्पना नहीं है यह, थाने की तमाम फाइलें उठाई जाएँ, एफ.आई.आर. और हलफनामे देखे जाएँ, छोटी बच्चियों से लेकर बूढ़ी औरतों तक मर्दों की हवस की कथा दर्ज मिलेगी। यह अलग बात है कि ये शिकार-कथाएँ चुपचाप थानों में गुम हो जाती हैं। औरतों की पीढ़ियाँ बलात्कारों को भुगतती हुई ठंडी जमीन के नीचे सोई हैं क्योंकि उनमें शारदा जैसा हौसला नहीं था। वे पेशेवर तवाइफ की तरह जिन्दा रहीं और मरीं।

शारदा लाई जा रही है। इला ने देखा। उसने अब भी नीली छींट का सूट पहना हुआ है। दुपट्टा सिर से बँधा है। पुलिस के सिपाही आसपास हैं। थाना प्रभारी ऑफिस में बैठे हैं।

कानाफूसी हो रही है--कहीं इसके पति ने ही तो सुनील की हत्या नहीं कर दी? सौतेला बाप है। यह औरत पति के किए खून को अपने सिर ले रही हो।

इला को हँसी आ गई। वह खुश हुई कि शारदा उन औरतों में से नहीं है जो पति या बेटे का गुनाह ओढ़कर बलिदान की मूर्ति बनें। तभी

तो थाने पर जो लोग आए, उसके पक्षधर नहीं थे। शारदा कह तो रही थी, उसके साथ तो सदा उसके हाथ-पाँव ही रहे हैं जो मेहनत का जरिया बने हैं। अगर ये हाथ-पाँव शरीर से न जुड़े होते तो इन्हें काटकर काम में लगा लिया जाता और ये भी उसके साथ न होते।

अरे, शारदा को पीटने की इतनी जल्दी!

डंडों की बरसात होने लगी। यहाँ जो आवाज है डंडे और शारदा के शरीर की मुठभेड़ की आवाज है। घूँसे-थप्पड़ और बालों को खींच-खींचकर नाखूनों से चिकोटियाँ भर लेना...थाना—स्वीकृत चलन जरूर है, लेकिन मानवीय नहीं। इला तिलमिला उठी—दर्द अपने स्वर में सनसना रहा है। थाने का साहस देखने लायक है। इला का कपोत जैसा कंठ फूलने लगा। क्या चाहते हैं लोग? कत्ल के इलजाम में ही तो थाने आई है, कोर्ट चली जाएगी। मारपीट का क्या अर्थ? मुजरिम से सत्य, ईमानदारी और मनुष्यगत भावनाओं की उम्मीद करते हैं, मगर अपराधी पुलिस की बर्बरता का सामना कैसे करता है किसी को अहसास है?

बिजली के झटके!

शारदा ने भी सुने ये शब्द, मगर लगता है कि उसकी चेतना उस बिन्दु पर पहुँच गई है जहाँ जीने की रत्ती भर चाह नहीं। उसने कहा था—'समझ रही थी कि मुझको फाँसी होगी, पर सुनील जैसा पिशाच तो खत्म हो जाएगा। महीनों उसको कुकर्म से रोकने की कोशिश करती रही। घर-परिवार मौन साधे रहा और थानेदार उसके हाथों बिक गया। मैं भी आगे न आती तो मेरी जिन्दगी का मकसद क्या था? अब जो हो सो हो।'

'यहाँ आकर सारे रास्ते बन्द हो जाते हैं, सारे मकसद गुनाह...।' इला अपनी रौ में बोल गई।

सांगवान मैडम सामने आ गईं—'क्या कहा तूने? सारे रास्ते बन्द होने की बात कर रही है! यह ठीक है कि आदमी किसी-न-किसी मजबूरी में हत्या करता है और हत्या को हमारी हमदर्दी से जोड़ देता है। मगर क्या हत्या करना उसका वाजिब हक था? इस औरत की बात पर तू किन-किन

केसों की मिसालें ले आती है कि डॉ. रजिया हुसैन ने पति का खून किया था, राष्ट्रपति ने उसे मर्सी दी थी। राजीव गांधी की हत्यारिन के लिए गांधी परिवार में हमदर्दी है। ऊँची-ऊँची बातों में इस कमीनी औरत को शामिल मत करे।'

इला ने सांगवान मैम की बात ध्यान से सुनी। अपने मन के बड़े से हिस्से में सिपाही की शुद्ध छवि प्रतिष्ठित की और दर्द में डूबी हुई कातिल शारदा की छाया से बाहर आने की कोशिश की।

नहीं चलेगा यहाँ कि जहाँ आक्रोश से संहार भरे दृश्य बनने को हों, वहाँ तुम्हारी करुणा का जल बहे। यहाँ कोई भी मानवीय ज्योति-दीप फड़फड़ाकर बुझ जाएगा। सांगवान मैम ने हकीकत सामने रख दी, अलबत्ता इला के लिए दुख-दर्द और सर्प की तरह फन उठाती यातना ने उसकी हमदर्द भावनाओं को कुचलकर रख दिया। क्षत-विक्षत इला अपने थरथराते होंठों को काबू में करती रही।

कुल मिलाकर वह अपनी इस तरह की जिन्दगी को 'सपनों और संकटों में जीना' यही नाम देती है।

'इला।'

किसने पुकारा? सांगवान मैम ने।—'इधर आ।'

'देख, छोटी समझकर कह रही हूँ, हत्या की मुजरिम को हत्या करने की मजबूरी के तहत डालकर कानूनी हठ छोड़ दिया जाए और इस तरह की औरतों को आजाद कर दिया जाए, तब क्या बलात्कार या घरेलू हिंसा की समस्या सुलझ जाएगी? यह रास्ता अपना मुहाना खुद ही बन्द कर लेगा। जानती तो हो कि मर्दों का तबका अपनी ताकतवरी का धुआँ फैलाकर यही दिखाता है कि औरत के दायरों में आग और उजाला उनके कारण होगा।—बेटा, यह बात किताब में लिखी है। मैं ऐसे ही नहीं कह रही।'

इला की नजर चमत्कृत हुई। थाने की दहलीज पर वह अपने विचारों का निजी आवरण खिसकता हुआ पा रही है। गहन भावनाएँ सांगवान मैम के साथ मिल गईं। आँखें जलती हैं तो जलने दे।

आवाज उठी। ठंडी और गहरी आवाज!

'यह नहीं उगलती। रोलर लगाओ।'

रोलर!

इला ने खुद को नियंत्रण में रखने की मन-ही-मन शपथ उठाई। पहले-पहल जब तीन सौ दो की मुजरिम पर रोलर चलते देखा था, उसके अपने जिस्म की चीर-फाड़ होने लगी थी। टाँगें किसी बुढ़िया की तरह काँपने लगी थीं। आज शारदा सामने है, इला तीन सौ दो की यंत्रणा के खयाल से जूझती हुई बाहर चली जाए तो खैर है। देखने के लिए आसमान को देखा जा सकता है, पूछा जा सकता है अनदेखे भगवान से, यह कैसा इनसाफ है? क्या उस पिशाच को इसलिए नहीं मारना चाहिए था, कि वहशी बलात्कारियों को खत्म करने का किसी को हक नहीं?

शारदा की चिंघाड़ फटेगी, इला के कान फूट जाएँगे। उसकी नसें सिकुड़ना शुरू हो गई हैं। दुनिया चरमराने लगी। जब तक ये मंजर नहीं देखे थे, यह नौकरी ताकतवर लगती थी। अब तो भावनाओं की दुनिया वीरान है, उसमें रेत, राख और खाक भर गए। सजा का हैवान अपनी ओर बढ़ता है, साँसें डूबने लगती हैं। धड़कन छाती में नगाड़े की तरह बजती है।

शारदा के भीतर एक छड़ को कैम्पा कोला में भिगोकर डाला जाएगा। लगातार सलाखें घुसाई जाएँगी। दबाव तब तक बढ़ाया जाता रहेगा, जब तक वह सच न उगल दे। नहीं उगलेगी तो सलाखों पर तीखी मिर्चों का पाउडर लपेटा जाएगा और फिर उसके भीतर आग का प्रवेश...।

हत्या के बदले लगातार हत्या का आयोजन!

इतना ही सोचा था कि एक खबर ततैया की तरह नमूदार हुई। संजय नाम का लड़का हवालात में बन्द है। उसको बुलाकर और शारदा को साथ रखकर दोनों को नंगा किया जाएगा और कहा जाएगा कि अब बना इस औरत से अपना शारीरिक सम्बन्ध। सबके आगे, सबके सामने।

'नहीं। ऐसा नहीं होगा?' सुमन बोली थी।

'क्यों नहीं होगा? लालगढ़ थाने में तो खास भाई-बहन को यह सजा दी थी और उन्होंने तुरन्त अपना जुर्म कबूल कर लिया था। दोनों ने मिलकर मकान मालिक को मारा था, जिस मकान में ये भाई-बहन किराएदार थे। अरे नहीं, बस, पुलिस को खुश करने के लिए कबूल लिया

था। वे कातिल नहीं थे। 'अमानुषिक यातनाएँ खत्म होंगी पुलिस के इतिहास से। थर्ड डिग्री की सजा पशुवत् है।' इन वाक्यों का क्या मतलब है? प्रशिक्षण के दौरान पहले सबक की तरह पढ़ी थीं ये बातें। यहाँ किसी को याद नहीं?

आँखें खोलकर रखीं इला ने। सीधी तनकर भी खड़ी रही। शारदा लुंज-पुंज लोथ की तरह लाई जा रही है जैसे उसे लुढ़काया जा रहा हो। उसके हाथों को बाँधा गया, उसकी कमर और जाँघें कसी गईं। आखिर कहाँ भागेगी शारदा? कहाँ जगह है इसके लिए? बाहर निकलेगी अपमान के कोड़े सटाक-सटाक बरसेंगे कि भागकर अपनी काराकोठरी में ही लौट आएगी।

'थाने का बूचड़खाना' इला इसी नाम से पुकारती है इस जगह को। सारे खतरे यहाँ हैं, मगर यह सुरक्षित जगह है। चोट पहुँचाने के जितने तरीके हो सकते हैं, यहीं होकर गुजरते हैं। साँस चलती रहती है, जिस्म छलनी करके विदा करते हैं मुजरिम को।

शारदा को लिटाया गया। उसकी शलवार से ढकी टाँगों को पकड़कर महिला सिपाहियों ने पूरा जोर लगाकर चौड़ाया। शारदा के गले से चिंघाड़ फूटी, जाँघें चिरती चली गईं। इला के भीतर इस कुकृत्य से निःशब्द युद्ध शुरू हुआ।

आवाजें बराबर उठ रही थीं—'पूत कपूत भले हो जाए, माँ डायन नहीं होती।' हर लमहा नाकाबिले-बर्दाश्त था। दोनों जाँघों पर रोलर (बहुत मोटा डंडा) रखा गया और सिपाही डंडे पर चढ़ाए गए। शारदा के हिप्स खरबूज की तरह फटने लगे क्योंकि उसकी दर्द भरी चीख ने जता दिया कि हड्डियाँ भी चकनाचूर हुई हैं। वह जितनी चिंघाड़ती, सजा बढ़ती जाती। उसकी आँखें ऊपर चढ़ गईं और होंठ भिंच गए। अब वह दर्द को निगल रही थी। चीख क्या, हलकी कराह तक नहीं आई।

इला को कँपकँपी लग गई।

लकड़ी का शहतीर और दबाता जाता। ऊपर चढ़े सिपाही अपनी ड्यूटी में ईमानदारी से व्यस्त थे। इला समय के एक-एक पल से भिड़ रही थी, मगर वह खत्म नहीं होता था। शारदा को उम्रकैद हो या फाँसी, कोई फर्क नहीं पड़ता क्योंकि इस सजा से वह कम ही होगी। यह भी नहीं पता कि जिन्दा रही तो वह जेल जाएगी या पागलखाने?

यातना की स्मृति ही इला की यातना है। लज्जाजनक इतनी कि कंठ सूख गया। इला के भीतर अन्धकार भरता जाता। जिन्दगी काली रात बनती जाएगी?

'पुलिस भी क्या करे?' कोई कह रहा था, लगा कि जोर से मुनादी हुई है। सन्नाटा ही ऐसा गहन था कि मक्खी भी उड़े तो उसके पंखों की आवाज सुन लो।

पत्थर के-से चेहरेवाले पुलिसकर्मी। उनकी भिनभिनाती बातें जैसे मातमी शोर। शहतीर अपनी वृत्ति में राक्षस और सिपाहियों के पाँव डरावने खम्भे।

शारदा कुछ नहीं बोली। दूसरे यातना चक्र की शुरुआत हुई।

मगर वह फिर भी नहीं खुली।

'नाखून उखाड़ो। पहले ही उखाड़ने थे। इतनी देर लगती क्या?' इस घोषणा के होते न होते दूसरी बार में जाँघों की हालत खराब थी। शलवार में चौड़ी दरार हो गई और जनाना शरीर दिखने लगा। खून धीरे-धीरे रिस रहा था जैसे फटे हुए तरबूज से पानी बहे। इस दुर्दशा की इजाजत है? मगर यह सवाल करे कौन?

रात वाली शारदा कहाँ गई? उसके चेहरे पर पिशाच के विनाश की सन्तुष्ट उदासी थी। पुलिस के बारे में वह क्या सोच रही होगी। उसका दिल ऐसे फटा है, जैसे धरती में दरार पड़ जाए, तभी तो बोलने की शक्ति चली गई। सामने खुला मुँह और फटी आँखें देखकर कैसे यकीन हो कि इसने अपना जुर्म सहजता से वर्णन किया था, हालाँकि उस समय उसकी रूह टूटती थी और वह आह भरती थी। शारदा के चेहरे पर मुर्दे जैसा चेहरा पुलिस ने चिपकाया है। उसकी जिन्दगी खत्म होती जा रही है और उसमें हिलने-डुलने की चेतना नहीं।

पुलिस के सवालों के उत्तर कौन दे? आसपास जुटे सिपाही और महिला पुलिस कभी हुंकार भरते तो कभी गालियाँ बकने लगते। क्या शारदा जैसी कातिल पहली बार आई है यहाँ?

शारदा यकायक चीखी, 'मेरी बेटी कंचन...तू अकेली। चीख चील की तरह थाने की हवा में मँडराने लगी।'

सांगवान मैडम उसका गाल थपथपाने लगीं।

मर रही है क्या? इला की नजरों में यातना चमचम चमकती है। शारदा हरकत में आएगी यंत्रणा की तलवार उस पर गिरेगी। काश यह

औरत उठे और पीड़ादायकों से लड़े, भले लड़ते-लड़ते मर जाए। मगर अब वह जबान से बोलना भूल चुकी है, जो कुछ है, कंठ से फूटता है—आह, कराह, चीख, चिंघाड़। लगता है, मौन प्रतिज्ञा उसका कवच है। सवाल-जवाब से मुक्ति के लिए कवच।

केवल इला से कह गई दिल की बात—पुलिस के पास जब-जब गई सुरक्षा से कोसों दूर होती गई। हमसे पूछते हैं, कत्ल क्यों किया? अपनी बहन-बेटियों से पूछ लें, बता देंगी। दरिन्दे कहाँ नहीं होते? वे ही तो औरत को रंडी और रणचंडी बनाते हैं।—इला ने चौंककर देखा था शारदा को और उसकी बात से अपनी राय मिलाई थी।

हाँ, जो रंडी और रणचंडी नहीं बनतीं, वे पत्नी बनती हैं और पिटते-कुटते जिन्दगी गुजारती रहती हैं। इसी की अभ्यस्त हो जाती हैं। चेतना मुरझा जाती है और फिर सूख जाती है।

'क्या बोली? मरने की चिन्ता नहीं है?' सांगवान मैम ने उस गूँगी औरत के बर्ताव को अपनी अवहेलना समझा।

'तू मरेगी नहीं, मरने के लिए तरसेगी।' खाकी वर्दी में चुस्त और तन्दुरुस्त सांगवान मैम पुलिस में अनुशासन बनाए रहने के लिए जानी जाती हैं। विश्नोई मैम के पास अपनी ही तर्क शृंखला है। दोनों का जोड़ पुलिस स्टेशन में आदर्श स्थिति का परिचायक है।

'शलवार खोलो इसकी।'

इला के भीतर बिजली की तरह तड़प कड़की। ओह...बर्फ-मिर्च का चूरा...शारदा का अन्दरूनी शरीर! वह आकाश की ओर देखने लगी, आकाश कहीं नहीं।

औरत की देह...हे भगवान यह प्रथा कितनी पुरानी है और अब तक अपने आप में साबुत-सलामत बल-कौशल का विधान प्रस्तुत करती है।

औरत की देह और देह रूपी औरत...सारी प्रताड़ना इसी पर गुजरेगी! शारदा सूखी रेत में मरती हुई मछली की तड़प का रूप, दर्द का जखीरा उतरा है। फटे हुए मुँह से निकले हुए दाँत और नथुनों से वध होते मवेशी जैसी फुफकार!

'नहीं...मैम नहीं...'

'मैम प्लीज, नहीं-नहीं-नहीं। मर जाएगी यह...फिर इसकी बेटी...?'

अब चली नहीं, लगभग दौड़ी इला चौधरी। डगमगाए हुए पाँवों से तय कर ली मंजिल।

वह गिरी और आधी-आधी बँट गई शारदा और सांगवान मैम के साथ। आधा शरीर शारदा के धड़ पर और आधी देह सांगवान मैम के हाथों पर।

लोगों की आँखें इला पर जम गईं। इसके बाद खूँखार खलबली मच उठी।

यहाँ कौन समझनेवाला है कि हमदर्दी लगाव का एक हिस्सा है, जिसमें सच्चाई के साथ भावनाएँ एकमएक हो जाती हैं। आपसी मेल से आग पैदा होती है, आग ही यहाँ भय के ऊपर से गुजर गई है।

विश्नोई मैम ने जल्दी से उसे उठाने का उपक्रम किया, मगर हैरान-परेशान मैडम सोच में डूब गईं। इस लड़की का जुनून पागलपन की हद तक बढ़ गया है। यह माफी देने लायक बात नहीं। उसने पुलिस की ताकतवरी को चुनौती दी है। अनुशासन ही नहीं, जुर्म और सजा की कानूनी सभ्यता का अन्तिम संस्कार कर डाला। ऐसी ही नजर और बातें इला के सामने आईं। सिपाही के साथ मैडम ने उसे बेरहमी भरी ताकत के साथ खींचा जैसे वह भी मुजरिम हो।

'पागल लड़की को यहाँ से दफा करो।' सांगवान मैम चिंघाड़ीं।

'ओय इल्ला चौधरी, मेरा तो ताली बजाने का मन कर रहा है।' सचमुच ही ताली बजाता हुआ सुखराम हेड कांस्टेबल हँस रहा था। खौफनाक हँसी सुनकर इला को होश आया।

इला उजबक की तरह दाएँ-बाएँ देखने लगी। किस-किससे कहे—तुम मुलाजिम हो या गुलाम? बेरहमी करने के लिए पुलिस की वर्दी पहन ली और इनसानियत भरी आत्मा को घर की खूँटी पर टाँग आए? सिपाही जो कहे तुम्हें, उस पर लानत है।

'इला चौधरी, अब छानबीन होगी। डिपार्टमेंटल खुलेगी।' सुखराम चेतावनी दे रहा था। और वह तैयार हो रही थी कुछ कहने के लिए।

'और मैं कह रही हूँ सर कि अब भी चेत जाओ, पुलिसवाले चेते रहें तो इतने मुजरिम बनें ही नहीं।'

'वाह, तुम्हारे क्या कहने इला चौधरी! हमदर्दी उगने से पहले ही मारी गई, मुरझाती इला चौधरी मुजरिम पर ढह न जाती तो क्या करती?'

ओह? शारदा बेहोश हो गई।

सांगवान मैम, विश्नोई मैम, सन्तोष और सुखराम सर दौड़े उसकी ओर। अफरा-तफरी का समय आ गया।

'अस्पताल ले जाना होगा इसे।'

'अस्पताल? मारपीट के निशान? कटाव और घाव...मुजरिम खुद को घायल कर ही लेते हैं। बेटा मार के आई है, खुद को महफूज रखेगी?'

'पानी के छींटे मारो। होश आ जाएगा। नाटक करके मुजरिम कैदखाने से छूटना चाहता है।'

ये बातें और अपने गुनाहों को न्याय का हिस्सा बनाकर दिखानेवाले सुखराम जैसों ने उग्रता त्याग दी।

सुमन झुँझला गई—'आप लोग हमें डाँटे जा रहे हैं। इला को धमका रहे हैं और यह मर रही है।'

'के बोली सुमन? यो नहीं मरनेवाली। इतनी छिनालें देखी हैं, मरी है कोई? मरती हैं शरमदार। अपने बच्चे का मोह होता तो सदमे से ही मर जाती। कुतिया औरत का तरस खा रही है तू?' सुखराम सर फिर तैश में आ गए।

'और इल्ला! तू अधमरी हो रही है, तेरी क्या यह चाची लागै? फिर इसे तो हर हालत में मरना है, यहाँ मरे या घर मरे। दोनों जगह से बच गई तो फाँसी चढ़ेगी। डायन की मुक्ति हो जाएगी।'

इला को प्रसंगवश वह काला, नाटा और मोटी नाकवाला आदमी याद आ गया जो खुद को गवाह कह रहा था—'हम गवाही में चाहे कुछ भी कहें पर असल बात यह है कि शारदा के आदमी ने अपना रास्ता साफ किया है। माँ और बेटे को ऐसे लड़ाया कि दोनों कट-मर गए। अब दो हिस्सा खेती उसकी जाँघ के नीचे है। यह होती है हमदर्दी, लूटने का सौ फीसदी शर्तिया हथियार। जिस बेटी के कारण यह शारदा बेटे के कत्ल पर उतारू हो गई उसको ही रघुवंश एक दिन जहर देकर मारेगा। पर हमें क्या?'

इला कराह उठी इस समय—शारदा, तू सुहाग और श्रृंगार की गुलाम हो गई थी? गुलामों की इससे श्रेष्ठ गति नहीं होती। बलात्कारों को बर्दाश्त करने के लिए ही तुझे चुना गया था।

'ए इल्ला! तू खड़ी-खड़ी चुपचाप लाल-पीली हो रही है! गुड़िया, ऐसा कर तू अपने डेरे पर जा। तेरी तबीयत अच्छी नहीं है, दिख रहा है।' सुखराम सर ने इला के सिर पर हाथ फेरा।

राकेश त्यागी एस.आई. इला के पास चले आए, नथुने फुलाकर बोले, 'इसको देखो, पुलिस की कार्यवाही में सहयोग नहीं दिया, बाधा डालती है। यह लापरवाही नहीं तो और क्या है? ड्यूटी ऐसे होती है, बेवकूफ लड़की?'

सांगवान मैम को मौका मिल गया, उछलकर आगे आ गईं—'अब यही लिखा जाए कि अपनी ढील और लापरवाही को ढँकने के लिए कांस्टेबल इला ने मुजरिम को इतना पीटा कि वह बेहोश हो गई।' उन्होंने इला की ओर चेहरा घुमाया—'मैडम, अंजू यादव का केस याद है न? उसकी कस्टडी में लेडी मुजरिम ने अपनी कलाई काट ली थी, अंजू आज तक इंक्वायरी में घसीटी जा रही है।'

इला के लिए यह खुराक काफी है क्योंकि सीने में धमाके फूटने लगे। इस खुराक की गरमी का नतीजा ही था कि महसूस हुआ, बदन पर वर्दी नकली है। बेल्ट नाम की है। इन दोनों को उतारकर फेंक दे तो इस पुलिस लोक से मुक्त हो जाए। पुलिस की सिपाही होकर आई थी, इनसान तक नहीं रह पा रही। थाने शारदा जैसी औरतों की चीखों को दबाए हुए पुलिस का गौरव-गीत गाते हैं बैंड बाजों के साथ।

इला थाने से बाहर निकल गई।

सुमन पीछे-पीछे आई, उसे रिक्शे तक ले गई। रिक्शेवाले को समझा दिया कि इला को कहाँ जाना है। किराए के पैसे भी चुका दिए। सुमन ने इला के माथे पर प्यार किया, कन्धा थपथपाया। और विदा किया। इला ने खुद से सवाल किए—मैं क्यों चली आई? क्या घबराकर? या डरकर?

—मैं पीछे हटने लगी?

—नहीं।

—दहशत बहुत है?

—हाँ।

रिक्शे पर बैठी इला अपने गुस्से पर काबू नहीं कर पा रही। मर्दों के हिजड़ेपन की इन्तहा नहीं...पुलिस की औरतों ने बहादुरी का जनाजा निकाल दिया।

रिक्शे के चक्राकार पहियों की ओर इला ने झुककर देखा, निरन्तर चलने का सिलसिला! जीवन जैसा रूप।

जिन्दगी में रुकने का मतलब मृत्यु। उसे अनायास ही याद आईं वे पंक्तियाँ, जिनको मंत्र की तरह तब से याद किया है, जब से जयन्त के मोह का भ्रम टूटा–'दिल में जो निजी रोशनी होती है, उसे कोई तिरोहित नहीं कर सकता। कई बार वह रोशनी जिन्दगी में आशीर्वाद बनकर अन्धे रास्तों को सुनहरी धूप से भर देती है। ऐसा कभी न करना कि तुम रोशनी के स्वागत से पीछे हट जाओ।'

कमरा आ गया। रिक्शे ने विराम लिया, आगे चलने के लिए।

इला उतरकर खड़ी ही हुई थी कि हाथ में पकड़े हुए मोबाइल फोन का स्क्रीन चमक उठा।

'मैसेज?'

जरूर जयन्त का होगा। चार लाइन की कविता लिख दी होगी रूठी हुई इला को मनाने के लिए।

कोई ऊष्मा न थी, न थी कोई उत्सुकता। आज की तरह मन भी मरा हुआ कब था? नोक-झोंक, तड़क-भड़क का कोई भी रंग आसपास नहीं। समीना आए तो थाने का वाकया उसे सुनाकर कुछ हलकापन महसूस हो।

मैसेज बॉक्स का बटन दबा दिया।

इला के सामने सन्देश आ गया–

'शारदा, मुजरिम तीन सौ दो इज डेड–सुमन'

डेड!

शारदा मर गई!

इला की आँखें जमी हैं फोन पर जबकि फोन का स्क्रीन स्याह हो गया। 'डेड ऑर किल्ड?'

'शारदा इज किल्ड बाय पुलिस। पुलिस हैव किल्ड शारदा।'

इला ऐसे ही वाक्यों को बुदबुदाती हुई अपने कमरे में घुसी। बिना वर्दी उतारे सीधी बिस्तर तक गई और कटे पेड़ की तरह ढह गई। आँखें बन्द कर लीं, मगर दिल में जिस आग ने जलना शुरू किया है, उसकी जलन को कहाँ बन्द कर आए? ऐसा समय आएगा कि इला गायब हो जाना चाहेगी, अपनी ही मनभावन दुनिया से...मगर अभी भी अटकी पड़ी है।

क्या अब भी अपनी कामयाबी के संकेत मिल रहे हैं कि गलतफहमी बनी रहे? हकीकत तो यह है कि अपने हालात बुराइयों के सूत्रों से बुने हुए हैं। थाने पर उतरे नरक में गहरी डुबकी मारो, ऊपर उछलने के मौके खुद-ब-खुद आ जाएँगे।

कितना सोच-विचार कि अपने ही चारों ओर सब कुछ धुँधला लगने लगा। कहाँ गुल हो गई अपने दिल में पैदा होनेवाली रोशनी? रोशनी, जिसकी चाहत में हमने सारी ताकत लगा दी। बलात्कारी की मौत का बदला लेने के लिए पुलिस ने उस माँ को मार डाला जो अपने मकसद में बलिदानी थी। क्या हवस का मारा मर्द इसी तरह पेश आता रहेगा? औरतों और छोटी-छोटी बच्चियों को बलात्कार झेलने की आदत बनी रहनी चाहिए? पुलिस ने सुनील के जुर्म के बारे में सुनने के बजाय यह सुना कि वह एक मर्द है, वह भी पैसे देनेवाला लड़का।

शारदा की हैबतनाक चीख इस कमरे में घुस आई है या इला के कानों में जिन्दा है? आँखों के सामने रोलर के नीचे दबाई गई दर्द से तड़पती जमी हुई शारदा की तसवीर...वह रस्सियों से बँधी लुंज-पुंज औरत है, जिसने पूरे साहस के साथ इनसाफ को समझा और मोह ममता के गैर-इनसाफी सूत्र काट डाले। पुलिस ने उस औरत के इनसाफ पर आरी चला दी, तभी उसने खून की उलटी की होगी और प्राण त्याग दिए होंगे।

इला के दिमाग में पुलिस नियमावली पलटने लगी। वह निश्चित हो चलते हुए सदियों के ढर्रे की ताल पर नाचते हुए थाने से थाने तक के चक्कर नहीं लगा पाएगी। दिल पूरी तरह डाँवाँडोल है।

तभी समीना आ गई।

कमरे का दरवाजा खुला मिला, मगर अँधेरा था। बल्ब जला दिया।

समीना राजस्थान की सीमा से सीधी थाने लौटी थी। सारा वाकया मालूम हो गया क्योंकि थाने पर मुर्दनी छाई हुई थी, जबकि शारदा ने अस्पताल के रास्ते में दम तोड़ा।

इला, जो समीना को शाम के समय भी ताजादम मिलती थी, जोशीली जवान लड़की की तरह बरहमेशा जिन्दा रहना ही जैसे उसका मकसद हो।

लेकिन आज इस कमरे में समीना को ऐसा अजनबी अहसास हुआ जैसा इला और अपनी शामिल तकलीफों के समय अक्सर नहीं होता था क्योंकि संकट के समय दोनों पेड़ों की तरह टूटती नहीं, झाड़ियों की तरह गले मिल जाती हैं।

इला बिस्तर पर लेटी थी, उठकर बैठ गई।

समीना ने भी वर्दी नहीं उतारी, लगा, समय कम पड़ रहा है। उसे जल्दी-से-जल्दी इला की तकलीफ से जुड़ना है।

इला सोच की मुद्रा में थी, मगर समीना बेताब न थी। वह इस प्रकरण से किसी तरह इला को बाहर खींचने की युक्ति सोचकर शायद थाने से ही आई है। अपनी जबान पर ताला जड़कर मातम ही मनाया जा सकता है, किसी नई राह को पाना नामुमकिन है।

समीना ने अपना हाथ इला के कन्धे पर रख दिया। वर्दी से लैस दोनों सिपाहियों का जैसे यह आपसी गोपन संवाद हो।

'इला! क्या सोच रही है? हम उन औरतों के चेहरों को नए सिरे से तलाश करने निकले हैं, जिन्हें हलाक होते कब-कब से देख रहे हैं। और बार-बार औरत की कहानी वही हो जाती है, जो पुराने वक्त से चली आ रही है। इस अंजाम पर मायूस होने से तो कुछ नया न होगा।

'इला, इन्हें इस कहानी को जारी रखने दे। कहानी कितनी ही लम्बी क्यों न हो उसका 'आखिरी दौर' आता ही है।'

इला लगातार धरती को घूरे जा रही थी। अचानक उसने सिर उठाया।

'तू क्या कह रही है समीना? हमारी आँखों में समाई दहशत क्या किसी को नजर नहीं आती? या हम खौफ में जीने के लिए पैदा हुए हैं? घर में, गली में, सड़क और बाजार में, पंचायत और पंचों में, यहाँ तक कि थाने-कोतवालियों में। बस, मुझे ऐसे समय लगता है कि मेरा दिमाग खराब होनेवाला है।' इला की आँखों से दो बूँद आँसू टपके।

समीना ने उसका सिर अपने कन्धे से चिपका लिया। बेआवाज आश्वासन कि वह इला को पागल होने से बचा लेगी।

'दुखी मत हो। इसमें हमारा कसूर नहीं, फिर हम अफसोस में क्यों जिएँ?'

'पर यहाँ रहकर भी क्या करें?' इला ने अपना सिर सीधा किया।

'वह भी हम जानते हैं।'

'तुझे पता है न कि थाने पर क्या हुआ?'

'किसको पता नहीं, जो थाने की ओर गया, उसे सब कुछ पता है। एस.एच.ओ. अखबार को बयान दे रहे थे।'

इला की आँखें एक बार फिर आँसुओं से भर गईं। एस.एच.ओ. की खतरनाक निगाहों ने इला को कैसे देखा था, याद आया।

'देख, मैं क्या लाई हूँ!' यह कहकर समीना उठी और अपनी पैंट की जेब से अखबार की कटिंग निकाल ली।

इला की आँखें ईंट की दीवार पर जमी हुईं, जैसे उसके पक्केपन से टकराना चाहती हों।

समीना अपनी रौ में...।

'लोग कहते हैं न कि डर लगे तो हनुमान चालीसा पढ़ो। हिन्दुओं में तो भूत, पिशाच और शैतान से बचने के लिए हनुमान चालीसा पढ़ने का रिवाज आम है। चल, मैं तुझे ऐसा चालीसा सुनाती हूँ कि तू अपने गम भूल जाए। लोग कहते हैं, तू सस्पेंड होगी, जाँच बिठाई जाएगी, कोर्ट केस हो जाएगा। उस शारदा का किस्सा तेरे सिर मढ़ा जाएगा, इसमें दो राय नहीं।

'मगर इस सबके बाद क्या होगा? इला तो साबुत रहेगी ही न। कैरियर की चीर-फाड़ करने से इनसान खत्म हो जाए, यह नामुमकिन है।

'सुन, एक महिला पुलिस अफसर हैं, जिनकी ड्यूटी वेश्याओं की बस्ती जी.बी. रोड पर लगाई गई। वहाँ शराबी, ऐयाश, झगड़ालू और माने हुए गुंडों, दादाओं के अड्डे हैं। जाहिर है, ताकतवरों और जबर्दस्तों की पूजा होती है। इंस्पेक्टर सुरेन्दर कौर का आना-जाना उन गलियों और सीढ़ियों से होता, जहाँ पीक, थूक और वीर्य भरे कंडोमों से बजबजाती हुई जमीन है। उलटियों से लिथड़ी हुई औरतें हैं। औरतें दलालों की शिकार हैं। दिन-रात अत्याचार के रूप में हिंसा और हत्याएँ होती हैं। आनन्द का बोलबाला है, बलात्कारों का चलन है। कोठे की मालकिनें अत्याचारी मर्दों की गुलाम हैं। इंस्पेक्टर सुरेन्दर कौर को वहशियों से लड़ते हुए चार साल हो गए। वेश्याओं की जिन्दगी को लेकर सरकारी और गैर-सरकारी संस्थाएँ

रोज ही कल्याणकारी ढिंढोरे पीटती हैं, लगता है, ये बहुत बड़ा रोल अदा करके मानेंगी, लेकिन ये करेंगी क्या? महिला इंस्पेक्टर इस बात को अच्छी तरह समझ रही है कि वेश्याओं के सवालों का वहाँ कोई जवाब नहीं। बस, जो कुछ है, वह जुल्म है। तरह-तरह से जुल्म ढाते हैं वे मर्द जो केकड़े की तरह औरत से लिपटे रहते हैं। कारण कि वे उन मर्दों से लड़ नहीं सकतीं। बहुत से बहुत उनका बहिष्कार करने का खतरा उठा लेती हैं, जबकि उन्हें एतराज करने तक का हक नहीं होता। ये लावारिस जात की बेनाम, बेशक्ल औरतें बस सेक्स की पुतली हैं।

'इंस्पेक्टर ने जेहाद छेड़ दी है। तवाइफों के बन्द बाड़े का दरवाजा चरमराया है। बिजली जैसी तड़प से उन औरतों में हरकत आई है जो जेहन और जिस्म से अपनी इच्छा के मुताबिक रेंगने के काबिल तक नहीं रह गई थीं।

'इंस्पेक्टर सुरेन्दर कौर को वक्त की दरकार थी कि खुद को नामुराद, बदनसीब माननेवाली औरतें अपने दिलों में झाँकें जहाँ मुक्ति का दीया जलता है। क्या यह इंस्पेक्टर सदियों से पुख्ता खड़े वेश्याई किले को मलबे में बदलना चाहती है? वह भी भेड़-बकरियों जैसी औरतों के दम पर। नए जोश के साथ अपने जिस्म और रूह की पुरजोर मोहब्बत के साथ तवाइफों की गर्वीली ब्रिगेड तैयार कर चुकी है।

'इला, इतनी उदास मत हो, निराशा में मत डूबो। सुरेन्दर कौर की मुरादें सुनो। उनकी पुकार पर गौर करो। इरादा तो ऐसा ही है न कि तुम हो या मैं, मैडम विश्नोई नहीं बनेंगे। मैडम सांगवान होने के लिए यहाँ हम नहीं आए कि सताई गई औरतों के दर्द से खेलें। माना कि ढर्रा तोड़ना करीब-करीब नामुमकिन है, मगर इसे मंजूर कर लेना सबसे बड़ा गुनाह है।

'अपने जेहन की ताकत का इस्तेमाल करें, जिसे हम पीछे धकेलते रहते हैं। जो करना जरूरी है, उसे करने के लिए आगे बढ़ें। पता है, सुरेन्दर कौर ने अपने बयान में क्या कहा है?—ज्यादा-से-ज्यादा महिलाओं को पुलिस में आना होगा। इस सर्विस के लिए औरतों का सबसे ज्यादा उपयुक्त पक्ष है उनका हमदर्दी भरा व्यवहार। हमदर्दी से हिम्मत आती है तभी तो ज्यादातर केसों में महिलाएँ पुरुषों के मुकाबले ज्यादा निष्ठावान साबित हुई हैं। वे इनसानियत की हिमायती होती हैं।'

इला ऐसे देख रही थी जैसे सुरेन्दर कौर आखिरी उम्मीद की तरह बमौके आ गई हों। उसने अखबार की कटिंग में इंस्पेक्टर का चेहरा देखा और समझा कि अपना भी चेहरा उन्हें दिखा दिया है–'हाँ मैम, आप जो कह रही हैं, वही हम करना चाहते हैं।'

समीना ने साक्षात्कारवाला यह कागज करीने से तहा लिया और कमीज की जेब में रख लिया। बोली, 'ठीक है न, यह दिल के पास रहेगा, हौसले बढ़ते रहेंगे।'

इला ने स्वीकृति में सिर हिलाया। और कहा, 'जो औरतें यहाँ मुजरिम की तरह लाई जाती हैं, उनको गौर करके देखो, कुछ सिपाही हैं कुछ शहीद। वे जुल्म के खिलाफ जंग लड़ती हैं और कसूरवार ठहराई जाती हैं। यही तो नाइनसाफी है।'

इला और समीना के बीच सुरेन्दर कौर महिला इंस्पेक्टर के प्यार ने वह जादू पैदा कर दिया जो मोहब्बत के दायरे को बढ़ाता जाए। इला की आँखों में भरा दर्द हलका पड़ने लगा। धीमे-धीमे कहती गई, 'आनेवाले समय की ओर बढ़ना है, नहीं तो बीते हुए कल की कहानी बन जाएँगे हम।'

'क्या करना है अब?' समीना ने इला के कन्धे को सहलाकर पूछा।

इला चुप। शारदा की जीवित आँखें उसकी स्मृति में हैं।

'बता न आगे की योजना क्या होगी? हमें खुद को कैसे प्रस्तुत करना है?'

'कोई हल्ला-गुल्ला नहीं, गैर-जरूरी शोर नहीं।'

'बेखौफ होकर सोया जाए अब।'

'हाँ, दिल में नई तसवीर बनी है, आँखों के सामने लहरा रही है समीना। उस तसवीर के रंग और खुशबू वहाँ तक बिखर गए, जहाँ थाने की हवालातों में जिस्मों के चिरने-फटने और सड़ने की बदबू आती है। मन तो यह भी कहता है कि हम जंगली दरख्तों की तरह हर कहीं उग आएँ, जहाँ पथरीली दीवारें खड़ी हैं।'

समीना हँस दी–'इला थाने के लोग हमारे लिए 'मर जाओ, मर जाओ' का कीर्तन कर रहे हैं। हर हाल में हमें बागी होना है। तभी वे जादुई पंख मिलेंगे, जिनकी ताकत से हम उड़ सकें। वरन् इन हालातों को कैसे बदला जाएगा?'

इला ने सिर ऊँचा किया–'अपनी वर्दी में हम किसी और ही लड़की के रूप में आएँगे, उस रूप में जिसकी लोग हमसे उम्मीद नहीं करते।'

'खयाल अच्छा है, मगर खतरनाक तो होगा ही।'

जयन्त का फोन समीना के मोबाइल फोन पर आया–

'यार समीना, क्या लफड़ा है? इला तो मेरा फोन ही अटेंड नहीं करती। मैंने कृपानाथ सब-इंस्पेक्टर के जरिए अपने सेलफोन पर सुना है कि इला ने वहाँ नाटक कर दिया। मुजरिम को पनिश करते समय थाने के सारे नियम तोड़ दिए। सहकर्मियों के साथ सहयोग के नाम पर असहयोग...ऐसे होती है नौकरी? इस लड़की में व्यवहार-कुशलता जरा भी नहीं। हो सके तो इला से फोन कराओ।' लगा कि जयन्त दूसरी तरफ गुर्रा रहा है।

समीना ने जवाब में इतना ही कहा, 'जयन्त, इतनी मेहरबानी करो कि अभी चुप रहो। तुमको हमने उजाले की तरह देखा है और तुम ही इला को अन्धा करने पर तुल गए हो। उसकी भोली और बहादुरी भरी आँखें उम्मीदें सँजोए हुए हैं, तभी तो वह अपने फैसलों पर अटल रहती है। समझिए तो सही कि वह छल-फरेब नहीं जानती, रूह को दुआओं से लबरेज रखती है। इस समय अपने कमरे में चुपचाप है, मगर उसकी नजर कितना कुछ कह रही है। काश, तुम उस निगाह को अपने दिल में उतार पाते!'

'मैं समझना ही तो चाहता हूँ समीना, उसके फैसलों पर भारी कभी नहीं पड़ना चाहता।' जयन्त ने जवाब दिया था।

अबकी बार इला ने जयन्त को खत लिखा–

शारदा, कत्ल की मुजरिम की मौत के बाद मेरा सिर घूम रहा था। निगाहें भी डाँवाँडोल हो गईं। कभी सुकून हुआ करता था। एकेडमी में बिताए दिन चाँद की सैर करने जैसे थे। मगर आज अपनी बेबसी पर सुबकियों से कमरा भर गया। खुली आँखों से बेशुमार आँसू झरे। ये किसके

लिए थे? मेरी तरफ से मेरे लिए ही। मैं किसको आवाज देना चाहती थी? खुद को ही। रात भर मैं अपने दिल के गहरे गड्ढे में से जिसको पुकारती रही वह इला नाम की सिपाही थी। क्या मैं ऐसे ही बेगुनाह औरतों की लाशों पर कदम रखती हुई अपनी साठ वर्ष की नौकरी पूरी करूँगी? मेरा खून उफनते दूध की तरह उबाल खाए या बर्फ-सा जमा रहे, किसी काम का नहीं? इस सवाल पर आसपास की फिज़ा खामोश रही।

...मगर अपनी ही आवाजें मेरे भीतर इस तरह जुड़ती चली गईं कि कई-कई औरतों की आवाजों का अहसास होने लगा—रेशमी, अर्चना, शीतल, तीन सौ दो और शारदा जैसी अनेक औरतें। मैंने इन सबका शुक्रिया अदा किया ऐसे, जैसे आसमान में जड़े चाँद-सितारों को सलाम कर रही हूँ। कितनी-कितनी बदनसीबियों से निकली थी एक खुशकिस्मत सुबह!

तब मैं और समीना नए सिरे से जागे। दोनों ने आँखें मल-मलकर देखा कि कमरे में नरम धूप का टुकड़ा हमारे बिस्तरों के बीच जगमगा रहा है। उस रोशनी को आँखों में समेट लिया। अब महसूस हुआ कि हम उस विरासत के खिलाफ लड़ रहे हैं, जिसने हमें कुचलकर रख दिया है। उस बपौती के विरुद्ध जो हमारे दमन का जरिया बनी हुई है।

मैं और समीना उस ताजा सुबह के बीच नहाए। धुली और प्रेस की हुई वर्दी पहनी। पाँवों में बूट चमचमा रहे थे। टोपियाँ सिर पर शानदार रंग में पहनी हुई थीं। खुद को आजमाया कि हम मोहब्बत और हमदर्दी की झंडी उठाकर चल सकते हैं या नहीं क्योंकि सफर मोटर-बाइक पर करना होगा, जहाँ आदमी चलता नहीं, उड़ता है।

रास्ते में रुके क्योंकि ताजा और खुशबूदार फूल खरीदने थे। गुलदस्ते अपने साथ रख लिये। हमारी उम्मीदें फिर से उड़ान भरने लगीं। जिस हवा ने सुबह को थपथपाया था, हमारे साथ-साथ चल रही थी। मोटर-बाइक थाने पर जाकर मैंने रोकी। मैं और समीना जब उतरे, थाने पर कई लोग आ चुके थे।

अब हम अपने-अपने हाथों में गुलदस्ते थामे आगे बढ़ रहे थे। किसी ने खास गौर नहीं किया। जब हम एस.एच.ओ. सर के कमरे के आगे से सीधे बढ़ते चले गए तब मुंशी ने टोका, 'कहाँ जा रही हो खुशबू की टोकरी लेकर?'

हम अब वहाँ पहुँच गए जिस कमरे को कत्ल की मुजरिम शारदा की हवालात कह सकते हैं। उस कोठरीनुमा कमरे की किवाड़ों पर स्टील का ताला जड़ा हुआ था। हमने अपने-अपने गुलदस्ते चौखट पर रख दिए और सिर झुकाकर दो मिनट का मौन साधा। फिर हमने एक साथ शारदा को सलामी दी—'जय हिन्द!'

दोनों पाँव मिलाते हुए सैल्यूट दिया कि धरती से धमक उठी। लोगों का ध्यान हमारी ओर गया। उनकी आँखों में ताज्जुब की आँधी-सी उठ रही थी। वे हमें ऐसे देख रहे थे, जैसे हम इस लोक के प्राणी न हों, या हम पागलपन की हदें पार कर गए हैं।

'गुस्ताख लड़कियाँ!' मुंशी का हमारे लिए सम्बोधन था, इतनी कड़ुआहट कि होंठ ऐंठ गए थे उसके।

'क्या तमाशा है यह?' एस.आई. सर गुर्राए थे और इस बात पर उन्हें अचरज था कि हमने 'सॉरी सर' तक नहीं बोला।

पाँच मिनट ही बीते होंगे कि वहाँ एक कम उम्र लड़की आ गई। शरीर से दुबली लड़की उजले रंग की थी। उसने लाल रंग का सूट पहना था। उसके हाथों में सफेद और सुर्ख रंग के फूलों का गुच्छा था। लड़की झुकी और अपना गुच्छा हमारे गुलदस्तों में मिला दिया। वह हाथ जोड़कर खड़ी हो गई। आँखें बन्द थीं, मगर आँसुओं के परनाले फूट चले थे। उसके होंठ थरथरा रहे थे जैसे कोई प्रार्थना काँप-काँपकर बाहर आ रही हो।

'यह कौन लड़की है?' मुंशी ने कड़क सवाल किया था।

'यह यहाँ कैसे घुस आई,' किसी ने यह प्रश्न भी उछाला था।

हम समझ गए थे कि जरूर यह लड़की कंचन है, शारदा की बेटी। वह अपनी माँ के पीछे चली आई है, जैसे बेटियाँ माँ के आसपास हुआ करती हैं।

मुझे अनायास ही अहसास हुआ कि मेरे दिल से आवाज आ रही है—'मेरा सलाम ले माँ। तूने बेटे और भाई के प्यारे रिश्ते के पतन का खुलासा किया!

जो होना था वही हुआ।

इला और समीना ने जो कुछ किया, थाने का अनुशासन भंग हुआ उससे। महिला कांस्टेबलों की यह मजाल कि थाने में ऊल-जलूल हरकतें करें और पुलिस को तमाशा बनाएँ!

सजा मुकर्रर हुई।

समीना को यहीं रखकर थाने के मुख्य द्वार पर दरबान की तरह तैनात किया गया। सारे दिन खड़े रहकर ड्यूटी करना।

इला चौधरी का मास्टर माइंड सारी हरकतों की जड़ है, एक स्वर से सभी ने कहा है, इला को मालूम हो गया।

तबादला!

मेवात की ओर जुझारगढ़ थाना रेतीले टीले और करील की झाड़ियों से घिरे इलाके में पड़ता है।

मिस इला चौधरी को ट्रांसफर ऑर्डर पकड़ा दिया गया। छुट्टी पर जाने की खास मनाही थी।

'नादान लोग...' इला ने मन ही मन कहा और अपने कैरी-बैग में जरूरत का सामान भरने लगी। कैसे समझाए कि वह छुट्टी लेकर घर बैठनेवाली होती तो पुलिस में न आती। 'छुट्टियों की भरमार' वाली टीचिंग जॉब कर लेती।

अब जाओ उन असभ्य आदिम लोगों में, जिनकी बोलचाल देख-सुनकर दहल जाओगी। पहुँचो उन वनमानुषों में जो जुर्म करते हैं और सीना तानकर रहते हैं। यहाँ बात-बात पर सभ्यता का वास्ता देनेवाली इला को वहाँ उस भाषा का भी ज्ञान हो जाएगा, जिन्हें यहाँ गालियाँ कहते हैं। वहाँ तो पुलिसकर्मी थाना प्रभारी बनकर जाने में भी सौ बार सोचते हैं, अभी तक कुर्सी खाली पड़ी हुई है।

इन बातों पर इला को छोटी सी हँसी आ गई। कितने डरपोक लोग भरे हुए हैं पुलिस में!

जुझारगढ़ थाने पर पूरे तीन महीने बीत गए। इला यहाँ के लोगों को अपनी नजर से देखती आ रही है। समीना से फोन पर बातें होती हैं, मगर अक्सर

नहीं हो पातीं। कभी मोबाइल टॉवर लाइन नहीं पकड़ता तो कभी बैलेंस डलवाने का वक्त नहीं मिलता। सत्ताईस गाँव लगे हुए हैं इस थाने से। शान्ति भी रहे तो इला चौकन्नी हो जाती है क्योंकि साजिशें शान्ति के साथ ही सम्पन्न होती हैं।

खत लिख रही है इला।

प्यारी समीना,

डयूटी तो चल ही रही है। हम दोनों जानते हैं कि पुलिस के ढर्रे में छीजन पड़ेगी तो हम भी गर्त में जाने के लिए तैयार रहें। तुम्हें और मुझे सजा देकर हमारे आका समझ रहे हैं उन्होंने हमारी अक्ल ठिकाने लगा दी। अब लोग उन्हें इज्जत की नजर से देखेंगे। उनका रुतबा बढ़ेगा।

क्या ये लोग जानते हैं कि मुझे जो थाना जुझारगढ़ के रूप में मिला है, मेरे लिए नए से नया कर गुजरने का मौका है। मैं शुक्रिया अदा कर रही हूँ उनका। जज्बा अगर सजा के डर से भीतर ही भीतर रहता तो निश्चित ही सड़-गलकर नष्ट हो जाता। डर के कारण ही तो नाइनसाफियाँ जन्म लेती हैं। काश, तुम्हारा भी यहीं तबादला कर दिया जाता! ऐसा इसलिए नहीं किया कि कहीं हमारी टोली न बन जाए। फिर भी मैं वह शुरू करूँगी, जो चाहती हूँ। थाने के कायदे में बदलाव तो आए। भले हमारी ओर से एक पत्थर ही उछाला जाए। जुझारगढ़ के इलाके के लोगों के बारे में जो बताया गया, तीन महीने रहकर उसे मैंने अपनी तरह से देखा है। ये लोग इतने भोले हैं कि अक्खड़ दिखते हैं। इतने खरे कि पुलिस और कचहरियों के दलाल नहीं बन पाए। देश के बारे में तो क्या नगर और महानगरों के विषय में भी ज्यादा जानकारी नहीं क्योंकि अपने ही इलाके के सिपाही हैं। असभ्यता के चलते ईमानदारी का खजाना लिये फिरते हैं, बस, 'सभ्य लोगों' से पिछड़े रहते हैं। फसाद होते हैं, मारामारी भी कम नहीं होती। थाने से खरे न्याय की उम्मीद करते हैं। तुम आओ समीना, अपनी आँखों देखो।

पता है, जयन्त आया था यहाँ। एकेडमी में उसे ऊब होने लगी है। अपनी पोस्टिंग इसी इलाके में चाहता है। यहाँ के लोगों को देखकर मुझसे पूछ रहा था—कैसे रहेंगे ये 'सामुदायिक निगरानी

मंच' के लिए?

स्थानीय पुलिस का सपना हमारा पीछा नहीं छोड़ता। इसे ट्रेनिंग के जमाने से पखेरू की तरह पाला है। तुम कहोगी, फिर एक फितूर...फिर एक खतरनाक हरकत...। नहीं, तुम ऐसा नहीं कह सकतीं क्योंकि हम आखिर सिपाही ही तो हैं। तुम ही तो कहती हो—'जहाँ दोस्ती होती है, वहीं हमदर्दी परवान चढ़ती है। हमदर्दी हथियार का काम करती है।' तुम चली आओ, किसी छुट्टी के दिन...इन्तजार करूँगी।

—तुम्हारी
इला

❑❑❑